本书得到国家自然科学基金“内部控制对关系专用性投资价值创造的传导机制研究”（项目批准号：71272220）项目的资助

内部控制与关系专用性投资

——基于契约视角的实证研究

林钟高 徐 虹 著

经济管理出版社
ECONOMY & MANAGEMENT PUBLISHING HOUSE

图书在版编目（CIP）数据

内部控制与关系专用性投资/林钟高，徐虹著．—北京：经济管理出版社，2014.10
ISBN 978-7-5096-3353-3

Ⅰ.①内…　Ⅱ.①林…②徐…　Ⅲ.①企业内部管理—研究—中国　Ⅳ.①F279.23

中国版本图书馆 CIP 数据核字(2014)第 206899 号

组稿编辑：谭　伟
责任编辑：张　马
责任印制：黄章平
责任校对：陈　颖

出版发行：经济管理出版社
（北京市海淀区北蜂窝 8 号中雅大厦 A 座 11 层　100038）
网　　址：www.E-mp.com.cn
电　　话：(010) 51915602
印　　刷：大恒数码印刷（北京）有限公司
经　　销：新华书店
开　　本：720mm×1000mm/16
印　　张：18.75
字　　数：357 千字
版　　次：2014 年 12 月第 1 版　　2014 年 12 月第 1 次印刷
书　　号：ISBN 978-7-5096-3353-3
定　　价：58.00 元

前　　言

近年来，公司治理研究已逐渐推进到分析企业关系网络与公司治理和企业绩效关系的层面。但现存文献的结论却截然相反，如聚焦于效率视角的研究发现，企业关系网络不仅有利于信息的传递和获取（Allen 和 Babus，2008；Khanna 和 Thomas，2009），而且有助于信任体系的建立和扩展、降低交易成本和获取外部资源（McMillan 和 Woodruff，1999；Kong，2011），提升网络成员企业的竞争优势，创造价值增值。其分析逻辑是，网络成员能够获取增值收益，是企业网络成员间合作关系存在的必要条件，这里的“网络性”实际上就是企业之间的联系纽带。按照索普森（Thompson，1991）等的观点，网络、市场与管理等级制是三个主要的资源配置管理机构，而网络化包含互相信任和具有长期愿景的合作以及得到遵守的行为规范，对网络化特征的理解可通过建立“囚徒困境”博弈模型的方式获得。进一步看，关系网络的博弈理论分析表明：第一，网络化的演进要求各方共同依存于互相控制的资源，这意味着把有关资源集中起来利用，从而获得收益；第二，信任与合作是能够与追逐私利的行为——但不互相排斥——共同存在的，后一个结论表明交易主体间的信任和合作可以在不损害任何一方利益的情况下形成。布兰德和艾克里斯（Bradach and Eccles，1989）指出，随着信任扎根于网络化中——它或者与个人关系相联系，或者与正式的机构（比如金融上的交叉持股）相联系，非正式的鼓励机制将扮演更为重要的角色。然而，聚焦于机会主义视角的经验证据却表明，关系网络对公司治理机制、会计信息质量、股价同步性等存在较大的负面影响（Ball 等，2000；李增泉等，2011）。其分析逻辑是，公司的控股股东为了掩盖其掏空行为，或者高管为了保护阶层利益或者疏于管理的行为，会有意识地提供虚假信息或者有针对性地隐匿公司一些重要的信息，这种不透明的信息环境严重弱化了公司治理机制，使外部监管机制失效，会造成公司价值在未来很长一段时期发生严重毁损，而且还使外部投资者无法获取公司的重大信息，进而无法准确评估公司的价值，造成股票价格未能及时地反映公司价值，甚至造成股价的剧烈波动，降低股票的信息含量进而影响资本市场配置资源的效率（Jin and Myers，2006）。然而，我们不禁要追问：虽然企业控股股东或高管追求私利的机会主义行为可能需要借助关系网络来实现，但是很难理解，在一个均衡的资本市场上，为何基于机会主义行为的关系网络可以具有持久的生命力。同时，根据新制度经济学理论指出的，在转型经济体中，由于外部市场不完善造成的高昂机会主义成本会阻碍企业正常的市场交易，而利用关系网络下相对狭小的私人信任体系来降低交易成本就成为一种自然选择（Claessens 等，2003；夏立军等，2007）。我们注意到，交易主体间如何建立稳定的信任和合作关系是很多文献没能说明的，尽管威廉姆森（1979）在交易维度的基础上界定了有效的治理选择，但并未论及治理模式的具体合作安排问题。然而，在减少潜在的交易事后机会主义行为方面，他运用可信承诺支持合作交易的模型研究，创造性地阐释了如何解决交易主体潜在违约问题的方法，给后来者研究企业间合作的制度安排提供了很好的借鉴。

由于环境的复杂性和不确定性与交易主体的有限理性和机会主义行为的矛盾，兼之交易主体间的信息不对称，经济契约的完全性是不可能的或成本极高的，契约通常是不完全的；由不完全契约导致的“敲竹杠问题”备受关注，基于投资效率问题的契约研究屡屡面世（Spier，1992）。尽管如此，越来越多的理论文献表明不完全契约在许多条件下（甚至包括资产专用性）也能产生有效的投资结果。但通过契约安排获得有效投资水平的前提是，契约必须保证投资方获取全部的投资边际收益（如果考虑重复谈判）。当投资为一般性且外部约束条件不起作用时，不论是否转换交易伙伴，固定价格契约可保证投资方获得增加的投资边际收益，此时无须违约惩罚条款亦可诱导有效的投资水平，一旦外部约束条件起作用，价格经反复商谈或升（如果外部约束属卖方）或降（外部约束属买方）直至达成一致，这时经相互协商同意的价格契约亦可激励有效的投资水平。而当投资变为专用性时，只有与选定的对象进行交易，专用性投资才具有价值；一旦转换交易对象，专用性投资就会失去应有的价值，因而专用性投资收益不反映在外部机会的价值上，这时投资方未能获取全部投资边际收益是由于重新谈判不仅产生盈余的再分配，而且导致外部约束条件起作用。这意味着只要存在重新谈判，不论是因现存契约下交易一方宁愿放弃交易还是因交易一方宁肯转换交易对象，投资方都不能获取全部投资收益，契约不能保证有效的投资水平。因此，唯有在充分的外部变量条件下契约能确保重新谈判不会发生，投资方才可能进行有效的专用性投资。因此，可以得出的基本结论是，简单契约的有效性是有条件的，一般性投资的有效水平只需简单契约就可保证，专用性投资的有效水平则必须确保无重新谈判，这意味着当投资方拥有全部议价力量，成为所有盈余的索取者时，契约才是有效的；而当交易双方均拥有议价能力时，盈余根据相对议价力量在双方之间进行分配，重新谈判产生的投资激励有限，导致有效投资不足。相对议价能力的假定更接近现实，因而，网络关系企业之间的合作交易不能简单地以契约形式的维持作为主要治理模式，而必须建立一种基于制度的信任体制与机制，内部控制就是这样一种信任机制。

North（1990）指出，法律制度是影响个体经济行为决策典型的正式制度因素，社会网络关系是影响个体行为决策典型的非正式制度因素，两者以完全不同的行为约束机制促进着人们之间的交易和合作。法律制度与社会关系网络之间的共存、互动几乎存在于每个经济社会体中，无论其是成熟的市场经济国家还是新兴的转轨经济国家。然而基于新制度经济学的相关理论研究却表明，企业间的商业关系网络和正式的法律制度的作用可能并不独立。Macauley（1963）和Kranton（1996）指出，包括企业商业关系网络在内的非正式合约关系与正式合约关系（如法律保护机制）之间存在着替代关系。特别是在法律体系不健全、法院难以保证合约履行的条件下，这些非正式合约关系有力地支持了企业间的彼此信任（Greif，1993）。王永钦（2006）也指出，在社会分工程度较低、市场范围和深度有限的经济中，非正式的关系型合约会起到重要的作用。Rajan和Zingales（1998）在比较了关系型交易制度和市场交易制度的特征后指出，关系型交易制度是立法和执法制度不完善的产物，交易各方因为缺乏法律的保护，常常在企业的关系圈内用声誉这种非正式的契约关系来保证交易的进行。但是Klein（1996）却认为，非正式的合约关系与正式的合约关系之间不是相互替代的关系，而是互为补充的关系，原因在于这是由于后者限制了商业网络关系中交易伙伴潜在的机会主义行为，增加了前者持续的可能。与上述观点不同的是，Woodruff（2002）考虑到上述替代关系和互补关系都有可能，因此，构造了一个理论模型说明商业关系网络与法院在作用于企业间的信任时既可能是互为替代的关系，也可能是互为补充的关系，还可能是相互独立的关系。此外，大量的经验都表明，和西方发达经济国家不同的是，在转型经济国家中，由于正式的法律保护机制残缺，以及各类市场机制也有待进一步完善和发展，企业间通过市场进行交易的成本通常非常高昂，通过关系网络下相对狭小的私人秩序降低交易成本就成为企业的一种自然选择（Johnson，1999；王少飞等，2010；何小杨，2011）。以中国特定的制度环境为考察对象，Allen（2005）的研究表明，中国缺乏良好有效的法律保护机制和安全的产权保护机制，关系网络起到了有效的替代保护机制的作用，进而支持了企业特别是私营企业的发展以及促进了中国经济的高速增长。李涛等（2004）的经验证据表明，相对于政府的干预和正式的法律保护制度，企业间的关系网络有助于保持信息传播的通畅和信任体系的加强，这也进一步验证了Allen（2005）的结论。综上所述，目前基于不同市场经济环境下企业网络的研究还没有取得一致的结论，究其根源可能源于转型经济环境下的上市公司面临着与西方成熟市场经济迥异的制度性约束，因此研究转型经济环境下的企业关系网络必须基于其特殊的制度环境逐步展开。

尽管已有的研究表明，在中国当前的转型经济时期，依靠与政府之间的紧密联系而形成的非正式保护机制代替残缺的法律制度起到了促进经济增长的作用（Allen，2005；罗党论等，2009）。但是在残缺的法律制度下，特别是当前在法律制度和依靠企业间的紧密联系而形成的关系网络调节机制的交互影响下，企业在寻求自身需求发展时会面临怎样的复杂性？具体表现为，面对正式制度和非正式制度的双重约束时，中国企业如何解决交易成本高企的经济困境？面对关系网络对法律执行和发展基础的销蚀，如何突破法律的低效锁定和有效的保护关系型契约的实施？这些问题都还没有足够的经验佐证，因此基于法律制度与关系网络的互动分析框架可能为我们提供一条更为清晰、深刻的思考路径。因为在中国由计划经济向市场经济转轨的过程中，在这个合作机制和秩序交错更替的特殊阶段和背景下，法律制度和关系网络之间的强烈冲撞更呈现出一种浓墨重彩的放大效应和典型性。一方面，由于在向规范的市场经济法治秩序转轨过程中，市场经济需要的正式规则尚没有完全确立，社会制度结构呈现巨大的断裂与空白，特别是中国摸着石头过河的“试错式”制度改革更加剧了人们交易合作的不确定性和风险性，这为我们考察法律与关系网络之间的互动提供了绝佳的“实验场景”和舞台（李胜兰等，2007）；另一方面，尽管西方关于此类问题的检验已有较多研究，但目前的文献较少涉及转型经济社会，已有研究更多是针对西方成熟的市场经济，研究结论可能不完全适合于转型经济国家的实际。中国社会是一个典型的“关系本位”社会（Allen，2005），人伦“五常”这些指导人们日常生活交往规范的基本伦理道德就是根基于不同的社会人际关系，而几千年的文化传统演进已使社会网络深深扎根于我们的社会结构之中，这使社会关系网络的影响在中国更具有典型性和强大的生命力（费孝通，1948；King，1991；彭泗清，1999），这一制度特征为我们研究关系型交易如何影响企业的会计信息质量提供了良好的机遇。并且，已有相关的研究为我们提供了思考的基础。Kong（2011）的实证研究发现，鉴于中国传统社会流传下来的“低信任”文化，企业依赖主要供应商和客户构建的商业关系网络有助于降低交易成本；何小杨（2011）的研究也表明，企业依赖主要供应商和客户构建的商业关系网络有助于显著增加家族成员或“泛家族成员”的信任程度，进而能提升企业关系型资产的价值。因此，我们可以合理预期，以中国资本市场为研究对象，其丰富的内涵为我们在一国内研究正式的法律保护制度和企业关系网络的交互作用如何影响微观企业的交易成本和企业绩效提供了一个天然的实验室，基于构建法律制度与关系网络的互动分析框架，可能为我们研究转型经济体中的企业在面对正式制度和非正式制度的双重约束时，如何突破交易成本高企的经济困境，进而实现企业成长提供了更为清晰深刻的思考路径和检验场景。

近年来基于价值创造的观点成为关系专用性投资研究的核心内容，学者们关注关系专用性投资的价值创造功能（Madhok，1998；Dyer，2003）。但是，第一，关系专用性投资价值创造的方式和途径仍是一个“黑箱”。尽管少数学者试图解释关系专用性投资价值创造的内在机理，但也仅仅局限于产品共同设计（John and Heide，1990）和共同开发（Sun，2006）、共同计划（Palay，1984）、共同决策（Subramani and Venkatraman，2003）以及合作努力（Claro、Claro and Hagelaar，2006）可能在关系专用性投资和最终绩效之间发挥着中介作用，并且缺少价值创造效应强有力的经验证据支持，其内在机理与相关的理论认识也不够深刻和系统。是什么因素造就和影响了企业内与企业间的交易，从而促进关系专用性投资的顺畅并产生了创造企业价值的效应？第二，对关系专用性投资负面效应的抑制和治理需要作进一步的理论探讨和实证研究。长期关系可能导致的机会主义、道德风险或双方内部人员合谋、转移公司财富等问题（Tirole，1986；Moorman，1992；Johnson，2000；Jian，2010），等等。这些都是供应商/客户关系专用性投资的持续所可能带来的负面效应（周俊和薛求知，2009）。也就是说，关系型交易有可能诱发交易参与者特别是专用性投资接收方的机会主义行为，并增加交易成本；同时，关系型交易又具有促进交易各方参与合作的潜在可能，并且具有价值创造效应。因此，交易各方必须考虑两个不同却紧密关联的问题：一是应否进行关系型交易；二是能否采用有效的手段和方式以增强关系型交易正面效应的同时抑制其负面效应，合作者如何在成本与价值创造之间进行权衡，然后决定基于内部控制基础的关系专用性投资水平、实现负面效应的抑制与治理。相应地，留给我们的研究问题就是：内部控制作为一种制度契约，与关系专用性投资这一关系契约，二者究竟是怎样的一种关系？替代抑或互补？换句话说，内部控制这一制度契约，在增强关系专用性投资正面效应的同时抑制其负面效应中，是否能够发挥作用？发挥怎样的作用？只有回答了这些问题，关系专用性投资对价值创造效应的理论命题才能成立，与之相对应的内部控制制度建设、公司监管才能具有针对性。

在诸多影响关系专用性投资价值创造效应的公司内部因素中，内部控制是不容忽视的重要因素。内部控制既是企业内部各个控制主体之间为实现作为专业化结果交换收益的一种持续均衡利益的契约装置（夏恩·桑德，2000），也是一种维持与特定交易伙伴长期交易关系和利益分配尤其是价值创造的传导装置（林钟高等，2009）。在关系专用性投资价值创造的过程中，内部控制正是通过其信号显示与信息甄别的作用机制，塑造统一和连贯的行为并获得某种信任之外的行为效果，不断扩展企业的关系交易（McMillan，1999）和实现价值的持续增值（Dyer，2003）。因而，作为交易成本经济学的核心概念，资产专用性侧重于从资产所有者的角度研究交易活动和治理机制，把专用性投资作为核心经济变量，进而把企业内部控制制度的选择看成是资产专用性程度的函数。其中心思想是：由于交易各方的有限理性和机会主义行为特征，为保护专用性资产投入者的契约和财产权利，管理、调整和分享他们预期从契约中获得的收益，就需要具备包括企业内部控制在内的一系列相应的制度安排，通过经济交易各方的充分协商和谈判，使制度契约（内部控制）成为普遍共识，规范管理和执行这些契约（交易）关系，确保契约效率，促进企业目标的实现、经济发展以及社会的和谐进步。

前面的分析表明，关系专用性投资有其两面性：一方面，建立在良好声誉基础上的关系专用性投资，能够促进内部控制制度契约的有效执行；另一方面，关系专用性投资也可能因其垄断和主导力量，破坏以市场为基础的内部控制制度契约的执行，表现为对交易一方或第三方权益的侵害，其结果使经济导向“坏”的市场经济轨道上。本书从关系专用性投资的两面性特征出发，依据契约理论，从契约的不同履行机制出发，将契约分成了关系契约与制度契约。关系契约，或称隐形契约，通过固定主体之间的长期博弈来自我实施，其维持仅要求双方知道合约变量的局部信息并且对结果有着共同预期。威廉姆森（1975、1979）认为，资产专用性（Asset Specificity）是指在不牺牲生产价值的条件下，资产可用于不同用途和由不同使用者利用的程度，即当某种资产在某种用途上的价值大大高于在任何其他用途上的价值时，那么该种资产在该种用途上就是具有专用性的。具体来说，专用性资产是为支撑某种交易而进行的耐久性投资，它一旦形成并投资于某一领域，就会锁定在一种特定形态上，若再作他用，其价值就会贬值。借鉴这一概念，关系专用性投资是指合作成员为了使双方的合作关系强化而进行的相关投资，在关系专用性投资中投入的资产被称为关系专用性资产，很明显，关系专用性投资属于关系契约的范畴。制度契约，或称规则契约，主要特征是在于其具有强制性，通过第三方（如法庭）来实施，其所需要的相关契约信息是第三方可以验证的公共信息，需要在制度的基础设施方面投入大量建章立制的固定成本。内部控制是一组为了在取得低交易成本收益的同时弥补企业契约的不完备性、进而实现内外部各个控制主体之间为作为专业化结果的交换收益和持续均衡利益关系的契约安排与制度设计，属于制度契约的基本范畴。关系契约在转型经济国家可以发挥很大的作用，但是随着经济的发展，市场范围不断扩大，扩展的经济交易越来越需要制度契约。在关系契约（专用性投资）向制度契约（内部控制）转变过程中，合理的社会经济基础结构和均衡社会资源配置对于推动内部控制制度契约的执行有着重要意义。“从关系到制度”主要是指减少传统的经济和社会结构所赋予的不同企业在经济和社会资源禀赋方面的不平等，并通过建立公正的秩序与规则来规范企业的行为。

基于前面的分析，本书的研究创新主要体现在以下两点：

（1）针对关系专用性投资这一关系契约的分析发现，在转轨经济和“关系信任”的中国，关系专用性投资对于促进企业价值增值尤为重要，而内部控制则为关系专用性投资的价值创造提供了重要的信息机制、合作机制以及控制机制。综合本书的研究可以得出：一方面，关系专用性投资契约并未违背内部控制制度契约；另一方面，内部控制制度契约对关系专用性投资契约的实施又产生不同的影响，既可能促进了关系交易契约的实施，也可能抑制关系交易契约的实施。这让我们联想到：在一些关于中国法律和经济发展的研究中，Allen 等（2005）采用 LaPorta 等的法律指标来研究中国的法律体系，发现与 LaPorta 等研究中的样本国家相比，中国的法律体系是不完善的。然而，中国经济的增长主要是由一些非正式部门推动的，恰恰是在这些部门，正式法律体系的影响很微弱。Allen 等指出，在评价中国法律体系的时候，仅仅研究中国的正式法律条文是不够的，因此建议研究者关注中国正式法律和非正式执行机制之间的相互影响。王永钦（2006）的理论分析得出，关系型合约的自我实施可以解释中国经济在缺乏正式的法律和产权体系下取得骄人绩效的“悖论”。而企业政治关系、漏损效应以及对非正规金融的利用，都与一定的关系有关，具有关系型合约的性质。政治关系主要是企业与政府、政府官员之间的关系；漏损效应主要是企业利用其与金融机构的关系，将资金转移的过程；对非正规金融的利用，主要是企业家利用个人信用或社会关系，在民间筹集资金的过程。根据 Baker 等（2002）和 Levin（2003）的分析，关系型合约对正式制度是会产生一定影响的，这种影响可能是替代效应，也可能是互补效应。North（1990）指出，在现代西方世界中，生活和经济是由正式的法律和产权所调控的，但即使在最发达的经济中，正式规则也只是构成决定着人们选择种种约束的总体中的一小部分。只要我们稍加思索就会发现，非正式约束是无处不在的。因此，无论是成熟的市场经济国家还是新兴的转轨经济国家，社会网络关系与正式制度（法律、产权等）之间的共存、互动几乎存在于每个经济社会体中，并且两者以完全不同的行为约束机制促进着人们之间的交易和合作。

（2）进一步结合宏观制度环境与微观企业行为的互动作用拓展内部控制研究的新领域，帮助企业在分析自身关系专用性投资的效用体系及资源与能力的基础上，为构建基于价值创造导向的、提升自身竞争优势和市场适应能力的内部控制系统提供重要的理论基础和决策依据。本书开创性地把内部控制制度视为制度契约，把供应商/客户关系投资视为以社会关系为基础维系的关系契约。很显然，关系投资必然受到来自以市场秩序为基础的制度契约的影响。随着市场交易范围的扩大，企业对供应商/客户关系网络的依赖性大大降低，从而减弱了企业被逐出关系网络而可能导致的威胁。因此，内部控制制度治理拓宽了人们交易范围，弱化了供应商/客户关系对企业的约束。本书发现，一方面，内部控制制度契约在降低财务杠杆水平、缓解大股东与中小股东代理冲突方面，具有促进关系专用性投资的效率主义价值；另一方面，内部控制制度契约在抑制企业的非效率投资、企业盈余管理行为方面，具有抑制关系专用性投资的机会主义价值，发现了内部控制这种制度契约的“相机治理”效应，进一步拓展了“关系”和“制度”如何相互影响企业会计信息质量问题的研究文献，对于如何在中国这样一个充满“关系信任”的国家，建立与完善企业内部控制制度具有重要的理论价值。另外，在实践中，基于本书的研究成果，为关系专用性投资的治理机制和内部控制优化提供导向，为政府监管机构制定政策提供更加坚实的微观基础和理论依据。

目　　录

第一章　契约概说：从关系契约到制度契约

根据不同学科和不同研究目的的需要，人们赋予契约不同的理论解释。从契约的思想演化历程看，经历了契约理论的法学、社会学和经济学的不同解释视角，特别是现代经济学视角的契约理论，更是丰富多彩。现代契约理论由科斯开辟先河，到 20 世纪 70 年代以后在经济学家的广泛参与下，确立起基本的理论框架。目前，现代契约成了经济学家最主要的研究对象之一，有关契约的研究文献大量涌现。经济学家沿着不同的路径、强调不同的方面、使用不同的研究方法，从而形成了不完全契约理论、交易费用理论、代理理论、产权理论以及利益相关者理论五大理论体系。本章从契约的不同履行机制出发，将契约分成了关系契约与制度契约。关系契约，或称隐形契约，通过固定主体之间的长期博弈来自我实施，其维持仅要求双方知道合约变量的局部信息并且对结果有着共同预期。制度契约，或称规则契约，主要特征是在于其具有强制性，通过第三方（如法庭或监管机构）来实施，其所需要的相关契约信息是第三方可以验证的公共信息，需要在制度的基础设施方面投入大量建章立制的固定成本。关系契约在转型经济国家可以发挥很大的作用，但是随着经济的发展，市场范围不断扩大，扩展的经济交易越来越需要制度契约。

关系专用性投资有其两面性：一方面，建立在良好声誉基础上的关系专用性投资能够促进内部控制制度契约的有效执行；另一方面，关系专用性投资也可能因其垄断和主导力量，破坏以市场为基础的内部控制制度契约的执行，表现为对交易一方或第三方权益的侵害，其结果使经济导向“坏”的市场经济轨道上。在关系契约（专用性投资）向制度契约（内部控制）转变过程中，合理的社会经济基础结构和均衡社会资源配置对于推动内部控制制度契约的执行有着重要意义。“从关系到制度”主要是指减少传统的经济和社会结构所赋予的不同企业在经济和社会资源禀赋方面的不平等，并通过建立公正的秩序与规则来规范企业的经济行为。

作为交易成本经济学的核心概念，资产专用性侧重于从资产所有者的角度研究交易活动和治理机制，把专用性投资作为核心经济变量，进而把企业内部控制制度的选择看成是资产专用性程度的函数。其中心思想是：由于交易各方的有限理性和机会主义行为特征，为保护专用性资产投入者的契约和财产权利，管理、调整和分享他们预期从契约中获得的收益，就需要具备包括企业内部控制在内的一系列相应的制度安排，通过经济交易各方的充分协商和谈判，使制度契约（内部控制）成为普遍共识，规范管理和执行这些契约（交易）关系，确保契约效率，促进企业目标的实现、经济与社会的和谐发展。

第一节 契约界定及其思想演化

契约（Contract），是市场交易双方或多方之间，基于各自的利益要求及自主自愿的基础上所达成的一种合同、合约或者协议。通过契约形式，促使订立契约的各方，或各自让渡了自己的部分产品或所有权，或从对方得到了自己所需要的东西，从而达到更好满足各自需要的目标。因此，没有任何功利目的的契约是不存在的。

根据不同学科和不同研究目的的需要，人们赋予契约不同的理论解释，理解和分析这些不同解释的差异及其背后隐含的逻辑路线，对于我们研究主题的深入拓展具有重要作用。

一、契约的法学解释

就世界两大法系看，大陆法系是以罗马法为基础的，同时也是以民法为中心发展起来的。在罗马契约的演化过程中，契约的形式逐步被淡化，当事人之间的合意则越来越成为契约的核心要素。买卖、租赁、合伙、委任等契约，债务以当事人的同意而成立，上列各种契约的债务缔结只需要双方当事人的同意①，既不需要用文书，也不需要当事人在场，也没有必要给予某物，正如《法国民法典》所指出的：契约为一种彼此合意，一人或数人对于其中在一人或数人系负担给

① 很显然，这里已经包含了现代契约自由的思想，契约作为当事人合意的产物，只要当事人自愿订立，即具有法律效力。到了中世纪，随着罗马法的复兴，契约自由的思想再一次受到当时法律界的重视，许多关于契约的立法就是以契约自由思想为指导的，1804 年《法国民法典》（又称《拿破仑法典》）就体现了契约自由的思想。

付、作为或不作为的债务。这种典型的“合意核心概念”说，包含三层意思：契约是双方行为、契约是双方当事人的合意、契约是债务发生和结算的依据。因此，依法成立的契约在缔结契约的当事人之间具有相当于法律的效力，契约仅得依当事人相互同意或法律规定的原因取消之。

与《法国民法典》不同的是，《德国民法典》是从更为广泛的视角对契约作出定义的。1896 年制定的《德国民法典》第 305 条规定：因法律行为而发生之债之关系及其内容之变更，除法律另有规定，以契约为必要。而且德国 1919 年的《魏玛宪法》最先将契约自由原则写入宪法当中，该法第 152 条规定：经济关系，应依照法律规定，为契约自由原则所支配。随着西方社会经济水平的不断发展，契约逐渐成为一些处于垄断地位的大公司、大企业弱肉强食的工具，契约自由原则在某些领域内已经造成了实质上的不平等。不断发生的经济危机，使西方社会的矛盾不断深化，大陆法系各国的立法思想也由个人本位逐渐为社会本位所代替，契约自由思想逐步受到限制，契约正义成为新的、更高的要求，充分体现了契约的“法律行为核心”理念。《德国民法典》对契约行为的三个方面修正，就很好地体现了契约法律行为的含义，这三个方面的修正表现在：首先，对契约的形式作了一定的要求，明确规定诸如劳动合同、住宅合同等必须具备一定的形式；其次，限制格式合同，以保护弱势一方的利益，体现真正的契约自由①；最后，对某些契约直接做出了相应的立法规定，以体现契约所涉利益的实质正义。这些契约立法都以当事人双方公平利益的衡量为标准，从平等维护双方当事人的利益出发，实现超越契约自由表面的真实可见的公平和正义。

英美法系，又叫普通法（海洋法）法系，是指沿袭了英国中世纪以来的法律传统，在英国普通法的基础上发展起来的各国法律的总称，区别于大陆法系“从双方合意的角度”理解契约，英美法系主要从“单方允诺的角度（或者对价标准的角度）”来理解契约。中世纪的契约非常注重形式，每一个实体纠纷都有一种对应的诉讼程序，法院只承认那些具备法定书面形式及加盖了印章的合同，而对于缺乏这些书面要件的允诺则只承认其单方行为，不认为其具有合同效力，也无法产生法律上的诉权，正如美国《第二次契约法重述》指出的，所谓契约，是这样一个或者一系列许诺，法律对于契约的不履行给予救济或者在一定的意义上承认契约的履行义务（李永军，2004）。到了 16 世纪，经济的

① 《德国民法典》第 138 条规定：如果契约有悖善良风俗或者契约一方当事人利用另一方当事人的困境、没有经验或者轻率大意，则所签的契约无效。第 343 条规定：法院可以取消不公正的高额违约金。大陆法系国家 20 世纪以后普遍确立的诚实信用的契约原则，是契约法律行为的重要表征，对契约条款的限制也成为 20 世纪契约立法的极为重要的一部分。

发展使社会生活更加复杂化，习惯中使用的诉讼程式已经无法满足日常经济生活的需要，这时，法官也不再拘泥于合同的形式，而是将对价作为契约之诉的重要评判依据①。契约自由的思想在18世纪得到英美法系国家的普遍接受，这一时期的英美法系契约法同西方各国的契约法是一致的，普遍认同当事人订立的合同具有强制执行的效力，这种效力一旦被确认就成为绝对的、不能由国家意志加以改变的。进入19世纪下半叶，随着经济放任主义向着极端的方向发展，亚当·斯密（1768）的自由放任经济思想和亨利·梅因（1816）的“从身份到契约”的法史观奇妙的结合，并形成自由主义契约论，维护私人自由缔约的权利已经成为法律的首要目标，“对价”成为衡量契约效力的重要标准②。但是，进入20世纪以后，英美法系以对价为中心的契约体系遭到挑战。第三人利益合同的大量出现动摇了契约相对性原则，缔约过失责任的采纳打破了以往契约责任要么全有、要么全无的状态，商业习惯成为合同法解释的重要依据，并使商业习惯在契约法中发挥了越来越重要的作用，默示条款成为限制契约自由的新的重要理论工具。可以说，20世纪的契约法，不仅是理论中的法，更是实践中的法，契约法在一个不断变化着的社会中为保护权利和利益发挥更加重要的作用。

虽然，法学中的契约是一种较为狭义的概念，但是，我们从以上两大法系对契约本质的观点中仍然可以看出契约的一些基本特征来：第一，契约是建立在契约当事人之间相互意见一致的基础之上的。契约的本质乃是一种“合意”，是立约人之间意思“合致”的结果。第二，契约是契约当事人自由意志的产物。立约时当事人应当不受干预、不受胁迫地自由作出选择。第三，契约反映了当事人之间的平等关系。契约当事人必须在地位平等的基础上进行协商。否则就不存在自由的意思表达，也就没有真正的“合意”。第四，契约是一种承诺。契约当事人签订契约就是表示自已愿意承担契约中规定的责任义务，产生了一种自愿施加的约束。总之，契约的法学解释强调了当事人的意图必须建立在法律上具有强制力的契约，而不是一个社交性的或者超出法律的协议。协议在执行上不得有障碍，如协议的目标不能实现、违法、违背公共政策以及其他不可强制的情况（李

① 所谓对价（consideration），指当事人一方在获得某种利益时，必须给付对方相应的代价。对价从法律上看是一种等价有偿的允诺关系；而从经济学角度说，对价就是利益冲突双方处于各自利益最优状况的要约而又互不被对方接受时，通过两个或两个以上平等主体之间的妥协关系来解决这一冲突。

② 传统的以契约自由为原则的英美习惯法被以对价为中心的新的契约理论所代替。在英国习惯法上，对价被用来作为自由主义契约的限制工具，而美国法律中的契约则是围绕对价这一核心进行构建的。契约的效力是任何一个国家的契约法都应当考虑的核心问题，在这个问题上，大陆法系国家以“合意”或“协议”的标准来判断；而英美法系国家中，最初始依靠各种各样的诉讼程式来解决，而到了近代则是以对价的标准作为衡量契约的效力。

凤圣，1999）。

可见，在法学领域，随着现代私法由个人本位向个人本位与社会本位相结合而出现私法公法化的趋势下，19 世纪确立的古典契约法理论也在现代发生着重大变革，以当事人意思自治的古典契约法在当代受到了很大冲击。在现代契约法的发展中一个重要趋势就是加强对契约自由的限制，契约自由原则变得不再是绝对的了，它适用的范围及形式受到限制。随着现代社会经济的快速发展，社会经济主体呈现大规模化、集团化，交易过程中的缔约主体往往在形式上平等而实质上并不平等。例如，消费者、上市公司中小股东利益的保护问题，一方面是经济实力极为雄厚的大型企业、跨国公司，而另一方面是力量弱小的消费者、中小股东。尽管他们之间的契约形式上是平等的，但是对于信息的掌控、谈判的能力实质上存在着极大的不平等。因此，对弱势群体的保护问题变得越来越重要，契约法也由以往的契约自由原则转而重视契约正义原则①。美国学者吉尔莫（1995）在其名作《契约的死亡》中指出，允诺不得反悔原则和信赖利益的保护导致英美法传统对价理论的衰落，以对价为中心的契约理论的崩溃导致契约法向侵权法融合，大量的当事人约定以外的义务引入契约法，“责任爆炸”使古典的契约法面目全非。另外，公共政策也将原本属于契约法范畴的许多交易和境况纳入自己的调整范围，如劳动法、反垄断法等。针对现代社会契约关系的这种巨变，美国学者麦克尼尔（1994）提出了著名的关系契约理论，以法社会学的视角分析了社会中现实存在的活的契约关系，认为社会关系本身存在着内在秩序，现代契约法的任务就是要将这种社会秩序赋予法的效力（傅静坤，1997）。日本学者内田贵（1995）在其《契约的再生》中对“契约死亡”的现象作了反思，并以日本社会为样本分析了关系契约理论。

二、契约的社会学解释

从社会学的角度看，麦克尼尔（1994）认为契约不过是有关规划未来交换过程的当事人之间的各种关系，契约的初始根源是社会，没有社会，契约不可能出现，把契约与特定的社会割裂开来，就无法正确理解它的功能。季卫东（1994）认为，契约的核心在于“交换”和“过程”，包含了时间维度的扩展、当事人的相互依存性、在承诺和期待的基础上进行规划的非一次结算性等因素，因此，如果单纯最大限度地追求私益的孤立个人作为当事人的典型，不能适当地把握当事

① 如果把公司治理也看作一种契约的话，则这种契约模式的选择成为国内外学者教育争议的一个难题。西方成熟市场经济国家由于股份分散的特点，公司治理最为关注的是经理人集团对股东利益的侵占，解决的是经理人代理问题。而对于像中国选择一个转型经济和国家而言，由于其股权大多掌握在大股东手里，中小股东成为弱势群体，因而公司治理关注的是大股东对中小股东利益的侵占。

人之间契约关系的整体结构，就会妨碍正确认识契约的本质。

契约的社会学解释从社会网络的角度扩展了契约的外延，将交换作为理解契约的起点，并且将契约从个体行为扩展到群体行为。契约的社会学理论主张：个人融入政治社会是通过一个相互同意的过程，当中，个人同意遵守共同的规则，并接受相应的义务，以保护自己和其他人不受暴力和其他种类的伤害。社会契约理论对催生“主权在民”这一政治理念发挥了重要的历史作用。大多数社会契约理论的出发点，是对不存在任何政治秩序的人类生存条件作启发式的审视，通常称为“自然状态”。在这种情况下，个人的行动只受他们个人的权力和良心所约束。从这个共同的起点，契约的社会论者各以不同的方式证明，为什么一个理性的个人自愿放弃他自然的自由，获得政治秩序的好处。与社会资本概念一样，契约社会学概念最初也来自微观的经济领域，然后成为一个宏观的政治范畴，其思想主要包括以下要点：第一，个体主义的假设。社会契约论认为，个人是一切社会价值的依据，是行为的唯一主体、出发点和归宿，各种集体和共同体的存在都是为了保障个人利益的实现，国家的合法性来自个人自愿的同意。第二，理性假设。理性假设认为，人的理性是评判一切行为合理性的依据，没有理性或理性不健全的人是不正常的，理性的人也意味着一个不断地、千方百计地追求自身利益的人。第三，性恶论。即只要有可能，每个人都会不顾他人的利益而去追求自己的利益，甚至不惜损害他人的利益。第四，消极政府的假设。根据社会契约论，成立政府的唯一目的是保障和实现每个人的利益，而在一般情况下，每个人对自己利益的追求将产生整个社会的繁荣，政府的作用主要是消极地维护社会秩序与法律的执行。下面介绍几位有影响的学者。

卢梭（1762）：其主要思想体现在《社会契约论》（法文：Du Contrat Social，又译《民约论》，或称政治权利原理）中。卢梭发展出“公共意志”的概念，公民不能通过利己主义而追求真正利益，而必须服从由公民集体行动而立下的法律。在社会契约中，每个人都放弃天然自由，而获取契约自由；在参与政治的过程中，只有每个人同等地放弃全部天然自由，转让给整个集体，人类才能得到平等的契约自由。因此，由人民集体地作出的法律，并非是对个人自由的限制，而是其表述。作为个人，作为一个公民，表示明确同意受到限制；如果他不尊重自己的意志已反映到公共意志中，他会受到限制。由于法律代表公民自由的限制，法律代表着人类从自然状态进入文明社会。从这个意义上说，法律是一种文明的力量，有助于陶冶人们的性格。

托马斯·霍布斯（1651）：个人在自然状态下的生活是“孤独、贫困、污秽、野蛮和短暂的”，在这样的状态下，自身的利益、权利和契约的缺失使“社会性”或社会不可能出现。在自然状态下的个人是非政治性和不具有社会性的。这种自然状态之后，当个人走到了一起，并割舍他们一些个人权利，使其他人也同样割舍这些权利，社会契约就会出现。这种“国家核心”的契约理念，是基于国际关系现实主义的重要依据，为国家和主权实体的建立、保护这些新的权利、规范社会互动等提供重要的理论基石。

约翰·洛克（1689）：相信个人在自然状态下，会受道德的约束，在“自然法律”下，不伤害对方性命和财产，但他承认，如果没有政府的保护，人们的权利不能得到保障，将生活在恐惧之中。洛克认为，个人同意组成一个提供“中立的法官”的国家，以保障生命、自由和财产。尽管在自然状态下的人会自愿走到一起形成“国家”这一点不同于霍布斯，洛克的“政府核心契约”理念主张政府的权力“经受统治者之同意取得应有之权力”（美国独立宣言），政府的合法性来自公民派到政府的代表，以行使其自我保存的权利。因此，政府是公正、客观的代理人。

约翰·罗尔斯（1971）：以其巨著《正义论》代表了现今契约公正问题研究领域的最高水准。罗尔斯以公正为主题，建构了一个代表自由主义发展方向的系统理论，将自由主义推进到一个新的阶段。罗尔斯明确指出社会制度是公正的主题，认为：“公正是社会制度的首要价值”，“公正的主要问题是社会的基本结构；或者更确切地说，是社会主要制度分配基本权利和义务、决定由社会合作所产生的利益如何分配的方式”。他所说的“社会主要制度”是指社会的政治、经济结构及社会运行机制；罗尔斯借助假想的“原初状态”（该状态下任何人不知道其需要能否满足、怎样满足，也不知其权利为何）提出了公正的两条原则，第一条原则：每个人都有平等的权利，享受最广泛、完全、平等的基本自由，一切人的类似自由可以和谐共存；第二条原则：社会、经济的不平等应这样安排：（a）不平等将符合最少受益者的最大利益；（b）不平等要以一切社会职位向一切人开放的机会均等为前提。他所说的社会制度的公正就是要按照他的两条公正原则，调节人们出生伊始必然面临的社会不平等，以增进全体社会成员的利益，保障公正状态下的社会稳定。由此看出，罗尔斯把公正与社会制度相联系，继承了先哲们重视社会公正问题的伦理学传统，并侧重于继承洛克、卢梭、康德等人的契约论传统，对社会制度的公正安排问题以自己的方式作了缜密的回答。同时，罗尔斯一改以往学者对公正的认识，开始从程序层面而非结果层面来认识公正，并将公正的分配问题呈现为一个程序公正问题。在《正义论》中罗尔斯认为，不存在对正当结果的独立标准，而是存在一种正确的或公正的程序，这种程序若被人们恰当地遵守，其结果也会是正确的或公平的，无论它们可能会是一些什么样的结果。罗尔斯在《正义论》中更加注重纯粹的程序正义原则，并认为它是在现代社会市场经济条件下实现分配正义的基本程序机制[①]。

阿马蒂亚·森（2009）一生致力于社会选择、福利分配和贫困研究，他的契约思想着眼于长远发展，始终关注人的自由和社会伦理。在他的理论中，公平、平等、自由和完善的福利制度都是保障长远发展的经济措施，其主要贡献在于：以可行能力衡量人类福祉。狭隘的发展观认为，发展就是国民生产总值的增长、个人收入的提高、工业化、技术进步或社会现代化等观点。森在继承了亚里士多德和亚当·斯密等古典思想家的遗产之上，建立起了以追求人的自由为核心并强调社会公平的新的发展理论范畴，即“可行能力”理论视角。可行能力视角雄辩地提出并深入阐述了发展的目的在于人本身，是使人更有可行能力去追求他们自己认为有价值的生活，故发展的评估焦点在于考察能够允许每个人去追求他们自己所认为有价值的生活可行能力是否得到扩展，其中，最基本的可行能力包括健康与长寿、教育水平以及体面的生活。这种从可行能力的视角再次将人置于经济学分析和评价的中心位置，对于那种流行的以物质财富增长为核心的发展观，森一再强调，财富、收入、技术进步、社会现代化等固然可以是人们追求的目标，但它们最终只具有工具性价值，是为人的发展、人的福祉服务的。在可行能力视角被系统化提出后，迅速引起了学术界和国际社会的高度关注和重视。1990年，在已故巴基斯坦经济学家哈克的带领下，联合国计划开发署（UNDP）发表了第一个《人类发展报告》，以可行能力视角为指导评价世界各国的发展。此后，沿袭这一重要理论思想的年度《人类发展报告》成为最受重视的全球性报告之一，并对世界各国的发展理念和发展范式产生了深远的影响。

综合以上论述，从社会学的角度看，西方古代契约文明起源于古希腊，而最辉煌的果实集中体现在以契约法律为主干的罗马私法体系中，罗马人竟然早在2000多年前，就对近现代遇到的一些法权问题作出了“无比明确的规定”（蒋先福，1999），建立了语言简练、概念明确、体例合理、逻辑严密的私法体系。罗

---

① 从以上对古代思想家公正思想的回顾中，可以看出作为描述一定的某些客体事物特定的状态的“公正”涉及的事物，从最初微观的人的行为、人的精神品质公正，发展到了宏观的制度公正，这说明了人们对正义的理解是一个逐步拓宽、逐步深化的过程。社会生活的公正最直接的表现就是交换、分配以及矫正这些特殊公正内容，这些特殊公正的基本前提就是普遍正义，或者说政治正义，它体现为社会基本结构、社会制度的公正。近代思想家继承了传统的公正思想并开始以新的视角关注公正问题，如从自然法、道德习惯、经济等角度对公正理论研究的范围进行扩展，使现代意义上的公正研究成为可能。

西方近代思想家对天赋人权、社会契约以及自由平等的学说著述颇丰，这是与封建社会的解体、市场经济的出现以及现代化进程的推进相适应的，但就总体而言少有对公正问题的正面、系统的论述。但由于天赋人权、社会契约、自由平等的问题是以人的基本权利为基础的，而人的基本权利又是公正问题的基本依据，只有在人的基本权利上形成的公正才是现代意义上的公正。因此西方近代思想家对公正基本依据的探讨为公正理论研究的进一步深入提供了更为广阔的空间，现代哈耶克的古典自由主义正义论、罗尔斯的公平正义论、诺齐克的权利正义论可以说都是与这些思想有着密切联系的。

马契约法最早并且是最全面地反映了契约自由平等的原则，罗马法契约理论在契约法史上开创了一个新的阶段，所有现代契约观念都是从这个阶段开始的（易宪容，1998）。直至今天，无论是大陆法系还是普通法系中也都仍然从古老的罗马法中汲取着营养。这段辉煌的契约文明对后世的影响是巨大的，以致在近代欧洲摆脱了中世纪名为契约社会、实为君权至上、神权至上社会的黑暗统治之后，契约思想再一次在欧洲兴起。到了 17 ~ 18 世纪霍布斯、洛克、卢梭等直接使用契约理论来解释社会、国家的起源以及政府权力的合法地位等社会政治基本问题，使社会契约的思想渐渐在西方社会政治、法律思想中占据了主导地位，并激发了社会的改革与革命。18 ~ 19 世纪随着资本主义生产关系在全世界范围内的确立，以“契约自由”为首要原则的古典契约理论逐步形成（阿马蒂亚·森，1982）。在古典契约理论中经济契约理论、法律契约理论和社会契约理论是相互交织、相互促进的。其中，法律契约理论和社会契约理论得到了较为充分、系统的发展，而作为契约思想来源的经济契约理论却没有得到足够的发展。

三、契约的经济学解释

经济学中契约的含义极其丰富，简单地说，契约可以理解为市场交易关系。契约是随着人类社会交易行为的产生而产生的，并随着经济生活的不断发展而发展，在当今社会中，契约的类型虽然千差万别，但它们都在各自领域解释着不同的经济难题，为人们经济生活的进行和政府的经济政策的制定提供着理论帮助①。

1. 古典契约理论：自由观

经济学通常被定义为这样一个领域：理解对稀缺资源的配置从而使稀缺资源能够最大化地满足人类的无限欲望，在这一资源配置过程中，市场被认为起到了核心作用。人与人之间最基本的经济关系就是交易关系。制度经济学先驱康芒斯（1934）就曾提出，应当把交易作为经济研究的基本单位，并指出交易包含三个方面的内容：第一，交易不是表征人与自然的关系，而是表征人与人之间的秩序内的冲突和依存关系；第二，交易在现象上是物品的交换；第三，交易在本质上

① 契约经济学主要有四大流派：第一，研究传统的一般均衡框架或者说是瓦尔拉斯—阿罗—德布鲁模型，这种简化使研究各种经济制度的基本性质成为可能。通过某些特殊规定，瓦尔拉斯—阿罗—德布鲁模型对于直接分析现实世界中各种类型的契约变得越来越实用。第二，产权—交易成本学派（新制度经济学派）。其基本观点是，一般而言，在交易成本中，似乎信息成本占主要部分，它是经济中存在的契约安排和一般组织结构的主要决定因素。就这一点而言，这种分析方法与瓦尔拉斯—阿罗—德布鲁模型一般均衡理论的精髓有相似之处。第三，是关于契约结构的不对称信息的含义和信息获得成本昂贵代价的研究。它与产权—交易成本学派类似，然而工作方法不同。他强调需要新的分析方法，而产权—交易成本学派则更倾向于实证与应用领域。第四，集中于法律科学或法律与经济学之间的界限上。例如，涉及契约业务的性质，与经济学分析中新出现的契约形式相一致的法律进展，或解释这种进展的可能性以及根据经济学理论解释法律原则和科学实践。尤其在契约分析中，法律科学和经济学有着很多交叉点。

是未来所有权的让与和取得。康芒斯将交易分为了三类：①买卖的交易，即平等个人之间的交换活动；②管理的交易，即上下级之间的命令和服从的活动；③额度的交易，即政府与公民之间的活动。这三类交易类型计划可以涵盖社会生活中的所有经济活动领域。在一个个的交易中，其最本质的性质在于它是人与人之间的契约安排，任何交易都需要某种形式的契约作为媒介来规范、治理和激励，而不论此合同是显性的还是隐性的，是长期的还是短期的，是自执行的还是他执行的。所以，契约可以说是支撑交易活动的根基和媒介。可见，古典契约理论是指一个离散的、自治的市场交换，其通过一个完全详细且明确规定的契约得以及时履行，以货币定价的产品通过货币支付进行交换，而且契约可以由法庭完全强制执行（麦考罗和曼德姆，2005）。这一契约概念包含以下三个特点：第一，契约是具有自由意志的交易当事人自主选择的结果，他们所签订的契约不受任何外来力量的干预；第二，契约是个别的、不连续的；第三，契约的即时性和可执行性。但这一定义缺乏对理性和契约当事人的思考。现代经济学中的契约概念，实际上是将所有的市场交易（无论是长期的还是短期的、显性的还是隐性的）都看作是一种契约关系，并将此作为经济分析的基本要素（科斯，1937）。

2. 新古典契约理论：完全观

在新古典经济学中，市场成为了资源配置的核心，交换成为市场的关键行为，契约在此过程中所起的作用并不为人们所关注。从契约角度来看，市场被假设为完全市场，缔约方（市场参与者）被假定为理性的经济人，缔约所需的信息是对称的和完全的，不存在交易成本和不确定性问题，市场中的所有参与者都按照市场所反映的价格，作出他们参与各自相应的出售或者购买的决策。所有的契约都能很好地执行，缔约双方达成的是一个在生产者和消费者在最优选择行为的基础上、确定情况下的纯交换的契约，最终达到产品市场的均衡与要素市场的均衡，一般均衡理论的创始人瓦尔拉斯（1874）正是通过拍卖理论，描述了这种均衡的实现过程。另一位经济学家埃奇沃斯（1897）认识到了契约的不确定性，在不确定的情况下，缔约方因受到不确定因素影响而可能面临多种状态，因而假设交易者在签订契约以后，还可以找到更好的机会重新签订契约，而且可以反复进行，直到供求双方的境遇达到帕累托最优为止，即不能再通过契约的安排使得一方的处境变好而不使另一方的处境变差，这时将不再有新的契约的发生。要克服不确定性：第一，要对商品进行明确的界定，细分商品所捆绑的权利束，了解商品的所有相关信息；第二，缔约双方当事人要有较强的理性，能够充分地考虑到未来所发生的情况，并对这些情况进行描述；第三，缔约方要有稳定的偏好。新古典经济学对契约的分析正是建立在以上三个假设的框架之内的。阿罗和德布鲁（1954）在希克斯、萨缪尔森创立的一般均衡交易模型的基础上，提出了阿罗—德布鲁模型。该模型依赖于阿罗—德布鲁或有商品（将商品的种类及其所捆绑的相应权利无限的细分，直到达到满足经济行为者需求的程度）和人的理性预期，认为每个经济行为者只需要考虑自身的偏好和价格，且有能力预测未来的产品价格，这样就可以实现市场的均衡。同时，该模型考虑了资源获得和产品生产的不确定性，也考虑了信息不完全和不对称的问题。但阿罗—德布鲁或有商品与人的理性预期的假设与现实世界相去甚远。

新古典契约理论主要有以下特点：第一，契约的抽象性。无论在瓦尔拉斯的交易模型、埃奇沃斯的契约模型，还是阿罗—德布鲁范式中，契约都是作为市场达到均衡的工具或者手段出现的，契约并未真正受到经济学研究的重视。第二，契约的完全性。新古典经济学对契约的假设都是在完全竞争的市场环境下订立和实现的，契约的整个实现过程没有受到任何外来因素的干扰。第三，契约的不确定性。埃奇沃斯和阿罗都已经注意到了未来的不确定性，并且认为这种不确定性将对契约的实现产生影响。

3. 现代契约理论：关系观

现实的市场环境与新古典经济学的假设相去甚远，因此随着经济理论的发展，新古典的契约分析框架受到了严重的挑战。挑战之一是来自 20 世纪 70 年代兴起的信息经济学，在信息不完全的情况下，一般均衡的结论能否成立。另一个挑战来自科斯（1937），他在《企业的性质》这篇论文中探讨了企业的性质以及企业的边界，并认为企业用一个契约代替了一系列的契约，企业就是在市场契约及其履行成本太大的情况下出现的，企业存在的目的就在于节约了订立一系列契约的成本和不确定性。在《生产的制度结构》一文中，科斯对他的契约理论进行了概括：①市场机制的运作是需要花费成本的，为了减少这些成本，人们可以设计成本最小化的契约形式。②企业就是人们设计的一种契约形式。通过契约，生产要素为获取一定的报酬需要接受企业家的指挥。企业家作为中心代理人，通过行政管理协调各要素之间的关系。③企业之所以能够减少成本，是因为企业用一份契约代替了一系列契约。可以说，科斯建立了通过契约分析企业、市场和制度之间的桥梁。在科斯 1960 年的论文《社会成本问题》中，重新阐述了交易成本理论，认为社会中充满了交易成本，合同的订立同样是有各种各样的成本的。切斯特·巴纳德（1938）在对内部组织问题的研究中认为，必须承认理性是有限的。赫伯特·A．西蒙（1945）修正了新古典主义的理性经济人假设，认为决策者具有有限理性的特征，决策的结果不是最大化的。

现代契约理论由科斯开辟先河，到 20 世纪 70 年代以后在经济学家的广泛参与下，确立起基本的理论框架。目前，现代契约成了经济学家最主要的研究对象之一，有关契约的研究文献大量涌现。经济学家沿着不同的路径，强调不同的方面，使用不同的研究方法，从而形成了不完全契约理论、交易费用理论、代理理论、产权理论以及利益相关者理论五大理论体系。现代契约理论的主要代表人物有：罗纳德·科斯（1937、1994），之后又有阿尔钦和德姆赛茨（1972）、威廉姆森（1975、1980）、克莱因等（1978）、詹森和麦克林（1976、1979）、利兰和派尔（1977）、罗斯（1977）、法玛（1983）、张五常（1983）、格罗斯曼和哈特（1986）、霍姆斯特姆和泰若勒（1998）、哈特和莫尔（1990）、阿根亚和博尔顿（1992）、杨小凯和黄有光（1994）、玛格丽特·M. 布莱尔（1995）等学者，对现代契约理论进行了不同角度的拓展。

在不完全契约理论方面，哈特和格罗斯曼（1986）认为，现实中的契约是不完全的，并且无时不在地进行修改和重新协商。根据交易成本理论，这是标准委托—代理理论中遗漏的三种因素的结果。第一，在复杂的、十分不可预测的世界中，人们很难想得太远，并为可能发生的各种情况都作出计划。第二，即使能够作出单个计划，缔约各方也很难就这些计划达成协议，因为他们很难找到一种共同的语言来描述各种情况和行为；对于这些，过去的经验也提供不了多大的帮助。第三，即使各方可以对将来进行计划和协商，他们也很难用下面这样的方式将计划制定出来：在出现纠纷的时候，外部权威比如说法院，能够明确这些计划是什么意思并强制加以执行。换句话说，双方必须不仅能够相互交流，而且还要能够与对签约各方运作环境可能一无所知的局外人进行交流。作为这三种签约成本的结果，双方缔结的合同是不完全的。也就是说，契约中包含了缺口和遗漏条款。具体来讲，契约可能不会提及某些情况下各方的责任，而对另一些情况下的责任只作出粗略或模棱两可的规定。随后经过克莱因、哈特、莫尔和威廉姆森等人的发展，不完全契约理论成为主流经济学最前沿的研究领域。

在交易费用理论方面，科斯认为企业是对市场机制的替代，因为劳务契约无法像物品买卖契约那样容易说明细节，因而通过市场交易的成本会很高，而企业却可以借助其权威关系，通过减少交易次数来节约交易成本，实现比市场机制更为有效的资源配置。张五常（1983）认为，企业并非市场的替代，它只是“要素市场”对“产品市场”的替代，或者说是用“用一种合约取代另一种合约”。杨小凯和杨有光（1994）认为，企业的出现是因为劳动分工增加的经济收益超过了增加的交易成本，两位学者通过建立一个关于企业的一般均衡的契约模型，把企业所有权的内部结构与定价成本相联系，同时把企业的均衡组织形式与交易效率相联系，提出了企业剩余索取权的“间接定价”理论。

在代理理论方面，詹森和麦克林（1976）认为，代理关系定义为一种契约关系，在这种契约下，一个人或者更多的人（委托人）聘用另一个人（代理人）代表他们履行某些服务，包括把若干决策权托付给代理人，由于委托人和代理人之间不同的利益目标，且代理人具有更多的内部信息优势，因而如何避免代理人的“逆向选择”和“道德风险”，成为代理契约研究的核心问题。阿尔钦和德姆赛茨（1972）从团队生产理论出发，认为企业只是一个团队对投入的使用，以及在所有其他投入的合约安排中有些团队处于一个集权的位置，它是一个团队生产进程中的集权的合约代理人，它并不具有更为优越的强制性指令或者惩戒权力，只是为了避免成员的“偷懒问题”和把一组投入要素组织起来投入团队生产以获得更大的收益，需要建立团队意义上的激励机制。

在产权理论方面，契约则主要研究“实现社会资源的最优配置”问题，它以交易费用和产权为概念基石，又以交易费用为基本分析工具，将交易费用、产权关系、市场运作和资源配置效率有机联系起来，研究产权安排及其结构变化对资源配置效率的影响。可见，就产权经济理论角度看，现代契约理论既注重研究不完全契约条件下产权与竞争匹配问题，也注重研究契约主体的多元化与缔结当事人的独立平等性问题，包括以威廉姆森（1980）为代表的强调交易成本的交易成本学派、以德姆赛茨（1972）为代表的强调产权的产权学派、以张五常（1983）为代表的强调产权与交易成本紧密关系的理论学派；以及之后阿根亚和泰勒尔（1997）运用不完全契约理论强调的组织内权威的分配问题、博尔顿和许成钢（1997）运用不完全契约理论强调的产权与竞争的关系问题。

在利益相关者理论方面，美国学者多德（Dodd，1932）在20世纪30年代初与伯利之间一场著名的争论中主张，公司的管理者并不是股东的信托人，而是公司的信托人，而公司是由包括公司雇员、供应商、消费者组成的，公司甚至无法排除政府的影响。公司企业之所以出现就是因为它和社会成员的互动能够创造出纯粹的市场交易无法带来的收益——准租金。阿道夫·A. 伯利和加德纳·C. 米恩斯很快认同了多德的观点，他们于1932年就认为，权力应该被用于为所有利益相关者谋福利。20世纪70~80年代，利益相关者主义受到社会的广泛认同（布莱尔，1995）。理论方面，潘洛斯（Penrose，1959）在其《企业成长理论》中指出，企业是人力资产和人际关系的集合，从而构建了利益相关者理论的“知识理论”。迈克尔·詹森和威廉·麦克林（1976）提出了企业是契约的联结点的重要命题，这为公司治理的利益相关者主义奠定了重要的理论基础。美国斯坦福大学研究所于1963年首次提出“利益相关者”（stakeholder）概念。美国学者弗里曼于1984年出版了《战略管理：利益相关者分析方法》一书，进一步推动了利益相关者理论的发展。美国学者玛格丽特·M. 布莱尔（1995）指出，人力资本作为专门性投入，他们是真正的风险承担者，应当参与公司治理并分享剩余分配。OECD在其2004年颁发的《公司治理原则》中也强调了利益相关者在公司治理契约中的作用，并提出应通过治理制度的安排保证他们的利益。总之，20

世纪 70 年代之后，关于利益相关者的讨论越发多元，而且已经发展成为一个比较成熟的理论，拥有了完善的体系和庞大的学者群。利益相关者理论的契约主张包括三个方面：一是契约主体，企业的最高权力机关由利益相关者（不仅仅是股东）的代表组成；二是契约目标，企业的目标不仅仅是盈利最大化，而且还要承担相应的社会责任；三是契约效率，契约有效性的前提条件是剩余索取权与控制权在每个利益相关者方面的对应和匹配。

综合以上论述，在经济学领域可以看到，古典经济学中没有构建专门的契约理论，只是在古典经济学的某些观点、原则，如“自然秩序”、“自由竞争”、“看不见的手”等中闪耀着契约自由、契约平等的思想①。契约思想并不是古典经济学的研究内容，古典契约理论主要是在法学、政治学中得以成长、丰富的。到了 19 世纪 70 年代，经济学经历了所谓的“边际革命”，建立了现代经济学的基本框架和分析范式，形成了新古典经济学。与这场经济学的分析工具与研究范式革命共同产生和发展的是，产生了瓦尔拉斯的卖者喊价缔约理论、埃奇沃斯的重订契约理论和阿罗—德布鲁的或有契约理论。新古典契约理论已经开始注意到契约的不完全性和不确定性，这些都是现代契约理论的基石与核心内容，但是这些理论都只是为解决市场一般均衡问题的前提下而提出的，并没有对契约本身的性质作出深入研究。从 20 世纪 50 ~60 年代开始，在对新古典经济学的基本假设不断放松的过程中，经济学引入了信息不对称、人的有限理性等内容，极大地增强了经济学的解释能力并使现代契约理论逐渐成为主流经济学的前沿领域。以科斯、阿尔钦安、张五常等人为代表的一部分经济学家接过法学契约理论的研究主题，进一步探讨了交易中的契约安排问题，论述了信息不对称情况下契约运行的交易成本问题，建立了现代经济学中交易成本经济学的基本框架。以哈耶克、诺斯、布坎南等为代表的一部分经济学家选择了政治学中的契约理论作为自己的研究内容，探讨了契约与制度的关系、公共选择等问题，利用契约理论论述了对公共权力的约束、公共行政等问题，确立了制度变迁理论的基本框架。

四、简要小结：经济学契约与法学契约的比较

与法学中的契约相比，经济学中契约所涵盖的内容似乎更广泛一些。现代经济学中的契约概念，实际上是将所有的市场交易（无论是长期的还是短期的、显性的还是隐性的）都看作是一种契约关系，并将此作为经济分析的基本要素。以

① 自然秩序论是古典经济学的基础性前提，主要是指人们有享受财产应得的权利、从事劳动的权利，以及不妨碍他人追求个人利益的自由（熊彼特：《经济分析史》，商务印书馆，1991 年版）。亚当·斯密认为，自然秩序有无比的优越性，“最显然并简单的自然的自由体系”是最和谐的（亚当·斯密：《国民财富的性质和原因的研究》（上），商务印书馆，1982 年版）。

詹姆斯·布坎南为代表的公共选择学派也将人们在政治活动中的各种行为看作是一种契约行为，并加以研究。而且现代契约理论的最新研究方向，已经开始用契约方法分析现代契约理论、委托—代理理论、产权理论、经理市场、金融契约理论、现代组织理论等前沿问题。虽然经济学中的契约与法学中的契约有很大的区别，但两者之间还是有着千丝万缕的联系。经济学中的契约与法学中的契约似乎有着一种天然的对应关系，如经济学契约中的完全契约、次优契约与法学中的有效契约相对应，经济学中的不完全契约与法学中的无效契约、效力待定的契约和可变更、可撤销的契约相对应。同时，社会政治生活方面，霍布斯、洛克、卢梭、孟德斯鸠等人关于社会契约方面的观点也成为经济学中公共选择学派观点的思想源流。如果从埃奇沃斯第一次系统地提出现代契约理论算起，经济学真正将契约作为研究对象也不过百十来年的历史。虽然时间较短，但经济学凭借其学科自身的优势，已经在契约研究中取得了很大的突破。从经济学研究对象的发展来看，从市场到交易再到契约，我们似乎可以发现经济学将契约作为研究对象似乎是一种必然的发展趋势，在这一点上，经济学与法学有着天然的契合。虽然法学对契约的关注已经有好几千年，但法学中的契约研究一直集中于订立契约的自由和对价的平等上，相信随着经济学帝国主义对法学的入侵，经济学对契约理论研究的不断深入，以及经济学研究方法在法学研究中的广泛应用，法学和经济学对契约的解读都将进入一个新的境界。

中国缺乏契约精神

一直以来，中国的市场经济中很多行为并不是体制上的改革，而仅仅是去调整、理顺一种参与市场各个主体间的关系。商业与市场是多元因素在其中起作用进行交易与交换的一个过程，这个交换的过程要达到大家可以计算、判断和衡量，就需要存在一种最基本的约定，这个约定就是契约。契约精神是维持任何一个社会中人们进行理性判断、预测以及比较的基础，实际上，契约精神恰恰是一个商业社会最基本的文化，是基因，而我们中国缺少这种基因，这既与中国的农业社会自给自足相关，又与我们的整个文化有关，还与契约的尊重和保护力度不够、与缺乏完善的违约制约机制有关。

企业股东之间不履约。2010 年 8 月的国美控制权之争在业界“闹”得沸沸扬扬，黄陈双方通过各种手段和途径进行“明争暗斗”，这次讨论中最常见的一个词语就是“背叛”，指的就是违约。在整个事件发展的链条上，国美不是黄光裕的、不是陈晓团队的、不是大股东的，而是全体股东的，这是一系列商业契约所约定的。无论是陈晓还是黄光裕谁背叛了谁，都是对商业契约的背叛。

政府不履约。2003 年，由于徐工集团负债率很高，当地政府以负债率高，要将徐工资产出售给美国的凯雷基金，但随后，便以危及国家战略产业安全为由，阻止徐工收购。事件中，凯雷基金按照中国的合法程序办事，并已与徐工签订合同的情况下，政府强行介入推翻契约。

个人不履约。2008 年 10 月，国际艺术品拍卖巨头佳士得宣布，将拍卖圆明园鼠首和兔首铜像。随后，佳士得对外宣布，中国籍男子蔡铭超以总计 3149 万欧元的价格成功竞得两尊兽首。然而，蔡铭超在成功竞得两尊兽首之后，竟然多次对外高调表示，将拒绝付款（引者注：据 2009 年 3 月 4 日湄洲日报报道，按照国家文物局《关于审核佳士得拍卖行申报进出境的文物相关事宜的通知》精神，佳士得拍卖行在法国巴黎拍卖的鼠首和兔首铜像是从圆明园非法流失的。佳士得在我国申报进出境的文物，均应提供合法来源证明，如果不能提供这个证明或证明文件不全，将无法办理文物进出境审核手续。文物部门如发现佳士得申报的进出境文物可能是被盗、走私文物的，应立即向国家文物局和公安、海关部门报告。蔡铭超表示，我作为一个中国人，必须遵守中国政府的规定，相信我和中国其他收藏家今后都会这样办。如果这两件拍品无法入境，我自然不能付款。对此，国家文物局一位负责人说，这完全是个人行为，非官方的，对此我们不发表言论。当记者问及买家最终不付款，是否会影响中国人的信誉，文物局该负责人表示，买家既然作此决定，就要对自己的个人行为负责）。

汪中求：《契约精神》，新世界出版社，2009 年版。

第二节　关系契约与制度契约：契约理论的延展分析

一、关系契约及其特点

契约是新制度经济学关注的核心问题。标准的契约理论或委托代理理论假设契约内容完全清晰，并在任何可能的状态下可以被证实，法律的执行有效，这是完全契约的理想类型。但是，现实中契约并非如此。由于有限理性的存在，使法律制度不可能十分完善，契约的设计也不可能顾及到所有问题，法律制度的不完善给契约的执行造成了困难，因此，诸多契约的执行都依赖于交易双方的合作性交易关系和法律之外的“人质、抵押、触发策略、声誉”等这些保障机制。由于标准契约理论与现实的冲突，学者们提出了一个新的契约理论——关系契约理论①。关系契约并不对交易的所有内容条款进行具体详尽的规定，仅仅确定基本的目标和原则，过去、现在和预期未来契约方的个人关系在契约的长期安排中起着关键作用。

“关系契约”概念源自于法学家麦克尼尔（Macneil，2000）提出的关系契约理论（relational contract theory）。这一理论从研究社会生活中人与人之间交换关系的特点出发，分析了不同缔约方式，认为每项交易都是嵌入在复杂的关系中的，理解任何交易都要求理解它所包含的关系的所有必要因素，从而形成了一种与传统观念不同的契约法思想。

麦克尼尔认为，契约可以被理解为人与人之间的交换关系（exchange relations），任何交换都包含两类特性：交易性（transactional）和关系性（relational）。他从 12 个方面说明了契约的关系性：①私人关系的嵌入；②交换物品难以被测量；③契约持续时间长；④没有明确的开端和（或）结束时间；⑤事前难以对交易进行精确的计划，但有可能对关系结构进行界定，并且在履行契约的过程中对计划进行完善；⑥交换能否成功完全依赖于履约过程中的进一步合作；⑦参与者共同分享收益和承担成本，但收益和成本常常难以在参与者之间严格分配或分摊；⑧契约中存在不需明文规定的内生义务；⑨契约难以被转让；⑩参与者常常有多个；⑪参与者期望有利他行为出现；⑫参与者认识到在履行契约的过程中会遇到很多困难，并且必须通过他们之间的协调来解决。当交换关系中这些方面的关系性较强时，就会形成关系契约，理解关系契约必须将交易放到关系的情境中去考虑。受麦克尼尔研究的启发，美国经济学家威廉姆森（1979）提出了特质交易的经济学理论，但与麦克尼尔不同，他认为交易的关系性表现为经常性、非标准化和卖方投资专用性。投资专用性可能是高度特质型的，也可能是混合型的，并且提出了关系契约的治理结构是交易专用性治理，又分为双边治理（如外购零部件的活动）和统一治理（如进行纵向一体化，形成企业）两种。

威廉姆森的观点虽然与后来的关系契约研究有很大的区别，但他将麦克尼尔的研究成果引入到经济学，引起了经济学和管理学研究者对关系契约的关注，此后这方面的研究开始日益增多。Milgrom 和 Roberts（1992）认为，关系性契约是指并不就行动的细节达成一致，而是仅明确一般性的条款和关系的目标，以及决

① 如果说，不完全契约理论是从完全信息、确定性等方面对标准契约理论进行了修正，那么，关系契约则是从契约的实施或执行角度深入补充了这一修正。

策和解决争端的机制。Furubotn 和 Richter（1998）同样强调了关系性契约并不试图考虑所有未来的或然事件。Raynaud（2002）认为，在这种长期安排中，过去、现在以及未来预期的缔约主体间的人际关系十分重要。Baker、Gibbons 和 Murphy（2002）认为，关系性契约是对个体行为产生有力影响的非正式协议和口头行为准则。可见，关系契约，或称隐性契约，通过固定主体之间的长期博弈来自我实施，其维持仅要求双方知道合约变量的局部信息并且对结果有着共同预期。

威廉姆森把关系契约引入交易成本理论，提出关系契约适用于解决由于专有性投资造成的签约后的机会主义行为。伴随着企业关系由竞争转向竞合，企业越长期合作也使得企业越来越依赖于关系契约。关系契约的理论阐释和运用见之于法学、经济学、管理学等学科，不同学科之间研究侧重点不同，并且不免存在冲突与相互矛盾之处，但总的来看，关系契约具有如下特点：

1. 关系嵌入性（relational embeddedness）

关系嵌入性是理解关系契约的出发点，“关系”是指契约得以发生的情景。契约服务于交易，而每项交易都是嵌入在复杂的关系中的，因此，必须将契约与其社会背景联系起来进行考察才能理解契约的本来面目。关系嵌入性决定了要从交易所嵌入的关系去理解契约，契约的执行依赖于合作性交易关系。由于契约的关系嵌入性，关系契约中的交易各方大多数的互动发生在合约之外，不需要法院根据看见的条款来执行，而是代之以合作和威胁、交流与策略这样一些特殊的平衡机制。

2. 时间长期性（extended duration）

关系契约持续时间长，随着时间的延伸而继续，将包含未来不确定时期内的一系列“市场交易”。随着时间的延伸和关系的复杂化，关系契约可能涉及其他人，比如供应商、客户、担保人和银行等两个以上的民事主体，关系契约的长期性使契约方可以寻求法律以外的保证机制，避免单次交易中的囚徒困境的发生，进而促进和鼓励有效的交易，并且在长期交易所提供的合作方面的信息有助于建立信任、减少机会主义行为。

3. 自我履约性（self – enforcing）

由于有限理性和交易费用的存在，在专有性投资中敲竹杠（hold up）问题不可避免，而付诸法院解决此类问题可能引起更大的敲竹杠问题，因此，与古典契约的交易完全由法律保障不同，关系契约依赖于自我履约机制，依靠双方在长期合作中存在的承诺可信性的声誉、商业关系的有效培育和其他补偿性技术来处理。当然“胡萝卜”要代替法律执行这根大棒，就必须保证诚实要比不诚实能够带来更多收益，如果交易各方将交易关系持续到未来是有利可图的，诚实就是最好的策略。

4. 条款开放性（open terms）

由于有限理性和较高的交易费用，契约双方对不确定的未来情况都希望保持弹性和灵活反应，从而并不在事前对于那些影响到商业关系或者需要向局外人证实的所有相关信息的所有未来结果达成一致，形成在某种程度上的"非法律协议"。条款的开放性使关系契约具有较强的弹性，但同时也要求双方未来合作的收益足够大，并且应该存在较好合作关系以降低契约协商中的交易成本。

二、制度契约及其特点

随着市场交易范围的扩大，一方面，以社会关系为基础维系的关系契约，逐渐削弱了整个关系网络的利益一致性；另一方面，以市场秩序为基础的制度契约，也减弱了交易各方被逐出关系网络而可能导致的威胁。在人类发展历史中，制度契约是随着产权保护规范化和明晰化而逐渐形成，自发秩序、第三方私人秩序让位于有着更大规模效应的正式司法秩序。制度契约拓宽了人们交易范围，弱化了关系对人们的约束。近些年，经济学界开始把演进博弈论和重复博弈论引入制度契约的分析框架，从而更深刻地解释经济现象。

1. 从博弈论视角出发的三种制度契约观：一个分析框架

经济学家给"制度契约"一词赋予三种不同却相互联系的含义，即博弈的参与人、博弈规则和博弈过程中参与人的均衡策略。

人们在日常交谈中所涉及的制度契约，通常是指重要的组织机构。一些经济学家沿袭这种习惯，将制度契约明确等同于博弈的特定参与人，诸如行业协会、技术协会、大学、法庭、政府机构、司法等，这是关于制度契约的第一种观点（Nelson，1994）。

诺思持第二种观点，认为制度契约应该被视为博弈规则，以区别于它的参与人。他写道："制度契约是社会的博弈规则，或更严格地说是人类设计的制约人们相互行为的约束条件……用经济学的术语说，制度契约定义和限制了个人的决策集合"（1990）。这些约束条件可以是非正式的（如社会规范、惯例、道德等），也可以是有意识设计或规定的正式规则，包括政治规则（如宪法、政府管制）、经济规则和合同。经济规则用来界定产权，即使用与处置经济资源并从中获取收益的一组权利。契约是一种受产权规则制约的关于物品使用和交易的（可实施的）协议。经济博弈的正式规则不可能由博弈的参与人自己制定（变更），其确立必须先于博弈过程。那么由谁来制定经济规则？诺思对博弈规则和博弈参与人（组织及其政治企业家）作了明确的区分，认为后者是规则的制定者和推动制度契约变迁的主体。根据他的观点，现存的博弈规则决定了参与人如何交易及创新的激励，因而产生了对新规则的有效需求。这些新规则将在"政治交易"

上经各方协商而确定，政治市场则由政治规则决定。诺思声称，“正式政治过程本身界定和实施产权”。

关于博弈规则更为严格技术性的定义是由赫尔维茨（Hurwicz，1993）给出的，他的定义更侧重于博弈规则的实施问题。根据他的观点，博弈规则可以表述为给定任何环境下参与人能够选择的行动（决策集）以及参与人决策的每个行动组合（profile）所对应的物质结果（后果函数）。他将这一对设定称为“机制”（mechanism）或“博弈形式”（game form）。可见，赫尔维茨主要关注的问题是一项制度契约“设计”的可能性，该制度契约既能实现给定社会目标，又在一系列环境（技术、偏好和资源禀赋）下与参与人的激励相容。如果为了达到某种社会目标相互冲突而设计出一种机制，但该机制无法自我实施，那就需要附加一种额外的实施机制。

当赫尔维茨考虑实施者的激励问题时，他对制度契约的认识实际上已经接近第三种观点——制度契约的博弈均衡观①。第三种观点最早的倡导者之一是肖特（Schotter，1981）。肖特把社会制度契约定义为：“一种被社会成员认同的社会行为的规律性，它规定了在一些特定和经常出现的情况下的行为，它要么是自我监督，要么由某种外部权威监督。”在肖特的定义中，与第二种观点一样，制度契约被认为是行为规则。但这些规则被假定是内生于经济过程，作为博弈的结果而产生的，而不是由政治或立法过程外生制定的②。

2. 博弈均衡制度观点及其基本特征

以诺思为代表的经济学家认为制度契约是由人们发明、创造和设计出来的博弈规则；持演进博弈论的经济学家认为制度契约不是人们抽象理性分析的结果，而是自生自发地出现和型构而成的社会实在。制度契约是关于博弈重复进行的主要方式的共有信念的自我维护系统。博弈规则是由参与人的策略互动内生的，存在于参与人的意识中，并且是可自我实施的（青木昌彦，2001）。经济规则（习俗、惯例和法律制度）通过协调人们的信息控制着参与人的行动决策规则，共有信念引导着参与人朝某一特定的方向行动。经济规则代表了实际上重复参与博弈的当事人自我维系的基本预期。一种具体表现形式（制度）只有当参与人相信

① 制度的博弈均衡观包括两种观点：进化博弈论（其代表人物是萨格登、扬、鲍尔斯等）和重复博弈论（代表人物是格瑞夫、米尔格罗姆、温加斯特等）。格瑞夫（1996）从博弈均衡的角度给制度契约下的定义是：在博弈论框架中，两个相互联系的制度要素是（关于别人行为的）预期和组织……组织是非技术因素决定的约束，它们通过引入新的参与人（即该组织本身），改变参与人所得的信息，或者改变某些行动的报酬来影响行为。

② 威廉姆森关于制度演进的三个层次可以简单地归结为：第一个层次是非正规制度。第二个层次是正规制度，其中最重要的是通过政治、法律和科层机制来确定产权。第三个层次是执行和监管制度，其中最重要的是对合约关系的监督。

它时才能成为制度。在此意义上，成文法和政府规则如果没有人把它们当回事就不构成制度。经济制度的形成是从习惯到习俗、从习俗到惯例、从惯例到制度化的动态博弈演进过程。建立习惯、习俗、惯例和经济制度的目的是保护不同产权主体的利益。

个人的习惯是社会经济制度的自发秩序与演进和变迁的基础及逻辑始点。习惯作为个人在其事务与活动中行为重复的一种“单元事态”的轨迹，不断地向作为社会群体行为模式之复制的习俗进行“推进”与“转化”。习俗是在有两个以上演进稳定策略的博弈中的一种演进稳定策略。也就是说，习俗是有两个以上的行为规则中的一种规则，而任何一种规则一经确立，就会自我维系（Surgden，1989）。习俗的形成过程是社会群体选择或决策协调均衡的博弈过程，演进稳定策略是纳什均衡，它不需要有第三者通过某种强制力来维护这种均衡性，每个成员都会自觉遵从之。当一种习俗长期驻存之后，习俗就成了惯例。惯例一经形成，它对人们的社会行为比一般习俗有更强的规约性，从而对人们的社会活动（博弈）有一种近乎程式化的约束。同时，惯例通过演化可能最终以法律条文形式固定下来，从而节约因变异或错误带来的失衡成本。尽管惯例的规则不像法律规则和种种规章制度那样是一种成文的、正式的、由第三者强制实施的规则，但当人们经过权衡相信有一种固定规则比没有任何特定规则更为重要时，人们就会因此遵守规则。如果没有惯例的约束，现代市场经济一天也不能运行。

从某种程度上说，惯例与惯例化行为本身构成了市场经济运行本身，而作为正式约束的法律规则，只是在当由种种惯例所“自动”调控和规制着的市场运行机制出了故障的时候，它们才开始发生作用，这一点早为韦伯（2001）所洞察。在《经济与社会》一书中，韦伯论述了惯例在市场运行中的作用。正式的制度源自习俗与惯例，是习俗规则经惯例经司法先例的积累或主权者的认可而形成。习俗、惯例属于自发秩序，正式的法律制度属于人为秩序。有些习俗、惯例等自发秩序可能逐渐会被由政府实施的明确的法律条文所取代，但并非所有的情况都如此。习俗、惯例等自发秩序和法律化的制度人为秩序可以共存，从习俗、惯例到法律的过渡是从非正式约束到正式约束，从自发秩序到人为秩序的演变过程。

青木昌彦（2001）基于共有信念和均衡的概要表征的观点重新对制度契约这一概念下了定义。假定参与人在一个域或跨域策略性地选择行动决策的计划①，并且在该域或跨域内已演化出可持续的稳定结果。那么，给定其他均衡（或更一般地说，另一个均衡序列）存在的情况下，可以对制度契约做如下定义：制度契

① 基于博弈制度均衡观，与制度契约分析有关的域包括：共用资源域、交易域、组织域、组织场、政治域等。

约是关于博弈如何进行共有信念的一个自我维系系统。制度契约的本质是对均衡博弈路径显著和固定特征的一种浓缩性表征，该表征被相关域几乎所有参与人所感知，认为是与他们策略决策相关的。这样，制度契约就以一种自我实施的方式制约着参与人的策略互动，并反过来又被他们在连续变化的环境下的实际决策不断再生产出来。该定义指出了制度契约的五个特征：内生性、信息浓缩性、对于环境连续性变化和微小动荡的刚性或耐久性、与相关域几乎所有参与人相关的普遍性、多重性。一项制度契约可以简要地代表域内不同类型的行动决策规则或所有参与人共同的决策规则，具体取决于域内参与人的行动集合是否对称。可见，制度契约的主要特征是在于其具有强制性，通过第三方（如法庭）来实施，其所需要的相关契约信息是第三方可以验证的公共信息，需要在制度的基础设施方面投入大量建章立制的固定成本。其基本特征如下：

（1）制度契约是以执行力为保障的。制度契约之所以可以对个人行为起到约束的作用，是以有效的执行力为前提的，即有强制力保证其执行和实施，否则制度契约的约束力将无从实现，对人们的行为也将起不到任何的规范作用。制度契约亦并非单纯的规则条文，规则条文是死板的、静态的，而制度契约是在约束、激励人们的行为和尺度发生规范作用的，是动态的，而且是操作灵活、时常变化的。执行力将规则条文由静态转变为动态，赋予了其能动性，使其在执行中得以实现其约束作用，证明了自己的规范、调节能力，从而得以被人们所遵守，才真正成为了制度。认清制度契约所具有的执行力是剖析制度本质的首要条件。

（2）制度契约是交易协调保障机制。从人类的发展历程来看，制度契约是一个随着集体、社会的产生而产生的概念，旧制度经济学家凡勃伦认为，制度契约的形成是看不见的，又是设计式的；新制度经济学就制度起源有契约论说和博弈均衡说，但无论如何制度都是社会的产物。人们只有以一定的方式共同活动和相互交换其活动，才能进行生产。为了进行生产，人们相互之间便发生了一定的联系和关系；只有在这些社会联系和社会关系的范围内，才会有他们对自然界的影响，才会有生产。随着人类社会的进步，经济的发展，人们之间的交换和合作日益增多，在此我们把人们之间的一切交互行为都看作是交易的范畴，即人们之间的交易日益频繁。然而，由于社会分工的出现及细化，交易的多样化和复杂化，以及人们的认知能力的有限性，且生活在一种信息不完全和不对称的环境中，于是在交易的过程中隐瞒、欺诈、偷懒及“搭便车”等机会主义行为开始出现，另外在复杂交易中各行为主体的意愿发生抵触的情况也时有发生，因此而导致的利益冲突和摩擦致使交易无法顺利进行，这时就要求有一种协调机制来促进交易的实现。这样，渐渐地一系列协调机制便产生了，并以一定形式的执行力来约束各交易主体，消除信息不对称，抑制机会主义行为，维护交易各方利益，以保障交易的顺利进行，制度契约实质上就是这样一种交易的协调保障机制。

（3）制度契约指导交易中主体间利益分配和交易费用分摊。从交易过程来看，人们彼此间若想要合作，首先就需要弄清楚他们各自都有什么资源，也就是进行产权的界定。这是交易发生的前提和保障，既包括权利的授予，也包括责任的限定，直接关系到人们的成本与收益，是一种行为主体之间相互博弈或竞争的结果。然而产权界定本身也需要花费成本，因此这个博弈结果需要以某种具有约束力的方式即制度契约确定下来，以保障之后的交易能够按着前期博弈结果进行。在产权制度的基础上，人们之间的合作或交换，就可以看作是产权的交易。交易的发生，必然会给人们带来成本与收益，这二者是人们做出经济决策的基础，那么制度契约协调交易进行的过程，实质上就是一个指导交易行为主体之间的成本分摊和利益分配的过程。换言之，制度契约的本质就是交易中具有执行力的指导交易中主体间利益分配和交易费用分摊的协调保障机制，这种机制既可以是在交易中自发形成的，也可以是由占绝对利益优势的行为主体制定形成的。

三、关系契约与制度契约的相关性分析：基于转型经济视角①

关于关系契约与制度契约的关系，学术界存在一定的分歧。一种观点认为，制度契约与关系契约互为替代品（Baker 等，2002；Leuz 等，2006）。制度契约甚至削弱了企业发展关系的能力，因为它会显示出对交易伙伴的不信任并削弱信任。另一种观点则认为，关系契约与制度契约是相互补充的，精确设计的制度不会阻碍或取代关系契约，实际上会促进更多值得信任的长期合作交易关系。制度契约的形成是以人们对产权保护等价值观念普遍接受为前提，关系契约中人们的互信、自我实施合约有助于第三方正式机制的作用。在复杂、风险更大的交易中，灵活、双边、持续的关系契约和明确的制度条款相结合，使交易履行更加顺畅。关系契约和制度契约二者侧重点不同，制度契约侧重于产权明晰、控制权的配置；关系契约侧重于一定社会规则和规范。但二者也存在一定矛盾冲突。首先，关系契约的实施往往是以双边合意为基础，一方面可以促成双边合作；另一方面形成了双边垄断，即任何一方都无法轻易退出联盟，否则会导致双边利益的损害。从而，限制更有效率交易者的介入或替代。其次，在关系契约中，双边产权关系往往是模糊不清，长期合作固然使双方通过协商分享关系租金，但模糊产权结构显然限制了任何一方面的退出，影响了产权的转让和资源的重新配置。最后，相对于制度契约，关系契约而形成的双边垄断者，往往为了维持这一关系，

---

① 本部分写作引用了王永钦等学者的成果，包括王永钦：《市场互联性、关系型合约与经济转型》，《经济研究》，2006 年第 6 期；王永钦：《十字路口的中国经济：基于经济学文献的分析》，《世界经济》，2006 年第 10 期。在引用中我们做了一定的改动。

常常限制相关信息的发布，从而阻碍了第三方司法秩序的介入，影响了经济交易向以制度为基础交易秩序的转化。不透明、模糊性是关系契约的一个重要特征，这在转型经济国家中更为显著。下面我们介绍两位重要学者的基本观点：

栗树和（2003）讨论的东亚模式问题为我们分析经济转型的关系契约与制度契约提供一个很好的理论起点。他区分了基于关系的治理和基于规则的治理两种合约实施方式：前者是通过固定主体之间的长期博弈来自我实施的，后者则是通过第三方（如法庭）来实施的。关系契约是一种隐性合约，这种合约的维持仅要求双方知道合约变量的局部信息并且对结果有着共同的预期。这种合约的可自我实施性来自于如下事实：长期博弈使得短期的欺骗得不偿失，因为欺骗者将失去未来所有的收益或者合作剩余①。制度契约则需要相关的合约信息是第三方可以验证的公共信息，而且需要在制度的基础设施方面投入大量的建章立制的固定成本（set - up cost）②。所以，这两种治理结构各有其比较优势：在经济发展的初期市场范围比较小的时候，关系契约是一种比较好的治理结构，这是因为它对合约信息结构的要求比较低（不需要第三方可以验证），因此可以实施大量的交易和合约集③；而且由于它几乎不需要花费设立法律制度的固定成本，所以可以节约大量的交易成本。但是随着经济的发展和市场范围的扩大，关系契约的治理成本就会逐渐凸显：因为它增加的边际交易成本（如监督成本）会越来越高，而制度契约的边际交易成本则越来越低（换言之，由于先期的大量固定成本投入，制度契约具有规模经济）。有意思的是，这个框架既可以解释东亚模式的成功，又可以解释东亚危机的爆发：东亚发展的初期尽管没有法制和民主等正式的制度，但是关系契约可以发挥很大的作用，但是随着经济的发展，市场范围不断扩大，这种治理结构埋下了毁灭自己的种子：扩展的经济交易越来越需要制度契约。最危险和微妙的地方发生在这两种治理模式的临界点，这时候会出现治理的真空，在经济上会表现为经济危机，在政治上会表现为政治危机，在社会层面上会造成社会危机。

在栗树和研究的基础上，王永钦（2005）则提出一个互联的关系契约理论，通过引入市场互联性来刻画社会分工程度与治理结构之间的关系。在分工程度较低的发展经济中，相同的两个经济主体之间的交易可能跨越多个市场，这被称为

① 从理论上最早研究隐性合约的是 Macloed 和 Malcomson（1989）。

② Shleifer 和 Mulligan（2005）的实证研究也说明了这一点。他们用美国的州一级的数据证实，法规的制定受市场范围的限制，人口越多的州各种法规也越多。

③ Basu（2001）提出的“核心定理”也说明，理论上凡是由正式合约来实施的，都可以通过社会规范（非正式合约）来实施。这里的逻辑在于，如果书面上的法律不是博弈中的纳什均衡，那么它就得不到实施；但是社会规范却都是现实世界中的纳什均衡。换言之，社会规范可以替代法律，但是法律却不能替代社会规范。法律只有与社会规范吻合的时候，才是有效率的。

"互联的市场"①。王永钦认为，在社会分工程度高的经济中，人们在不同的专业化市场上（specialized market）会跟不同的主体进行交易。在一定程度上，互联的市场会使得在单一的市场上无利可图的关系合约在互联的情况下变得可行，所以，市场的互联性扩大了可行的关系合约集合。王永钦用这个框架解释了中国渐进式改革的内涵和成功之处。转型前的中国和俄罗斯都是传统的计划经济，在这类经济体里国家、组织与个人的关系本质上是一种关系契约，人们可能终其一生在一个地方、一个组织工作，这样的长期博弈使关系契约在技术上成为可能。而且，在传统的计划经济中市场的范围是非常有限的，从而关系契约的外部机会成本非常低，以上两点使得关系契约是高度可以维持的。而且，传统计划经济中的关系契约具有高度的市场互联性，"单位"甚至成为一种社会组织，跨越了人们交易的很多市场（提供产品、服务、保险、金融、教育等），这就使得关系契约的范围更加广泛。王永钦进一步指出，对于中国来说，关系契约在社会经济中发挥重要作用还与中国传统和现实中的三个因素密切相关。首先，从历史来看，中国长期是以农耕为主的定居社会，人们长期世世代代居住在某个固定的地方进行长期博弈。其次，从现代来看，建立在户籍制度上的城市—农村二元社会分割进一步也降低了社会流动性，使长期博弈成为可能。最后，关系契约的维持需要博弈保持在少数几个固定的大博弈方（big player）之间，这也与中国传统的集权社会和集权经济相吻合。特别值得重视的是，中国的关系契约本身是产生于一个集权的垂直政治结构，和一个带有社会分割的社会结构的，因此，中国社会的"关系"既是一种低成本的履约方式（一种润滑剂），又具有利用权力配置资源的功能，甚至可能衍生出腐败（一种摩擦力），认识到这一点，对于理解中国关系型社会的负面影响是非常重要的。尤其值得关注的是，随着经济的发展和市场范围的拓展，社会流动性的增强和分权化的进行，关系契约会变得越来越难以维系，制度契约的治理结构会越来越凸显出它的好处。如何在关系型治理和规则型治理的成本收益临界点到来之前进行适当的制度变革，避免类似19世纪90年代末的东亚危机，是中国经济转型中值得关注的重要议题。

"从关系到制度"主要是指减少传统的政治和社会结构所赋予的不同人在政治和社会资源禀赋方面的不平等，并通过建立公正的秩序与规则来规范人们的行为。由于意识形态等因素，企业面临着不公正的市场环境，即所谓的"翘起的竞技场"（Atitledplaying field）问题（杨德明等，2010）。企业发展常常面临着三个方面的制约，即法律的障碍、政府干预或行政的障碍以及融资难的问题（Bai等，2003；李稻葵和梅松，2005）。面对"翘起的竞技场"问题，企业利用各种

① 其实，更准确的说法可能是"互联的交易"或者"互联的合约"。

关系采取了各种措施以规避这三方面约束，如寻求政治关系或政治庇护以规避法律与政府管制的不利影响（Fan 等，2007；罗党论，2008）；通过漏损效应、寻求非正规金融支持等来解决融资难问题。无论是政治关系还是漏损效应与非正规金融，都与一定的“关系”有关。这些“关系”实际上是一种关系契约，其本质上是一种隐含的自我实施机制（Levin，2003）。这些措施至少起到了两种效果：第一，规避了“翘起的竞技场”问题所带来的约束，为自身发展赢得了空间。在我国企业发展历史中，可以发现企业的发展是与政府的政策推动密切分不开的。正因为这样，企业就必须努力与政府形成良好的关系，这样既可以在政府有关的制度的变化中得到保护，又可以通过这种政治关系来获得相应的资源。第二，在一定程度上对正式制度的效果产生了影响。例如，一定的政治关系有助于企业规避法律管制，甚至可以从法律管制中得到好处，这会导致有关法律制度的一定程度的失效。

综合以上分析可见，考虑到“翘起的竞技场”问题，法治的完善、政府干预的减轻、地区金融发展水平的提高应是有利于企业发展的。但如果一些关系型合约对正式制度（或治理环境）的效果产生了负面影响，那么有关制度对企业发展的影响程度将有所减弱。再考虑到我国各个地区发展的不均衡，有关制度对企业发展的影响程度也会有所不同，不同制度之间还可能存在一定的互补效应。基于这种逻辑，本书后续部分将借鉴正式制度与非正式制度之间的文献，在已有研究（Allen 等，2005；李涛等，2004）基础上，采用上市公司有关数据，进一步考察内部控制与关系专用性投资是否存在替代效应或互补效应，为推动关系契约与制度契约共同协调发展，发挥不同契约之间的互补效应提供理论支持，为关系契约与“企业价值创造之谜”的相关理论提供微观层面的证据。

雷士照明：关系契约的典型写照

2008 年，雷士照明三股东之间产生了严重的分歧。双方互不让步，对方占有 55% 的股份，吴长江只有 45% 的股份。吴长江被要求让出董事长位置，领走 8000 万元后彻底退出雷士。但就在吴长江签订协议退出后的第 3 天，经销商、供应商以及公司的中高层干部，发起了雷士战略研讨会。最后大家决定举手表决吴长江的去留，结果是全票通过他留下，另两个股东表示退出。2012 年，雷士的供应商和经销商再次逼宫。因为对当天与资方的沟通结果不满意，从 7 月 13 日起，雷士照明员工称将举行全国雷士系统罢工；经销商将开始停止下订单；供应商将停止向雷士照明供货。以上三方表示，如果吴长江不回来重掌雷士照明，员工、经销商和供应商将另创品牌，请吴长江出山，供应商将全力支持，并将免费供货半年支持新品牌。

然而，2014 年事态的发展似乎出乎了吴长江的意料，一年前还抱团“挺吴”的经销商队伍，如今却大面积的“倒戈”，成为王冬雷的支持者。8 月雷士照明 36 家省级经销商中，已有 29 家宣布“挺王”，这些经销商的合计销售额约占雷士销售总额的 80% 以上。数据显示，目前德豪润达持有雷士照明 27.03% 的股份，“同盟军”软银赛富和施耐德各持股 18.5% 和 9.22%。以此计算，王冬雷一方的持股比例高达 54.75%，而吴长江持股比例仅为 2.54%，显然，如果其他中小股东不是全面力挺吴长江的话，吴长江在 8 月 29 日股东大会后“净身出户”的可能性极大。果真如此的话，就只有走法律渠道了。

一个评述：在此前吴长江与阎焱的斗法中，经销商团队始终没有被瓦解，连形式上的瓦解都没有出现。而此次经销商这么快就转变风向，说明作为德豪润达董事长的王冬雷，在渠道方面的备手要远远胜过纯粹的资本方阎焱。真是应了“成也萧何、败也萧何”那句老话，也由此说明了关系契约具有的两面性特点。

第三节 研究框架与创新

一、研究框架

以上分析表明，关系型交易有可能诱发交易参与者特别是专用性投资接收方的机会主义行为，并增加交易成本；同时，关系型交易又具有促进交易各方参与合作的潜在可能，并且具有价值创造效应。因此，交易各方必须考虑两个不同却紧密关联的问题：一是是否应该进行关系型交易；二是是否存在有效的手段和方式能够增强关系型交易正面效应的同时抑制其负面效应。相应地，留给我们的研究问题就是：内部控制作为一种制度契约，与关系专用性投资这一关系契约，究竟是怎样的一种关系？替代抑或互补？换句话说，内部控制这一制度契约，在增强关系专用性投资正面效应的同时抑制其负面效应中，是否能够发挥作用？发挥怎样的作用？只有回答这些问题，关系专用性投资对价值创造效应的理论命题才能成立，与之相对应的内部控制制度建设、公司监管才能具有针对性。基于这一指导思想，本书的研究框架如图 1－1 所示。

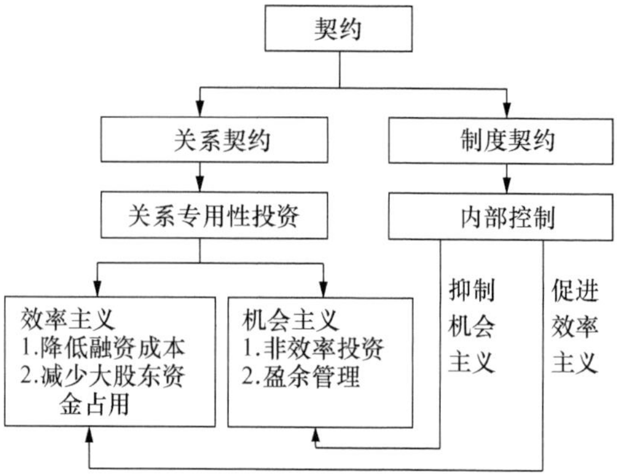

图 1-1　研究框架

在实证研究中，我们借鉴有关文献，对于两个重要的研究变量做如下规定。

关系专用性投资的度量。关系专用性投资，目前主要有三类度量方法：第一类是采用供应商/客户对企业的 R&D 投资强度作为度量它们对企业关系专用性资产的衡量指标（Kale and Shahrur，2007；Raman and Shahrur，2008；Chen，2008）。这种度量方式较直观地反映了供应商/客户在企业运营过程中的投资强度。第二类是借鉴 Nunn（2007）基于美国的投入——产出表，构造和计算的一个基于不同行业的产品专用性投资的衡量指标，目前 Chen and Hsu（2012）、Dou 等（2010）采用这种方式。第三类是采用公司向大供应商的采购比例以及向大客户的销售比例作为关系专用性资产的度量（Titman，1984；Banerjee 等，2008；王少飞等，2010），这种度量方式直接反映了主要供应商/客户对公司的重要性及公司对主要供应商/客户的依赖程度，该指标越大，则表明企业越依赖少量的供应商进行采购或者少量的客户进行销售。本书采用第三种度量方式，因为已有的研究表明，当企业的大部分销售主要依赖一个或几个大客户时，企业的资产对客户的专用性更强（Titman，1984）；Joskow（1988）进一步指出，当一个公司的销售对象主要集中于少数大客户时，这会使公司的资产对大客户形成较强的专用性，这类似于 Williamson（1985）提出的“特定资产”（dedicated assets），是供应商预期到未来与特定客户的长期大量交易进而针对特定客户的需求所做出的特殊投资，并且正是由于预期到未来的交易数额巨大，因此供应商所生产的产品极可能是根据客户的特定需求而定制的，因此供应商还可能进行巨额的“物质专用性资产”的投资（physical assets specificity），而这种物质专用性资产只能用于生产某种特殊形态的产品或是服务，很难转做其他用途。Banerjee 等（2008）认为，与其他衡量方式相比，第三种衡量方式有助于从企业与供应商/客户的关系这个特殊视角来考察企业的关系专用型投资，他们提供的经验证据也表明，对于那些更依赖与供应商或客户交易的公司而言，由于其关系专用型投资程度更高，进而更倾向于保持较低的杠杆水平，这与 Kale 和 Shahrur（2007）采用第一类度量方法得出的研究结论是一致的。因此，本书所指的关系专用性投资包括两个部分，即供应商采购比例（Supply），年报中披露的上市公司向前五大供应商的采购合计值占全年采购的比例，用以度量企业对主要供应商的关系专用性资产；客户销售比例（Customer），年报中披露的上市公司向前五大客户的销售合计值占全年销售的比例，用以度量企业对主要客户的关系专用性资产。

由于不同的度量方式各有其优点，但是我们认为，在具体选择哪种度量方式时，不仅要考虑到数据的可获得性以及数据的准确性，还要考虑具体国家的制度环境对关系型契约的影响。王少飞等（2010）指出，在处于经济转型期的中国，法律对产权的保护较弱，因此新产品、新技术被人模仿的行为得不到有效制止，企业缺乏创新动力，不愿意投入大量的资金进行 R&D。解维敏等（2009）的研究从另外一个角度也说明，在中国当前法律对产权保护乏力的环境下，企业主动进行大规模的投入动机不足，需要有其他补救措施，如政府补助等。另外，在 2006 年之前，中国的会计准则对企业研发支出费用化的会计处理规定，也导致很难从公开披露的年报中准确获取该数据（王少飞等，2010），尽管可以参考解维敏等（2009）的研究方法，对企业公布的年度财务报告进行逐个收集，但是 2006 年新会计准则出台后，改变了过去将研发支出列为发生当期费用的做法，规定企业可以将研发活动划分为研究和开发两个阶段，但具体如何操作有赖于企业自身的职业判断，这也在一定程度上增加了企业的盈余管理空间（宗文龙等，2009），因此这也造成了 2006 年前后企业的研发投入数据具有较大的不对称性和较高的不一致性。而对于第二类度量方式，目前很多研究是直接采用 Nunn（2007）的方法，并且尽管 Dou 等（2013）将其拓展到多国样本中，但是他们还是利用美国的投入—产出表，这也在一定程度上影响了他们研究结论的准确性和普适性；并且，采用这种方法除了需要中国的投入—产出表之外，还需要各种商品的分类信息，虽然中国近年来市场化体制改革取得了巨大成功，由于中国当前的商品流通市场与美国等西方较成熟市场经济国家之间具有较明显的差异性，各地区产品市场的发育程度和要素市场的发育程度还存在较大差异（樊纲等，2010），而中国国家统计局所公布的投入—产出表也存在明显滞后的情况，因此借鉴 Nunn（2007）的方法来计算中国各企业的关系专用性资产也不是非常恰当。

内部控制的度量。如何衡量一项制度是否有效率？我们先从诺思提出的“适应性效率”标准（诺思，1994）做出分析。诺思的“适应性效率”，是指处于该项制度下的人或组织同该制度的适应程度。由于适应性效率纯属一种主观感受上的经验范围，客观上难以进行数量描述，因而除了在该制度约束下的行为主体能够直接体验到适应性效率外，外部观察者通常无法直接把握。对于外部观察者来说，可以对一项制度约束下的人或组织的“产出”结果进行观察，再通过比较来发现该制度的效率。内部控制制度效率具有同样的特性，若企业实施一项内部控制制度安排（假定企业生产技术等外部环境不变），可以从以下几个方面度量内部控制制度的效率（郑兴山等，2001）：

（1）成本收益理论。考虑内部控制制度带来的净收益与内部控制制度投入的净成本的比例①。设 R_1 为企业实施某一内部控制制度带来的收益，R_2 为内部控制制度实施前的收益，内部控制制度带来的收益为 $NR=(R_1-R_2)$，C_1 为实施某一内部控制制度后的企业的总成本，C_2 为在该内部控制制度实施前的企业总成本，$NC=(C_1-C_2)$ 表示实施该内部控制制度的净成本（内部控制制度投入成本），E_1 代表内部控制制度效率，则 $E_1=(R_1-R_2)/(C_1-C_2)=NR/NC$，显然，内部控制制度效率与内部控制制度带来的净收益成正比，与内部控制制度投入净成本成反比。这一度量内部控制制度效率的方法从逻辑上来说较为准确，但只反映了内部控制制度带来的平均效率，且难以用于内部控制制度之间比较。

（2）效率权衡理论（内部控制制度的对比效率）。设 R_2 基本保持不变，且内部控制制度实施的净成本 NC 基本固定，则可用 $E_2=R_2/NC$ 近似地采取某一内部控制制度的内部控制制度效率。如果企业采用另一内部控制制度带来的收益是 R_1'，且净成本 NC 不变，若 $R_1>R_1'$，则实施前一内部控制制度更有效率。内部控制制度的对比效率，这一方法简单实用，可对同一对象采取不同的内部控制制度进行对比分析，缺点是对不同的对象没有可比性，而且实施不同的内部控制制度带来的净成本 NC 常常变动而使这一方法缺乏准确性。

（3）边际效率理论（内部控制制度的边际效率）。设 MR 表示这一内部控制制度的边际收益，MC 代表这一内部控制制度的边际成本，ME 表示采取某一内部控制制度的边际效率，则 $ME=(MR/MC)$ 即表示这一内部控制制度的边际效率，这一度量方法可以判定采取某一新内部控制制度的有效性：若 $ME=(MR/MC)>1$，我们称新内部控制制度是有效的内部控制制度；若 $ME=(MR/MC)<1$，我们称新内部控制制度是无效的内部控制制度；若 $ME=(MR/MC)=1$，则由此可以确定内部控制制度收益的最大化边界。这一方法的优点是内部控制制度变

① 内部控制制度成本主要包括：一是控制的交易成本，指公司外部各利益相关主体（如外部股东、债权人等）在与公司进行交易的整个过程中运用资源的成本，包括信息搜集成本、缔约成本、监督成本和强制履约的成本；二是代理成本，即由于管理人员与所有者的利益冲突而导致的企业价值减少之绝对值；三是控制结构的组织成本，指建立公司组织机关，以及为确保这些权力机关正常运转所耗费的成本；四是遵循成本或执行成本，即公司为执行正式制度所产生的成本；内部控制制度收益则指内部控制制度降低交易成本、减少外部性和不确定性等的程度。

动时可以用来判断内部控制制度变动的科学性和有效性，而且度量准确易行，缺点是不能反映内部控制制度带来的平均效率水平。

（4）成本权衡理论。内部控制作为企业内的一个基于权力制衡的分工合作机制，需要企业中各个责任单位的资产专用性投入程度更高，因此可以从成本权衡的视角来考虑内部控制效率，其内部控制效率的一般函数形式可表示为：

Ec = f（Ct，Ca，Co，Cc）

这里，Ec 为内部控制效率，Ct、Ca、Co 和 Cc 分别代表控制的交易成本、代理成本、控制结构的组织成本以及遵循成本，其中 Cc < C * c。控制的交易成本、代理成本和内部控制效率均呈反向变化，这是业界早已达成的共识。控制结构的组织成本，是指公司在按照外在制度要求，建立控制的权力机关，并保证其正常运转时必然会产生的成本。我们注意到，由于客观上存在与企业规模对应的最佳组织规模，假设为 C_o^*，那么，当 $0 < Co < C_o^*$ 时，说明控制的组织结构设计尚未达到最佳规模。为提高控制效率，公司需要建立健全权力机关，充实组织力量。在此过程中，控制的组织成本会逐渐升高，但内部控制效率提高的速度会更快，即有 $\partial Ec/\partial C_o > 0$，且 $\partial^2 Ec/\partial^2 C_o > o$。内部控制结构从无到有的每一步推进，都将促使控制效率朝着提高的方向发展。然而，当 Co 过大，超出其最佳规模时，则控制的组织机构会过于庞大，运转缓慢，控制效率将出现与组织成本的反向变化趋势。换言之，当 $Co > C_o^*$ 时 $\partial Ec/\partial C_o < o$。所以，在内部控制效率改进的过程中，尽管建立一定规模的组织机构是必备的前提，但组织机构不能过于膨胀，以免产生内耗。在既定外在制度的约束下，遵循成本也是内部控制不可避免的伴生物。当公司严格服从外在制度时存在一个最大的遵循成本 C_c^*。假设外在制度是合理的，那么，如果实际遵循成本小于 C_c^*，则控制效率偏低。随着遵循度的提高，Cc 也将随之增加，并且内部控制效率将呈现加速上升趋势即 $\partial Ec/\partial Cc > 0$，且 $\partial^2 Ec/\partial C^2 c > 0$。但当公司完全遵循外在制度的各种要求后，遵循成本将达到其最大值 C_c^*，不再增加。从某种意义上讲，遵循成本有助于改进控制效率，因而是一种“好”成本。

内部控制治理机制运作的目标就是追求内部控制效率的最大化。从理论上讲，这一命题等价于内部控制成本的最小化，即 Max Ec = Min（Ct + Ca + Co + Cc）。然而，根据前面的分析，提高内部控制效率必然是在既定的正式制度约束下实现的。因而，公司根据外在制度的要求，设置适当的组织框架，并严格遵守法律规范，切实履行自己应尽的法律责任和义务，由此而不可避免会产生一些成本，但这是提高控制效率的基本制度保障。由以上分析我们不难推出，在内部控制效率改进的过程中，对四种成本的处理应有先后之分，将组织成本和遵循成本提高到最适规模即 $C_o^* + C_c^*$ 是降低公司整个控制成本提高公司控制水平的第一步，也是必备的前提。提高内部控制效率与最优状态中控制结构的组织成本及遵循成本的向下刚性并行不悖。因而，更准确的内部控制效率最大化问题的函数表达式应该是：

目标函数：Min（Ct + Ca）

约束条件：$Co = C_o^*$；$Cc = C_c^*$

由上式可知，只有当目标函数满足约束条件后，内部控制的交易成本以及代理成本的大小才变成改进内部控制效率的关键。在降低控制的交易成本时，为减轻信息悖论（information paradox）产生的信息搜寻沉淀成本（Streit and Wegner，1992）避免挫伤外部经济主体的积极性，许多国家以及一些国际组织如经合组织（OECD）都把强调内部控制信息透明披露作为内部控制最佳惯例的必备内容。为降低交易中的监督成本，不少国家在内部控制机制中引入了内部审计和董事会中设立审计委员会制度，用利益相对独立、重视职业声誉的专家引导或监督公司的决策，保护控制中的弱势群体。

从新制度经济学角度看，以上关于内部控制制度效率的含义，大都从成本与收益的对比来解释，并且有两种表示方法：一种是假定内部控制制度所提供的服务或实现的功能为既定，则选择费用较低的内部控制制度是更有效的内部控制制度；另一种是假定内部控制制度选择的费用为给定，那么能够提供更多服务或实现更多功能的内部控制制度是更有效的内部控制制度（林毅夫，1994）。以上衡量方法的不足之处在于：看到了人与人之间在交易中的利益冲突而导致的控制绩效的不同，但由于局限于交易过程，忽视了生产领域（林钟高等，2011），得不出交易中利益冲突的真正来源和变动规律，难以触及内部控制制度效率的实质。同时，仅仅从微观个体成本与收益理性计算出发分析整体的内部控制制度变迁效率，就会面临集体理性与个体理性的冲突，以至于用意识形态和文化的差异说明制度变迁差异性与多样性的最终决定性因素，从根本上颠倒了社会存在与社会意识的关系，忽视了内部控制制度变迁的物质基础性。我们认为，从涉及领域看，内部控制效率是生产和交易领域互相促进和影响的效率；从涉及时间看，内部控制效率是短期的静态配置效率和长期的动态变迁效率在时空转换的效率；从理论基础看，内部控制效率是微观各责任主体互动形成的一种企业内部整体效率。所以对内部控制效率的分析应结合生产和交易领域，从短期和长期的时空转换出发，建立从微观各责任个体到企业整体目标实现的内部控制效率分析框架，才能形成对内部控制效率有较完整的认识。

在理论界，国内外学者（Stratton，1981；Grimlund，1982；Srivastava 1983；Knechel，1983；陈自力等，2005；王立勇，2004）都提出了评价内部控制效率的理论模型，这些理论模型一般只具备理论价值，在具体的实证研究中还难以实施。因此，目前国内研究中使用的内部控制效率评价方法主要分为三种形式：一是通过调查问卷的方式来评价内部控制质量。二是直接根据披露的内部控制评价信息作为指标，如管理层披露的内部控制缺陷、审计师的审核意见等。三是通过构造指数（或者指标体系）来评价内部控制质量（郭晓梅等，2002；朱卫东等，2005；陈汉文，2009、2010；深圳迪博企业风险管理技术有限公司，2008～2011；张兆国等，2011）。本书将利用 COSO 报告关于内部控制构成要素的理论，形成一个包括基本要素、重要类别和系列评价指标的三个层级的递层评价指标体系和综合评价模型，并结合“迪博·中国上市公司内部控制指数”，共同组成对企业内部控制有效性的评价方法。

二、研究创新与不足

内部控制既是企业内部各个控制主体之间为实现作为专业化结果交换收益的一种持续均衡利益的契约装置（夏恩·桑德，2000），也是一种维持与特定交易伙伴长期交易关系和利益分配尤其是价值创造的传导装置（林钟高等，2009）。在关系专用性投资价值创造的过程中，内部控制正是通过其信号显示与信息甄别的作用机制，塑造统一和连贯的行为并获得某种信任之外的行为效果，不断扩展企业的关系交易（McMillan，1999）和实现价值的持续增值（Dyer，2003）。因而，本专著的研究创新主要体现在以下几点：

（1）针对关系专用性投资这一关系契约的分析发现，在转轨经济和“关系信任”的中国，关系专用性投资对于促进企业价值增值尤为重要。综合本书的研究，可以得出：一方面，关系专用性投资合约并未违背内部控制制度合约；另一方面，关系专用性投资合约对内部控制制度合约的实施又产生不同的影响，既可能促进了制度合约的实施，也可能抑制制度合约的实施。这让我们联想：在一些关于中国法律和经济发展的研究中，Allen 等（2005）采用 LaPorta（1998）等的法律指标来研究中国的法律体系，发现与 LaPorta 等研究中的样本国家相比，中国的法律体系是不完善的。然而，中国经济的增长主要是由一些非正式部门推动的，恰恰是在这些部门，正式法律体系的影响很微弱。Allen 等指出，在评价中国法律体系的时候，仅仅研究中国的正式法律条文是不够的，因此建议研究者关注中国正式法律和非正式执行机制之间的相互影响。王永钦（2006）的理论分析得出，关系型合约的自我实施可以解释中国经济在缺乏正式的法律和产权体系下取得骄人绩效的“悖论”。而企业政治关系、漏损效应，以及对非正规金融的利用，都与一定的关系有关，具有关系型合约的性质。政治关系主要是企业与政府、政府官员之间的关系；漏损效应主要是企业利用其与金融机构的关系，将资金转移的过程；对非正规金融的利用，主要是企业家利用个人信用或社会关系，在民间筹集资金的过程。根据 Baker 等（2002）和 Levin（2003）的分析，关系型合约对正式制度是会产生一定影响的，这种影响可能是替代效应，也可能是互补效应。North（1990）指出，在现代西方世界中，生活和经济是由正式的法律和产权所调控的，但即使在最发达的经济中，正式规则也只是构成决定着人们选择的种种约束的总体中的一小部分。只要我们稍加思索就会发现，非正式约束是无处不在的。因此，无论是成熟的市场经济国家还是新兴的转轨经济国家，社会网络关系与正式制度（法律、产权等）之间的共存、互动几乎存在于每个经济社会体中，并且两者以完全不同的行为约束机制促进着人们之间的交易和合作。

（2）进一步结合宏观制度环境与微观企业行为的互动作用拓展内部控制研究的新领域，帮助企业在分析自身关系专用性投资的效用体系及资源与能力的基础上，为构建基于价值创造导向的、提升自身竞争优势和市场适应能力的内部控制系统奠定重要的理论基础。本书开创性地把内部控制制度视为制度契约，把供应商/客户关系投资视为以社会关系为基础维系的关系契约。很显然，关系投资必然受到来自以市场秩序为基础的制度契约的影响。随着市场交易范围的扩大，企业对供应商/客户关系网络的依赖性大大降低，从而减弱了企业被逐出关系网络而可能导致的威胁。因此，内部控制制度治理拓宽了人们交易范围，弱化了供应商/客户关系对企业的约束。本书研究发现，一方面，内部控制制度契约在降低财务杠杆水平、缓解大股东与中小股东代理冲突方面，具有促进关系专用性投资的效率主义价值；另一方面，内部控制制度契约在抑制企业的非效率投资、企业盈余管理行为方面，具有抑制关系专用性投资的机会主义价值，发现了内部控制这种制度契约的“相机治理”效应，进一步拓展了“关系”和“制度”如何相互影响企业会计信息质量问题的研究文献，对于如何在中国这样一个充满“关系信任”的国家，建立与完善企业内部控制制度具有重要的理论价值。

（3）本书研究结论表明，在正式制度约束较弱的中国，外部网络关系常常作为正式制度不完善的替代机制，而企业与主要供应商/客户构建的关系型交易有助于降低交易成本，提升长期绩效；作为企业内部重要的治理机制之一，内部控制制度的建立和有效实施更是对关系型交易的一种从外向内的自然延伸和替代保护机制。因此，通过检验商业关系网络通过充当正式制度的替代物来对公司治理产生影响的客观证据，顺应了 Allen 和 Babus（2008）呼吁对关系网络产生的经济后果的关注，其相关启示在于，在市场竞争日益加剧的今天，公司利益相关者组成的关系网络，以及通过内部和外部的关系网络对公司治理共同产生的影响，对于公司的生存和发展更为重要。鉴于企业间关系的未来价值是利益相关者与企业构建关系网络的核心，因此，企业的公司治理机制的核心是协调利益相关者的关系。公司必须顺应经济、社会生态变化的要求，按照利益相关者的利益诉求和行为规则来规范和约束自己的经营行为，以诚信为本，通过关系网络融入社会，在企业利益相关者网络关系的协同作用下生存和发展。

另外在实践中，基于本课题的研究成果，为关系专用性投资的治理机制和内部控制优化提供导向，为政府监管机构制定政策提供更加坚实的微观基础和理论依据。

本书可能存在的不足：

（1）由于受到上市公司披露前五大供应商/客户具体信息内容的限制，不能具体判断公司每年的前五大供应商和前五大客户是否包含了公司的关联方，以及可能关联方交易的具体数量。

（2）如果公司处于那些集中度非常高的行业，其市场地位提供了相对于其供应商和客户而言的相对谈判优势，这使公司与其供应商和客户在交易时可能处于更加有利的地位。

（3）供应商供货给企业可能存在三种情况，即现金交货、企业预付款项、企业赊账。应该说，赊账情况下，供应商企业更有可能因为求偿要求而关注企业的财务杠杆水平。但受制于数据限制，本书无法具体甄别。

总之，正如 Allen 和 Babus（2008）呼吁的那样，应该关注企业间的关系网络可能产生的经济后果，是一个极具现实意义但又充满挑战的研究课题。在未来更长一段时间我们仍将致力于研究企业的资产专用性问题，期望能有更多企业披露相关数据后有助于我们在一个更高的层面上破解上述难题。

本章参考文献

［1］ Alchian，Armen and Demsetz，Harold. Production，Information Costs and Economic Organization. *American Economic Review*，1972（62）：777－795.

［2］ Allen，F.，Qian，J.，Qian，M. Law，Finance，and Economic Growth in China. *Journal of Financal Economics*，2005（77）：57－116.

［3］ Arrow，K. J.，Debreu，G. Existence of an Equilibrium for a Competitive Economy. *Econometrica*，1954，22（3）：265－290.

［4］ Baker，George，Gibbons，Robert and Murphy，Kevin J. Relational Contracts and the Theory of The firm. *Quarterly Journal of Economics*，2002，117（1）：39－811.

［5］ Basu，Kaushik. *The Role of Social Norms and Law in Economics：An Essay on Political Economy*, *in Scott and Keates* (eds.). Schools of Thought, Princeton University Press, 2001.

[6] Bai, C., Li, D. D., Wang, Y. Thriving in Tilied Playing Field: a Analysis of Chinese Non – state Sector. Working Paper, 2003.

[7] Banerjee S., Dasgupta S., Kim Y. Buyer – Supplier Relationships and the Stakeholder Theory of Capital Structure. *Journal of Finance*, 2008, 63 (5): 2507 –2552.

[8] Chen H., and D. Jeter. The Role of Auditing in Buyer – Supplier Relations. *Journal of Contemporary Accounting and Economics*, 2008 (4): 1 –17.

[9] Douglass C. North, 1990, Institutions, Institutional Change and Economic Performance, 中译本, 道格拉斯·C. 诺斯:《制度、制度变迁与经济绩效》(杭行译), 北京: 格致出版社, 2008 年版。

[10] Dou, Ole – Kristian Hope, Thomas. Relationship – Specificity, Contract Enforceability, Income Smoothing: An International Study, University of Toronto Working Paper, 2010.

[11] Dyer J. H., Chu W. The Role of Trustworthiness in Reducing Transaction Costs and Improving Performance: Empirical Evidence from the United States, Japan and Korea. *Organization Science*, 2003, 14 (1): 57 –68.

[12] Fama, E., and Jensen, M. Agency Problems and Residual Claims. *Journal of Law and Economics*, 1983 (26): 327 –349.

[13] Furubotn, E. G. and Richter, R., 新制度经济学: 一个评价, 载于 Furubotn, E. G. and Richter R. (编):《新制度经济学》(中译本), 上海财经大学出版社, 1998 年版.

[14] Fan, T., Wong, T. J. Zhang, T. Y. Politically Connccted CEOs, Corporate Governance, and Post – IPO Performance of China's Newly Partially Privatized firms. *Journal of Economics*, 2007 (85): 330 –357.

[15] Grossman, Sanford, and Oliver Hart. The Costs and Benefits of Ownership: A Theory of Vertical and Lateral Integration. *Journal of Political Economy*, 1986 (94): 691 –719.

[16] Holmstrom, B. and J. Tirole. Private and Public Supply of Liquidity. *Journal of Political Economy*, 1998 (106): 1 –40.

[17] Hart, Oliver and John Moore. Property Rights and Nature of the Firm, *Journal of Political Economy*, 1990, 98 (6): 1119 –1158.

[18] Hayek, F. A. The Constitution of Liberty, Chicago: The University of Chicago Press 1960 (中译本), 哈耶克:《自由秩序原理》(邓正来译), 北京: 生

活·读书·新知三联书店，1997 年版。

[19] Hurwicz, L. Toward a Framework for Analyzing Institutions and Institutional change, in Bowles et al. Markets and Democracy: Participation, Accountability, and Efficiency. Cambridge: Cambridge University Press, 1993.

[20] Jensen, Michael C. and William Meckling. Theory of Firm: Managerial Behavior, Agency Cost, and Ownership Structure. *Journal of Financial Feonomics*, 1976 (13): 187 -221.

[21] Jensen, Michael C. and William Meckling. Rights and Production Functions: An Application to Labor - Managed Firms and Codetermination. *Journal of Business*, 1979, 52 (4): 469 - 506.

[22] Joskow, P. L. Asset Specificity and the Structure of Vertical Relationships: Empirical Test of Transaction Cost Analysis. *Journal of Law, Economics and Organization*, 1988, 4 (1): 121 -139.

[23] Klein, B., R. G. Crawford, and A. Alchian. Vertical Integration, Appropriable Rents and the Competitive Contracting Process. *Journal of Law and Economics*, 1978, 21 (2): 297 -326.

[24] Kale, Jayant R., Husayn Shahrur. Corporate Capital Structure and the Characteristics of Suppliers and Customers. *Journal of Financial Economics*, 2007, 83 (2): 321 -365.

[25] Leland, H. E. and D. H. Pyle. Informational Asymmetries, Financial Structure and Financial Intermediation. *Journal of Finance*, 1977 (32): 217 -240.

[26] Leuz, C., Felix, O. Political Relationships, Global Financing and Corporate Transparency. *Journal of Financial Economics*, 2006 (81): 411 -439.

[27] Li, S. Relat Ion - based versus Rule - based Governance: an Explanat ion of the East Asian Miracle and Asian Crisis. *Review of International Economics*, 2003, 11 (4) 651 -673.

[28] Levin, J. Relational Incentive Contract. *American Economic Review*, 2003, 93 (3): 835 -857.

[29] La Porta, Raf eal; Lopez - de - Silanes, Florencio; Shleifer, Andrei & Vishny, Robert, Law and finance *Journal of Political Economy*, 1998, 106 (6): 1113 -1155.

[30] Macniel, I. R. Relational Contracts Theory: Challengesand Queries. Northwestern University Law Review, 2000 (3): 877 -907.

[31] Milgrom, Paul, and John Roberts. Economics, Organization and Manage-

ment. Englewood Cliffs, NJ: Prentice - Hall, 1992.

[32] McMillan. J. , C. Woodruff. Inter Firm Relationships and in Formal Credit in Vietnam. *Quarterly Journal of Economics*, 1999 (114): 1285 - 1320.

[33] Nelson, R. The Co - evolution of Technology, Industrial Structure, and Supporting Institutions. *Industrial and Corporate Change*, 1994 (3): 56 - 81.

[34] North, D. C. Institutions, Institutional Change and Economic Performance. Cambridge: Cambridge University Press, 1990.

[35] Nunn Nathan. Relationship Specificity, Incomplete Contracts, and the Pattern of Trade. *The Quarterly Journal of Economics*, 2007, 122 (2): 569 - 600.

[36] Philippe Aghion and Patrick Bolton. An Incomplete Contracts Approach to Financial Contracting. *Review of Economic Studies*, 1992 (59): 473 - 494.

[37] Penrose E. The Theory of the Growth of the Firm. John Wiley, New York, 1959.

[38] R. H. Coase. The Problem of Social Cost. *Journal of Law and Economics*, 1960 (3): 1 - 44.

[39] Ross, S. A. The Determination of Financial Structure: The Incentive Signaling Approach. *Bell Journal of Economics*, 1977 (8): 23 - 40.

[40] Raynaud, Emmanue. Loic Sauvee and Egizio Valceschini, Governance of the Agri food Chains as a Vector of Credibility for Quality Sign alization in Europe. 10 th EAAE Congress: / Exp loring diversity in the European Agrifood System, August 28 - 31, Zaragoza, Spain.

[41] Raman K. , Shahrur H. Relationsihp - specific Investment and Earnings Management: Evidence on Corporate Suppliers and Customers. *The Accounting Review*, 2008, 83 (4): 1041 - 1081.

[42] Schotter, A. The Economic Theory of Social Institutions. Cambridge: Cambridge University Press, 1981.

[43] Shleifer, A. and C. Mulligan. The Ext ent of the Market and the Supply of Regulation. *Quarterly Journal of Economics* , November, 2005 (120): 1445 - 1473.

[44] Streit M. E. and Wegner G. Information, Transaction and Cataplexy: Reflections on Some Key Concepts of Evolutionary Market Theory, in U. Witt (ed.), Explaining Process and Change, Ann Arbor, M I: University of Michigan Press, 1992.

[45] Titman, S. The Effect of Capital Structure on a Firm's Liquidation Decision. *Journal of Financial Economics* , 1984, 13 (1): 1 - 19.

[46] Williamson, O. Markets and Hierarchies: Analysis and Antitrust Implications. The Free Press, *New York*, 1975.

[47] Williamson, O. E. The Organization of Work. *Journal of Economic Behavior and Organization*, 1980 (1): 5-38.

[48] 阿道夫·A. 伯利、加德纳·C. 米恩斯：《现代公司与私有财产》（中译本），商务印书馆，2005年版。

[49] 阿马蒂亚·森：《正义的理念》（中译本），中国人民大学出版社，2012年版。

[50] 布坎南：《自由、市场和国家》（中译本），吴良健等译，北京经济学院出版社，1988年版。

[51] 陈自力、李尊卫：《离差最大化法在商业银行内部控制评价中的应用》，《重庆大学学报》（自科版），2005年第28期。

[52] 陈汉文：《中国上市公司内部控制指数（2009~2011）：制定、分析与评价》，《上海证券报》，2010~2012年。

[53] 樊纲、王小鲁、朱恒鹏：《中国市场化指数——各地区市场化相对进程报告2009年报告》，经济科学出版社，2010年版。

[54] 傅静坤：《二十世纪契约法》，法律出版社，1997年版。

[55] 郭晓梅、傅元略：《ZPM内部控制制度的综合评价模型》，《上海会计》，2002年第12期。

[56] 亨利·梅因：《1816》，沈景一译，商务印书馆，1959年版。

[57] 赫伯特·A. 西蒙、詹正茂译：《管理行为》，机械工业出版社，2013年版。

[58] 季卫东：《当代法学名著译丛》（合编），中国政法大学出版社，1994年版。

[59] 蒋先福：《契约文明》，《法治文明的源与流》，上海人民出版社，1999年版。

[60] 经济合作与发展组织：《OECD公司治理原则》（2004，中译本），中国财经出版社，2005年版。

[61] 科斯·哈特、斯蒂格列茨等，拉斯·沃因、汉斯·韦坎德编，李风圣等译：《契约经济学》，中译本序言，经济科学出版社，1999年版。

[62] 康芒斯：《制度经济学》（中译本），华夏出版社，2013年版。

[63] 李稻葵、梅松：《中国非国有企业研究文献综述》，《经济学报》，2006年第2期。

[64] 罗党论：《市场环境、政治关系与企业资源配置——基于中国民营上

市公司的经验证据》，经济管理出版社，2010 年版。

［65］李涛：《政府管制、法治、银行发展与中小企业发展》，《经济学》（季刊），2004 年第 4 期。

［66］李永军：《合同法》，法律出版社，2004 年版。

［67］卢梭：《社会契约论》（1762），钟书峰译，法律出版社，2012 年版。

［68］罗纳德·科斯：《企业的性质》（1937）；盛洪译：《现代制度经济学》，北京大学出版社，2003 年版。

［69］罗纳德·哈里·科斯：《生产的制度结构》（中译本），上海人民出版社、上海三联书店，1994 年版。

［70］林毅夫：《关于制度变迁的经济学理论》；科斯等：《财产权利与制度变迁》，上海三联书店、上海人民出版社，1994 年版。

［71］林钟高、徐虹、吴玉莲：《交易成本与内部控制的治理逻辑——基于企业内合作和不确定性视角的分析》，《财经研究》，2009 年第 2 期。

［72］林钟高、徐虹：《分工、控制权配置与内部控制效率研究》，《会计研究》，2009 年第 3 期。

［73］林钟高、曾祥飞、储姣娇：《内部控制治理效率：基于成本收益视角的研究》，《审计与经济研究》，2011 年第 1 期。

［74］麦考罗、曼德姆、吴晓露、潘晓松、朱慧：《经济学与法律——从波斯纳到后现代主义》，法律出版社，2005 年版。

［75］玛格丽特·M. 布莱尔：《所有权与控制——面向 21 世纪的公司治理探索》（中译本），中国社会科学出版社，1995 年版。

［76］马克斯·韦伯（Max Weber）、温克尔曼（Winckelmann），1921，Wirtschaft und gesellschaft，林荣远译：《经济与社会》（中译本），商务印书馆，1997 年版。

［77］孟德斯鸠：《论法的精神》（上、下册，中译本），商务印书馆，1961 年版。

［78］内田贵：《契约的再生，民商法论丛》（第三卷），法律出版社，1995 年版。

［79］诺思：《制度、制度变迁与经济绩效》（中译本），上海三联书店，1994 年版。

［80］切斯特·I. 巴纳德：《经理人员的职能》，王永贵译，机械工业出版社，2007 年版。

［81］青木昌彦：《比较制度分析》，麻省理工学院出版社，2001 年版，周黎安译，上海远东出版社，2001 年版。

［82］深圳迪博企业风险管理技术有限公司：《中国上市公司内部控制白皮书》，中国财政经济出版社，2008～2011年版。

［83］托马斯·霍布斯：《论众民》1651，刘小枫编，赵雪纲译，利维坦、华夏出版社，2008年版。

［84］瓦尔拉斯、蔡受百译：《纯粹政治经济学要义》，商务印书馆，1990年版。

［85］王立勇：《内部控制系统评价的定量分析模型》，《财经研究》，2004年第3期。

［86］王永钦、张晏、章元、陈钊、陆铭：《十字路口的中国经济：基于经济学文献的分析》，《世界经济》，2006年第10期。

［87］王少飞、周国良、何小杨、于旭辉：《关系型投资与审计行为》，《财经研究》，2010年第5期。

［88］解维敏、唐清泉、陆珊珊：《政府R&D资助，企业R&D支出与自主创新——来自中国上市公司的经验证据》，《金融研究》，2009年第6期。

［89］夏恩·桑德：《会计与控制理论》，方红星等译，东北财经大学出版社，2000年版。

［90］伊恩·R. 麦克尼尔：《新社会契约论》（中译本），中国政法大学出版社，1980年版。

［91］约翰·洛克：《政府论》，杨思派译，中国社会科学出版社，2009年版。

［92］约翰·罗尔斯：《正义论》，何怀宏等译，中国社会科学出版社，2009年版。

［93］易宪容：《交易行为与合约选择》，经济科学出版社，1998年版。

［94］亚当·斯密、高格译：《国富论》，中国华侨出版社，2012年版。

［95］杨小凯、黄有光：《专业化与经济组织——一种新兴古典微观经济学框架》，张玉纲译，经济科学出版社，1999年版。

［96］杨德明、王兵、王春丽：《翘起的竞技场、关系型合约与公司价值—来自民营上市公司的证据》，2010年版，http：//www. docin. com/p－374582275. html#documentinfo.

［97］张五常：《企业合约的性质》，上海三联书店，1989年版。

［98］宗文龙、王睿、杨艳俊：《企业研发支出资本化的动因研究——来自A股市场的经验证据》，《中国会计评论》，2009年第12期。

［99］朱卫东、李永志、何秀余：《基于BP神经网络的企业内部控制体系评价研究》，《运筹与管理》，2005年第7期。

［100］郑兴山等：《产权制度和企业绩效》，《经济体制改革》，2001 年第 1 期。

［101］张兆国、张旺锋、杨清香：《目标导向下的内部控制评价体系构建及实证检验》，《南开管理评论》，2011 年第 7 期。

第二章　内部控制与关系专用性投资的契约属性及其效应分析

从契约理论的角度看，内部控制是一组为了在取得低交易成本收益的同时弥补企业契约的不完备性，进而实现内外部各个控制主体之间作为专业化结果的交换收益和持续均衡利益关系的契约安排与制度设计，属于制度契约的基本范畴。威廉姆森（1975、1979）认为，资产专用性（Asset Specificity）是指在不牺牲生产价值的条件下，资产可用于不同用途和由不同使用者利用的程度，即当某种资产在某种用途上的价值大大高于在任何其他用途上的价值时，那么该种资产在该种用途上就是具有专用性的。具体来说，专用性资产是为支撑某种交易而进行的耐久性投资，它一旦形成，投资于某一领域，就会锁定在一种特定形态上，若再作他用，其价值就会贬值。借鉴这一概念，关系专用性投资是指合作成员为了使双方的合作关系强化而进行的相关投资，在关系专用性投资中投入的资产被称为关系专用性资产，很明显，关系专用性投资属于关系契约的范畴。

本章在文献回顾的基础上，从制度契约与关系契约的视角，分别讨论了内部控制与关系专用性投资的契约属性，并根据两者的互动关系展开有关经济效应的分析，进一步深入分析研究内容及其逻辑框架，为后续的实证研究奠定重要的理论基础。

第一节　内部控制的契约属性：制度契约视角

一、文献回顾与评价

内部控制的产生和发展，总是和社会生产力、人类经营管理方式等客观生态环境密切相关的，内部控制作为根植于一定控制环境之中的管理或控制科学，经济生态环境影响并制约内部控制具体内容和表现特征。在内部控制理论与实践的发展历程中，《企业内部控制——整体框架》（以下简称 COSO 系列报告，1992、1994、2004、2013）研究报告尽管饱受争议①，尽管实施效果还有待以后逐步观察，但 COSO 系列报告仍然不失为一份内部控制里程碑式的重要文献。

相对欧美等西方发达国家，我国内部控制理论研究起步较晚，直至 20 世纪 80 年代，我国学术界才开始对这一领域进行探索。虽然我们起步较晚，但我们发挥了后发优势，在借鉴和吸取欧美发达国家的较为成熟的内控思想的同时，自 20 世纪 90 年代以来，国内学者对内部控制的研究取得了丰硕的成果。从 20 世纪 80 年代的内部控制理论的初探，到 2000 年 7 月首次以法律的形式将内部控制写入《中华人民共和国会计法》，到 2006 年 6 月 5 日上海证交所尝试性的推出《上海证券交易所上市公司内部控制制度指引》，以及同年 9 月 28 日深圳证交所出台《上市公司内部控制指引》②，到 2007 年 3 月 22 日，财政部颁布《企业内部控制规范——基本规范》和 17 项具体规范（征求意见稿），再到 2009 年 7 月 1 日，财政部会同证监会、审计署、银监会、保监会共同制定实施的《企业内部控制基本规范》。以上种种大动作引起了众多上市公司和学术界的震动，均说明内部控制的重要性和社会的关注程度。

考察国内外相关文献不难发现，围绕内部控制的研究基本上是聚焦于审计和管理两个视角，审计视角的内部控制突出其在财务报告可靠性方面的功能作用，管理视角的内部控制突出其通过有效地获取和利用资源谋求价值创造的目标（李心合，2007）。特别是近年来，伴随公司环境的变化，对内控的研究以及制定有关内控指南的工作思路已经或者正在从审计视角向管理视角、从审计方法向管理

---

① COSO 委员会是一个由美国注册会计师协会、美国会计学会、财务经理人协会、内部审计师协会和全国会计师协会共同发起并出资组成的民间组织。该组织本着通过商业伦理、有效的内部控制和公司治理提高财务报告质量的宗旨，有着一套严密的研究范式和程序。自 1985 年成立至 2014 年近 30 年时间，共发布了六份研究成果，对全世界的会计审计和证券界都产生了深远影响。本专著所指的 COSO 报告是指 COSO 委员会 1992 年发布的《内部控制——整体框架》、2004 年发布的《企业风险管理——整体框架》和 2013 年发布的《内部控制——整体框架》。有关这些具有世界影响的文件内容、变迁过程以及相关的评述，有兴趣的读者可以查找有关资料，这里不赘述。当然，在内部控制理论的发展过程中，内部控制局限性一直是与其目标实现相关的最为重要的一个问题。对此，《萨班斯法案》也提出了一些初步的改进意见。因为自身局限性的存在，无论内部控制的设计和运作多么妥当，它都仅能就单位目标的达成、对管理阶层提供“合理”而非“绝对”的保证。

② 2006 年 9 月 28 日，深交所公布的这份名为《上市公司内部控制指引》的文件规定：深市主板上市公司自 2007 年 7 月 1 日文件正式生效后，均要按要求披露内控制度制定和实施情况。这一文件，也是继 6 月 5 日上海证券交易所出台《上市公司内部控制指引》后，中国证券市场针对上市公司内控制度和风险管理制度出台的又一重要规定。与此同时，国资委针对下属 169 家央企的相关规定也出台了有关内部控制和风险管理的整体性、框架性的文件。转引自《中国版“萨班斯法案”倒数，企业体系建设冲刺开始》，《财经时报》，2006 年 10 月 8 日。

方法、从财务报告导向到价值创造导向调整或转型，其中最值得关注的研究文献至少有三项：一项是加拿大 CICA 所属的内部控制标准委员会（COCO）1995 年发布的《控制指南》，将内部控制看成是组织（包括资源、系统、程序、文化、结构和任务）的一部分，所有这些组成部分结合在一起，确保了组织目标的实现。另一项是美国学者鲁特的《超越 COSO——强化公司治理的内部控制》一书，将内部控制视为公司治理的一项主要职能，并超越 COSO 框架范围，重新构造了基于管理方法，由一个基础性要素和 16 个方法要素组成的内部控制框架，在这些要素中，具有最高地位的要素是股东价值。再一项是 2013 年新 COSO 框架的发布，新框架在继承了旧框架关于内部控制基本概念和核心内容的基础上，提供了内控体系建设的原则、要素和工具，突出体现了原则导向，即在原有五要素基础上提出了 17 个基本原则，提炼出 82 个代表相关原则的主要特征和重点关注点的要素，使内控体系的评价更加有据可循，为企业的内控建设提供了一套路线图和打分表。同时新框架强调董事会、管理层和内审人员对于内控如何实施、如何评价、如何认定有效性拥有“判断力”，新框架强调内控五要素应视为一个整体，要素之间相互影响，进一步澄清确保内控体系有效性的控制措施。随着内部控制的广泛推行，尤其是美国 SOX 法案的颁布实施，人们将目光转向了内部控制效率的深入研究，包括内部控制信息揭示、缺陷披露、审计鉴证等方面可能产生的经济影响、内控目标实现与市场反应等。下面对主要文献进行归纳梳理：

1. 内部控制的战略决策价值

Wills（2000）认为，公司可以在内部控制报告中与现有的和潜在的股东讨论公司实施的战略和公司采用的政策，从而使他们确信公司处于有效的控制之下。Margaret 和 Jaenicke（1997）研究表明，所有关于内部控制的审计师报告会严重影响投资者对财务报表的可靠性及内部控制效果的理解，但是管理层报告和审计师报告均不影响投资者对股票“买卖—持有”决策信用风险的理解。Fekrat（1999）认为，对外披露内部控制信息可以使投资者了解公司现在或潜在的竞争优势，强化投资者对公司竞争优势的理解，进而做出投资决策。Newson 和 Deegan（2002）通过欧美等国 150 个机构投资者在澳大利亚、新加坡、韩国三国的跨国公司调查显示，上市公司披露内控信息的主要目的在于体现公司核心能力和全球化竞争策略。Hermanson（2000）研究发现，被调查者非常认可内部控制的重要性，并且认为内部控制能为公司的长远发展提供更好的保证。李育红（2011）通过内部治理机制对内部控制有效性的实证研究发现，第一大股东有动机和能力去监督管理层，薪酬机制能够对管理层起到激励作用，声誉惩罚机制有利于对经理层产生约束作用，从而提高公司内部控制有效性。方红星和金玉娜（2013）在对非效率投资形成的内在机理进行分类的基础上，研究公司治理、内部控制对非金融类上市公司非效率投资的抑制作用，研究发现，公司治理和内部控制能够抑制公司的非效率投资，公司治理能够有效抑制意愿性非效率投资，内部控制能够有效抑制操作性非效率投资，从而发现了公司治理与内部控制在抑制非效率投资方面的作用存在明显的分工效应。

2. 内部控制信息的市场价值

Palmrose（2004）针对财务重述的实证研究发现，由美国证券交易委员会（SEC）导致的财务重述在宣告日当天及第二天的平均超常收益为 -4%，而由公司内部发起和外部审计师发起的财务重述市场反应相当严重，两天的平均超常收益分别高达 -18% 和 -13%。并且认为引起重述公司的市场反应为负的主要原因在于财务重述表明公司内部控制系统存在问题，被投资者和潜在的财务报告使用者视为利坏信号，降低了投资者对公司未来现金流量的预期。史蒂文·J. 鲁特（2004）认为，内部控制报告有利于增加企业价值，并且良好的内部控制信息披露与股价有正相关性。Hammersley（2008）检验了股票价格对管理者披露的内部控制缺陷特性（如严肃性、管理者对内部控制效果的结论、审计能力、披露的模糊性等缺陷）及其他重要公告的反应。国内学者杨德明等（2010）研究发现，银行能在一定程度上识别上市公司的内部控制质量，表现为内控质量较高的公司能获得更多的长期贷款、更长的贷款期限，但银行仅能识别国有上市公司的内部控制质量，却无法识别民营上市公司的内部控制质量。郑小荣（2011）对内控监管的市场反应进行了考察，发现强化内控监管有助于提升舞弊防范能力和运作效率，但内控在总体上不能显著增进股东利益。杨清香等（2012）研究发现，我国上市公司内部控制信息披露具有明显的市场反应，但内部控制信息披露的不同状况会产生不同的市场反应：从披露内容看，内控有效引起股价上涨而缺陷则引起股价下跌；从披露类型看，强制性披露较自愿性披露更具有价值相关性；从披露详略看，详细披露会引起股价上涨而简单披露则不一定；从披露管制看，与单独的强制性披露或自愿性披露的市场反应相比，内部控制强制性披露和自愿性披露交互影响的市场反应更加显著。赵息和张西栓（2013）研究发现，内部控制对并购绩效具有显著的正向影响，而高管权力与并购绩效负相关，并且内部控制与高管权力之间存在反向的相互作用关系。当高管权力缺乏制衡时，并购成为高管实现个人收益的手段，而企业本身并不能实现预期的并购价值，内部控制是针对高管权力的制衡机制，对并购绩效的实现具有重要作用。

3. 内部控制与会计信息（盈余）质量

Chan 等（2007）研究发现，那些按照第 404 条款披露内部控制实质性缺陷的公司相对于其他公司有更多的盈余质量管理和更低的投资回报。Gao（2009）更是直接指出，SOX 法案的内控条款抑制了小型上市公司披露高质量财务报告的动机，使这些公司有意披露更多的坏消息和报告较低的盈余质量。Ge（2005）通过选取《萨班斯法案》颁布后的样本公司进行了调查统计分析，认为上市公司披露的实质性缺陷和公司经营的复杂性有关，但和公司规模、盈利能力关系不大。Doyle（2007）对披露有内部控制实质性缺陷的影响因素研究发现，规模小、成立时间短、业务复杂、成长速度快、财务状况不佳的公司更有可能存在重大缺陷。通过调查盈余质量与内部控制之间的关系，发现内部控制实质性缺陷与没有实现现金流的盈余估计有关，内部控制是盈余质量的一个驱动因素。国内学者张国清（2008）的研究发现，高质量的内部控制并未伴随高质量的盈余，内部控制质量得到改善并没有伴随盈余质量的提升，而公司的一些内在特征和治理因素确实会系统地影响内部控制和盈余质量。方春生等（2008）针对财务报告可靠性的各个特征、财务报表的不同类型，以及财务报告使用者在决策中对财务报表使用行为的检验，都表明实施内控制度后，财务报告可靠性有了显著的提高。张龙平等（2010）认为，内部控制鉴证产生与发展的主要目标是提高财务信息质量，因此会影响盈余质量，研究发现内部控制鉴证公司的会计盈余质量要好于未执行内控鉴证的公司。董望和陈汉文（2011）研究表明，在信息“生产”方面，高质量的内部控制提高了应计质量；在投资者反应方面，内部控制质量越高，盈余反应系数越大，从而证实了内部控制的财务报告目标。方红星和金玉娜（2011）研究表明，高质量内部控制能够抑制公司的会计选择盈余管理和真实活动盈余管理，披露内部控制鉴证报告的公司具有更低的盈余管理程度，尤其是获得合理保证的内部控制鉴证报告的公司，其盈余管理程度更低。范经华等（2013）研究发现，高质量的内部控制有助于抑制公司的应计盈余管理行为，但对真实盈余管理的抑制作用较小。事务所的行业专长能同时抑制公司的应计和真实盈余管理行为。同时，内部控制与审计师行业专长在抑制公司的盈余管理方面存在互补关系，而不是替代关系，即公司的内部控制越好，越有助于发挥审计师行业专长对应计和真实盈余管理的治理作用。

4. 内部控制与公司业绩

Patterson（2007）考察了SOX法案第302条款与404条款给企业带来的经济后果，研究发现SOX法案的执行没有带来更高水平的控制测试；相反，内部控制条款的执行增加了审计的风险与成本。Engel（2007）进一步发现，SOX法案有关内控条款的执行增加了企业负担，导致投资者对企业出现了更消极的反应。而国内学者阎达五（2004）认为，利用内部控制可以优化资本结构和降低理财风险，从而提高企业价值。李斌（2005）通过分析折现现金流量模型和资本资产定价模型，得出企业内部控制同未来现金流量和折现率有着紧密的内在联系，它直接增加或减少企业价值。赵保卿（2005）认为，内部控制体现价值链管理理论的基本内涵，实现企业价值最大化构成了内部控制目标，内部控制可以使企业价值链整体增值。王海林（2006）认为，内部控制是价值链企业开展全面业务合作，实现价值链管理目标的保证。于忠泊和田高良（2009）从会计信息稳健性、可操控应计利润和资源配置效率三个方面，考察了内部控制评价报告的作用。发现内部控制评价报告的披露与审核对会计信息稳健性、可操控应计利润和资源配置效率的促进作用不显著，自我评价报告的自愿性披露与审核没有显著地提高内部控制的效率。黄新建和刘星（2010）检验了内部控制信息透明度对公司绩效的影响，研究表明内部控制信息透明度与公司绩效之间存在显著的相关性，信息透明度较好的上市公司，其公司绩效也较优。

5. 内部控制的缺陷研究

Krishnan（2005）用美国2001年之前审计师发生变更的公司样本，对审计委员会的质量（审计委员会规模、财务专长、独立性）与公司内部控制状况之间的关系进行了研究，结果发现，审计委员会独立性较高、财会专长人员比例较高的公司，存在内部控制缺陷的可能性较小，但审计委员会的人数对内部控制缺陷没有影响。这里的内部控制缺陷既包括可报告状态（Reportable Conditions），还包括重大缺陷（Material Weakness）。萨班斯法案的颁布强化了上市公司的内部控制责任，对内部控制信息披露有着重要影响。Franklin（2007）研究认为，SOX的第404条款增加了审计费用，减缓了公司增长，建议开发能够识别出内部控制重大缺陷的预警模型。一旦可以根据预警模型识别出具有重大内部控制缺陷风险的公司，可以为监管部门提高监管的针对性和监管效率提供依据。Ashbaugh - Skaife（2006）通过对SOX法案404条款强制性内部控制审计要求执行之前美国2003~2004年的4810个上市公司（其中，披露内部控制重大缺陷的公司有326家）的研究发现，那些披露了内部控制重大缺陷的公司相对于没有披露内控缺陷的公司，业务往往更为复杂、近期组织结构发生变动、会计风险更大、外部审计师更换较频繁，以及在内部控制资源投入方面较少。Doyle（2007a、2007b）以2002年8月至2005年底之间在SOX法案302条款、404条款强制披露要求下披露内部控制重大缺陷的779家上市公司为研究样本，发现：那些存在内部控制重大缺陷的公司往往是规模小的公司、年轻的公司、财务状况差的公司、存在复杂业务的公司、发展速度快的公司以及经历重组的公司，认为可能是这些因素增加了内部控制有效运行的难度。而且那些内部控制缺陷只与某些会计处理方法相关，因而不太严重的公司，往往是财务状况良好，但业务复杂、经营多元化或业务正在经历转向的公司。Yan Zhang、Jian Zhou和Nan Zhou（2007）以有内控缺陷的公司为样本（并按照行业规模等来寻找没有内部控制缺陷的公司做匹配样本），研究了SOX法案实施以后审计委员会质量、审计师独立性、与内控缺陷披露之间的关系。研究发现上述因素之间确实存在关系，即审计委员会缺少财务专家时，或者审计师更独立时更容易被确认为有内部控制缺陷，近期发生审计师变更的公司也可能存在内控缺陷。Hollis 等（2007）发现上市公司在按照《萨班斯法案》404 条款进行披露时存在很多问题，比如组织结构的临近调整，会计风险暴露很多，内部控制投入较少和由于不披露内部控制问题而导致较多的审计人员辞职等。Andrew J. Leone（2007）对在年报中披露内部控制缺陷的公司进行了研究，发现内部控制信息披露的影响因素有组织结构复杂性、存在重要组织变化以及在内控系统方面的投资等特质，同时提供了一些相关证据。Harnmersley 等（2008）检验了股票价格对管理者披露的内部控制缺陷特性（如严肃性、管理者对内部控制效果的结论、审计能力、披露的模糊性等缺陷）及其他重要公告的反应，还研究了管理者的报酬与实质性控制缺陷之间的关系。

综观国内外学者关于内部控制规范理论的研究，大都从三个角度进行分析：一是契约经济学的角度，认为企业是一系列不完备契约的集合，内部控制就是为了在取得低交易成本收益的同时弥补企业契约的不完备性，以降低企业交易成本的契约机制（刘明辉、张宜霞，2002）；二是从产权经济学的角度，认为企业（内）是人们之间交易产权的一种方式，但是由于现实世界的复杂性、经济人的有限理性和机会主义的影响，使人们之间交易产权存在较大风险，内部控制就是为了降低内部产权交易风险而建立的一个风险监管机制①；三是代理经济学的角度，认为委托人与代理人之间存在信息不对称、目标不一致、利益不一致，具有机会主义倾向的管理当局总是以牺牲委托人的利益为代价使自己利益最大化，因此，建立健全内部控制制度既是管理当局降低与股东、管理当局与其下属高级管理人员、高级管理人员与低层阶管理人员、员工之间的委托代理关系中代理成本的需要，是管理当局与股东之间达成的自我约束契约的一部分，同时也是管理当局与股东自我约束契约的必然延伸（李明辉，2002）。梅加（Maijoor，2000）将内部控制的研究分为审计学视角、经济学视角和组织理论视角三个部分。由于内部控制的研究视角不同，对于如何评价内部控制的效率自然也就千差万别。

有的学者（Kinney，2000）从满足"外部需求"（企业的投资者和债权人以及监管部门和中介机构希望通过内部控制系统减少意外情况和资产损失，并且以有效的内部控制对财务报告可靠性有合理保证，防范财务报告舞弊）和"内部需求"（一个有效的内部控制过程实质上是对企业大量的信息进行管理以支持企

① 李虹、李彦萍：《基于风险管理的内部控制博弈分析》，http：//www. studa. net/kongzhi/090420/13595936. html。我们进一步认为，《COSO 企业风险管理整合框架》不同于《COSO 内部控制整合框架》就在于，内部控制侧重于制度层面，通过规章制度规避风险；而风险管理则侧重于交易层面，通过市场化的自由竞争或市场交易规避风险。

业管理者的管理决策过程和保护企业的资产，合理保证企业目标的实现）角度论证；有的学者（Rotch，1993；Noordin，1997；Michael G. Alles，2003）则分别从内部控制系统要素的作用提出效率评价的主要观点，包括为了组织的利益而防范舞弊，在保证目标实现的基础上关注监督、风险和资源配置，有效的内部控制评价注重战略、结构、业绩、动机以及激励等方面，有效的内部控制包括信任、边界明晰、诊断准确以及互动等方面。Lang field - Smith Kim（1997）认为，内部控制的有效性应该是实现公司战略和提高经营效率。Ouchi（1979）、Flamholtz（1983）认为，有效的内部控制是能够使目标上存在分歧的人群和不同部门相互协作，并且实现企业的目标。COSO《企业内部控制——整体框架》提出，有效的内部控制应该是“内置于”企业经营和管理的、全员参与的动态过程，以保证经营效率、财务效率和法规效率。加拿大 COCO 认为，有效的内部控制能够为实现目标提供合理保证，“好”的内部控制系统应该是一个能够适应环境变化的过程。最高审计机关国际组织（INTOSAI）认为，有效的内部控制应符合适时适量、明确授权以及成本效益三大原则。李凤鸣（1992）较早地介绍了 COSO 框架的部分内容，并从内部控制的整体架构、设计和评价三个方面来阐述内部控制理论；朱荣恩等（2003）对企业风险管理框架进行了介绍，强调内部控制框架的建立应与企业的风险管理相结合①。有的学者以会计控制为主线研究内部控制，如阎达五、杨有红（2001）认为，保证资产安全和会计信息真实是内部控制发展的主线，会计控制（含财务控制）是企业内部控制的核心。有的学者以审计为目标导向对内部控制进行相关研究，如石本仁（2002）认为，内部审计主要是通过检查和评价的内部控制是否严密，来保证企业资产的使用效率和经营目标的实现，因而，内部控制成为衡量企业内部管理效率的一个重要方面；方红星（2002）把内部控制与审计结合起来，从考察内部控制的产生和演进轨迹入手，探寻内部控制与审计之间的逻辑联系，认为内部控制是在审计目标定位主导下发展起来的，并引入“组织效率”理论进行科学的分析和解释②。

还有的学者基于公司治理来研究内部控制，如李连华（2005）认为，内部控制与公司治理结构具有嵌合关系，公司治理结构与内部控制制度关联的共时结构是提高内部控制效果的根本途径。此外，还有的学者从经济学和管理学的角度研究内部控制，如刘明辉等（2002）借鉴系统论和新制度经济学等相关理论，对内

① 此外，还有吴水澎等（2000）运用 COSO 框架的标准与评价方法，从内部控制五个要素对亚细亚集团内部控制失败案例进行了系统分析。金彧昉、李若山等（2005）借鉴最新的企业风险管理框架，从风险管理等八要素的角度，逐步剖析了中航油事件发生的根源与过程。

② 此外，曹伟、桂友泉（2002）认为，内部审计在企业内部天然的监督作用使其自然成为内部控制方式之一，同时又是对内部控制执行情况的一种监督形式，是对内部控制的再控制。

部控制的内涵、控制权的分配及优化、内部控制的外部效应、内部控制与资本市场的关系进行了深入的探讨；陈志斌（2004）提出，严格的问责机制是内部控制制度有效实施的机制保障，问责制作为一种惩罚机制，能保证内部控制制度的有效实施；杨雄胜（2006）认为，有必要从经济学、管理学、审计学等相关理论研究入手，提出内部控制研究只有运用丰富的公司治理理论并以管理控制口径来定位，才能取得突破性的进展，并形成有效指导内部控制实务的理论成果①。

还有的学者从独特的视角研究内部控制，如王湛（2001）认为，内部控制的外部化是由社会分工专业化、企业对经济效益的追求以及内部控制自身缺陷等原因共同决定的，它是内部控制发展的合理趋势；谷祺等（2003）从内部控制系统必须解决的企业组织面临的基本问题出发，将内部控制机制分为制度控制、市场控制、文化控制三种类型，并分析了其相关关系；于增彪等（2006）将“作业”及其相关概念引入到内部控制，特别提出内部控制是最优化、最简捷和最理想的作业标准或作业程序。有的学者对国内特大型企业集团的内部控制制度实施问题进行了研究，如贡华章（2004）对中国石油天然气集团（CNPC）的前瞻性内控制度与措施的实施，张谏忠、吴轶伦（2005）着重介绍了内部控制自我评价方法在上海宝钢国际经济贸易有限公司的实施情况等。

综合上述不难看出，很多学者不同程度地理解和借鉴了COSO报告的相关内容，其中一些更是对研究报告中某些要素的具体细化。不可否认，这些研究就我国应如何构建完整的现代企业内部控制框架提供了很多有益的探索和建议，不过，上述内部控制理论研究也存在三个明显的缺陷：一是忽视了对内部控制本质的研究。内部控制本质问题是内部控制理论的关键和核心问题，是贯穿内部控制理论的主线。其他内部控制理论，如内部控制对象、目标、内涵、功能和框架构成等均是因内部控制本质而起。因此，对内部控制的本质进行研究是必要的（蔡吉甫，2006）。二是所构建的内部控制体系缺少所有者和经营者以及对他们的行为进行深入思索。在许多情况下，企业实施控制的主体都是经营者，建立的就是所谓的以经营者为中心的内部控制。作为一类理性契约主体，各个要素投入主体在现代企业契约中处于不同的地位。要素所有者先将要素的使用权承诺给企业，并且在取得要素使用权应得的价值之前，共同协商同意在一个相当长的时期内把要素的使用权让渡给企业。这种缺少要素所有者以及他们根据相应的制度应如何调整自己行为的内部控制体系的完整性是值得进一步商榷的。三是忽视了公平和正义的伦理价值观评判。由于理论研究者和实务界人士从经济学的角度研究内部控制的“路径依赖”，一脉相承地将内部控制理论研究与“经济人”假设下的契

① 在以上分析的基础上，杨雄胜（2006）借鉴演化经济学的观点，认为目前企业内部控制应该通过技巧学习与惯例固化实现组织成员自适应学习，成为商务生态系统中的控制链，其目标是实现组织长寿。

约理论结合，作为内部控制有效实施的基础而进行研究，但现实情况却并非如此，很多企业都有看起来较为完善、合理的内部控制制度或框架，却无法有效发挥作用，在执行中出现了问题。笔者并不反对“经济人”的假设，相反认为可以从“经济人”的假设出发，但在研究人时必须注意到人本身就具有的主观能动性，是道德与经济两重人格的复合体。人性并不总是贪婪的，并不总是追求着自身效用的最大化，人都怀有最起码的“善恶是非”之心，本质上都追求公正、崇尚公平，反对利欲熏心、恃强凌弱，特别是在经济利益分配领域，背信弃义、巧取豪夺、不择手段特别被人们所反感。这种对人性的预设构成了所有时代、所有国家政治法律制度的出发点，同时也应是建立内部控制的一个出发点，对人性的不同理解会导致构建不同的内部控制理论研究。

因此我们认为，一个完整的内部控制理论框架应考虑现代企业的一个非常重要的特征——契约的不完整性，结合企业的性质进行构建，要对内部控制存在的制度性原因加以探讨，进而揭示出内部控制的本质。只有在此基础上构建的内部控制体系才是全面和完整的，理论框架的重点不仅仅是指导一个企业如何设计其内部控制，更重要的是要提高一个企业对内部控制理论的认识，从而能更全面、更广泛地理解和应用理论来完善现代企业内部控制的建设问题。

二、内部控制的本质属性：一种持续均衡利益关系的契约装置

对于任一问题的探讨都需要借助一定的思维工具，对内部控制本质的研究也不例外。由于从制度经济学角度来看，内部控制作为一种制度安排，或者说企业这种制度安排的组成部分，具有特定的功能，主要表现在降低企业内部的交易成本、补充企业不完备契约。这不仅是因为借用经济学的理论使分析较为透彻和深入，而且是因为该理论是自科斯打破新古典经济学将企业视作“黑箱”假设之后，已经成为研究企业内部结构和关系问题的先导。

随着时间的推移，我们发现，内部控制的理论和实务总是在不断发展，它所表现出来的形式和内容也会随着时间和空间的变迁而有所不同，并且还将继续变迁和演进下去，但唯有隐含在深处的本原才是其根本属性和发展的最终动力。什么是促进和推动内部控制发展的本质，很多学者都曾试图探讨内部控制的这一核心问题，但大都认为降低企业内部的交易成本、弥补企业契约的不完备性是其产生和发展的本质（刘明辉等，2002；戴彦等，2005；周密等，2006）。笔者非常赞同这种观点，但是对所构建的内部控制体系缺少所有者和经营者以及对他们的行为进行深入思索，这样的内部控制体系运行效果如何无法给出定论，至少在理论研究上是值得商榷的。

现代企业理论的一个核心观点是，企业是一系列（不完全）契约（合同）

的有机组合（nexus of incomplete contracts），是人们之间交易产权的一种方式。企业是不同的要素投入主体之间组合的一组契约，这组契约可能是显性的，也可能是隐性的。不同的要素投入主体可能拥有不同的偏好、资本、技能、信息和禀赋，理性的要素拥有主体参与到企业的契约中，向企业贡献自己的资源，以试图从企业的运营中获得回报。这组契约治理着企业发生的各种交易，使其企业内部发生的交易费用低于由市场组织这些交易时所发生的交易费用，但由于现实世界的复杂性、经济人的有限理性和机会主义的影响，这组契约通常又是不完备的，所以相对于市场而言，企业的契约是一种不完备契约。为了在取得低交易成本收益的同时弥补企业契约的不完备性，就需要在企业内部存在一个控制机制，来弥补企业契约的不完备性，以保证企业的正常运作和发展，这可视为企业内部控制的本质（刘明辉、张宜霞，2002）。

夏恩·桑德（1997）在《会计与控制理论》一书中根据企业的契约理论，结合会计和控制在实施契约组合中的功能，考察了会计的五个重要职能。我们认为，会计的这五个职能恰恰说明了内部控制的重要性和必要性。企业就像一个大舞台，理性的要素投入主体参与到企业的契约中，向企业贡献自己的资源，但要素投入主体彼此之间存在着复杂的契约关系，内部控制作为企业契约机制的重要组成部分，要对要素投入主体投入企业的资源及其应获得的利益予以正确计量。内部控制使得由企业编制并公开的财务报告具有很强的可靠性，企业通过实施内部控制合理保证了要素投入主体所需要的会计信息的真实性和完整性，因而保证了对各个要素投入主体的投入和收益的正确计量①。当内部控制对要素投入主体的某些投入和收益不能直接计量时，就产生了企业契约监督权和剩余索取权的配比问题，此时内部控制也表现为一组内部契约关系，它通过对企业内部剩余控制权和剩余索取权的合理安排，使内部控制不能直接计量的贡献投入和应获收益得以顺利计量。

我们认为，不管如何理解内部控制制度，其功用都在于：在资源稀缺、竞争激烈的企业环境中，如何来设定内部控制主体的行为规则，如何来调整内部控制主体的行为规范，以至于企业的各种经济活动能够顺利地进行，以至于激励与约束企业内部经济交易中的各种行为，减少不确定性，节约交易成本。从这一意义上说，内部控制就是企业内部各个控制主体之间为实现作为专业化结果的交换收益，因而使其财富最大化而作出的合约安排，其本质属性是一种持续均衡利益关

① 我国企业内部控制基本规范提出了内部控制的五大目标，并且特别强调地指出，有义务对外提供财务报告的企业，应当确保财务报告及管理信息的真实、可靠和完整。

系的契约装置①。也就是说，内部控制的合约关系规定了每个控制主体在交易关系中的权利与义务，界定了控制主体在交易关系中可以做什么与不可以做什么，谁违反了这些规则应该受到怎样的惩罚或补偿，以及衡量控制主体是否违反这些规则的标准。

内部控制是基于企业内部产权契约衍生的私人合约的一部分，由于有限理性（Simon，1978、1979）以及交易成本，契约是不完备的（Grossman 和 Hart，1986），而且，根据演化论的基本思想（Stephen Jay Gould，1977），内部控制的变迁与演化呈现出“点状均衡”②，即在内部控制制定或修订的那一时刻，内部控制是静态的相对完备的，之后，随着情势的变化，内部控制就呈现滞后性而显示出动态的不完备性。在估计修订的收益大于成本的前提下再进行修订，从而又呈现出相对的完备性，如此而已③。这就意味着，作为处于这个过程中的我们，只能追求其相对真理性的认识（因为绝对真理性认识是一个没有终点的过程）。同时，由于制度的自增强机制（Arthur、W. Brain，1988），使制度的演进具有路径依赖（path dependence），进而在企业系统内部形成内生性制度安排机制及治理结构。于是，“点”状内部控制的持续不断，就形成内部控制的动态变迁④。

三、内部控制契约属性的拓展：基于全体要素投入主体的博弈分析

由于内部控制是为了正确计量所有要素投入主体的收益而产生的，我们按照这一思路出发，在信息不对称的条件下，将全体要素拥有主体分为两方，一方是相对于离企业“更近”的内部财务信息拥有者，包括企业的经营者（主要是董事会和经理层）以及处于“囚徒困境”中的企业员工；以剩下的相对于离企业

---

① 夏恩·桑德在《会计与控制理论》（方红星等译，东北财经大学出版社，2000 年版）一书的开头就开宗明义地指出：组织内的控制是参与者利益之间的持续的平衡或者均衡。内部控制就是这样一种典型的组织内控制。

② 转引自科斯、诺思和威廉姆森等著：刘刚、冯健等译，《制度、契约与组织——从新制度经济学角度的透视》，经济科学出版社 2003 年版。

③ COSO 框架提出内部控制的本质是“合理保证”特定目标的过程，强调内部控制应该是一个与企业的经营管理过程相结合的“动态过程”，内部控制的有效性也只是“过程”中某个时点上的一种状态，是一个不断发现和解决问题的循环往复的动态过程。

④ 陈汉文等（2013）指出，内部控制管制的变迁过程由国家中的第一和第二行动集团推动，变迁背景是意识形态和内部控制知识存量的积累，变迁的结果是内控信息产权的变更，从私有产品走向公共产品。中美两国内部控制管制的变迁是一种渐进式的变迁，存在着“路径依赖”。从初始均衡状态的无监管到初步监管，局部监管再到最后的全面监管。其间，内控管制条款逐渐严格，没有出现激烈的变化。新的管制脱胎于旧的管制，为解决旧制度的局限性而诞生。路径依赖的背后，则是两国政府对于投资者保护价值取向的认同，这是市场经济的基本精神之一。

"较远"的要素投入主体为另一方，包括股东、债权人、顾客、供应商以及作为征税者的政府[①]。我们想要了解各个要素投入主体的特征、可能的行动和战略空间、支付函数并不难，而且在这两方的博弈中，每一个要素投入主体的行动是同时的，至少一个要素投入主体在判断内部控制对其他要素投入主体的控制是否确实有效时，他（她）通常是不得而知的，也就是不能准确判断其他要素投入主体是否在攫取额外租金，最多也只是知道内部控制能有效实施的可能性有多大。因此，在这里我们只假设经营者的行动简化后只存在以下两种：①在内部控制有效实施时正常的寻利行为；②在内部控制不能有效实施时非常的"寻租"行为（攫取额外租金）。他的战略是最大化自己所能获得的经济利益；其他要素投入主体与经营者存在明显的互斥关系，他的行动简化后也是两个：①没有投入人力物力导致内部控制不起作用；②投入人力物力实施内部控制使内部控制起作用。由于此时其他要素投入主体具有共同的利益，所以他们能成为一个整体，其战略也是最大化自己所能获得的经济利益。

假设全体要素投入主体总体真实的经济利益为 I，经营者正常的寻利行为可以分享的经济利益为 A，其非产的寻租行为可使其直接增加的经济利益为 B，其他要素投入主体投入人力物力实施监督致使内部控制有效实施的总成本为 C，并且假设只要其他要素投入主体实施监督，内部控制就能起作用，就一定能发现寻租行为，假设一旦发现给予的处罚为 D。其对应不同的战略组合支付矩阵如表 2－1所示。

表 2－1　内部控制作用下的其他要素投入主体对经营者博弈支付矩阵

其他要素投入主体 / 经营者	没有投入人力物力导致内部控制不能有效实施	投入人力物力导致内部控制能有效实施
在内部控制有效实施时正常的寻利行为	A，I－A	A，I－A－C
内部控制不能有效实施时非常的寻租行为	A＋B，I－A－B	A＋B－D，I－A－B－C＋D

这里，我们必须假设用 P 表示经营者在内部控制有效实施时正常寻利行为的概率，而对应的用 K 表示其他要素投入主体实施监督的概率，结合模型给出经营者在内部控制不能有效实施时的非常寻租行为的概率 P，其他要素投入主体选择监督投入人力物力致使内部控制有效实施（K＝1）和选择不监督不投入人力物

① 其实不难发现，政府与企业的关系实质上包括两种不同的内容：一种是作为征税者的政府，另一种是作为社会管理者的政府。因此，很难把作为社会的管理者的政府也说成是企业的要素投入主体。笔者在写作分析以及后面博弈分析建模过程中参考了王竹泉（2003）的研究成果。

力致使内部控制不能有效实施（K=0）的期望收益分别为：

$$R(K=1)=(I-A-C)\times(1-P)+(I-A-B-C+D)\times P$$
$$=I-A-C+(F-B)\times P$$
$$R(K=0)=(I-A)\times(1-P)+(I-A-B)\times P$$
$$=I-A-B\times P$$

当 $R(K=1)=R(K=0)$ 时，可得 $P^*=C/D$

我们可以分析得出，当经营者在内部控制不能有效实施时的非常寻租行为的概率等于 C/D 时，其他要素投入主体选择投入人力物力致使内部控制有效实施和选择不投入人力物力致使内部控制不能有效实施所能获得的期望经济利益是相同的，理论上分析，此时的其他要素投入主体随机地选择投入人力物力致使内部控制有效实施或不投入使其不能有效实施。当经营者在内部控制不能有效实施时的非常寻租行为的概率大于 C/D 时，对应的其他要素投入主体选择投入人力物力致使内部控制有效实施的期望收益就会大于选择不投入人力物力致使其不能有效实施的期望收益，因此，其他要素投入主体必定会选择投入要素监督是内部控制能有效实施；同样，当经营者在内部控制不能有效实施时的非常寻租行为的概率大于 C/D 时，则其他要素投入主体选择投入人力物力致使内部控制有效实施的期望收益就会小于选择不投入人力物力致使其不能有效实施的期望收益，因此，其他要素投入主体最优选择就是不投入要素监督从而致使内部控制能不能有效实施。

同理可得，给定其他要素投入主体选择监督投入人力物力致使内部控制有效实施的概率 K，经营者在内部控制不能有效实施时选择正常寻利行为（P=1）和在内部控制不能有效实施时选择非常寻租行为（P=0）的期望收益分别为：

$$S(P=1)=(A+B)\times(1-K)+(A+B-D)\times K$$
$$=A+B-D\times K$$
$$S(P=0)=A\times(1-K)+A\times K$$
$$=A$$

当 $S(P=1)=S(P=0)$ 时，可得 $K^*=B/D$

同样我们可以分析得出，给定其他要素投入主体选择监督投入人力物力致使内部控制有效实施的概率等于 B/D 时，经营者随机地选择正常寻利行为还是非常的寻租行为；当其他要素投入主体选择监督投入人力物力致使内部控制有效实施的概率大于 B/D 时，经营者随机选择非常寻租行为的期望收益就会小于选择正常寻利行为的期望收益，因此，经营者必定会选择正常寻利行为；当其他要素投入主体选择监督投入人力物力致使内部控制有效实施的概率小于 B/D 时，经营者随机选择非常寻租行为的期望收益就会大于选择正常寻利行为的期望收益，因此，经营者的最优选择就是非常寻租行为。

把上述两者结合起来，则这一问题的混合战略纳什均衡就是：$P^* = C/D$，$K^* = B/D$，即其他要素投入主体以 B/D 的概率选择监督投入人力物力致使内部控制有效实施，而经营者以 C/D 的概率选择非常寻租行为。

通过以上分析我们可以发现，其他要素投入主体作为整体投入人力物力对经营者进行监督致使内部控制有效实施的博弈的纳什均衡与经营者选择非常寻租行为所能增加的经济利益 B，一旦被发现给予的处罚为 D 以及其他要素投入主体作为整体投入人力物力致使内部控制有效实施的总成本 C 有关。显然，当内部控制有效实施的总成本 C 越高，对非常寻租行为的惩罚 D 越轻，则均衡解要求的经营者选择非常寻租行为的概率 P^* 就会越高，这意味着其他要素投入主体的选择越偏向于不投入人力物力进行监督，内部控制很有可能不会有效实施。反之亦然。

上述结论的意义在于：

（1）经营者选择非常寻租行为能够增加自身经济收益，则内部控制的有效实施需要其他要素投入主体投入的人力物力的总成本也应该越高，否则，经营者铤而走险的可能性就会比较大。极端情况是，如果经营者选择非常寻租行为能够增加的经济收益 B 大于所受到的惩罚 D 时，经营者必定选择攫取属于全体要素投入主体的经济利益。

（2）内部控制的有效实施需要其他要素投入主体投入的人力物力的总成本 C 越高（意味着发现经营者非常行为的难度越低），则对经营者选择非常寻租行为的处罚 D 也应越高，否则，内部控制很容易就流于形式。极端情况是，如果其他要素投入主体投入的人力物力的总成本 C 大于对经营者选择非常寻租行为的处罚 D 时，其他要素投入主体投入肯定不会选择投入人力物力，相应的内部控制注定要失效。

通过以上的博弈分析可见：

（1）如何对企业的经营者（主要是董事会和经理层）以及处于"囚徒困境"中的企业员工进行有效监督致使内部控制有效实施以将其机会主义行为控制在合理范围内成为其他要素投入主体的首要问题。在其他要素投入主体选择投入人力物力进行监督致使内部控制有效实施、经营者选择正常寻利行为博弈均衡的情况下，迫切要求其他要素投入主体不仅要通过公开的财务报表获得所投入要素企业经营情况和经营成果方面的信息，同时还需要获取有关经营者侵害度（攫取额外租金的程度）的相关信息。站在维护相对于距离企业较远的其他要素投入主体的正当利益公平的角度对内部控制设计的合理性和执行的有效性作出评价将成为其他要素投入主体防止侵害的有效救济手段。这时，其他要素投入主体成为内部控制体系的外部需求主体。

（2）柠檬市场次品均衡的存在迫使经营者主动成为有关侵害信息的提供者。冯根福（2004）的研究表明，在经营者实现自身效用最大化的情况下，上市公司期望价值与经营者掠夺的租金呈反向关系（许心霞、王学军，2007）。也就是说，经营者对其他要素投入主体的恶意侵害不仅直接损害了其他要素投入主体的利益，而且将最终导致广大的潜在要素所有主体对企业失去信心，对所有企业的前景将会持怀疑观望的态度，极端情况是不对任何企业投入生产要素，最后将会使高质量无侵害行为的公司价值受到损害，经营者的利益必然也要受到损失。为了避免两败俱伤局面的出现，高品质的公司就会向外部其他要素投入主体传递发送有关企业内部控制评价体系优良的动机和现实需要，经营者也由此成为内部控制体系的内部的需求主体①。

综上所述，内部控制通过明确企业内部各成员的职责，以及制定各种交易规则，保护相对于距离企业较远的一方正当利益，同时对交易的另一方进行监督，最大限度地维护了企业内部交易的公正和公平，内部控制系统通过对组织内部的资产专用性交易制定日常的交易管理制度，减少了博弈的数量和频率，大大降低了企业内部的交易费用。建立有效的内部控制体系是所有要素投入主体之间经济利益博弈的必然选择。

四、内部控制的伦理基础：契约公正的诉求

迄今为止，国内外还没有任何一个内部控制规范可以从终极性上证明其自身是完全合理的，因而当我们以公正或伦理的正当性为标尺面对现实时，权利与公正、公平与效率、自利与他利等问题就是我们必须直面、必须探究的问题。如果说伦理是最基本的契约原则，是契约制定和实施过程中的一种内在认知构架、价值导向和评价标准，那么公正无疑就是对和谐合理的内部控制关系的价值追求和制度安排。因此，我们认为公正是内部控制的伦理基础。

1. 内部控制与契约公正的相关性分析

从伦理学角度看，公正是协调人际关系、个人同社会集体关系的指导原则和行为规范。所谓公正就是平等地进行利害相交换的行为（王海明，2000）。公正不仅是人类最古老的道德原则之一，而且是整个道德的中心概念。人类的道德发展史表明，人类社会总是把公正列为基本的道德项目，并且视之为基本的道德价值目标（程立显，2002）。如美国哲学教授蒂洛所言：人们很难看到不关心公正的道德体系。我们认为，内部控制在形式上虽然是规定各种内部经济关系的行为

---

① 在写作过程中参考许心霞、王学军：《双重委托代理下的治理策略与内部控制》，《会计研究》，2007 年第 2 期。

规则，涉及合理保证实现企业战略、经营效率和效果、财务报告和管理信息的真实可靠完整、资产安全完整以及遵循法律法规等一系列控制活动的规范，但实质上是以一定的伦理规范为前提的，这一点可以从各国积极研究和制定内部控制规范，并将其作为企业内部其他管理制度制定的理论逻辑和理论基础得到证实。安然事件等系列财务丑闻案件的发生，更是从根本上改变了内部控制制定机构的“建构理性主义”这一将控制伦理道德“边缘化”的倾向，重新强调内部控制规范制定要以当代公认的伦理规范为指导，力求内部控制制度合理、公平、公正、正义。

其实，内部控制与契约公正的关系只是伦理学上更为一般的规范和价值关系的反映。在《伦理学》中哈特曼把伦理学的问题归结为两个方面：“我们应当做什么”和“生活中什么是有价值的”。前者涉及“应当”，后者则是“指向价值”。哈特曼（Hartman，1932）认为，在两者之间“指向价值”相对于“应当”来说具有先在性和基础性。因为，如果我们不知道在各种情景中何者为有价值，何者为无价值，那么我怎能判断究竟应该做什么？从逻辑上看，规范系统的建立总是以价值的确认为前提，人们首先是依据价值形态来规定行为的规范和评价的准则。换言之，唯有先对善与恶有所认定，才能进而形成何者当为、何者不当为的行为规范（杨国荣，2002）。根据以上分析，价值问题与规范问题是密切相关的，并且价值问题在逻辑上先于规范问题。具体到内部控制与契约公正的关系，内部控制是区分禁止的行为和允许的行为的一种约束（夏恩·桑德，2000），而禁止的行为和允许的行为的认定应当是以伦理学的“指向价值”设定为前提。因此，我们认为内部控制的制定是以契约公正的预先设定为前提条件，然后根据预设的伦理道德制定出合乎公正、合乎义理的内部控制，同时内部控制是否合乎公正、合乎义理又必须用预设的伦理道德来评价。换言之，契约公正与内部控制的制定之间存在着共生互动的天然联系，契约公正是内部控制存在的依据和评价标准。

从新制度经济学的意识形态理论也可推知契约公正与内部控制之间的必然联系。为合理解释“雇员听从命令和市民服从法律的程度远大于以控制机制为基础所作的解释”（Arrow，1974）这一现象，新制度经济学家发展了关于意识形态的实证理论。由于意识形态具有确认现行由于公正在道德体系的突出地位，公正不仅是道德的重要评价标准，而且是起码的道德要求。凡是对涉及两人以上的利害关系的行为作出是否合乎道德的判断时，首先要看它是否符合公正的要求。在现代社会，随着社会经济的向前发展，利益主体呈现多元化趋势，利益关系趋向于复杂化。伦理道德的唯一课题就是解决利己主义者之间的利害冲突。道德问题也开始集中在解决利害冲突所导致的问题上。这样，基本上所有的道德问题都被演化为利益分配的公正问题。

从产权经济学角度看，内部控制属于产权制度范畴，是企业内部产权制度的组成部分，它决定着与企业内部产权相关的利益主体的权利和义务，掌管着企业经济生活中的利益和责任的分配，从而必然涉及公正问题。也就是说，内部控制通过提供一系列规则界定人们的控制空间，约束人们之间的控制关系，以减少控制活动的不确定性和风险，降低内部控制成本和交易费用。因此，判断内部控制的第一标准是效率，内部控制的低效率或无效率既无经济合理性，也无道德正当性，因而是不可接受和持久的。另一个判断内部控制的伦理价值维度是公正。如果说，效率是内部控制的经济价值目标，那么公正则是内部控制利益分配的伦理价值原则，两者共同构成内部控制活动方式和内部控制的价值基础。

内部控制是一份具有经济利益的不完备合约，是以利益分配形式存在的合约，具有经济后果。内部控制制度制定和实施过程本质上是对利益的分配和稀缺资源配置的过程。那么，从伦理学的角度看，内部控制制度安排是否具有正当性、是否合乎义理，取决于内部控制制度是否能做到分配公正，即内部控制制度的公正性表现为分配公正①。就内部控制制度而言，对分配公正最原始的理解是指分配结果的公平，含有平等、平均的意思。随着市场经济的发展和内部控制制度的变革，人们认识到起点平等和过程平等对于社会经济效率和秩序的重要性，逐渐形成对内部控制制度分配公正的另一种理解，即内部控制制度的分配公正主要是指分配原则和方式的公平，其所关注的是在企业内部成员或责任单位之间进行控制权利、权力、义务和责任配置的问题，如何以内部控制制度的形式兼顾各方利益并制止各方为了私利而进行毁灭性的争夺（如安然事件），促进企业利益共同体的存在与发展，是内部控制制度分配公正的主题②。

2. 追求利益分配的公平和正义：内部控制制度契约公正的伦理诉求与道德评判

前文所述，内部控制制度是否具有正当性、是否合乎义理，取决于内部控制能否达到公平的要求，是否能做到分配正义，即内部控制的公平性表现为分配正义。根据公正所评价的对象是行为过程还是行为结果，我们可以将公正区分为程序公正和结果公正。程序公正是从程序层面上考察的公正，注重活动过程的公正

① 分配正义源于2000多年前亚里士多德在《尼克马克伦理学》和《政治学》中对个别正义的划分。其将个别正义划分为分配正义和矫正正义两种形态。分配正义有广义和狭义之分。广义的分配正义是表征由于某种行为所导致的财产分布或持有状态。因此，交换正义、持有正义以及矫正正义均属于广义的分配正义范畴。狭义的分配正义又称为几何正义、系基于比例平等之原理，即依据几何学的比例确定个人之利益与不利益之应得分。

② 我国的《企业内部控制基本规范》也提出，内部控制规范有助于提高企业内部控制与经营管理水平，促进企业健康可持续发展，维护社会主义市场经济秩序和社会公众利益。

性；结果公正则是重视活动结果的公正性。分配正义是依据几何学比例确定各个人之利益和不利益之应得分。分配的结果正义是由事物的因果关系决定，它的着眼点在于社会利益或价值在一定范围内由谁来分、分配给谁和分多少的问题。因而，分配正义应当属于结果正义的范畴。然而，各个人之利益和不利益之应得分的评价标准往往是难以把握的。这是因为，结果的正确或公正与否是从人们主观最难以评价和衡量的，特别是在标准多元化的现代社会，评价主体认知能力的差异以及主观愿望与结果之间的反差程度的影响，相同的结果对不同的人有着不同的感受（谷口安平，1996）。也正是因为结果公正的衡量标准是如此难以把握，美国著名法理学家博登海默（2004）认为，公正具有一张普洛透斯似的脸，变化无常，随时可呈不同形状，并且有极不相同的面貌。当我们仔细查看这张脸并试图解开隐藏其表面之后的秘密时，往往会深感迷惑。因此，罗尔斯一改以往学者对公正的认识，开始从程序层面而非结果层面来认识公正，并将公正的分配问题呈现为一个程序公正问题。在《正义论》中罗尔斯认为，不存在任何有关结果公正的评价标准，而是存在一种正确或公正的程序。当这种程序被人们恰当地遵守时，其结果也会是正确的或公正的。罗尔斯在《正义论》中更加注重纯粹的程序正义原则，并认为它是在现代社会市场经济条件下实现分配正义的基本程序机制。同时经济学家西蒙也指出，在不确定的环境下，有限理性的人们无法预测未来，从而也无法按照结果理性的方式采取行动，只能依靠采用某一种程序来减少不确定性和程度。对于内部控制来说，其经济后果最终在实质上对所有要素投入主体是否公正也是不可观察的，内部控制的分配正义难以评价和衡量。程序理性而不是结果理性是会计所可能实现的唯一目标（Seal，1993）。在这种情况下，内部控制制度的分配正义只能借助程序公正来实现，即只要制定内部控制的程序是公正的，符合公正原则，那么我们就认为内部控制制度是公正的。笔者认为，内部控制制度中的分配正义主要体现在对企业各个要素投入主体合理的分配基本权利和义务、利益和负担，使主体间在利益和负担方面达到相对和谐的状态，实现各主体所期待的利益并建立和谐、有序的公司秩序。

由此可见，内部控制制度的伦理诉求与道德评判，归根结底是一个追求利益分配的公平和正义的问题，只有缔约双方都感觉到利益分配的公平和正义了，这才能减少冲突，构建和谐社会（何云等，2007）①。这种和谐是广泛而又复杂的，它包括国家与国家之间的利益分配和谐、国家与公民之间的利益分配和谐、公民与公民之间的利益分配和谐，乃至一个在社会中生存的主体与其他主体之间的利

① 这里所体现的利益和谐绝非是一种绝对的公理，因此，这种利益的和谐实际上是由内部控制制定者决定，它的内容带有制定者的价值取向，所以这种利益的和谐是带有一定偏向的利益和谐。但是制定者对这种利益的和谐的偏向绝不是毫无根据、随心所欲的，他总要受一定规律的制约。

益分配关系都需要通过法的形式来保障和谐。利益多元化的出现是法制发展的社会基础，只有存在多样性的利益冲突、竞争和协调，才能使立法者和政府的决策行为建立在对社会各个方面的利益和需求的综合考虑并加以平衡的基础上，在此基础之上产生的法律以及建构起来的法制秩序才会得到各方更大程度的认可、遵守和维护，才能构建和谐社会。同样，内部控制制度的产生也是基于企业内部追求利益分配的公平和正义的内在和谐需求，这种和谐需求虽然仅限于企业内部利益分配的和谐，包括企业与员工之间的利益分配和谐、企业内部董事会与经理层的利益分配和谐、企业内部股东会与董事会的利益分配和谐、员工与员工之间的利益分配和谐，这些都需要通过内部控制的形式加以保障。各企业在建立自己的内部控制体系时要根据特定标准来平衡各个要素投入主体之间的利益关系，或者说要遵循特定原则才会使这种利益分配的和谐更具科学性、创造性和持续性。

第二节　关系专用性投资的契约属性：关系契约视角

一、关系专用性投资：契约属性分析

关系专用性投资（relationship—specific investment），又称交易专用性投资（transaction—specific investment），是指行为主体为了特定交易伙伴的长期交易关系而进行的投资，这种投资如果用于其他用途则会出现价值减损的现象（Williamson，1991）。关系专用性投资是一个从资产专用性衍生而来的概念，是交易者为了执行同特定交易伙伴的交易而投入的具有专用性的资产①。关系专用性投资可能产生正反两方面的效应。交易者可以通过交易专用性投资创造较高水平的

① 需要进一步强调指出的是，资产专用性是交易成本经济学的核心概念，最早可追溯到埃尔弗雷德·马歇尔对特殊雇员问题的讨论。Penrose（1958）指出，公司所拥有的资源是异质的（heterogeneous），最典型的例子就是企业家服务；Polanyi（1962）提及个人知识的默会性；Marschak（1968）则明确提到某些资产具有异质性。Wiliamson（1971）研究纵向一体化问题时才明确提出“资产专用性”这个术语，指出资产专用性就是资产能够被重新配置于其他备选用途并由其他使用者重新配置而不牺牲其生产性价值的程度，呈现出“路径依赖”性特征。实际上，研究公司战略的学者也强调专用性资源/资产是公司组织所拥有的有价值资源，它具有四个基本特征：价值性、稀缺性、不可模仿性和无法替代性，并且能够给公司带来李嘉图租金（稀缺性）、张伯伦租金（产品差异）和熊彼特租金（创新）（Collis 和 Montgomery，1997）。随后，威廉姆森、克莱因、阿尔钦等通过专用性投资进一步探讨组合准租金对于理解企业组织和契约安排的重要性。

关系租金（Dyer，1998），但他们的投资动力受到以下事实的影响：随着资产专用性的提高，投资在其他用途上的价值趋于下降，致使投资者承受的机会主义风险趋于增大。关系专用性投资的这种“双刃剑”特征有可能置交易双方于“囚徒困境”，最终导致交易专用性投资的实际水平低于理想水平，出现“双输”的局面。在战略联盟等中间组织日益盛行的今天，关系专用性投资往往是交易各方赢得跨组织竞争优势的必备条件之一。因此，描述有效的关系专用性投资，可以从如下特性出发（张珩、黄培清，2001）：

（1）双方在关系中的地位。双方在关系中的地位由交易双方在各自行业的地位、各自的讨价还价能力等决定。一般地，如果双方交易的产品是处于一个完全或者近乎完全竞争的市场中，而且双方在该市场中均处于非垄断的地位，则双方在关系中的地位较为平等。相反，如果一方具有较强的市场力量，则该方在关系中的地位较高。而较高的地位则意味着具有较强的讨价还价能力，从而使该方有可能从双方关系中获取较多的利益。

（2）双方在关系中的依赖程度。双方在关系中的依赖程度取决于双方的关系专用性投资。某一方的关系专用性投资越大，则对关系的依赖程度也越高，因为关系专用性投资是一种沉淀成本，一旦关系终止，高昂的成本给投资大的一方所带来的损失也较大。

（3）关系的契约性。关系专用性投资是指双方的关系是否以具有一定法律效力的契约为基础，以及契约条款的完备性。虽然，如果关系是建立在签约基础上的，双方关系的终止就会受到一定的约束，而契约条款的严格与否也直接对关系的性质有一定的影响。

（4）交流的方式及其范围和深度。明确规定双方信息交流和人员交往的方式，对保持关系有着积极的作用。而不定时的、随机的交流方式则可能对关系的持续以及效用没有很大的意义。类似地，如果信息交流深入、人员往来频繁，则有助于双方对彼此的要求及时作出反应，达到事半功倍的效果。因此，交流的范围和深度是与关系的效用相辅相成的。

（5）双方对关系的期望。关系双方对关系持续的看法也相当重要。这涉及双方对彼此的看法。如果客户认为某供应商的信誉良好，对方的产品质量可靠，则会看重该供应商，该供应商的地位就较为重要。同样，如果供应商认为某客户信用良好，也会在保持与该供应商的关系上持积极的态度。

关系专用性投资是基于公司治理理论和投资理论之上，利益相关者参与公司治理和长期投资融合的产物，既是一种公司治理模式，又是一种投资模式和策略①。作为一种公司治理模式，关系专用性投资可以用作供应商/客户“要挟”等治理机制的替代机制或补充机制，以减少公司治理中的外部扭曲和内部扭曲，发挥“价值发现”和“价值创造”的功能；作为一种投资策略，与相对集中投资策略结合在一起，就能成为一种风险控制机制。

二、关系专用性投资的主要研究领域

关系专用性投资理论提出之后，在法学、经济学和管理学等领域均产生了较大反响，经济学与管理学对关系专用性投资的研究是从两方面展开的：一方面，自20世纪90年代以来，经济学家们开始用博弈论的方法来讨论如何缔结最优关

---

① 这里要特别指出的是，本书所讨论的关系专用性投资不同于从机构投资者视角提出的“关系投资”概念。关系投资是在1990年前后的“金融模式”（finance model）和“市场短视”（myopia）两种公司治理观点的争议中提出的。金融模式观点认为：“所有权和控制权的分离”是实现股东利益最大化的障碍。因此，主张公司治理采取市场机制：用脚投票和并购市场。这一观点的支持者所提出的改革方法是以金融模式假设为起点，试图使经理人对股东的利益更加负责，在20世纪70和80年代主张对管理层实施更多的规制和激励。但随着控制权市场的萎缩，这一观点将改革的重点放在了赋予股东更多的权力上，显然这种观点希望通过市场继续对经理人施加压力。与之相反的“短视”观则认为，金融市场是缺乏耐心和短视的，股东们并不了解什么是他们自身的长期利益，他们会把短期收益看成是公司未来前景的最好信号。这种“市场短视”观的支持者认为，在部分情况下，公司是在进行低业绩操作，因为经理人对来自金融市场的短期压力太敏感。因此，他们主张的改革方式集中在将经理人从这些短期压力中解放出来，或替代性地通过阻止交易和鼓励长期持有股票来实现股东的利益，显然这种观点是希望减轻市场压力以使经理人更关注公司的长期价值。虽然这两种观点的公司治理改革主张不同，但它们在公司应为股东利益服务这一点上是一致的。所以，主张由机构投资者长期持有股票并进行持续监督的“关系投资”模式的提出，调和了这两种观点在实现途径上的分歧，为双方所接受，并引起理论界、专业投资者和政策制定者的普遍关注。就关系投资的本质而言，它和三个概念密切相关：公司治理（监督与合作）、长期投资和机构投资者（持有大量股票）。作为公司治理理论主要创始人之一的哈佛大学教授 Pound（1993）认为，关系投资是主要机构投资者在能确定性地有权发挥作用时所形成的特征：它是一种有依据但有节制的监督手段。英国著名经济学家 Blair（1995）认为，尽管关系投资尚未形成一致的明确定义，但支持者们总是把它作为一种状态来描述。这种状态是投资者比保持超脱和被动状态更负责地实施对公司经营管理者的监督，并把自己的投资“长期”（long term）交给公司经营。Gordon（1997）也表达了类似的观点，关系投资有三个相互影响的要素：大量的股票所有权、长期持有股票的承诺，以及与管理层就公司的业务政策决策进行商讨。其他学者也表达了类似的观点，哈佛大学法学教授 Jacobs（1993）在描述关系投资时使用了“实际所有权”。Ayres 和 Cramton（1994）在颇具影响的《关系投资与代理理论》一文中指出，“关系投资是承诺并持有公司一定比例的股票，也是经协商后主动购买的……并承诺不会将股票卖给竞购者，容易被激怒（provocable）去改变差的公司管理层或差的公司政策”。Koppe 和 Reilly（1995）认为，关系投资是机构投资者持有大量股票，并与管理层就业务政策决策达成长期承诺和互惠（long term commitment and reciprocity）。Bhagat、Black 和 Blair（2004）则在实证中将关系投资量化或定义为“拥有10%股份的外部股东持股时间至少在4年以上的可被视为关系投资”。虽然这些描述性定义彼此存在一些差异，但都表述了关系投资是通过长期的持续监督并与管理层协商来促进公司长期价值最大化这一基本内涵的。尽管本专著在行文中可能存在两者混用的情形，但是我们只关注基于供应商/客户视角的关系专用性投资问题，不涉及基于机构投资者视角提出的“关系投资”概念。对于关系投资有兴趣的读者，可以进一步参考李有彬（《公司治理与投资理论视角下的关系投资述评》，《外国经济与管理》，2006年第2期）一文的主要内容。

系专用性投资；另一方面，管理学家则借鉴社会学的研究成果，并与经济学研究相结合，主要运用实证分析方法来研究关系专用性投资中的治理行为。这两方面的研究密切联系在一起，它们都是以 Macneil（2000）对关系契约的分析为基础，探讨了现实世界中保证关系专用性投资顺利履行的不同手段①。下面介绍一些有代表性的成果②。

1. 管理学视角的研究：博弈观

（1）企业间的关系专用性投资。对企业间关系专用性投资（契约）的早期研究出现在 1987 年，道（Dwyer 等，1987）通过一个五阶段模型揭示了关系专用性投资（契约）在商业关系发展中的重要性（Dwyer、Schurr 和 Oh，1987）。Anderson 和 Narus（1990）等研究了生产企业与其分销商之间的关系，他们从生产企业与分销商角度分别建立了模型，指出相对依赖性、交流等因素会影响他们之间的冲突及其后果，从而影响厂商对分销商的满意度。Zaheer 和 Venkatraman（1995）在一篇被经常引用的文章中，首先提出了关系专用性投资是一种“组织间战略”的观点，他们研究了保险业中保险公司与保险代理之间战略联盟的关系治理。

Baker、Gibbons 和 Murphy 在 2002 年发表的《关系契约与企业理论》一文中明确指出，企业之间不是通过缔结正式契约而长期存在的密切的垂直或水平关系也属于关系专用性投资范畴，如企业购销网络、战略联盟、联合企业和企业集团等。企业之间与企业内部的关系专用性投资有助于避免某些正式契约所固有的不足。例如，缔约双方只能在事后观察到结果的交易，常常只能根据关系专用性投资来保证其完成。关系专用性投资允许缔约双方在出现新的情况时，利用自己的专有知识来适应新的情况。然而，也正是由于缔约双方只能在事后观察到交易的结果。因此，关系专用性投资不能由第三方来执行，也就是说必须“自我履

① 在关系专用性投资理论研究方面做出重要贡献的主要学者有：威廉姆森（1975、1979、1980）继承了科斯的交易费用思想，把资产专用性和与此相关的机会主义作为分析工具，对交易费用的决定提出了具有说服力的解释。克莱茵（1978、1980）与威廉姆森的观点一致，从讨论一体化的存在入手，认为纵向一体化并不完全回避缔约问题，在竞争性缔约的过程中，因可占用的专用性准租的存在，机会主义行为有可能变为现实。在威廉姆森和克莱茵观点的基础上，格罗斯曼和哈特（1986）从不完全契约出发，明确了纵向一体化的含义，指出了一体化水平取决于当事人一方或另一方控制专用性资产的程度，把剩余控制权看成是企业所有权结构的核心内容，发展了一个合并企业一体化的所有权结构模型。阿尔奇安和伍德沃德（1987）从资产对企业的专用性出发，探讨了在团队生产背景下的资产专用性与企业所有权配置之间的关系。布莱尔（1995）不满意道（Dwyer，1987）的模型，认为它没有考虑管理的混合形式，也没有说明在人力资本与非人力资本都高度专用化的情况下应该发生什么结果，他拓展出一个利益相关者理论和企业的共同治理结构。

② 本节内容参照陈灿《当前国外关系契约研究浅析》的主要内容，载《外国经济管理》，2004 年第 12 期。

行”。要形成自我履行的关系专用性投资，就要使打破合作关系的短期利益小于保持合作关系的长期利益。

而后，Baker 等从如何形成“自我履行”的关系专用性投资这一角度，考察了企业理论的经典问题——一体化问题。他们沿用 Grossman 和 Hart（1986）的区分方法，称“专用性资产由上游方占有”为非一体化，而“专用性资产由下游方占有”为一体化。在非一体化的情况下，上游方与下游方之间的合作属于企业间的关系专用性投资，这是 Baker 等分析的重点，他们假定资产归谁所有，则产品就归谁所有。在一体化的情况下，倘若下游方违约，那么他仍然拥有产品；但在非一体化情况下，若下游方违约，就得不到产品，他只能以不低于产品其他替代用途的价格在市场上购买产品。因此，非一体化的作用是：如果下游方打破合作关系，上游方可以占有更多的资源，从而能够抑制下游方违背关系专用性投资的意图，进而降低交易成本。但是，非一体化又鼓励上游方增加产品在替代用途上的价值，以便在和下游方讨价还价的过程中居于更加有利的位置，这又鼓励上游方产生违约意图，从而提高交易成本。当这两种相互冲突的作用力达到均衡时，就能形成最优关系专用性投资。由此，Baker 等提出一个核心命题：一体化与否，即专用性资产归谁所有，将影响缔约方是否产生违约意图，从而影响双方可能维持的最佳关系专用性投资（Baker、Gibbons 和 Murphy，2002）。这样，通过关系专用性投资的观点，Baker 等对传统企业理论进行了补充，解释了产生不同于市场与企业的中间形态经济组织的原因。

（2）企业内的关系专用性投资。对企业内部关系治理的研究弥补了主流企业理论的空白。主流企业治理理论常常受到的批评就是不能反映现实中的企业治理状况。近年来，有研究者认为，企业内部除正式的治理措施外，还可运用关系治理，尤其是一些特殊的企业，如家族企业。Mustakallio 等对家族企业关系治理的研究表明，在家族企业内部建立共同愿景被视为是一种关键的治理手段（Neubauer 和 Lank，1998），因为委托人与代理人之间拥有共同愿景意味着目标一致和冲突减少，从而能够降低代理成本①。

Baker、George 和 Gibbons（2002）考察了企业内部关系专用性投资的情况。企业内的非正式协议和不成文的行动规则都属于关系专用性投资的范畴，它们对企业内个体的行为产生极大的影响：在员工之间常常存在非正式的合作条件；在上司与下属之间，对任务布置、晋升和解雇等问题也常常有不成文的、彼此默认

① 此外，Mustakallio 等认为，家族关系和家族成员的“互惠”有助于形成共同愿景；同时，基于家族关系和“互惠”的经常性社会交往能创建一种共同语言和默会知识，为共同的认知奠定基础，也能促成共同愿景，从而有利于创造长期价值。他们的经验研究表明，社会交往与共同愿景呈正相关，并最终影响企业绩效（Mustakallio、Autio 和 Zahra，2002）。

的理解方式；一些表面上属于正式制度安排的过程，如报酬、转移定价、内部审计和资本预算等，各企业也有自己的一套做法和理解方式，因此企业与员工之间也存在具有调节作用的非正式协议。Fama 和 Jensen（1983）的传统代理理论认为，委托人应该拥有企业的决策控制权，包括决策批准权和监督权，而代理人拥有决策经营权，包括决策提议权和执行权。Baker 等认为，决策权并不可能那么清晰地在企业的老板与员工之间分配，即决策权是不可缔约的。他们认为，正式的权威总是属于最高层的老板，老板总是有权推翻下属的决定，但老板也常常将决策批准权授予下属，以激励下属更好地搜寻决策建议，因此上司与下属之间是通过非正式的关系专用性投资来分享权力的。他们具体研究了决策批准权和提议权的情况，通过重复博弈分析发现，非正式授权，也就是将决策批准权非正式地授予下属，能够对下属产生激励，使他们更有积极性搜寻并提出更好的方案；在上司详细了解方案的条件下，非正式授权的可行性取决于决策可能结果的极端值，而不是期望值。假定预期结果的期望值不变，最糟糕的结果可能造成的损失越大，非正式授权就越不可能。在老板不知情的情况下，非正式授权的可行性取决于下属的声誉和他们能够从败德行为中获得的利益（Baker、George 和 Gibbons，1999）。

Levin（2002）对关系专用性投资的激励作用进行了研究，并指出将绩效与报酬联系在一起的契约能够缓解激励问题。但是，在实际当中订立完全有效的契约却常常是不可能的，因此现实世界中的激励常常是非正式的。当一个企业与它的员工或其他企业缔结交易关系时，正式的契约常常只能提供一个起点，而良好的信誉、灵活性等才是贯穿整个履约过程的内容。这类激励问题都需要关系专用性投资，只是需要程度有可能不同而已。他指出，关系专用性投资的激励观不同于传统激励理论：传统激励理论认为，信息不对称是妨碍契约有效执行的主要障碍；而关系专用性投资激励观则认为，不仅存在信息不对称问题，而且还存在主观信息，尤其是主观绩效评估问题。例如，评估员工绩效的最好办法常常是同事或主管的主观评价，企业常常定期通过主观评价来决定奖励和晋升。主观绩效评价又可能造成意见冲突。关系专用性投资的激励观认为，执行契约的困难既产生于信息不对称和道德风险，也产生于主观绩效评价。在实际中，关系性激励契约的履行并不依赖于完善的绩效评估，而是取决于保持关系的未来价值，如企业持续支付给员工的工资以及联盟企业间的长期交易。这些因素都会导致交易双方忽略绩效评估方面出现的差错。

Levin 强调了关系专用性投资执行过程中出现的绩效评估的主观因素，并且与 Baker 等一样，认为关系专用性投资是建立在未来关系的价值之上的。这些博弈论研究从经济学的角度剖析了关系专用性投资的特点，如关系专用性投资的自我履行、易调整性和绩效评估的主观性等；同时也分析了一些有可能影响关系专用性投资履行的因素，如专用性资产占有、决策权分配等问题尽管运用博弈论对关系专用性投资的分析加深了我们对契约的理解，但许多文献也对此提出了批评。批评者认为，博弈论分析的一般逻辑是：最优方案仍然是通过参与者比较长期和短期成本和收益来获得的。也就是说，现阶段的合作产生于对未来交易的期望（Baker、George 和 Gibbons，1999、2002；Levin，2003）；交易伙伴值得信任的地位是有条件的，依赖于随时间产生的信任地位所增加的收益与打破信任地位的自利行为能增加的收益进行比较的结果；甚至，关系专用性投资实际上常常是通过经济性工具来维持的，如专用性投资的抵押作用。这些解释仍然是以经济学的人类行为假设——自利和效用最大化为前提的。而关系专用性投资概念的提出正是要改变这种错误的前提假设。

2. 经济学视角的研究：实证观

偏重实证的经济学研究从与博弈论相反的出发点对关系专用性投资进行了分析。也就是说，他们的前提假设是：人类行为并不总是自利和追求效用最大化，关系专用性投资的顺利履行并不是取决于理性计算，而是一些“关系性规则”。

偏重实证的关系专用性投资研究主要关注关系专用性投资通过什么来治理这样一个问题。他们首先沿用了 Macneil 提出的“关系性规则”（relationalnorms）概念，探讨了关系性规则的作用，然后界定了另一个重要概念“关系治理”，并进行了大量的实证研究。

综合管理学文献的论述，关系性规则是指一些社会过程和社会规则，它们因交换双方的关系（relation）而存在，影响参与者的行为，使得不需要第三方（包括制度与仲裁者）的加入而能保证交易的顺利进行，它们的作用甚至远远超过正式的制度安排。社会过程包括社会交往、信息交流等，社会规则包括信任、团结、相互性（mutuality）等。

众多学者从社会学以及 Macneil 的原著中提炼出各种关系性规则来进行研究，发现其中许多规则都与交易绩效有关。例如，Zhang 等（2003）发现厂商通过关系性规则来治理与其国外分销商之间的关系，能够增加其出口交易额。Claro 等（2003）发现，企业网络活动等关系性规则会对交易绩效（包括销售增长率和交易满意度）产生影响。

然而，学者们对关系专用性投资中到底有哪些规则在起作用这个问题却仍然没有找到答案。一些研究者对现有文献中的变量进行了探索性的因子分析，但至今仍未得出令人满意的结论。也有一些研究者认为，并不需要对这些规则进行统一的界定，因为对于不同的关系性交易，治理交易的关系专用性投资可能是相近的，但支持契约的规则可能在程度和类型上都不相同（Artz 和 Brush，2000）。正如 Ring 和 VandeVen（1994）所指出的那样，关系性规则随着时间和情境而变化和发展，因此，产生治理作用的关系性规则因关系专用性投资类型的不同而不同，甚至同一类的关系专用性投资也随其所处的社会经济环境、发展阶段甚至参与者个体的因素的不同而不同。

如上文所述，有关关系性规则的研究普遍得出了这样一个结论：这些规则和正式契约一样，能够起到降低交易成本和减少交易风险的作用（Poppo 和 Zenger，2002），关系性规则的这些功能也可被称为是“治理作用”，因此，一些研究者提出，这些规则可以被统称为“关系治理”（relationalgovernance）。其主要的研究领域如表 2 -2 所示。

表 2 -2 关系专用性投资研究主要领域

	关系专用性投资作为制度契约替代	利用关系契约激励关系专用性投资	关系专用性投资治理
代表性研究	Grief（1993）；Johnson（2002）；Wang（2008）	Telser（1980）；MacLeod（1989）；Baker（2002）；Levin（2003）；Plam - beck（2006）	Nevin（1995）；Poppo（2002）；Ferguson（2005）；Grifithf（2005）
主要研究问题	从社会宏观角度出发，探讨社会法律制度不健全时关系专用性投资作用	在专有性投资无法经由第三方验证时，利用关系契约激励专有性投资	关系专用性投资的治理作用，以及关系治理与制度治理关系
主要结论	关系专用性投资可作为制度契约替代，但阻碍了社会大市场的形成	只要未来合作价值足够大，可确保关系专用性投资得到执行	则可以节省交易成本、促进合作过去交易形成的关系契约
研究方法	实证研究	博弈论，无限重复博弈	实证研究
评述	未注意到关系专用性投资相比制度契约的优势	忽视了关系专用性投资中“关系”的作用	关系治理与制度治理关系仍不明确

资料来源：孙元欣、于茂荐：《关系契约理论研究评述》，《学术交流》，2010 年第 8 期。

3. 关系专用性投资与价值创造

无论从经济学还是从管理学，研究关系专用性投资的最终意义在于如何为投资的各方创造价值，对此，国内外学者主要从社会心理学、社会交易理论、交易成本理论与契约理论等视角以及大量的案例，研究关系专用性投资的价值创造效应，下面对主要文献进行归纳梳理：

（1）社会心理学、社会交易理论以及权限和依赖等理论视角。分析关系专用性投资为交易各方带来满意的过程，以及在这个过程中存在的依赖性和不确定性的管理技术。Crosby（1990）从客户相关性和销售服务方面研究关系专用性投资的社会特性、自然属性和前因后果以及对企业成功的贡献。Ulrich（1984）通过对完全承诺的供应商/客户建立长期、忠实关系投资的研究，发现关系投资提升对合作的认同和长期发展的信心，增强对供应商/客户承诺的兑现，提高双方合作关系和未来收益的强度，实现协同效应。Anderson（1990）利用社会交换理论研究生产企业与其分销商的合作关系，发现相对依赖关系、信任等对合作满意度具有重要影响。Anderson（1990）认为，企业与客户的合作关系可以获取客户的思想、经历以及提高企业的边际利润。Strobacka（1994）通过一个动态关系特性模型来建立有关概念。他们的核心理论是通过变量之间的转化建立关系，客户的承诺与关系强度密切相关，重复购买是基于"客户承诺以保证关系一定的强度"之上的。Wilson（1994）认为，社会和结构保障是建立成功关系的重要因素，社会保障即密切的私交可以延长供应商/客户关系的寿命，而结构保障则是通过增加专用性投资等途径促使关系更加稳固。Bensaou（1999）通过对日美汽车从业者的调查，认为汽车商及其供应商的关系专用性投资是为适应合作方的业务所投入的对流程、产品或作业步骤的资产。武志伟和陈莹（2008）研究表明，关系专用性投资可以显著提高关系持久性和关系公平性，对提升合作绩效具有明显的正向作用。张群洪、刘震宇和严静（2010）探讨在企业信息化过程中制造商和供应商投入专用性和信任的调节作用，发现信任在联合行动过程中的调节作用显著，而投入专用性的调节作用则具有明显的阶段特征。薛佳奇、刘益和张磊楠（2011）的实证研究发现，投入专项资产的制造商会采取吸收分销商专项投资的方式抑制其机会主义行为的发生。当制造商的竞争者也对分销商进行专项投资时，制造商与竞争者专项投资的不对等性明显改变了制造商专项投资对分销商机会主义行为的作用效果。

（2）交易成本理论和契约理论视角。分析对关系专用性投资的有效管理，从而进一步完善契约经济学。Fryxell（2002）构建关系契约机制与供应商绩效以及关系专用性投资质量的模型，验证了关系契约机制对合作绩效的影响。Kabadayi（2007）验证了作为合作行为的信息共享与关系契约共同作用于关系绩效的机理。Koza（1998）验证了整合性行为和分配性合作行为分别对关系契约的影响，发现整合性行为对关系绩效有积极作用。张珩、黄培清和张存禄（2002）研究发现，供应商的专用性投资程度与关系双方的效用成正相关。杨柳和夏瑛（2007）通过考察日本汽车制造业中的专用性投资和企业合作关系，发现专用性投资可以作为可置信承诺抑制机会主义和提高违约的机会成本。许景、王国才和施建军（2010）综合交易成本理论和关系交换理论，研究正式契约和关系契约对单边专用性投资与机会主义行为、信任关系的影响。结果表明供应商单边专用性投资有利于改善"零供"关系，正式契约对零供机会主义行为关系更显著，而关系契约对"零供"信任水平关系更显著。王国才、许景和王希凤（2010）综合交易成本理论和组织间学习理论，分析双边专用性投资对渠道关系绩效的作用机制，研究表明双边专用性投资可以同时通过降低合作中的机会主义行为，提高双方的信任水平以及促进关系学习提高合作绩效。

（3）案例研究和实证研究视角。通过对大量实例的描述，建立关系专用性投资交易各方的作用模型，解析关系专用性投资的内在属性及外在效应。Asanuma（1989）阐释了日本汽车制造商及其供应商共同构建的关系专用性技能能够为合作参与方创造超额利润和竞争优势。Parkhe（1993）研究表明，联盟内部的不可逆投资有利于满足联盟成员的重大战略需要，并能提高绩效指标。类似地，Saxenian（1994）研究认为，惠普以及其他硅谷公司通过与地理位置相近的供应商发展长期的伙伴关系，大大提高了绩效。Ravald（1996）认为，关系专用性投资能提高效益，或者降低亏损，与国外分销商的关系投资能够增加其产品出口额。Dyer（1997）用比较翔实的数据对美日两国汽车制造商及其供应商的专用性投资水平、治理机制以及合作绩效进行了比较，得到了关于专用性投资外在效应的经验证据。Jap（1999）认为，专用性投资和协调努力是买卖双方“做大蛋糕”的重要因素，专用性投资提升了渠道的利润表现和竞争优势，Jap 和 Anderson（2003）进一步发现，如果投入的关系专用性资产的专用性很强，则合作成员放弃该关系的成本就越高，从而激励双方发展长久的合作关系。Claro（2003）发现，个人和组织之间的信任是关系投资的重要决定因素，关系投资对企业的销售增长率和交易满意度有显著作用。Dyer（2003）指出，关系专用性投资与合作绩效之间存在着正相关关系，恰当的关系专用性投资对合作成果有重要影响。Lee（1999）认为，关系专用性投资治理机制在增强交易企业间的伙伴关系、稳定联盟质量、促进知识转移上更加有效。谢恩、李垣和吴海滨（2004）从效用最大化的角度建立了联盟成员关系专用性投资的决策模型，分析了关系专用性投资创造准租的具体特征对投资水平的影响。刘益和蔺丰奇（2006）以日本汽车产业为例，具体分析了渠道伙伴间专用性投资的特点，提出了在长期渠道关系中专用性投资的作用以及存在的竞争效率与机会主义问题及策略方法。刘益、钱丽萍和尹健（2006）从供应商/制造商关系发展的动态角度，探讨供应商专项投资与其感知合作风险之间的关系以及契约和关系规范的不同调节作用，结果表明在不同的关系发展阶段供应商专项投资与其感知的合作风险有着显著的差异。高维和（2008）通过模型分析表明，渠道购买商网络外部性引起的正反馈循环会使销售商被“锁定”，这种被“锁定”的专用性投资会导致购买商攫取“准租”的机会主义行为。但渠道双方都发生专用性投资时，机会主义行为受到限制。殷茗和赵嵩正（2009）以信任动态理论为理论基础，从供应链协作关系层面出发，提出了动态供应链协作信任的阶段理论模型，检验了不同阶段专用资产投资与供应链协作信任、合作意图之间动态差异性的作用关系。我国台湾学者 Wang、Huang 和 Lee（2001）以当地代工企业为对象进行的实证研究进一步提供了相关证据。代工企业的贡献专用性显著促进了代工双方的共同行动，并显著改善了它们的能力。徐蕙菁（2004）和 Sun（2006）以 OEM/ODM 供应商为调查对象的实证研究得出了类似于 Wang、Huang 和 Lee（2001）的结论，只不过徐惠菁（2004）把共同决策、关系资本和准一体化作为代工企业保护专用性投资免受侵害的保障机制。

第三节　内部控制的效应分析

一、组织理论与内部控制

分工和信任是现代组织理论的重要问题，现代内部控制理论已经注意到分工与信任等组织因素的重要作用。内部控制发展是分工、组织信任、知识共享等领域全面协调共进的过程，信任在其中有着举足轻重的影响。信任是影响分工的一种深化机制，并为个人和企业参与分工提供长期化的、稳定的预期，从而保证交易的连续性和进一步扩展。内部控制机制是建立在信任基础之上的内部治理机制，能够实现知识共享、促进组织合作、降低组织交易成本、提高微观经济组织的运行效率和效能。

在一个组织中，信任和适度内部控制都是客观存在的，组织的分工合作不仅依靠契约、制度等，在契约、制度无法涉及的方面更多的要依赖信任，组织信任与适度内部控制行为之间也具有十分重要的关系：信任带有明显的基于道德的感情因素，是超越理性的，从而使信任具有特殊的经济价值，如果没有信任所包含的感情因素和自我约束而过分依赖理性预期的手段，委托—代理关系将因投机行为或为防范投机行为而产生过高的交易成本。但是，过分依赖信任又会引发分工合作的风险，理性预期则可以减少信任的盲目性。因此，分工合作中信任与适度内部控制的程度存在此消彼长的关系，高水平信任下的分工合作将弱化适度内部控制的作用，低水平信任则需要高度的适度内部控制手段维系分工合作。组织中管理者给予被管理者的信任，可以是从高水平信任——低度适度内部控制到低水平信任（不信任）——高度适度内部控制这一连续区间中的任何一点。企业内部控制，一方面是源于分工的深化；另一方面是得益于信任半径的扩大。内部控制发展历史表明，在本来不认识的人之间建立相互之间的信任关系是内部控制范围扩大和内部控制发展的关键。

从分工的角度看，Bolton（1994）认为，企业之所以存在，主要是因为其可以减少分工后产生的信息收集和沟通成本，企业要有效率地对信息进行合理的沟通，并考虑如何减少沟通的成本。企业的组织性质基本上是由企业分工的性质所决定的：企业是分工经济条件下的分工与协作组织，企业的形成与发展、企业组织的变迁都与企业分工密不可分。进一步讲，企业所有权安排以及企业治理结构的完善（包括内部控制的演进）都是为了实现企业组织内部的有效分工与协作。正如钱德勒（1987）批评经济学家不能把管理协调同企业理论联系起来时所指出的："通过仔细协调流经生产和分配过程的流量而造成的节约，要比通过增加生产或分配单位的规模而造成的节约多得多"。而管理协调恰恰是分工的题中应有之义。分工是企业的基础，也是企业的原因，因此，分工与企业的组织性质息息相关。

伴随着交易活动，出现了两类信息问题：一是受到限制的理性思考和参数的不确定性，二是机会主义和行为的不确定性。从可预测性的意义上讲，行为的不确定性是真正的不确定性。追求自我效用最大化的经济人，决定了其在各种契约关系中一定存在机会主义行为，正是这种由人类特征决定的行为上的不确定性，增加了交易活动的风险和成本，这是组织存在的根源，但同时也使组织（企业）内部和外部的契约关系在风险程度上变得可比。如何低成本、高效率地防范契约关系中各种形式的机会主义行为，成为组织与合同中对经济主体进行激励、监督的出发点。威廉姆森以人的机会主义行为为核心内容，论述了个人与组织（企业）的关系，及由此延伸分析了组织内部监控机制的框架。

从信任的角度看，所谓信任①，是指对于他人"相信而敢于委托"的一种感知，信任的基础是当事人对被交往者未来行为趋向的一种判断②，组织中的信任

① 帕特南（2001）认为，信任、规范和网络等是组织必备的特点，而且，组织拥有这些特点具有巨大的生产性价值，它能够通过协调组织行动来提高生产效率。其实，不仅是生产性组织，对于一切组织来说，组织力量的大小，都取决于它的协调程度。帕特南所说的让信任、规范和网络发挥作用，其实是要让组织行为的主体自觉地去扮演合作行为主体的角色。因为，组织中的信任、规范和网络实际上也就是组织以及组织成员间合作的主客观基础。有了这个基础，组织体系就能够自然而然地成为一个信息交流畅通、知识共享充分、相互合作默契、集体行动高效、创造力完全展现的社会存在物（张康之，2005）。

② 在关于信任的概念理解方面，学术界存在着多种不同的看法，主要有：一是单向度说（如 Mishra 等，1984；席酉民等，2004）；二是人际信任说（如 Mayer，1995；Nyhan & Marlowe，1997）；三是系统信任说（如郑伯熏等，1999；Elagovan，1998）；四是整合说（Costigan 等，1998）。张维迎（2001）根据信任来源的不同将信任分为三种类型：一是基于个人特征的信任；二是基于信誉的信任；三是基于制度的信任（见张维迎：《信息、信任与法律》，生活·新知·读书三联书店，第 9～15 页）。信任的基础可以是个人特征，也可以是信誉或制度，本书研究的信任包含了这三个方面的内容。至于组织信任的研究领域，则主要存在两种观点：第一种观点（Gilbert，1998）认为，组织信任是员工心目中对雇主持有的信心和支持的情感，在研究中主要表现为员工对主管、高层经理或公司的信任。第二种观点（Doney 和 Connon，1997）认为，组织信任是发生在组织水平的信任，Zaheer 等（1998）认为组织信任是"组织成员共同拥有的对伙伴公司的信任导向的程度"，研究中主要表现为公司间的信任。本书主要基于第一种观点的研究。

则指内部员工在相互信任、相互依赖的基础上实现组织目标的一个过程（Rousseau，1998）。组织内部存在两种形式的信任关系，即管理者与被管理者之间的垂直信任关系以及组织成员之间的水平信任关系（郑伯熏，1999）。第一种信任关系中含有委托人对代理人以及管理者对被管理者的信任，这种信任可以定义为顺向信任；同时还存在被管理者对管理者的信任，这种信任可以定义为逆向信任（吕春晓、常建平，2000）。组织内部的长期有效的信任关系直接影响组织成员“履约”的愿望，信任与组织的绩效和有效性密切相关。信任的重要性已经受到关注。Huemer 等（1998）认为，信任最重要的角色关系到组织知识是如何以及为什么可以发展。他们根据 March 和 Olsen（1990）的观点，提出信任便于让成员之间学习，并且基于信任的这种确定条件下决定进行知识交换。知识员工的脑力劳动通过知识共享和转移的行为，与组织中其他成员共同构建成一个学习网络，信任清楚地在参与双方建立起情感纽带，它促使组织成员进行交流，与此同时，组织知识得到扩展（Weick，1993）。内部控制规范之所以能够塑造出统一的和连贯的行为和获得某种信任之外的行为效果，表现出了人们对内部控制规范以及由这些规范所构成的制度的信任。以往研究表明，信任和内部控制有着千丝万缕的联系，在理论和实践上都说明信任程度影响着内部控制的效果①。

从现有的文献看，有关信任机制和控制机制这两者之间的关系问题，基本的看法有三种：①信任是一种特殊的控制机制。代表性的观点有 Bradach 和 Eccles（1989）、Merchant（1984）、Ouchi（1979）。在 Ouchi 建立的经典的控制模型中，信任机制被看作是一种特殊的控制机制即社会控制或家族控制。②信任机制和控制机制是一种替代关系。代表性的观点有（Das 和 Teng，2001；Dyer 和 Singh，1998；Gulati，1995；Lnkpen 和 Cumall，2004；Zaheer 和 VenKatraman，1995；

① 如果把为了达到组织内部信任（TD）的努力而发生的费用支出或消耗定义为组织的信任成本（TC），把因为组织中信任的降低而增加的各种费用支出定义组织的不信任成本（FTC），则组织内部的信任与信任成本呈正相关关系，信任与不信任成本之间呈现负相关关系。如果使用信任度描述组织内部的信任，并且假设用 X1 和 X2 分别表示组织成员的预期行为和实际行为，且 $\triangle = | X1 - X2 |$，则信任度可以表示为：$TD = 1/\triangle$，在组织中提高组织成员之间的信任度（TD）将增加信任成本（TC），同时减少组织中的不信任成本（FTC）；反之亦然。由于不适当的组织重构会降低组织成员之间的信任度，将增加协调成本或不信任成本，而信任度的降低却不能减少组织已经耗费的信任成本，即此时的 TC 不会下降。因此，不适当的组织机构重构将增加组织的总运行成本（参见吕春晓，常建平：组织绩效、信任与成本［J］．西安电子科技大学学报（社会科学版），2000（4）：53－57）。可见，不同程度的信任对组织成本和绩效的作用是不同的，合作中信任的成本和风险，可能使顺向信任出现过度或不足的情况。如果过分推崇信任，组织中的监督、激励机制就没有存在的必要，这将导致代理人的投机行为。信任不足不仅会引起潜在交易成本的增加，而且由于缺乏信任而导致合作失败，还会影响组织中的水平信任与逆向信任程度，使组织凝聚力降低。

Sitkin 和 Roth，1993）。根据这一替代性观点，低信任导致正式的控制形式，而高信任则使得正式控制的范围受到限制。正式控制传达不信任的信号，因而导致不信任和正式控制。③信任机制和控制机制是一种互补关系。这些学者断言（Deakin 和 Wilkinson，1998；Mayer 和 Argyres，2004；Poppo 和 Zenger，2002）信任和控制机制构建都是有代价的，控制机制的选择、发展和执行的代价都是昂贵的；信任也不是免费的，需要耗费组织大量的资源。既然信任与控制的获得是成本高昂的，他们认为组织在任何状况下都不会确立过度的信心，对于企业管理来说，为达到最低限度的管理信心，管理者可以利用信任和控制以相互补充。我们认为，内部控制与信任通过不同的方式增加内部成员在交易中的可预测性，通过内部控制与信任的互补关系，相对可以更真实地描述信任与内部控制之间关系的动态性：廉价而高效的内部控制的存在使企业较少依赖信任；而当信任存在时企业可以降低因设置内部控制机制而带来的成本和复杂性。然而，大多数企业内部经济关系同时包含了内部控制与信任，包含风险的内部控制的存在可能鼓舞公司承担更大的、基于信任的风险。

具体来说，基于组织信任的内部控制具有以下主要的治理作用：

（1）内部控制作为一种组织信任机制，有助于实现知识共享，降低信息不对称。中国台湾学者张火灿等（2002）的实证研究表明：其一，组织缺乏信任是影响知识分享的最主要原因；其二，信任会导致知识分享及自愿合作，一旦人们产生无条件信任时，会自愿地分享知识及信息。McAllister（1995）指出，知识分享行为是一方愿意主动增强他方能力的行动，该行动需对他方具备高度的信任，否则将会使对方更有能力伤害自己，出现对己不利的情况。企业内部控制作为一种组织信任机制，共同知识意味着这些知识可以在组织成员之间传播和分享，生产、储存并传递着企业生产经营、风险管理等所积累的知识，从而引导组织成员解决特定问题的行为及其互动模式，进而影响知识的整合与共享，体现能力的可信任性与行动的诚实性。

（2）内部控制作为一种组织信任机制，可以降低组织内部的交易成本。在交易成本产生的问题上①，制度经济学将大量的交易成本归结为交易双方的不信任或信任不充分。Arrow（1974）指出，信任是经济交往的润滑剂，企业中的每一项活动都包含着信任要素，信任与交易成本一样是值得研究的。福山等（1995）认为，信任的重要性在于：信任与规则之间存在一种负联系，信任度越低，信任越少，就越需要垂直一体化和等级制度，就越需要增加正式的规则和强制。查尔斯萨维奇（1998）曾说过，怀疑和不信任是真正的成本之源。因此，企

① 按照交易成本理论，组织内部同样存在交易成本，这里所讲的交易成本可以看作是一系列制度成本，包括信息成本、监督管理的成本和制度结构变化的成本。

业内部控制作为一种组织内部信任机制，是组织内部活动所必需的公共品，具有降低环境复杂性和系统复杂性的简化功能，可以降低由于信息不对称的存在和契约的不完备性，对机会主义的防范而增加的合作监督成本等，使已达成的协议能够自我遵守和实施。

（3）内部控制作为一种组织信任机制，是促进组织合作的必要条件①。Deutsch（1958）在囚徒困境实验里发现，合作发生的最初时期是必须信任的。Prewitt（1991）也指出，当存在信任时，双方才会有高风险和协调的合作行为。Anderson（1989）认为，一旦信任建立之后，经由协调和共同努力所产生的结果远胜于双方独自努力所取得的结果，信任机制是合作的必不可少的前提，并导致长期关系的建设性和合作性的重大行为。Ganesan（1994）认为，信任是影响长期合作的最重要因素，如果双方互不信任，将会降低双方之关系承诺，使长期合作关系转变为短期的交换关系。正是从这个意义上考虑，我们认为企业内部控制作为一种组织内部信任机制是促进组织合作的必要条件。

（4）内部控制作为一种组织信任机制，有助于提高微观经济组织的内部运行效率和效能。Watson Wyatt 咨询公司研究报告表明，具有高信任度的公司比低信任度的公司产生两倍的“剩余价值”。Petick（2001）把组织内部信任视为组织的战略性能力或者战略性资产，认为组织内部信任具有战略优势，有利于组织长期生存和发展（蔡翔等，2006）。Konovsky 和 Paugh（1994）的研究表明，员工对组织的高信任感，能够减少企业内部矛盾与摩擦，保证组织内部的稳定性，维护组织内部的和谐气氛，促进组织更有效率的利用资源，提高组织的绩效。国内学者马可一等（2004）基于我国背景的实证研究也表明，组织内部信任对组织绩效具有预测关系，拥有高信任度的企业无论在企业经营业绩还是在企业形象方面都表现更佳。企业内部控制作为一种组织内部信任机制，具有协调和增进分工效益的重要功用。目前，大多数企业低效率的主要原因就在于部门之间的联系，以致分工效率由于不合适的协调处理机制（特别是内部控制机制）而被削弱了（M. P. 芙丽特语。转引自 P. 格雷汉姆，1998）。

二、资源基础观与内部控制

资源基础观（RBV）的战略管理理论，最初由 Perteraf 等（1993）在 20 世

① 在信任与合作的关系问题上，存在两种截然不同的观点：一是“非必要条件”说。迪戈·甘姆贝塔认为，不借助信任，也可以产生合作行为，办法就是“集中力量进行约束和对利益（客观诱因）进行操纵、强制控制”。言下之意，信任不是合作的必要条件。二是“前提”说。大多数的学者认为，强制手段并不能取代“信任”本身，不能够成为信任的替代物，虽然“强制”也降低了风险，但是它会造成人的自我挫败，因为在强制进行合作的时候，增加了背叛行为的可能性。

纪60年代提出，在随后的发展中曾一度停滞，到了80年代初期，通过Barney等（1991）的努力，RBV在经济学中找到了自身的基础，逐渐成为公认的主流战略管理理论，并且得到了大量经验事实的有力证明。

RBV理论的第一个要点是对资源和能力的阐述。资源学派对资源和能力不加以特别的区分，能力学派则对其进行了区分。Amit等（1993）给出了一个较为成熟的能力和资源的看法：能力指公司安排、使用资源并取得一定结果的能力（capacity），公司能力是基于信息的、有形或无形的组织程序，能力由长期而复杂的资源互动产生。目前，众多文献已对资源和能力作了相当细化的阐述，如Miller和Shamsie（1999）区分了基于资产的资源（property source）和基于知识的资源（knowledge source），他们发现基于资产的资源，如专利技术，在静态环境中会导致高绩效；而基于知识的资源在变化的环境中容易导致高绩效。另外，他们对系统性的占有资源和离散性的占有资源作了区分，认为系统占有资源时（占有大多数关键资源），竞争优势依赖于资源范围的扩大和系统性的综合；而离散性的占有资源时（只占有少数关键资源），竞争优势则靠扩大资源占有和稳固离散资源的优势获得。另外，如“核心竞争能力”、“动态能力”等概念均是RBV理论深入细化发展的结果。

RBV理论的第二个要点是其内在支撑概念——租金。租金的概念来自于经济学，目前泛化为超额利润的意思，获得租金相当于获得与其他企业相比的竞争优势。基于资源观点的理论主要关注三种形式的租金收入：①资源的稀缺性带来的理查德租（Ricardian rent）。关键资源，即满足稀缺性、难以模仿、有价值的资源获得这类租金。②熊彼特租，技能的获取、学习与能力积累等有关创新的行为获取这类租金。③准租（quasi - rent），某种资源与其他资源相结合所创造的价值往往高于其独立发挥作用时所产生的价值，人们将这两者之间的差异称为准租。RBV理论认为三类租金的获得与保持是竞争优势的来源。

从资源基础观可以看出，①RBV从内部控制作为资源和能力的角度，较好地解释了企业内部控制的异质性。②RBV的内部控制关注机会主义，但也关注商业世界中的信任（Ghoshal和Moran，1996）。现代的各种研究表明企业各控制责任主体在长期的重复博弈中，为了维持长久的竞争优势是相当注重信誉和信用建设的，即便有机可乘，也不是所有的控制责任主体都会利用一切机会实施机会主义行为。③RBV理论认为，交易成本观点强调的市场买卖、契约安排，都只是企业运行的一部分，虽然这些部分很重要，但不是全部，一个完整的企业运行必须包括内生的生产，内生的生产意味着各企业的生产函数是由企业特有的“组织能力”推动的有差别的复杂的投入产出过程。④关注交易成本，也关注交易带来的利益①。内部控制关注的是收益和成本之差，而不是单单注重成本。⑤交易成本观点是静态理论，没有考虑动态变化（Langlois，1992）。⑥RBV 理论认为，一项控制活动在企业内进行与否的决定标准不仅仅是企业内的成本低于市场交易的成本，还必须做到比其他企业（尤其是竞争对手）的成本低，这样才能相对于其他企业获得竞争优势。⑦RBV 理论认为，一项控制活动通过企业内进行，而不通过市场交易完成，不是因为市场交易的失败，而是因为企业的成功。因为企业作为一种制度，与市场交易另外一种制度相比，拥有按照一定方式将各种活动、资源按照一定方式组织起来的固有权威优势，市场则没有。从租金的角度出发可解释为企业内组织的控制活动可以获得“准租”，而市场交易则不能。因此，交易成本因素与由技能、知识构成的组织优势因素相比较是次要的，不是市场的失败而是企业的成功的概括更能反映现实的内部控制情况。

基于以上的认识，内部控制作为一种重要的制度资源，便成为逻辑的必然。第一，从内部控制制度资源的特征来看，它具有社会资源的一般特征：稀缺性、成本性、可配置性、可再生性。首先，内部控制制度的供给与需求并不总是平衡的，一般说来总是供给落后于需求，因而会造成一定的类似物质短缺一样的制度短缺；其次，每件内部控制制度的立、废、改等，都需要一定的人、财、物的投入，要耗费相应的代价与成本；最后，各种内部控制制度之间必须得到合理和科学的配合、协调，才能发挥预期作用。第二，从内部控制制度资源所包含的内容上看，它是由具有特定理念和目标的内部环境（如机构、人员和相应的权责分

---

① 拉特纳辛格姆（Ratnasingam，2003）认为，企业内信任是“同一企业内责任单位之间相互的信心（对交易或管理伙伴的可靠度以及诚实有信心），当处于可能的风险状况时，所有交易的成员都会忠实且适切地采取行动”，而 Doney 和 Cannon（1997）则认为，企业内信任是一种资源，这种资源能减轻企业内交换中因不确定性以及依赖性所可能产生的投机行为，进而促进企业内的有效合作，从而能产生更多的合作租金，在整体上提升企业的有效性。企业内成员间的信任可以改变企业行动的意图、扩大沟通和交流、提高合作的意愿，减少监督成本。信任可以建立可靠的预期，减少不确定性，从而大大降低包括信息成本、谈判成本和监督成本在内的所有交易成本的发生。然而，信任和知识的共享和企业内合作的成效等因素是有因果关系的（Dyer，1998），所以存在着信任的循环论证，信息共享不仅仅是他们之间存在信任关系，更重要的是考虑到了效率（Mark J. Sher，1994）。可见，企业内合作仅以原有的方式来增加信任程度是不够的，需要有新的路径来增进彼此之间的信任以降低机会主义行为。企业内合作应加强学习机制的建立，建立企业内的一个知识共享平台，而非仅仅依靠企业的专用性资产的投入来增加企业内的信任程度，内部控制就是这样一个学习机制和知识平台。当企业内的各个责任主体不断通过内部控制这样一个学习组织来加强企业的价值时，就会使整个组织生产可能性边界外推，从而使组织中的每个责任单位都从中获得合作性租金，形成一个“你中有我，我中有你”的协作关系，在相互协作中促进彼此的信任程度，降低机会主义风险。内部控制作为企业内部一种重要合作机制存在的前提和目标指向，信任基础是内部控制重要的作用机理，影响企业内部控制层级划分、责任授权和控制组织的再造。我们认为，内部控制合作的前提是信任，通过合作以降低企业内层级之间的不确定性并最终达到合理保证企业经营管理合法合规、资产安全、财务报告及相关信息真实完整，提高经营效率和效果，促进企业实现发展战略等总体控制目标的实现。

配)、风险管理、控制措施、信息与沟通以及相应的监督检查活动的规则组成，是这些要素的有机结合①。而这些因素本身就是一种资源，内部控制制度资源只不过把这些资源系统化罢了。内部控制制度资源成为联系人与人、人与物、人与社会交往的纽带。第三，从内部控制制度在企业内部经济领域里的作用上看，内部控制制度是人们创造并用来提供交换的激励结构，本身是为消除或减缓交换中的不确定性，因而制度本身便成了重要的资源（唐兴霖，1996）。通过制度的作用即对制度的投出和产出结果，可以对制度进行经济成本分析，这是制度成为资源的最基本的条件，也是任何一种东西成为资源的必备条件。制度的产出结果也就是它所带来的社会效益和经济效益，它反映了制度的内在价值，是评价和分析制度这种资源价值的重要依据。

因此，从这种意义上讲，我们认为内部控制制度资源实质上是指企业主体用来影响企业内部控制与经营管理水平、促进企业健康发展、维护社会主义市场经济秩序和社会公众利益，优化配置、合理安排物质资源和精神资源的一种手段和条件。内部控制的权威人士 Adrian Cadbury 爵士曾经说过，“公司的败绩都是由内部控制失败引起的”，可见内部控制在企业的重要性。

内部控制制度资源作为一种有别于其他资源的特定的社会资源，除了具有社会资源的一般特征之外，还有自己独特的性质。我们可以从制度资源的形成过程、表现形态等方面来进行分析。

（1）内部控制的表现形态，可以视为一种促进公司积极演化的机制。从企业资源基础论和进化经济学看②，传统的内部控制机械地强调岗位、权责牵制，

---

① 也有人认为，内部控制是由概念、规则、组织（人员）和设施及其相互关系等要素组成。概念系统是理解和解释一种社会制度的核心部分，因而它被称为制度的灵魂（吴增基、奚长清，1997）。规则是基于概念所确立的目标和所作的价值解释，提供制度运作的具体的规范与要求，它包括一些准则、条例、章程和法律等，也涵盖了传统、习俗等无形的东西。组织是制度运行发挥作用的保证，没有这个要素，任何制度都会是一纸空文。它把一定数量的社会成员集中在一个被赋予特定的目标和职能的社会团体中，并对其行为进行规范以维持社会的秩序，提高行动效率，从而满足人们的需要。设施为制度的运行提供象征性或实用性的物质手段和条件，它们对促使制度的运转、树立制度的权威和激励成员的热情有着重大的作用。因此，从宏观上说制度资源是一个总系统，各项制度的构成要素（制度理念、制度规则、制度组织和制度设施）分别构成制度资源的 4 个子系统（谭希培、李有贵，2002）。制度资源的这 4 个要素系统是相互影响、相互作用、缺一不可的。

② 进化经济学具有非常悠久的历史，贡献最大的莫过于 Nelson 和 Winter。其著作《经济变迁的进化论》（1982）的出版使一个完整而严密的进化研究项目得以成形（Andersen，1994）。与所有的进化理论一样，Nelson 和 Winter 的理论也主要是针对多样化、选择性和持久性这三个进化经济学的基本问题而展开的。在 Nelson 和 Winter 的著作中，规则是其理论分析的基本单位。他们认为，企业会随着业务规则的变化而变化。事实同样证明，在竞争性市场条件下，Nelson 和 Winter 所提出的选择机制比其他选择机制更加有效。无效的规则既不能被轻松抛弃，也不能随意改变，这样的企业很难长久生存下去。只有最有效的规则才会为企业带来持续的竞争优势。

只关注削弱、毁损企业价值（只是短期的）和竞争能力的行为，而且这些标准不一定为员工们认可，而不太关注组织内部是否存在这种必然性，结果在许多单位，内部控制效果不佳，流于形式，结果经济演化未形成满意的效果。其实，进化经济理论和企业资源基础论之间有许多相似的东西。比如，进化经济学中的规则本身就是一种资源或能力。如果将能力定义为企业使用资源以产生竞争优势的才能，那么规则和能力之间几乎没有任何区别。另外，两者都认同资源和能力的异质性是超额业绩和持续竞争优势的源泉。进化经济理论和企业资源基础论都建立在潘罗斯著名的“企业是知识创新体”的命题基础之上。在这两种理论中，从根本上来说，是企业的依赖路径，也即企业的知识拥有状况使一个企业和其他企业在许多方面相互区别开来，使它能够制定出不同于其他企业的获取租金的战略。而且，企业资源基础论和进化经济理论都有一个基本的企业绩效论（Nelson和Winter，1982；Barney，1991）。因此，经济演化理论能在这方面为完善内部控制的理论方法提供指导。按照经济演化理论，一个组织总是由众多的单个成员组成，制度是无数互动的个体行为无意识作用的结果，组织发展有其自己的规律，任何强加于规则的做法只能适得其反，经济是循着“惯例”演化，它通过“自然选择”和适应性学习得到发展①。这样形成了两个系统：决定每个成员行为及效果的技巧系统与决定整个组织行为及效果的惯例系统。内部控制首先必须解决的一个问题，就是正确地识别“技巧系统”与“惯例系统”，并协调这两个系统，促进组织的积极演化。在新经济条件下，内部控制的主要目标应包括三个方面：在组织内部，努力形成一种积极演化的机制；在组织与环境的结合上，努力把组织建设成一个生态系统；在整个社会中，努力使组织成为整个社会规则的主导者，提高组织的影响力（杨雄胜，2006）。

（2）内部控制的形成过程，可以视为一种两个以上的参与者依据某项规则相互协商而确定的特殊契约的交易过程，是一个公共选择的过程，是公共契约与私人契约的磨合过程。按照经济学的一般原理，物品和劳务，按是否具有排他性和可分割性，分为私人物品和公共物品。其中，凡属于在消费上能够具有

---

① 青木昌彦（2001）的制度定义是动态的。他强调动态演化的制度化过程，这是一个累积性和长期性过程，新制度的出现只有当参与人的决策规则在新的条件下相互一致，其概要表征所导致的个人信念系统趋同时才能实现。青木赞同进化博弈论者的观点，认为参与人的行为习惯可以自我形成，不需要第三方实施或人为设计。在进化选择的压力下，参与人在实践中倾向于发展某些适应性更强的特征，稳定的惯例或规范一旦确立，每人就会将惯例所隐含的权利视为当然，这时惯例就在自利的参与人中成为一种自我维系的内生性秩序。因为每个人从实践中认识到，遵循这样的规范实际上符合大家的共同利益。为此，青木把制度概括为“关于博弈重复进行的共有信念的自我维系系统”，这里的“博弈重复进行的方式”就是博弈规则，但这个规则不是在博弈之前就外生给定，而是由包括实施者在内的参与人的策略互动内生的，存在于参与人的信念中，并且是自我实施的。很显然，内部控制就是这样一种博弈规则。

排他性和可分割性的，则为私人物品，私人物品的生产通常由私人企业来生产，政府和利益集团通常不对私人物品的生产进行干涉与控制。而公共物品，由于涉及的是整个国民和所有企业的切身利益，特别是由于公共物品具有一定的经济后果，所以，在公共物品的生产上，政府要考虑到各个利益集团的切身利益。市场化国家，公共物品的生产过程，表现为一种政治程序，是公共选择的结果。

作为信息的一种，内部控制信息也同样是公共物品；每个人都可以机会均等地获取内部控制所传递的同样的信息内容。因此，公共选择理论关于公共物品的分析，对内部控制及其信息披露同样有效。用函数公式表示为：

$X^{n}_{n+j} \geqslant X^{j}_{n+j}$

其含义是指：对于每一个内部控制制度执行者来说，他们为了享受内部控制制度的激励效应（收益）而必须服从的内部控制制度 X^{j}_{n+j} 的数量，就是全部政府制定内部控制制度的总量 X^{n}_{n+j}，内部控制制度均匀地、广泛地由企业遵奉和信守，任何适用单位都不能被排斥在内部控制调控机制之外。由此决定了内部控制应该由全体适用单位共同享受，而不应服务于或服从于个别利益集团的性质，这是内部控制公平性原则的经济根源，由此也决定了内部控制用以规范和维系现代社会市场秩序的有效性和必然性，所以制度资源在形式上表现为一种全民平等、全民拥有的社会“公共品”，但实质上它给不同阶级、不同集团、不同个人所带来的权益分配是不一样的，可见制度资源在某种程度上可以说是一种权利资源、利益资源（陈祥明，1998）。正如青木的观点，制度之间是相互依存而不是彼此独立的，制度既可以是某一个域单独形成的制度，也可以是影响多个域的关联制度。由于制度在不同域相互影响和嵌入的方式不同，这种内部结构和配置的差异性会导致不同国家或地区的制度表现出明显的差异性和多样性。

三、风险机制与内部控制

内部控制与风险管理究竟是怎样的一种关系？如何在内部控制制度设计中体现这种关系？如何发挥两者“免疫机制”的作用共同为企业价值创造提供保障？这些问题不仅具有理论上的价值，尤其对于即将实施的内部控制规范更具有重要的指导意义。理论界对内部控制与风险管理两者之间的关系大体包括三种观点：

（1）控制观，这种观点认为内部控制包含风险管理。CICA（1998）将风险定义为“一个事件或环境带来不利后果的可能性”，“当你在抓住机会和管理风险时，你也正在实施控制”。巴塞尔委员会发布的《银行业组织内部控制系统框架》中指出，“董事会负责批准并定期检查银行整体战略及重要制度，了解银行的主要风险，为这些风险设定可接受的水平，确保管理层采取必要的步骤去识别、计量、监督以及控制这些风险……”加拿大注册会计师协会控制标准委员会（1999）认为，“控制应该包括风险的识别与减轻”，如不能识别和利用机会，就不能使企业在面临未预料到事件以及不确定信息时保持灵活性或弹性。

（2）等同观，这种观点认为内部控制实质上就是风险管理。Blackburn（1999）认为，风险管理与内部控制仅是人为的分离，在现实的商业行为中它们是一体化的。Laura F. Spira（2003）认为，将内部控制定义为风险管理强调与战略制定的联系，刻画了内部控制作为组织支撑的特点，但是，它也掩盖了一个不争的事实：现在没有人真正明自内部控制系统是什么。美国詹姆斯·罗瑟博士所著《最佳实务——四个革新型审计部门的增值方法》一书认为：内部控制等于风险管理。Mathew Leitch（2006）认为，理论上风险管理系统与内部控制系统没有差异，这两个概念的外延变得越来越广，正在变为同一事物。徐震（2006）认为，风险管理是内部控制的实质，企业内控中存在的主要问题就在于风险意识薄弱，风险管理松散。

（3）风险观，这种观点认为风险管理包含内部控制。COSO 委员（2004）在对内部控制框架进行扩展研究的基础上发布了《企业风险管理框架》（Enterprise Risk Management Framework，ERM－IF）从更加宽泛的角度提出了风险管理八要素理论，明确指出，企业风险管理包含内部控制；内部控制是企业风险管理不可分割的一部分；内部控制是风险管理的一种方式，企业风险管理比内部控制范围广得多。显然，IC－IF 被认为是包含在 ERM－IF 中的一个部分，而企业风险管理则是企业管理中一个空间范围更加宏大的管理领域。随着 ERM－IF 的影响日益深远，以风险管理理论指导内部控制设计，或者将对企业内部风险的管理与内部控制融合在一起，逐渐成为国内外现代内部审计的一个潮流。英国 Turnbull 委员会（2005）认为，公司的内部控制系统在风险管理中扮演关键角色，内部控制应当被管理者看作是范围更广的风险管理的必要组成部分。英国内审协会也明确提出风险管理包含内部控制的观点。Laura F. Spira 以英国公司为研究基础，认为英国改善内控的《公司治理综合法典》的发布是将内部控制重新定义为公司治理的一个重要手段，明确地将内部控制与风险管理关联在一起，风险管理是对内部控制的彻底改造。我国国资委 2006 年发布的《中央企业全面风险管理指引》，以及财政部等五部委 2008 年联合发布的《企业内部控制基本规范》和 2010 年发布的《企业内部控制：应用指引、评价指引、鉴证指引》，同样基于这样的观点。杨晓华（2007）认为，内部控制是风险管理的必要环节，风险管理涵盖了内部控制。曹亚勇（2007）认为，风险评估是风险管理的起点，内部控制是风险评估的支点。对风险的管理必须通过有效的、系统的内部控制才能得以化解。白华

(2012) 论述了企业风险管理的两个所属关系：①内部控制是企业风险管理的一个组成部分；②企业风险管理是管理过程的一个组成部分。李若山（2005）通过解读新 COSO 报告内容，认为风险管理是对内部控制的新发展。新 COSO 报告提出了风险偏好、风险容忍度等概念，使得 ERM 的定义更加明确、具体。

多数学者认同 COSO 的观点，即企业风险管理包括内部控制，因为内部控制只能防范风险和在合理保证的程度上控制风险。我们认为，内部控制与风险管理是一种共生互动、相互融合的发展与变迁过程。内部控制就是企业最高管理当局为达到某种目标而制定实施的程序与过程，管理当局期望这些程序和过程能够合理地保证：企业的日常经营活动、财务信息生产过程和对政策法规制度的遵循，符合企业战略目标和短期目标的要求。然而，在激烈竞争的市场经济条件下，企业面临复杂多变的内外部经营环境，因此必然会面临各种各样的经营风险、财务风险和法律风险，而企业对这些风险的管理能力，将会直接决定企业内部控制程序或过程的成败。企业风险管理能使管理层有效地处理不确定性及与之相关的风险和机遇，增进创造价值的能力（王如燕，2008）。在实务上更多的情形是，内部控制是风险管理的一种程序和过程，既是根据风险管理需要而安排的制度设计（程序），也是企业风险管理过程中的一项重要活动（过程）。内部控制必须基于风险管理，并为企业目标的实现提供合理的保证在内部控制的导向理论中一直是以契约观和价值观为主导，目前理论界尽管十分注重风险视角的内部控制，但在制度设计与运行中内部控制的风险导向并未成为指导企业内控实践的主导思想（姜明群，2009）。从巴林银行、安然、世通以及中航油新加坡公司等失败的惨痛教训中，我们看到，不注重风险的内部控制是没有用的，或者说注重风险的内部控制，但是如果没有相应的措施加以保障，同样不能发挥作用。

内部控制与风险管理的共生互动，可以从内部控制制度演进与技术变迁中得到检验。

1. 制度演进视角的分析

虽说在内部控制整体框架之前的内部控制理论中并没有明确提出内部控制的风险防范问题，但是从内部控制的演变背景中我们依旧可以看出内部控制的设立与生俱来就是与风险相伴而生、共生互动的。内部控制理论大致经历了内部牵制、内部控制制度、内部控制结构和内部控制整体框架四个阶段。

（1）内部牵制阶段。这一阶段仅仅局限于一般性的经济制约关系，目的就是查错防弊，通过账目核对和岗位分离的方式控制人员间的合谋风险。以业务授权、职能分工、双重记录、定期核对等为基本内容，以职务分离和交互核对为手法达到职位牵制与权力制衡，因此对于企业而言，这是一个基于企业个体行为层面控制的内部经济制约的阶段（施先旺，2008），正如《柯氏会计词典》所指出的："内部牵制是为提供有效的组织和经营，并防止错误和其他非法业务发生而制定的业务流程。"

（2）内部控制制度阶段。企业所有权和经营权相分离，剩余索取权和控制权在一定程度上分离，产生了代理问题。为了保护投资者和债权人的利益，企业的管理者开始进行全面的企业管理的探索。在泰罗、法约尔等管理大师提出的管理理论指导下①，企业经营管理者在实践中促使内部控制从以对单项经济活动进行独立控制为主向对全部经济活动进行系统控制为主发展，进而形成了包括组织结构、业务程序、岗位职责、处理手续、检查标准、人员条件和内部审计等在内的涵盖范围更广、运行机制更为严密的控制系统。但是这个阶段的内部控制重点在于注册会计师审计责任概念，是一种纯技术的防护色彩很强的概念，其主旨是预防和发现错弊（李凤鸣等，2001）。

（3）内部控制结构阶段。系统理论将组织当作一个以子系统相对于大系统的均衡及与环境的互动关系来研究组织的适应性问题，要求将组织作为一个有机的系统来进行管理，注重各子系统间的协调（凌加明，2005）。因此"企业的内部控制结构包括为合理保证企业特定目标的实现而建立的各种政策和程序"，并且明确了企业内部控制结构由控制环境、会计制度和控制程序三个要素组成。该阶段将控制环境纳入内部控制体系的范畴，使得会计制度、控制程序与控制环境紧密结合，形成一个有机的整体。

（4）内部控制整体框架阶段。20 世纪 90 年代以来，全球经济迅猛发展。知识经济、信息技术高速发展以及经济全球化使企业面临着更多风险的威胁。因此"内部控制是企业董事会，经理层和其他员工实施的，为营运的效率、效果、财务报告的可靠性、相关法令的遵循性等目标的达成而提供合理保证的过程"。该阶段认为内部控制系统是一个随环境或系统变化而变化的动态过程，并将风险评估纳入到内部控制系统之中，这就要求企业在面对日益增多的风险情况下，必须制定目标，并将这些目标与销售、生产、行销、财务及其他活动整合才能使组织运营协调一致。施先旺（2008）认为，内部控制整体框架直接将风险评估作为一个重要要素提出，不仅清楚地说明风险在内部控制中的核心地位，而且还让我们认识到内部控制过程实际上就是一个风险管理的过程。

通过对内部控制理论演变历史的分析，我们不难看出，内部控制与风险之间

---

① 泰罗在其代表作《科学管理原理》（1911）中，提出了科学管理的基本原则，其中，包括把管理的计划职能同执行只能分开，变原来的经验工作方法为科学工作方法，在管理控制上实行例外原则等原理。法约尔在其著作《工业管理与一般管理》（1916）中，提出了工作分工、职权、纪律、统一指挥、统一领导、等级链、秩序、公平等 14 条管理原则。

是一种共生互动的关系。第一，内部控制是与风险管理相伴而生。内部牵制思想是产生于市场变化较小、市场结构单一、企业规模较小、企业结构单一的环境之中，由于企业面临的风险因素较少，此时企业的风险防范主要是为了避免相关人员通过合谋来侵害企业财产安全以及保证信息的真实性。内部牵制是基于对财产不安全和信息不真实风险的控制需要而产生的，内部牵制本身就是控制风险，而控制风险就是风险管理[①]。所以，风险管理的现实需求推动了内部控制理论的产生，内部控制与风险管理是相伴而生的。第二，内部控制与风险管理互动发展。随着企业环境的不断变化，企业自身的规模、组织结构、组织形式也在不断地变化，内部控制也同样经历不同的发展阶段。内部控制的目的由最初的保证财务的安全性、信息的真实性扩展到经营的效率、财务报告的可靠性、相关法令的遵循性，控制的层次由最初的员工层次提升到企业的管理层和董事会，控制的范围以最初的会计控制拓展到企业的整个经营管理活动。但无论怎样变化，内部控制始终离不开风险的影子。内部牵制制度阶段在于控制不相容职务合谋风险；内部控制制度阶段在于控制职业（审计职业）风险；内部控制结构阶段在于控制业务风险；内部控制整体框架阶段在于控制流程风险。风险管理推动了内部控制理论的发展，内部控制理论也为企业的风险管理活动提供了行动指南。内部控制具有价值在增值功能，是现代公司的一种可再生的制度资本。内部控制的价值增值功能是通过对公司的风险进行有效的控制来实现的。

2. 技术变迁视角的分析

技术及市场条件的新进展，推动了内部控制走向风险管理。企业风险管理是在新的技术与市场条件下对内部控制的自然扩展。内部控制或风险管理的根本作用都是维护投资者利益、保全企业资产，并创造新的价值。Fama 和 Jensen（1983）分析了所有权与经营权分离下董事会的内部控制职能；Jensen（1993）进一步分析了美国公司董事会在内部控制方面失效的表现与原因。传统上，企业大量的经营活动和信息处理活动的记录主要由人工完成，经营过程的物流、资金流所形成的数据流被记载在纸介质上[②]。在内部控制发展的早期，市场上风险管

① 谢志华：《内部控制、公司治理、风险管理关系与整合》，《会计研究》，2008 年第 10 期。笔者认为，得出什么样的结论并不十分重要，最重要的是明确风险管理与内部控制之间有重合与联系的地方。即使在同一个，不同的行业各自的侧重点也可能不相同，例如，在监管严格的金融业或涉及人民生命健康的制药与医疗行业，风险管理的迫切性更强，企业以风险管理主导内部控制可能更方便。而在另一些企业，为了符合信息披露中内部控制报告的要求，企业以内部控制系统为主导、兼顾风险管理可能更适合。

② 阿妮塔·S. 霍兰德将其描述为：一是大量使用硬拷贝文档记录、处理和维护交易的信息；二是重视职责和责任分离；三是会计数据重复记录和重复数据的大量调整；四是会计师的反应性要多于主动性，检查性要多于预防性；五是严重依赖年末对财务报表的检查；六是避开信息技术；七是控制的结构基于符合性。

理的工具与技术条件都不充分（如机系统、统计学理论、数量模型、对冲工具与保险等），这时内部控制包含（替代）风险管理功能是很自然的。随着经济全球化及市场竞争力度的加剧，许多企业加快了信息化的步伐，以提升企业竞争力。信息技术在企业的广泛应用，不仅改变了传统手工数据处理方式，会计记录实现了控制、实时更新，使传统的查错与防弊的会计控制显得过时，而且触发了企业管理模式、生产方式、交易方式、作业流程的变革，人们的行为模式也随着企业业务流程化、组织扁平化、作业信息化而发生变化，虽然信息技术没有改变企业内部控制目标，但企业内部所发生的变革对传统的内部控制观点、控制方法产生很大的冲击（杨琦，2005）。同时，风险往往是由交易或组织创新造成的，这些创新来源于新兴的市场实践，如安然公司将能源交易大量发展成类似金融衍生品的交易。另外，环境保护及消费者权益保护的加强，都强化了企业的责任，稍有不慎，企业就可能遭受来自市场的惩罚，表现为企业的品牌价值或资本市场上的市值贬损。因此，从维护与促进价值创造这一根本功能来看，风险管理与企业内部控制的目标是一致的，只是在新的技术与市场条件下，为了更有效地保护投资者利益，需要在内部控制的基础上发展更主动、更全面的风险管理。可见内部控制是 ERM 的一个重要组成部分，它曾经在早期风险管理中代替风险管理的职能。内部控制和公司治理共同保障风险管理的有效实施，两者中的任何一个出现问题，所有风险管理技术和方法的有效性就失去了前提和保障①。

四、信息观与内部控制

现有内部控制研究文献大都简单地把内部控制作为一种控制系统或者制度系统看待，单纯注重内部控制的权力制衡这一传统理论基点，很少研究这个权力制衡系统背后所蕴涵的信息机理和作用机制，以致在现实中发生的案件（如中航油、三九、国内外银行业等事件）由于缺乏一个强有力的信息基础和传导机制而不能及时地发现并制止，权力制衡的良好愿望落空，内部控制失效。正如中国 IT 治理研究中心孙强在 2006 年 ITGov 年会上所做的“迎接萨班斯法案的挑战，以不变应万变的持续合规之道”的主题演讲中提出的②，基于权力制约观的内部控制必须向

① 融合之道——内部控制与风险管理·2007 年春季高峰论坛、易仁萍、孙宝厚、崔振龙、王化成、谢思忠等主题发言也突出了内部控制与风险管理相融合的主题，探讨了以风险为导向、以控制为主线、以治理为目标的管理新方向。

② 韩建光：《内审、公司治理及合规性成中国企业关注热点》，http：//it. sohu. com/20060510/n243181228. shtml，2006 年 5 月 10 日 16：25。http：//www. ITGov. org. cn。

基于信息观的内部控制转变①。事实上信息（包括透明）才是制衡权力的基础，良好的控制必须首先解决好信息保障问题。控制离不开信息的交换和反馈，没有信息，控制就失去依据。而信息的真实性和及时性，又决定了控制的有效性。

1. 内部控制的发展历程：从权力制衡到信息沟通的转化

内部控制理论的发展大致可分为五个不同的阶段②，从这里我们可以得出两个基本结论：

（1）内部控制理论与其他理论一样，它的产生与发展都是基于社会经济环境的一定需要。从内部控制发展和演变的过程来看，内部控制的发展最初是基于管理的某种需要，后来基本上是外部审计的推动。可以说，企业管理的发展和外部审计的拓展在内部控制理论和实践的发展中起到了巨大的推动作用。内部控制理论的每一个阶段性成果无不与企业组织形式、管理的环境和利益相关者的价值目标密切相关，每当企业组织形式、管理环境和利益相关者发生变化时，内部控制都会面临挑战。随着社会经济环境和内部管理的变化，内部控制也必然会获得新的发展，在控制观念、控制重心和控制内容等发生重要变化（龚雪，2008）：内部控制观念从控制当事人的行为观到提高会计信息质量的信息观、提高企业运行效率的经营观，至减少企业经营风险的风险观，再至管理企业风险的战略观的转变；内部控制的关注重心则由内向外发展，从对行为人的单一控制发展为对企业组织的综合控制，从对企业的内部控制到对企业整体的系统控制。

（2）从内部控制理论各个发展阶段的内含看，信息都是内部控制的一个基本和重要的组成部分，连接了委托人和代理人，并作用于内部控制之中。尤其是

① 权力制衡的内部控制治理具有内生的不安定性，其根源是在管理人员独占决策能力的前提，封闭的决策程序容易造成决策失误，而不是权力失衡导致公司经营的不利，“突然震荡—安定—突然震荡”成为企业经营的常态。以权力制衡为核心功能的内部控制治理难以满足公司持续发展的需要，成为一种低效的治理模式。与信息观下的内部控制治理机制比较：一是在权力制衡观下的内部控制治理中，治理机制以层级制形式展开，与管理机制相结合部分为最高管理者，整体呈现为链状治理形态；二是在信息观下的内部控制治理中，治理机制围绕决策展开，开放式的决策体系使股东、董事、管理人员充分参与，形成网状治理形态。治理关注的焦点不是管理者的个人能力，而是决策科学，即决策正确性和决策校正的速度。传统的内部控制是基于权力制衡的原理构筑框架的，它以规范权力配置及其行使作为其理论基点，它注重控制的流程和标准以及信息的事后反馈，并以负反馈为主要特征，而忽略人的伦理价值和精神，它的基本目的是“纠错防弊，消除误差”。这种传统的内部控制的运行机理就是：通过组织权力的制衡与牵制，制定烦琐的规章制度，从而限制行为主体的职权，达到纠错防弊的目的。信息经济时代，信息是最重要的资源，也是企业实施良好内部控制的基础。传统的内部控制注重控制的流程和标准以及事后的信息反馈，而忽视事前的信息引导和信息的实时传输。信息才是制衡权力的基础，所以基于权力制衡的传统内部控制框架必须向基于信息观的内部控制框架转变，注重信息系统在内部控制中的建设，强调控制体系各控制点和业务点相适应的信息点的建设，确保信息在关键控制点作业活动上的顺畅流动。

② 在学术界，一般将内部控制的发展分为五个阶段，即内部控制、内部控制、内部控制结构、内部控制框架、风险整合框架。

随着国际互联网、企业内部网和电子商务的飞速发展，信息技术广泛地深入运用，改变着企业的管理模式，改变组织内部的生产方式、交易方式和业务流程，人们的行为模式也随着企业业务流程化、组织扁平化、作业信息化而发生变化，信息技术的应用极大增加了企业内部控制的潜在风险，因而内部控制的治理逻辑便进一步强调了信息作为控制的载体在内部控制中的作用（郭晓梅，2002）：在控制环境中，董事会获取信息，了解经营情况，监督有关决策的执行结果，实现监督；激励制度的设计也依赖信息作为投入，信息既是评价手段，也是调节手段。在风险评估、控制活动和监督中，信息都是一种重要的投入，在委托人和代理人之间传递。通过信息的传递与沟通，决策权力机构了解其决策的执行情况，并进而对风险进行评估，采取措施减少风险；或是对目标进行调整，员工进行奖惩，促进员工更好地履行其职责。通过信息的传递与沟通，所有员工从最高管理者获得其所必须承担的控制责任的信息，了解其在内部控制制度中所起的作用，以及每个人的活动如何影响其他人的工作。可见，控制制度能否生效，在于是否在适当的时间、适当的地方取得了适当的信息，信息系统本身成为内部控制制度的一个组成要素，信息的存在与有效传递，影响到控制制度有效性的发挥。

2. 内部控制与信息观的相关性：内部控制的两种控制方式与信息的关系

内部控制的基本过程，实质上就是一个信息流通的过程，控制就是通过信息的传输、变换、加工、处理来实现的。控制论奠基人维纳（Norbert Wiener，1963）指出，一切类型的控制系统，都是用揭露在目标实现过程中的错误和采取纠正措施的信息反馈来控制自己的。换言之，各种系统都是用自身的某些能量来在成效和标准之间进行反馈，从而比较所得的信息。反馈控制就是根据最终结果产生的偏差来指导将来的行动。反馈控制的基本过程为：以预期业绩为标准→衡量实际业绩→将实际业绩与标准相比较→确定偏差→分析造成偏差的原因→确定纠正方案→贯彻纠正措施。可见，反馈控制是保证计划不出偏差，得以顺利实施的必要环节。在内部控制系统中具有极其重要的地位。正如控制论创始人维纳所指出的：任何系统都按照一定的秩序运行，但由于系统内部以及环境中存在着诸多偶然的和随机的偏离因素，因此任何系统都具有从有序向无序、从确定状态向不确定状态的变化倾向。为了保证系统的正常运行，就需要对系统进行控制。控制的重要方法之一是信息反馈。因为系统输出物反映了系统的秩序状态和功能执行情况，把输出物的全部或部分作为反馈信息回送到系统中，并对系统的运行进行调整，就可以起到修正偏差的作用。总之，现有的内控制度是否合理，实施的情况如何、存在哪些问题，都要通过这个渠道向实施内控的上层管理机构传递。控制系统的控制作用表现在信息反馈的过程之中（将输出的信息反作用于信息的再输入，并对信息的再输出产生影响）。而反馈职能是信息联系和传递的重要形式。通过反馈职能的控制作用，校正信息，完善信息的联系和传递，并实现系统的自我调节和完善，减少与目标的差异。离开了控制系统，信息的加工处理也就失去了意义。我们很多单位正是由于缺乏一个有效的信息反馈机制，内部控制制度在实际中没得到遵循的情况不能有效反馈至领导层，违规行为得不到及时纠正，从而导致内部控制制度形同虚设。

但是，仅有反馈控制还远远不够。在内部控制工作中，时间延迟是常见的。而且，收到反馈信息后，要分析偏差的原因，选择校正方案，再贯彻校正措施，又要经历较长的延迟。所以，用反馈控制常常会失去宝贵的时机，使控制失效。要改变这种局面，就要使用另一种控制方法即前馈控制。前馈控制是面向未来的控制，意在防患于未然。可见，前馈系统虽然也是通过信息反馈来实施控制，但这种信息反馈是在投入一端，在投入未受影响前就加以纠正，因而具有较好的及时性。前馈控制采用的普遍方式，是利用所能得到的最新信息，进行认真、反复的预测，把计划所要达到的目标同预测相比较，并采取措施修改计划，以使预测与计划目标相吻合①。信息是发现问题、确定目标的凭借，是制定和选择方案的依据，是决策实施和控制的手段。而从信息对于控制系统的作用来看，信息既是进行监督的手段，同时也是沟通的手段。维纳创立的控制论认为客观世界存在着一种普遍的联系，即信息的联系。控制指的是自控系统通过信息的选择、传递和反馈，把行为和动作施加于被控制对象，使系统的特征和变化保持在目的规定的限度内，以达到正常而有效的发挥功能，从而把被控客体引入某一预定的合乎目的的状态。信息是控制的基础，离开了信息，控制系统就无法发挥作用。

第四节　关系专用性投资的效应分析

一、关系投资的负面效应

交易成本经济学家对交易专用性投资的负面效应进行了深入的理论探讨和广泛的实证研究②。根据交易成本理论，专用性投资最直接、最主要的负面效应，

① 目前运用的比较先进的前馈控制技术之一是计划评审法，或称网络分析法。它可以预先知道哪些工序的延时会影响到整个工期，在何时会出现何种资源需求高峰，从而采取有效的预防措施与行之有效的管理办法。

② 本节内容主要参照周俊、薛求知：《交易专用牲投资效应及治理机制研究评介》，《外国经济与管理》，2009 年第 9 期。

就是可能引发交易参与者的机会主义行为和“锁定”等后果。Williamson（1975，1985）以及 Klein、Crawford 和 Alchian（1978）对上述命题分别给出了不完全相同但相互补充的理论解释。

Williamson 在《市场和层级组织》一书中特别阐述并区分了交易的事前大数（exante large number）和事后小数（expost small number）特征。按照 Williamson 的理论逻辑，交易在发生之前和发生之初可能具有大数特征，交易者可能拥有很多可以相互替代、彼此竞价的潜在交易对象，但一旦交易的一方或多方投入了巨额的专用性资产，具有“大数”条件的交易就会带有“事后小数”的特征。也就是说，专用性投资可能会使交易转变为“事后小数”交易。如果交易发生的环境具有较强的动态性，那么，专用性投资就会引发较多的讨价还价行为，具有机会主义倾向的交易者就有可能采取机会主义行为，利用重新议价的机会来谋求更多的私利。需要特别注意的是，Williamson 认为，交易专用性投资只是机会主义行为的诱因之一——只有在交易者同时具有有限理性和机会主义倾向，并且交易面临较大不确定性的时候，机会主义行为才会变成现实。Klein 等则用可占有准租金这一概念来解释专用性投资对机会主义行为的影响。根据他们的定义，可占有准租金等于一承租人最优使用专用性资产所产生的价值与另一承租人次优使用专用性资产所产生的价值之差。他们认为，在一项专用性投资发生之后，就会产生这种准租金，而出现机会主义行为的可能性也会增大。

可以看出，Williamson 和 Klein 等在对交易专用性投资与机会主义行为之间的关系的认识上是基本一致的。不过，他们之间的观点至少存在两方面的差异。首先，产生机会主义行为的物质诱因不同。Klein 等认为，交易方为攫取可占有准租金而展开竞争；而 Williamson 认为，环境的变化导致专用性投资能带来的额外收益发生变化，交易方会就这种收益增量部分的分配问题进行策略性的讨价还价。其次，Williamson 的理论框架更具一般性，Klein 等的推理则隐含地假设交易者具有机会主义倾向和有限理性，并且交易环境是充满不确定性的，而这只是 Williamson 在交易成本经济学里设想的情形之一。

从专用性资产的投资方来看，由于专用性投资只在某一特定交易中具有最高的价值，而一旦用于其他交易或用途，其价值就会发生减损，因此，专用性投资会对投资方造成一定的转换成本，导致它（们）无法在不遭受损失的情况下灵活地将专用性资产从一种交易关系转移到另一种交易关系。依据资源依赖观，投资方的专用性投资会提高它（们）对接收方的依赖程度，理性的接收方有可能把投资方对自己的这种依赖作为谈判的筹码，以攫取更大份额的可占有准租金，因而会采取机会主义行为。理性的投资方也会意识到自身的脆弱性，以怀疑的心态对待专用性投资的接收方。Hwang（2006）通过建立博弈模型指出，在缺乏充分信任和未来保证的情形下，投资方担心受接收方压榨的程度随着专用性投资的增加而提高。Jap 和 Ganesan（2000）发现，零售商的关系专用性投资与他们感知到的供应商承诺水平负相关。

二、关系投资的正面效应

1. 交易成本观下的“关系承诺”与“成本节约”

相对来说，学者较少论及专用性投资的正面效应，有代表性的研究只有 Williamson（1975、1985）和 Chung（1993、1998）等开展的相关研究。交易成本论者认为，专用性投资可充当交易质押物（hostage），投资者可以通过专用性投资向交易伙伴做出可信的承诺。一旦进行投资，投资者就会形成自我实施（self - enforcing）的单边协议，形成不断交易的自我约束。同时，即便进行转换用途就会贬值的交易专用性投资，也是一种持续参与交易的信号，参与方一旦进行了这种投资，就会主动约束自己的机会主义行为，自我增加合作破裂的潜在成本（惠双民，2002）。投资接收方往往会认为进行了专用性投资的交易伙伴更值得信赖，进而改善它们对交易延续的预期。Anderson 和 Weitz（1992）以 382 对制造商和分销商的关系为样本进行的一项研究显示，进行专用性投资是一种有效的立誓（pledge）方式，对接收方来说是一种承诺信号，能提高接收方对投资方关系承诺的感知水平。Heide 和 John（1990）也发现，OEM 供应商的专用性投资能够提高原始设备制造商对双边关系持续性的预期。这里需要特别指出的是，交易成本论者眼中的“关系承诺”和“关系持续性预期”属于纯粹的经济意义范畴，不包含任何的社会性成分。从投资方的角度看，专用性投资虽然提高了接收方采取机会主义行为的概率，但也在一定程度上起到了稳定交易对象的作用。根据 Williamson（1985）的理论逻辑，交易专用性投资在增加投资方转换成本的同时，也会增加接收方在转换交易对象时须额外支付的成本。Williamson（1985）指出，这样做（供应商进行专用性投资）的结果往往也是互惠的，因为如果买方求助于其他供应商，不仅得不到理想的实物资产，而且即使能买到非专用性资产，其生产成本也非常之高。转换成本的增加使接收方不大可能轻率地退出交易，从而有可能使交易的性质由“大数”条件转变为“小数”特征，形成双边垄断或竞争格局。Chung（1993、1998）提供的相关支持证据表明，买卖关系可能会因为第三方的介入而中断，正式合同中规定的违约赔偿金通常不能有效制止潜在违约者采取违约行为。为避免对方违约，交易者可以进行大量的专用性投资，以增加对方要支付的违约成本，从而降低被淘汰出局的可能性。总之，根据交易成本论者的观点，对于接收方来说，专用性投资是投资方发出的一种可信的承诺信号，能提高接收方参与合作的信心，进而有可能形成一种基于经济理性的相互信任；

对于投资方来说，专用性投资可以提高接收方的转换成本，对于维护现有交易关系具有一定的积极作用。可见，交易专用性投资为交易做出了承诺，并且会增加交易参与方的转换成本，从而增强对交易者的长期合作激励。当然，交易成本论者只是从规避风险或降低成本的角度来论述专用性投资的正面效应，没能充分重视专用性投资的价值创造效应。Klein 等（1978）用“可占有准租金”来描述专用性投资的价值创造效应，但只字未提这种可占有准租金的内在创造机理。交易成本理论的集大成者 Williamson 也很少专门论述专用性投资的价值创造效应。在 Williamson（1979）的研究成果中，对专用性投资的价值创造效应要么寥寥数语一笔带过，要么是简单地引用前人的成果。可以说，交易成本论者在研究专用性投资价值创造效应方面几乎没有什么建树，这方面的理论进展主要来自于那些采用其他理论视角的研究者。从 20 世纪 90 年代开始，学者们越来越认识到交易成本理论因只关注“成本节约”而有其先天不足，在资源基础理论和网络理论的影响下，开始正式关注专用性投资的价值创造效应，并取得了一批有较强学术影响力的研究成果。

2. 资源基础观下的“关系持续性预期”和“价值创造”

随着研究的推进，专用性投资的正面效应特别是价值创造效应方面的经验性证据不断涌现。Asanuma（1989）最早提供了这方面的支持性证据，他阐释了日本汽车制造商及其供应商共同构建的关系专用性技能是如何为合作参与方创造超额利润和竞争优势的问题。

Parkhe（1993）以 111 个企业间联盟为样本进行的一项研究显示，联盟内部的不可逆投资有利于满足联盟成员的重大战略需要，并能提高间接的绩效指标。类似地，Saxenian（1994）研究也发现，惠普以及其他硅谷公司通过与地理位置相近的供应商发展长期的伙伴关系，大大提高了绩效。她指出地理位置接近这个因素极大地促进了企业之间的合作，允许它们能够更好地适应高科技产业日益动态、复杂的技术要求。Jap（1999）认为，专用性投资和协调努力是买卖双方“做大蛋糕”的重要因素，他对 220 多个交易者的实证研究表明，专用性投资提升了渠道的利润表现和竞争优势。国外研究专用性投资价值创造效应最透彻的学者当数 Dyer（1996a、1996b、1997），他用比较翔实的数据对美日两国主要汽车制造商及其供应商的专用性投资水平、治理机制以及关系绩效进行了比较，得到了很多颇有价值的经验证据。而且，Dyer 及其合作者基于已有理论，结合最新的经验数据，提出了不少颇有见地的观点和重要的核心概念，如 Dyer 和 Singh（1998）提出的“关系租金”，提高了人们对相关问题的认识。与美国汽车产业的价值链相比，日本汽车产业的价值链具有更高水平的交易专用性投资，而前者的交易成本却低于后者，这显然不同于交易成本理论的预测；当保障机制（safeguarding mechanism）专用且任务高度相互依赖时，地点专用性能降低相关企业的库存成本，而人力资本专用性则能提高产品的质量，并缩短新车型的开发周期。我国台湾学者 Wang、Huang 和 Lee（2001）以当地代工企业为对象进行的实证研究进一步提供了相关证据：代工企业的贡献专用性显著促进了代工双方的共同行动，并显著改善了它们的能力构建活动；IT 专用性显著增加了双方的共同行动；而流程专用性对共同行动没有显著的促进作用，但对代工企业的能力构建具有显著的支持作用。徐蕙菁（2004）以 OEM/ODM 供应商为调查对象的实证研究发现，共同决策、关系资本和准一体化已经成为代工企业保护专用性投资免受侵害的保障机制。

除了这些支持性的经验证据之外，Dyer 和 Singh（1998）为了加深学者们对专用性投资的认识，提出了“关系租金”的概念。他们认为，关系租金是由交易各方联合创造的超常利润，它无法由单个企业独立创造，而只能来自于特定的联盟伙伴之间的共同专有性贡献。按照 Dyer 和 Singh 的理论命题，企业间的关系专用性投资、知识共享惯例、互补性资源或能力以及有效的治理机制等因素共同构成了联盟关系租金的来源。他们提出的这种观点相当新颖，但相关论点的推导过程则稍显薄弱。Dyer 和 Singh 在论述“专用性投资有利于创造关系租金”的部分，理论逻辑不够清晰，相关的论据大多只是经验性证据的堆砌。

学者们（包括交易成本论者）试图解释交易专用性投资创造价值的内在机理，他们认为，产品共同设计（Heide 和 John，1990）和共同开发（Sun，2006）、共同计划（Palay，1984）、共同决策以及合作努力可能在交易专用性投资和最终绩效之间发挥着中介作用。例如，Wang、Huang 和 Lee（2001）发现，代工双方的共同行动在代工企业的专用性与它们借力于品牌客户的能力构建活动之间发挥着桥梁作用。尽管学者们对于专用性投资创造价值的内在机理有了一定的认识，但总的来说还不够深刻和系统，这方面的实证研究也还比较欠缺。

总之，由于长期关系是一个连续博弈过程，企业进行专用性投资就可能会面临不能全部得到由此投资所产生的成本节约（或者说价值增加），而另一方则在事后用不交易进行威胁，以得到一部分该企业节约的成本。这样就可能导致机会主义以及敲竹杠、套牢或道德风险等问题。长期的关系专用性投资容易导致双方内部人员形成合谋（Tirolc，1986）。合谋的结果是企业运作无效率。此外，在 Moorman、Zaltman 和 Deshpande（1992）的研究中，发现随着长期关系的延续，能产生效益的因素（如信任、承诺、交互作用等）将会减弱。例如，长期关系的双方因彼此太熟悉，供应商就可能会丧失客观性，而不再给客户带来增值效应。而且，长期关系中的客户也会对他们的供应商有较高的期望值，从而造成不满意度的增加。长期关系的供应商有机会利用客户的信任，从而采取机会主义行为。这些都是关系专用性投资的持续所可能带来的负面效应。当然，从全球角度看，充分利用适合的关系专用性投资，规避其弊端，已成为企业竞争的一个重要因素，而这也正是本专著要解决的关键问题。

本章参考文献

［1］ Ashbaugh - Skaife, Hollis, Daniel W. Collins, and William R. Kinney Jr. The Discovery and Reporting of Internal Control Deficiencies Prior to SOX - mandated Audits. *Journal of Accounting and Economies* doi：10. 1016 /j. jacceco . 2006. 10. 001

［2］ Andrew J. Leone. Factors Relates to Internal Control D. isclosure：A Discussion of Ashbaugh, Collins, and Kinney（2007）and Doyle, Ge and McVay（2007）. *Journal of Accounting and Economics*, 2007（44）：224 - 237.

［3］ Arthur, W. Brain. Self - Reinforcing Mechanism in Economics, In Philip W. Anderson, Kenneth J. Arrow, and David Pines（eds.）. The Economy as Evolving Complex System. Addision - Wesley Publish Company, 1988.

［4］ Anderson J. C. and Narus, J. A. A Model of Distributor Firm and Manufacturer Firm Working Partnerships. *Journal of Marketing*, 1990（54）：15 - 39.

［5］ Artz K. W., T. H. Brush. Asset specificity, Uncertainty, and Relational norms：An Examination of Coordination Costs in Collaborative Strategic Alliances. J. *Econom. Behav. Organ*, 2000（41）：337 - 362.

［6］ Anderson E. W., Narus, J. A. A Model of Distributor Firm and Manufacturer Firm Working Partnerships. Journal of Marketing, 1990, 54（1）：42 - 58.

［7］ Anderson B., Weitz. Determinants of Continuity in Conventional Industrial Channel Dyads. *Markting Science*, 1989（2）：299 - 319.

［8］ Amit R., Shoemaker, P. Strategic Assets and Organizational Rent. *Strategic Management Journal*, 1993, 14（1）：33 - 46.

［9］ Anderson E. and B. Weitz. The Use of Pledges to Build and Sustain Commitment in Distribution Channels. *Journal of Marketing Research*, 1992, XXIX（Feb.）, 18 - 34.

［10］ Asanuma B. Manufacturer Supplier Relationships in Japan and the Concept of Relation Specific Skill. *Journal of the Japanese and International Economies*, 1989,（3）：1 - 30.

[11] Baker, George, Gibbons, Robert and Murphy. Kevin Informal Authority in Organizat Ions. *Journal of Law Economics & Organization*, 1999, 15 (1): 56 - 731

[12] Baker, George, Gibbons, Robert an d Murphy, Kevin J. Relational contracts and the Theory of the firm, *Quarterly Journal of Economics*, 2002, 117 (1): 39 - 811.

[13] Bolton, Patrick and Mathias Dewatripont. The Firm as a Communication Network. *Quarterly Journal of Economics*, 1994 (4): 809 -839.

[14] Bradach, Jeffrey L. and Robert G. Eccles. Price, Authority, and Trust: From Ideal Types to Plural Forms. *Annual Review of Sociology*, 1989 (15): 97 -118.

[15] Barney J. Firm resources and Sustained Competitive Advantage. *Journal of Management*, 1991 (17): 99 -120.

[16] Blackburn, S. Managing Risk and Achieving Turnbull Compliance. Accountants Digest, 417, ABG. 1999.

[17] Crosby, Lawrence A. , Kenneth R. Evans, Deborah Cowles, Relationship Quality in Services Selling: An Interpersonal Influence Perspective. *Journal of Marketing*, 1990, 54 (July): 68 -81.

[18] Culati R. Does Familiarity Breed Trust? The Implications of Reheatedt1 es for Contract Ualchoice in Alliances, *Academy of Management Journal*, 1995 (38): 85 - 112.

[19] Chung K. H. Asset Characteristics and Corporate Debt Policy: an empirical test. *Journal of Business Finance & Accounting*, 1993, 20 (1): 83 - 98.

[20] Chung T. Y. Commitment through Specific Investment in Contractual Relationships. *The Canadian Journal of Economics*, 1998, 31 (5): 1057 -1075.

[21] Claro D. P. , Hagelaar, G. , O. Omta. The Determinants of Relational Governance and Performance: How to Manage Business Relationships? . Industrial Marketing Management, 2003, 32 (8): 703 -716.

[22] Doyle J. , Weili Ge, and Sarah MeVay Accrual Quality and Internale Control over Financial Reporting. *The Accounting Review*, 2007a, 82 (5): 1141 -1170.

[23] Doyle J. , Wcili Cc, and Sarah MeVay. Determinants of Weaknesses in Internal Control over Financial Reporting. *Journal of Accounting and Economics*, 2007b, doi: 10. 1016/j. jacceco. 2006. 10. 003.

[24] Dwyer, Schurr & Oh. Developing Buyer - seller Relationships. *Journal of Marketing*, 1987, 51 (4): 11 -27.

[25] Das T. K. and Teng, B. S. Trust, Control and Risk in Strategic; Alli-

ances: An Integrated Framework. *Organization Studies*, 2001, 22 (2): 251 - 83.

[26] Deakin S., & Wilkinson, F. Contract Law and the Economics of Interor Ganizational Trust. In C. Lane and R. Bachmann (Eds). Trust Within and Between Organisations, Oxford: Oxford University Press, 1998, 146 - 172.

[27] Deutsch, M. Trust and Suspicion. *The Journal of Conflict Resolution*, 1958 (2): 265 - 279.

[28] Dyer J. H., Specialized Supplier Networks as a Source of Competitive Advantage: Evidence from the Auto Industry. *Strategic Management Journa*l, 1996a, 17 (4): 271 - 292.

[29] Dyer, J. H. Does Governance Matter? Keiretsu Alliances and Asset Speci Ficity as a Source of Japanese Competitive Advantage. *Organization Science*, 1996b, 7 (6): 649 - 666.

[30] Dyer, J. H. Effective Interfirm Collaboration: How Firms Minimize Transaction Costs and Maximize Transaction Value. *Strategic Management Journal*, 1997, 18 (7): 535 - 556.

[31] Dyer J. H, Singh H. The Relational View: Cooperative Strategy and Sources of Interorganizational Competitive Advantage. *Academy of Management Review*, 1998, 23 (4): 660 - 679.

[32] Dyer J. H., Chu W. The Role of Trustworthiness in Reducing Transaction Costs and Improving Performance: Empirical Evidence from the United States, Japan, and Korea. *Organization Science*, 2003, 14 (1): 13 - 28.

[33] Engel E., R. M. Hayes, X. Wang. The Sarbanes - Oxley Act and Firms Going - private Decisions. *Journal of Accounting and Economics*, 2007 (44): 116 - 145.

[34] Fekrat M. A., Inclan, I., Petroni, D. Corporate Environmental Disclosures: Competitive Disclosure Hypothesis Using 1991 Annual Report Data. *The International Journal of Accounting*, 1996, 31 (2): 175 - 195.

[35] Franklin, Mitchell. Sarbanes Oxley Section 404: Can Material Weakness Be Predicted and Modeled? An Examination of the ZETA Model in Prediction of Material Weakness. Doctoral Dissertation, 2007.

[36] Flamholtz E. G. Accounting, Budgeting and Control Systems in Their Organizational Context: Theoretical and Empirical Perspectives. *Accounting Organizations and Society*, 1983 (8): 153 - 170.

[37] Fryxell, G. E., Dooley, R. S., Vryza, M. After the Ink Dries: The Interaction of Trust and Control in US based International Joint Ventures. *Journal of Man-*

agement Studies, 2002 (39): 23 -51.

[38] Fama, E. F. and Jensen, M. C. Separation of Ownership and Control. *Journal of Law and Economics*, 1983 (26): 301 -326.

[39] Grossman, S. J. and Hart, O. The Costs and Benefits of ownership: A Theory of Vertieal and Lateral Integration. Journal of Political Economic, 1986, 94 (4): 13 -32.

[40] Ganesan Shankar Determinants of Long - Term Orientation in Buyer - Seller Relationships. *Journal of Marketing*, 1994 (58): 1 -20.

[41] Ghoshal, Sumantra, and Moran, Peter Bad for Practice. A Critique of the Transaction Cost Theory. *Academy of Management Review*, 1996, 21 (1): 14 -47.

[42] Gao. F., J. S. Wu., J. Zimmerman. Unintended Consequences of Granting Small Firms Exemptions from Securities Regulation: Evidence from the Sarbanes - Oxley Act. *Journal of Accounting Research*, 2009 (47): 459 -506.

[43] Ge W., McVay S. The Disclosure of Material Weaknesses in Internal Control after the Sarbanes - Oxley Act. *Accounting Horizons* , 2005 (19): 137 -158.

[44] Heather M. Hermanson. An Analysis of the Demand for Reporting on Internal Control. *Accounting Horizons*, 2000, 14 (3): 325 -341.

[45] Hollis Ashbaugh - Skaife, Daniel W. Collins, William R . Kinney, Jr. and Ryan LaFond. The Effect of SOX Internal Control Deficiencies and Their Remediation on Accrual Quality. Working Paper Series, University of Wisconsin, Madison, University of Iowa and University of Texas at Austin, 2007.

[46] Hanlnersley, Jacqueline S., Linda A. Myers, and Catherine Shakespeare. Market Reactions to the Diselosure of Internal Control Weaknesses and to the Characteristies of Those Weaknesses under Section 302 of the Sarbanes. OxlcyAct of 2002. *Review Accounting studies*, 2008 (13): 141 -165.

[47] Huemer L., von Krogh G, Roos J. Knowledge and the concep t of trust: In von Krogh G., Roos J., Kleine D (eds) . Knowing in firms. Newbury Park: Sage Publications, 1998 (1): 23 -45.

[48] Hwang, P. Asset specificity and the fear of exploitation. *Journal of Economic Behavior and Organization*, 2006, 60 (4): 423 -438.

[49] Heide, Jan, John, George. Alliances in Industrial Purchasing: The Determinants of Joint Action in Buyer - Seller Relationships. *Journal of Marketing Research*, 1990, 27 (1): 24 -36.

[50] Hammersley J. S., L. A. Myers. C Shakespeare., Market Reactions to the

Disclosure of Internal Control Weaknesses and to the Characteristics of Those Weaknesses under Section 302 of the Sarbanes Oxley Act of 2002. *Review of Accounting Studies*, 2008, 13 (1): 141 - 165.

[51] Inkpen A . C, & Cumall, S. The Coevolution of Trust, Control, and Leaming Injoint Ventures. *Organization Science*, 2004, 15 (5): 586 - 599.

[52] Jensen, M. C. The Modern Industrial Revolution, Exit, and the Failure of Internal Control Systems. *Journal of Finance*, 1993 (48): 831 - 880.

[53] Jap S. D. Pie - Expansion Efforts: Collaboration Processes in Buyerseller Relationships. *Journal of Marketing Research*, 1999, 36 (3): 461 - 475.

[54] Jap S. D. , Anderson E. , Safeguarding Inter - organizational Performance and Continuity Under ExPost Opportunism. *Manage Science*, 2003, 49 (12): 215 - 229.

[55] Kam C. Chan, Barbara R . Farrell, Picheng Lee. Earnings Management of Firms Reporting Material Internal Control Weaknesses Under Section 404 of the Sarbanes - Oxley Act. *Auditing: A Journal of Practice & Theory*, 2007 (2): 21 - 48.

[56] K. rishnan, J. Audit Committee Quality and Internal Control: An Empirical Analysis. *The Accounting Review*, 2005 (80): 649 - 675.

[57] Kinney, W. Research Opportunities in Internal Control Quality and Quality Assurance. *Auditing: A Journal of Practice and Theory*, 2000, 19 (Winter): 83 - 90.

[58] Kabadayi S, et al. The Performance Implications of Designing Multiple Channels to Fit with Strategy and Environment. *Journal of Marketing*, 2007, 71 (4): 195 - 211.

[59] Koza M. P. & Lewin, A. Y. The Co - evolution of Strategic Alliances. *Organization Science*, 1998, 9 (3): 255 - 264.

[60] K. Arrow. The Limits of Organisation. New York: W. W. Norton, 1974, 23 (4): 25 - 41.

[61] Konovsky & Paugh. Citizens hip Behavior and Social exchange. *Academy of Management Journal*, 1994 (3): 49 - 68.

[62] Klein B. , Crawford R. G. and A. Alchian. Vertical Integration, Appropriable Rents, and the Competitive Contracting Process. *Journal of Law and Economics*, 1978, 21 (2): 297 - 326.

[63] Lang field - Smith Kim. Management Control Systems and Strategy: A Critical Review. *Accounting Organizations and Society*, 1997 (22): 206 - 233.

[64] Levin. Jonathanl Relational Incentive Contracts. *American Economic Review*, 2003, 93 (3): 835 - 8681.

[65] Lee J. N., Kim, Y. G. The Effect of Partnership Quality on its out Sourcing Success: Conceptual Frameworkand Empirical Validation. *Journal of Management Information Systems*, 1999, 15 (4): 29 -61.

[66] Langlois. Richard N. Transaction - Cost Economics in Real Time, 1992.

[67] Laura. F. Spira Risk Management - Reinvention of Internal Control AAAJ 2003. 4.

[68] Leitch, Matthew. When is a Good Time to Talk about Saving Money on SOX 404 Compliance. Balance Sheet, 2004, 12 (4): 6 -7.

[69] Margaret C. Reilly - Allen, Dr. Henry Jaenicke. The Effect of Management and Auditor Reports on Internal Control on Financial Analysts Perceptions and Decisions. Doctor of Philosphy, June 1997.

[70] Maijoor, S. The Internal Control Explosion. *International Journal of Auditing*, 2000 (4): 101 -109.

[71] Michael G. A., Srikant M. D. How Do You Stop the Books from Being Cooked? A Management Control Perspective on Financial Acounting Standards Setting and the Section 404 Requirements of Sarbanes - Oxley act. *International Journal of Disclosure and Governance*, 2003 (10): 25 -36.

[72] M. Bensaou1. Portfolios of Buyer - Supplier Relationships. *Sloan Management Review*, Summer, 1999 (6): 807 - 884.

[73] March J. G., Olsen J. P. The Uncertainty of the Past: Organizational Learning Under Ambiguity, In March J. G. (ed.). Decisions and Organization, London: Blackwell, 1990, 335 -358.

[74] Merchant K. A. The Design of the Corporate Budgeting System, Influences on Managerial Behavioural and Performance. *The Accounting Review*, 1981, 813 -829.

[75] Mayer, K. J, & Argyres, N. Learning to Contract: Evidence from the Personal Computer Industry. *Organization Science*, 2004, 15 (4): 394 -410

[76] McAllister, D. J. Affect and Cognition - Based Trust as Foundations for Interpersonal Cooperation in Organizations. *Academy of Management Journal*, 1995, January, 38 (1): 24 -59.

[77] Miller D., Shamsie J. The Resource based View of the Firmin Two Environments: The Hollywood Film Studios from 1936 to 1965. *Academy of Management Journal*, 1999 (39): 519 -543.

[78] Moorman, C. , Zaltman, G. , Deshpande, R. Relationships between Providers and Users of Market Research: The Dynamics of Trust within and between Organizations, *Journal of Marketing Research*, 1992, 29 (3): 314 -328.

[79] Newson M. , Deeg an C. , G. Loba. Expectants and Their Association with Corporate Social Disclosure Practices in Australia, Singapore, and South Korea, *The International Journal of Accounting*, 2002 (37): 183 - 213.

[80] Noordin S. Importance of Internal Control Systems. *Journal of Government Auditing*, 1997 (31): 456 -467.

[81] Nigolai Hartman. Ethics. George Allen & Unwun Ltd. , 1932.

[82] Neubauer, F. and A. Lank The Family Business: It's Governance for Sustainability. New York: Routledge, 1998.

[83] Nelson, R. R, and S. G. Winter, An Evolutionary Theory of Economic change. Belknap Press of Harvard University Press, 1982.

[84] Ouchi, WG. A Conceptual Framework for the Design of Organizational Control Mechanisms. *Management Science*, 1979, 25 (9): 833 -848.

[85] Parkhe A. Strategic alliance structuring: A Game Theoretic and transaction on cost Examination of Interfirm Cooperation. *Academy of Management Journal*, 1993, 36 (4): 794 -829.

[86] Poppo L. , & Zenger, T. Do Formal Contracts and Relational Governance Function as Suhetitntes or Complements? . *Strategic Management Journal*, 2002 (23): 707 -725.

[87] Prewitt L. B. Merit pay in academia: Perceptions from the School of Business, *Public Personnel Management*, 1991 (20): 23 -53.

[88] Peteraf M. A. The Cornerstones of Competitive Advantage: A resource - based, *Strategic Management Journal*, 1993, 5 (2): 251 -260.

[89] Parkhe, A. Strategic Alliance Structuring: A Game Theoretic and Transaction Cost Examination of Interfirm Cooperation. *Academy of Management Journal*, 1993, 36 (4): 794 -829.

[90] Palay T. M. , Comparative Institutional Economics: the Governance of the rail Freight Contracts. *Journal of Legal Studies*, 1984, 13 (6): 265 -288.

[91] Palmrose Z. V. , Richardson V. J. , Scholz S. , Determinants of Market Reactions to Restatement Announcements. *Journal of Accounting and Economics*, 2004 (37): 59 -89.

[92] Patterson E. R. , J. R. Smith, The Effects of Sarbanes - Oxley on Auditing

and Internal Control Strength, *The Accounting Review*, 2007 (82): 427 -455.

[93] Rotch William, Manag ement Control Systems: One View of Components and Their Interdependence, *British Journal of Management*, 1993 (4): 191 -204.

[94] Ring P. S. , A. H. Van de Ven. , Developmental Processes of Cooperative interorganizational relationships, *Acad. Management Rev.* 1994, 19 (1) 90 -118.

[95] Ravald A. , C. Gronroos. , The Value Concept and Relationship Marketing. *European Journal of Marketing*, 1996, 30 (2): 19 -30.

[96] Rousseau D. M. , Sitkin, S. B. , Burt, R. S. , and Camerer, C. , Not So Different After All: A Cross Discipline View of Trust, *Academy of Management Review*, 1998, 23 (3): 393 -404.

[97] Simon H. A. , Rationality as Process and as Product of Thought, *American Economic Review*, 1978 (68): 1 -16.

[98] Simon H. A, Rational Deeision Making in Business Organization, *American Economic Review*, 1979, 69 (4): 1 -21.

[99] Seal, W. B. , Accounting, Management Control and Business Organisation: an Inst itutionalist Perspective. Aldershot : Avebury Ashgate. 1993.

[100] Sitkin, SB and Roth, NL. , Explaining the Limited Effetiveness of Legalistic: "remedies", for trust/distrust, *Organization Science*, 1993 (4): 367 -392.

[101] Sun, P. C. , The Contingent Effect of Domain Knowledge Specificity on Joint new Product Development: An Empirical Test of the Moderating Role of Trust. *Soochow Journal of Economics and Business*, 2006, 53 (Jun): 73 -94.

[102] S. Kabadayi, S. Ryu. , The Protection of the Trust or through the Use of Control Mechanisms and Its Performance Implications. *Journal of Business and Industrial Marketing*, 2007, 22 (4): 260 -271.

[103] Saxenian A. L. , Regional Advantage: Culture and Competition in Silicon Valley and Route 128. Cambridge: Harvard University Press, 1994.

[104] Tirole J. Hierarchies and Bureaucracies: On the Role of Collusion in Organizations1, *Journal of Law*, *Economics*, *and Organization*, 1986 (2): 181 - 1241

[105] Ulrich, David, Jay B Bar ney. , Perspectives in Organizations: Resource Dependence, Efficiency and Population. *Academy of Management Review*, 1984, 9 (3): 471 -481.

[106] Wilson D. T. and S. Jantrania. Understanding the Value of a Relationship. *Asia - Australia Marketing Journal*, 1994 (2): 55 - 66.

[107] Wang H. M. , Huang, H. and Lee, J. R. Does Relationship Specific In-

vestment Contribute to Competence Building? A Supplier's Perspective. *Taiwanese Academy of Management Journal*, 2001, 1 (1): 55 –75.

[108] Weick K. E. , Roberts K. H. Collective Mind in Organizations: Heedful Interrelating on flight decks. *Adm – inistrative Science Quarterly*, 1993 (38): 357 –381.

[109] Williamson O. E. Markets and Hierarchies: Analysis and Antitrust Implication. New York: The Free Press, 1975.

[110] Williamson O. E. The economic institutions of capitalism. New York: Free Press, 1985.

[111] Williamson O. E. Transaction Cost Economics: The Governance of Contractual Relations. *Journal of Law and Economics*, 1979 (22): 233 –261.

[112] Willis D. M. , Lightle S. S. Management Reports on Internal Controls, Journal of Accountancy, 2000 (3): 57 –62.

[113] Yan Zhang, Jian Zhou and Nan Zhou. Audit Committee Quality, Auditor Independence and Internal Control Weaknesses. *Journal of Accounting and Public Policy*, 2007, 26 (3): 300 –327.

[114] Zaheer & Venkatraman. Relational Governance as An Interorganizational Strategy: An Empirical Test of the Role of Trust in Economic Exchange. *Strategic Management Journal*, 1995, 16 (5): 373 –392.

[115] Zhang, C. , S. T. Cavusgil, and A. S. Roath, Manufacturer Governance of Foreign Distributor Relationships: Do Relational Norms Enhance Competitiveness in the Export Market? . *Journal of International Business Studies*, 2003, 34 (6): 550 –66.

[116] Zaheer, A. , & Venkatraman, N. Relational Governance as an Interorganizational Strategy: An Empirical Test of the Role of trust in Economic Exchange. *Strategic*, *Management Journal*, 1995 (16): 373 –392.

[117] 博登海默:《法理学:法律哲学与法律方法》邓正来译,中国政法大学出版社,2004 年版。

[118] 白华:《内部控制、公司治理与风险管理——一个职能论的视角》,《经济学家》,2012 年第 3 期。

[119] 陈汉文、王冲:《内部控制管制之变迁——基于诺斯制度变迁理论的描述与分析》,《厦门大学学报》(哲学社会科学版),2013 年第 1 期。

[120] 程立显:《伦理学与社会公正》,北京大学出版社,2002 年版。

[121] 查尔斯·萨维奇:《第五代管理》(中译本),珠海出版社,1998 年版。

［122］曹亚勇：《企业风险管理与内部控制》，《当代经济》，2007 年第 7 期。

［123］陈祥明：《社会可持续发展的制度资源配置》，《社会科学》，1998 年第 7 期。

［124］蔡翔、李燎原：《组织内部信任的内涵、特点与功能》，《改革与战略》，2006 年第 11 期。

［125］蔡吉甫：《内部控制框架构建的产权理论研究》，《审计与经济研究》，2006 年第 11 期。

［126］曹伟、桂友泉：《内部审计与内部控制》，《审计研究》，2002 年第 1 期。

［127］程新生：《公司治理、内部控制与组织结构互动关系研究》，《会计研究》，2004 年第 4 期。

［128］陈志斌：《问责机制与内部控制制度的有效实施》，《企业管理》，2004 年第 7 期。

［129］董望、陈汉文：《内部控制、应计质量与盈余反应》，《审计研究》，2011 年第 4 期。

［130］戴彦、汪艳：《内部控制本原的经济学思考》，《财会通讯》（综合版），2005 年第 12 期。

［131］方红星：《内部控制、审计与组织效率》，《会计研究》，2002 年第 7 期。

［132］方红星、金玉娜：《高质量内部控制能抑制盈余管理吗?》，《会计研究》，2011 年第 8 期。

［133］方红星、金玉娜：《公司治理、内部控制与非效率投资：理论分析与经验证据》，《会计研究》，2013 年第 7 期。

［134］范经华、张雅曼、刘启亮：《内部控制、审计师行业专长、应计与真实盈余管理》，《会计研究》，2013 年第 4 期。

［135］方春生、王立彦、林小驰、林景艺、冯博：《SOX 法案、内控制度与财务信息可靠性——基于中国石化第一手数据的调查研究》，《审计研究》，2008 年第 1 期。

［136］冯根福：《双重委托代理理论：上市公司治理的另一种分析框架——兼论进一步完善中国上市公司治理的新思路》，《经济研究》，2004 年第 12 期。

［137］福山（Fukuyama）、Trust：《信任：社会美德与创造经济繁荣》，彭志华译，海南出版社，2001 年版。

［138］高维和：《网络外部性、专用性投资与机会主义行为——双边锁定与

关系持续》,《财经研究》, 2008 年第 8 期。

[139] 谷口安平:《程序的正义与诉讼》, 王亚新、刘荣军译, 中国政法大学出版社, 1996 年版。

[140] 龚雪、白亚龙:《论内部控制理论的发展及启示》,《现代商贸工业》, 2008 年第 10 期。

[141] 郭晓梅、唐予华:《内部控制制度与会计信息》,《上海会计》, 2002 年第 11 期。

[142] 贡华章:《中油集团内部控制探索与实践》,《会计研究》, 2004 年第 8 期。

[143] 谷祺、张相洲:《内部控制的三维系统观》,《会计研究》, 2003 年第 11 期。

[144] 惠双民:《资产专用性、网络扩展和私人秩序》,《经济研究》, 2002 年第 7 期。

[145] 黄新建、刘星:《内部控制信息透明度与公司绩效的实证研究——来自 2006~2008 年沪市制造业公司的经验证据》,《软科学》, 2010 年第 3 期。

[146] 何云、苏宁、闫瑞华:《内部控制是利益的平衡机制——法的价值与人本思想的衔接》, 新疆财经学院学报, 2007 年第 1 期。

[147] 胡凯、赵息:《现代企业控制权矛盾与会计控制目标的实现》,《会计研究》, 2003 年第 5 期。

[148] 金彧昉、李若山、徐明磊:《COSO 报告下的内部控制新发展——从中航油事件看企业风险管理》,《会计研究》, 2005 年第 2 期。

[149] 姜明群:《中美风险管理框架对比分析及对我国企业风险管理的建议》(上),《国际商务财会》, 2009 年第 3 期。

[150] 李连华:《公司治理与内部控制的衔接与互动》,《会计研究》, 2005 年第 2 期。

[151] 李连华、聂海涛:《我国内部控制研究的思想主线及其演变: 1985—2005》,《会计研究》, 2007 年第 3 期。

[152] 李心合:《内部控制: 从财务报告导向到价值创造导向》,《会计研究》, 2007 年第 4 期。

[153] 刘明辉、张宜霞:《内部控制的经济学思考》,《会计研究》, 2002 年第 8 期。

[154] 刘益、蔺丰奇:《渠道伙伴关系中专用性投资的特点和作用: 以日本汽车产业为例》,《南开管理评论》, 2006 年第 6 期。

[155] 李明辉:《内部控制与会计信息质量》,《当代财经》, 2002 年第

3 期。

［156］李育红：《公司治理结构与内部控制有效性——基于中国沪市上市公司的实证研究》，《财经科学》，2011 年第 2 期。

［157］凌加明：《内部控制理论的演进轨迹分析》，《经济与管理》，2005 年第 2 期。

［158］刘益、钱丽萍、尹健：《供应商专项投资与感知的合作风险：关系发展阶段与控制机制的调节作用研究》，《中国管理科学》，2006 年第 1 期。

［159］吕春晓、常建平：《组织绩效、信任与成本》，《西安电子科技大学学报》（社会科学版），2000 年第 4 期。

［160］李凤鸣、韩晓梅：《内部控制理论的历史演进与未来展望》，《审计与经济研究》，2001 年第 4 期。

［161］李凤鸣：《内部控制学》，中国商业出版社，1992 年版。

［162］林钟高、郑军、王书珍：《内部控制与企业价值研究——来自沪深两市 A 股的经验分析》，《财经研究》，2007 年第 4 期。

［163］林钟高、徐虹等：《企业内部控制研究——理论框架与实现路径》，科学普及出版社，2006 年版。

［164］美 COSO 委员会、方红星、王宏译：《企业风险管理——整合框架》，东北财经大学出版社，2005 年版。

［165］马可一、王重鸣：《中国创业背景中的信任》，《南开管理评论》，2004 年第 3 期。

［166］帕特南：《使民主运转起来》，王列、赖海榕译，江西人民出版社，2001 年版。

［167］单华军：《内部控制、公司违规与监管绩效改进——来自 2007—2008 年深市上市公司的经验证据》，《中国工业经济》，2010 年第 11 期。

［168］史蒂文·J. 鲁特、刘宵伦译：《超越 COSO——强化公司治理的内部控制》，中信出版社，2004 年版。

［169］斯蒂芬·杰·古尔德（Stephen Jay Gould），1977，Ever Since Darwin：Reflections on Natural History：《自达尔文以来》，田洺译，海南出版社，2008 年版。

［170］施先旺：《内部控制理论的变迁及其启示》，《审计研究》，2008 年第 6 期。

［171］石本仁：《公司治理中的会计角色》，《会计研究》，2004 年第 4 期。

［172］宋建波：《企业会计控制原理及应用》，中国财政经济出版社，2001 年版。

［173］王少飞、周国良、何小杨、于旭辉：《关系型投资与审计行为》，《财经研究》，2010 年第 5 期。

［174］王国才、许景、王希凤：《渠道成员间为什么需要“同舟共济”？——双边专用性投资的作用机理研究》，《经济管理》，2010 年第 10 期。

［175］武志伟、陈莹：《关系专用性投资、关系质量与合作绩效》，《预测》，2008 年第 5 期。

［176］王海林：《价值链内部控制模型研究》，2006 年第 2 期。

［177］王海明：《公正、平等和人道——社会治理的道德原则体系》，北京大学出版社，序言，2000 年版。

［178］王如燕：《内部控制理论与实务》，中国时代经济出版社，2008 年版。

［179］吴水澎、陈汉文、邵贤弟：《企业内部控制理论的发展与启示》，《会计研究》，2000 年第 5 期。

［180］吴水澎、陈汉文、邵贤弟：《论改进我国企业内部控制——由“亚细亚”失败引发的思考》，《会计研究》，2000 年第 9 期。

［181］王竹泉：《公司治理结构中的会计监督研究》，中国财政经济出版社，2003 年版。

［182］王湛：《内部控制外部化的思考》，《会计研究》，2001 年第 11 期。

［183］维纳：《控制论》，郝季仁译，科学出版社，1963 年版。

［184］夏恩·桑德：《方红星译》，《会计与控制理论》，东北财经大学出版社，2000 年版。

［185］薛佳奇、刘益、张磊楠：《竞争关系下制造商专项投资对分销商机会主义行为的影响》，《管理评论》，2011 年第 9 期。

［186］许景、王国才、施建军：《单边专用性投资如何能改善零供关系？——契约的保障作用研究》，《现代管理科学》，2010 年第 7 期。

［187］谢恩、李垣、吴海滨：《组织合作中关系专用性投资最优水平分析》，《运筹与管理》，2004 年第 5 期。

［188］徐蕙菁：《防卫国际代工伙伴关系下之专属性投资：供货商观点》，私立东海大学硕士学位论文，2004 年版。

［189］小艾尔弗雷德·D. 钱德勒：《看得见的手——美国企业的管理革命》，商务印书馆，1987 年版。

［190］许心霞、王学军：《双重委托代理下的治理策略与内部控制》，《会计研究》，2007 年第 2 期。

［191］阎达五：《价值链会计研究：回顾与展望》，《会计研究》，2004 年第 2 期。

［192］阎达五、杨有红：《内部控制概念框架的构建》，《会计研究》，2001年第2期。

［193］杨德明、胡婷：《内部控制、盈余管理与审计意见》，《审计研究》，2010年第5期。

［194］殷茗、赵嵩正：《专用资产投资与供应链协作信任、合作意图之间的动态差异性关系研究》，《科研管理》，2009年第1期。

［195］于忠泊、田高良：《内部控制评价报告真的有用吗？——基于会计信息质量、资源配置效率视角的研究》，山西财经大学学报，2009年第10期。

［196］杨雄胜：《内部控制研究新视野》，《会计研究》，2005年第7期。

［197］杨雄胜：《内部控制理论面临的困境及其出路》，《会计研究》，2006年第2期。

［198］杨雄胜：《内部控制的性质与目标：来自演化经济学的观点》，《会计研究》，2006年第11期。

［199］杨清香、俞麟、宋丽：《内部控制信息披露与市场反应研究——来自中国沪市上市公司的经验证据》，《南开管理评论》，2012年第1期。

［200］杨国荣：《伦理与存在——道德哲学研究》，上海人民出版社，2002年版

［201］杨柳、夏瑛：《专用性投资、可置信承诺与企业合作》，《世界经济情况》，2007年第1期。

［202］杨琦：《信息技术对企业内部控制影响分析与对策》，《审计与经济研究》，2005年第1期。

［203］于增彪、麻薇冰、王竟达：《亚新科公司内控评价体系的构建》，《新理财》，2006年第10期。

［204］张龙平、王军只、张军：《内部控制鉴证对会计盈余质量的影响研究》，《审计研究》，2010年第2期。

［205］张先治、张晓东：《基于投资者需求的上市公司内部控制实证分析》，《会计研究》，2004年第12期。

［206］张珩、黄培清、张存禄：《企业供应关系的供应商专用性投资》，《中国管理科学》，2002年第3期。

［207］张珩、黄培清：《客户—供应商关系及其特性研究》，《外国经济与管理》，2001年第3期。

［208］周俊、薛求知：《交易专用性投资效应及治理机制研究评介》，《外国经济管理》，2009年第9期。

［209］周密、金治中：《论内部控制制度的经济学功能》，《求索》，2006年

第 9 期。

［210］赵息、张西栓：《内部控制、高管权力与并购绩效——来自中国证券市场的经验证据》，《南开管理评论》，2013 年第 1 期。

［211］郑小荣：《内控监管能否增进股东利益——基于〈通知〉发布日和深市 A 股市场的事件研究法》，山西财经大学学报，2011 年第 2 期。

［212］张国清：《内部控制与盈余质量——基于 2007 年 A 股公司的经验证据》，《经济管理》，2008 年第 23～24 期。

［213］赵保卿：《基于价值链管理的内部控制及目标定位》，北京工商大学学报（社科版），2005 年第 3 期。

［214］张群洪、刘震宇、严静：《信息技术采用对关系治理的影响：投入专用性的调节效应研究》，《南开管理评论》，2010 年第 1 期。

［215］张康之：《论组织整合机制中的信任》，河北学刊，2005 年第 1 期。

［216］郑伯壎：《企业组织中上下属的信任关系》，《社会学研究》，1999 年第 2 期。

［217］张火灿、刘淑宁：《从社会网络理论探讨员工知识分享》，《人力资源管理学报》，2002 年第 3 期。

［218］张谏忠、吴轶伦：《内部控制自我评价在宝钢的运用》，《会计研究》，2005 年第 2 期。

［219］朱荣恩、贺欣：《内部控制框架的新发展—企业风险管理框架—COSO 委员会新报告〈企业风险管理框架〉简介》，《审计研究》，2003 年第 6 期。

［220］朱荣恩、应唯：《企业内部会计控制应用效果的问卷调查》，《会计研究》，2004 年第 10 期。

第三章 内部控制、关系专用性投资与财务杠杆水平

财务杠杆是指企业在制定资本结构决策时对债务筹资的利用，也称融资杠杆、资本杠杆或者负债经营，强调的是财务杠杆对负债的利用机制①。Williamson（1988）指出，财务杠杆结构的选择——权益或债务主要取决于公司资产专用性。Mang（1998）指出，适合公司战略和技术的专用性资产投资有利于降低产品成本，改善产品质量和提供差异化的产品或服务，从而在竞争日益激烈的产品市场中得以生存和壮大，甚至借此培育和获得战略性竞争优势，取得产品市场竞争的主导地位，但是这种公司专用性资产具有有限的可重新调配性，会导致公司因财务危机而发生大量的价值损失，同时该种资产提供的抵押保证能力又较差，进而极大地影响了公司财务杠杆水平。Choate（1997）又指出，资产专用性越高，资产继续经营的收益越高，选择权益融资的概率越高，且此时公司盈利能力也越强，权益资本和债务资本的价值增加得越多，但前者比后者增加的速度更快，从而使公司财务杠杆水平也将最终随着公司盈利能力的提高而不断降低。可见，交易成本经济学视角下的公司融资理论认为，权益融资为投资者提供了更直接的资产控制权和监管能力，能够最大限度地降低资产专用性带来的投资风险，故更适合为专用性程度高的公司融资。与此同时，公司资产专用性越高，公司盈利能力越强，公司财务杠杆水平最终因权益资本和债务资本的价值增加速度而不断降低。

基础资源观指出，异质性/专用性的资源是公司组织所拥有的有价值资源，

① 在理论界，对于财务杠杆还有两种理解：一是认为财务杠杆是指在筹资中适当举债，调整资本结构给企业带来额外收益。如果负债经营使得企业每股利润上升，便称为正财务杠杆；如果使企业每股利润下降，通常称为负财务杠杆。显而易见，在这种定义中，财务杠杆强调的是通过负债经营而引起的结果。二是有些财务学者认为财务杠杆是指在企业的资金总额中，由于使用利率固定的债务资金而对企业主权资金收益产生的重大影响。与第二种观点对比，这种定义也侧重于负债经营的结果，但其将负债经营的客体局限于利率固定的债务资金。理论界更倾向于将财务杠杆定义为对负债的利用，而将其结果称为财务杠杆利益（损失）或正（负）财务杠杆利益。

也是公司维持和获取可持续竞争优势的主要来源之一，且产品市场竞争程度越激烈，公司越易投资于专用性较高的资产，如维持在一个狭小的范围内，以较高的集中度与少数客户/供应商保持稳定和持续的供销关系，以获得更高的投资报酬率（Collis 和 Montgomery，1997）。Allen（2005）认为，中国的关系机制与声誉机制在制度环境不完善的情况下起到了重要的作用。而产权经济学的相关研究也表明，当司法体系无法保证债务契约得到有效的履行时，借款人的声誉（自身形成或者第三方担保）会对债务契约的结构产生重要影响。本章基于关系契约与规则契约的理论视角，以公司与前五大供应商/客户关系购销比例作为关系投资的替代变量，探讨关系投资、内部控制及其交互作用对企业财务杠杆水平的影响。研究发现：供应商/客户的关系投资与财务杠杆具有负向关系，但当内部控制因素加入后，这种负向关系会因关系投资的角色不同发生变化，即供应商关系投资与内部控制存在互补效应，而客户关系投资与内部控制存在替代效应。首次研究发现的内部控制这种规则契约的“相机治理”效应，对于如何在中国这样一个充满“关系信任”的国家，建立与完善企业完善内部控制制度具有重要的理论价值。

第一节　问题提出与研究贡献

20 世纪 80 年代，日本企业特别是日本汽车制造商，依靠它们与供应商之间的战略伙伴关系取得了极大的成功，也使近年来企业与供应商/客户关系成为学术界研究的热潮。双方通过关系专用性投资，在彼此之间建立起一体化的合作关系，有助于企业实现资源共享、资源互补、降低成本、增强抗风险能力、维持稳定的业务关系，以促进企业可持续发展。然而，Wilson 和 Mummaleneni（1986）的研究认为，只有对关系进行专用性投资后，才可能兑现对供应商/客户的承诺。Ulrich（1989）进一步认为，认为只有完全承诺的企业，才会与其供应商建立起长期、忠实的关系。为了降低因企业履约动机与履约能力不足带来的风险，增强主要供应商/客户对未来的长期交易关系的稳定预期，企业必须向供应商/客户传递准备履约的信号和承诺，其中，采取一些比较保守和稳健的财务政策来表明自己不可能面临破产清算，如保持较低的资产负债率、减少股利支付等（Titman 和 Wessels，1988；Banerjee、Dasgupta 和 Kim，2008；Hennessy 和 Livdan，2009），可以成为企业表达其履约动机与履约能力的“可置信承诺”。基于投资者保护比较健全的西方资本市场研究大都发现，内部控制能够提高公司会计信息的可靠性，从而在公司与利益相关者（如股东、债权人等）之间的缔约过程中起到重要的置信与抵押作用。然而与债权人、股东关系作用发现的诸多经验证据相比①，遗憾的是国内到目前为止，对高质量的内部控制是否在企业与包括供应商/客户在内的利益相关主体的契约关系中发挥作用以及发挥什么作用的文献却鲜有涉及，并且已有的众多基于西方成熟资本市场的研究成果也未必适用于处于经济转型时期的中国，本书试图提供这方面的直接经验证据。

内部控制作为企业在取得低交易成本收益的同时弥补契约不完备的补充机制和控制机制（刘明辉等，2002），存在的前提之一是不同的缔约主体之间首先存在了解和信任，并且需要维持这种信任。已有研究指出，会计作为维系人类社会信任的低成本工具（刘峰等，2009），已经成为取得和维持信任的不可或缺的手段（雷宇，2012），因为在企业与交易伙伴的交易过程中，无论是正常的购销关系，还是利用商业信用进行替代性融资，交易伙伴都有对企业稳健、可靠会计信息的需求（Chen，2009；Hui，2012），但是高质量的会计信息是建立在健全有效的内部控制基础上的，高质量的内部控制增强了会计信息的可靠性。一方面，高质量的内控构成了各利益相关主体进行持续性交易的显示信号，诱致新的交易伙伴加入，保证了信号显示的可置信性；另一方面，高质量的内控又能起到信息甄别的作用，选择出诚实的新的交易伙伴加入，增强了交易伙伴之间的诚意。内部控制正是充分发挥了这种信号显示与信息甄别的作用机制，以实现企业间交易的不断扩展。既然内控制度内生决定着会计信息质量，因此分析内控质量如何影响供应商/客户关系投资与企业财务杠杆的水平、是否有助于增强供应商/客户对企业的稳定性预期，继续维持缔约关系，可能是一个更加有效的视角。

本章的可能贡献在于：

（1）丰富了内部控制经济后果方面的文献。如果把内部控制制度视为规则契约，则供应商/客户关系投资便是以社会关系为基础维系的关系契约，很显然，关系投资必然受到来自以市场秩序为基础的规则契约的影响。随着市场交易范围的扩大，企业对供应商/客户关系网络的依赖性大大降低，从而减弱了企业被逐出关系网络而可能导致的威胁。因此，内部控制规则治理拓宽了人们交易范围，弱化了供应商/客户关系对企业的约束。本章发现，在降低财务杠杆水平方面，内部控制规则治理不可能完全取代供应商/客户关系治理，二者即存在一定替代

① 基于西方成熟资本市场的研究发现，内部控制的改善有助于提高会计信息质量（Doyle，2007b；Ashbaugh - Skaife，2008），降低信息风险（Beneish，2008），影响股东价值（Ogneva，2007；Beneish，2008），降低债务融资成本（Dan Dhaliwal，2011；Kim，2011；Costello and Wittenberg - Moerman，2011），从而在公司与利益相关者（如股东、债权人、供应商、客户和员工等）之间的缔约过程中起到重要作用。

性，同时也存在一定互补性。

（2）研究结论具有较强的理论价值和实践意义。内部控制的重要目标之一是提高企业经营效率和效果，促进企业实现发展战略，本章从供应商/客户和内部控制的角度出发，实证检验发现加强内部控制建设有助于降低企业财务杠杆和提高经营效率，并且本章研究的结果也表明内部控制信息披露有利于供应商/客户的利益保护，从而为实务界和监管机构制定有关内部控制和投资者保护方面的政策提供一个有益的视角。

第二节 文献综述

一、公司财务杠杆水平的影响因素

迄今为止，作为公司财务政策中的重要核心问题，公司的资本结构理论仍然没有得到比较统一结论的研究领域。对于资本结构问题的研究始于 20 世纪 50 年代，最有影响的研究成果是莫迪利安尼和米勒（Modigliani 和 Miller）所提出的“不相关定理”，即企业的融资结构与企业的市场价值无关。此后大批学者逐渐放松了 MM 理论的一些基本假设前提，在其基础之上逐步发展出了多种资本结构理论。由于财务杠杆是指在制定资本结构决策时对债务融资的利用，因此，下文将从行业特征、公司经营特征和股权结构对公司财务杠杆水平的影响进行国内外文献综述。

1. 行业特征对公司财务杠杆水平的影响

Scott 和 Martin（1975）认为，处于不同行业的公司所面临的风险、产品生产周期、景气周期以及资产形态都存在着差异，而这些因素均会对公司的资产负债率产生一定影响，因此行业特征是决定公司财务杠杆水平的重要因素，DeAngelo 和 Masulis（1980）认为，不同行业中的公司拥有不同的非债务税以及不同边际负债资本成本，而且公司的融资能力、税收以及破产的可能性等因素均与公司所处的行业相关，因此不同行业的目标资本结构亦不相同，实证结果显示公司杠杆水平在行业间差异显著。Bradley 等（1984）、Long 和 Malitz（1985）、Kester（1986）的研究均发现，公司杠杆水平具有行业特性，即制药行业、仪表行业、电子行业以及食品业等行业具有较低的财务杠杆，而造纸业、纺织业、钢铁行业、航空业以及水泥制造业等行业具有较高的财务杠杆。

国内关于行业特征对公司财务杠杆水平影响的研究结论并不一致。陆正飞和辛宇（1998）、吕长江和韩慧博（2001）、王娟和杨凤林（2002）、郭鹏飞和孙培源（2003）等研究均发现，行业因素对公司财务杠杆水平产生显著影响。但是，一些学者得出了不同结论，如洪锡熙和沈艺峰（2000）同样在对公司财务杠杆水平影响因素进行实证检验时没有发现行业因素的显著影响。肖作平（2004）选择非金融上市公司为样本，构建基于因子分析模型，采用二阶段多元程序来解释上市公司财务杠杆水平，实证结果也发现行业类别的影响不显著。王竞达和赵景文（2004）研究发现，除公共事业和社会服务行业的财务杠杆水平明显较低外，其他行业不存在明显差异。

2. 公司经营特征对财务杠杆水平的影响

（1）公司获利能力。根据 Myers 和 Majluf（1984）的融资次序理论，获利能力强的公司通过经营所产生的留存收益，可以满足大部分的资金需求，这样的公司不需要筹集过多的债务资金。因此，根据该理论，获利能力越强的公司资产负债率越低，即获利能力与财务杠杆水平负相关。Rajan 和 Zingales（1995）对 G7 资本结构影响因素进行实证检验，实证结果显示，影响美国公司资本结构的因素同样影响着其他国家的资本结构。其中，获利能力与公司资本结构间存在显著负向相关关系；Booth 等（2001）对 10 个发展中国家的资本结构影响因素进行研究，实证结果显示，影响发达国家公司资本结构的因素在发展中国家同样影响着其资本结构。其中，获利能力与公司资本结构负相关。

国内的相关研究有负相关和正相关两种结论。如陆正飞和辛宇（1998）、连玉君（2005）以“净利润/主营业务收入”衡量公司获利能力，其研究发现公司获利能力与杠杆水平显著负相关；李善民和苏赞（1999）发现亏损公司的净资产收益率与公司总负债以及短期负债率均显著负相关；冯根福、吴林江和刘世彦（2000）的研究表明，公司获利能力与公司资产负债率显著负相关；陈维云和张宗益（2002）、胡援成（2002）以总资产报酬率作为获利能力的替代变量，也获得了相同的研究结论。然而，洪锡熙和沈艺峰（2000）采用“净利润/主营业务收入”衡量公司获利能力，实证结果却发现公司获利能力与资产负债率显著正相关；王娟和杨凤林（2002）以净资产收益率衡量公司获利能力，也同样发现公司获利能力与资产负债率正相关。

（2）公司规模。根据代理理论，Fama 和 Jensen（1983）认为，规模大的公司比规模较小的公司更倾向于向贷款人提供更多的信息。大公司的监督成本较少，大公司比小公司具有较高的借贷能力，因此，公司规模应与杠杆水平正相关。Ozkan（2001）、Bevan 和 Danbolt（2002）采用销售收入的自然对数作为公司规模变量，研究发现公司规模对杠杆水平产生正向影响。根据信息不对称理论，Rajan 和 Zingales（1995）认为，大公司比小公司倾向于向公众提供更多的信息，公司规模可能与内部投资人和外部投资人间信息不对称水平负相关，规模越大公司越倾向于股权融资，因此，具有较低财务杠杆水平，即公司规模与财务杠杆水平负相关。Kim 和 Sorensen（1986）研究了负债代理成本对公司债务融资行为的影响，以总资产作为公司规模的替代变量，实证结果发现公司规模与负债比例不相关。Kester（1986）、Titman 和 Wessels（1988）等的研究结论也与之类似。

国内的相关研究有不相关、正相关和负相关三种结论。陆正飞和辛宇（1998）以主营业务收入的自然对数作为衡量公司规模的指标进行实证检验，发现公司规模与财务杠杆之间不存在显著相关关系。肖作平（2004）选择总资产的自然对数和主营业务收入的自然对数作为公司规模的替代变量，也发现了公司规模与财务杠杆之间不存在显著的相关关系。李善民和苏赞（1999）以总资产作为衡量公司规模的指标进行检验，实证结果显示，总资产与财务杠杆之间存在显著的正向相关关系。洪锡熙和沈艺峰（2000）也以总资产作为公司规模的替代指标，得出公司规模越大，资产负债率越高的结论。吕长江和韩慧博（2001）、陈维云和张宗益（2002）、吕长江和王克敏（2002）、肖作平和吴世农（2002）、王竞达和赵景文（2004）、连玉君（2005）均以总资产的自然对数作为公司规模变量，研究结果显示公司规模与财务杠杆正相关。王娟和杨凤林（2002）总资产的自然对数作为衡量公司规模的指标，实证结果发现，公司规模与资本结构呈显著的负向相关关系，表明随着上市公司规模的扩大，负债有下降的趋势。

（3）公司成长性。Myers（1977）认为，高成长公司较低成长公司对未来投资具有更多的选择权，公司未来的成长性水平与长期负债水平负相关，而与短期负债水平正相关。Rajan 和 Zingales（1995）、Booth 等（2001）、Ozkan（2001）、Bevan 和 Danbolt（2002）均采用"资产市场价值/资产账面价值"衡量公司成长性，均发现公司成长性对财务杠杆水平产生显著的负向影响。Titman 和 Wessels（1988）选用资本支出/总资产、总资产变化的百分比和研开费用/销售收入作为公司成长性指标，发现公司成长性与财务杠杆水平之间不存在显著相关关系。

由于公司成长性指标选择的差异，国内的相关研究有不相关、正相关和负相关三种结论。陆正飞和辛宇（1998）以公司总资产变化率为公司成长性指标，发现公司成长性与财务杠杆水平之间不存在显著相关关系，洪锡熙和沈艺峰（2000）采用过去 3 年主营业务收入的平均值衡量公司成长性，发现公司成长性不会影响其财务杠杆水平。沈根祥和朱平芳（1999）以销售增长率作为衡量公司成长性的指标，发现公司成长性与财务杠杆水平之间存在显著负向相关关系，肖作平和吴世农（2002）以资产增长率作为衡量公司成长性的指标，研究发现公司成长性与财务杠杆水平之间存在显著负向相关关系；王娟和杨凤林（2002）选择总资产增长率和 Tobin - Q 作为公司成长性指标，实证结果显示成长性与财务杠杆水平负相关；肖作平（2004）选择总资产增长率和净资产增长率作为公司成长性指标，实证结果显示成长性与财务杠杆负相关；连玉君（2005）选择 Tobin - Q（公司市场价值/账面价值）作为公司成长性变量，实证结果显示成长性与财务杠杆负相关。吕长江、韩慧博（2001）和吕长江、王克敏（2002）以主营业务收入增长率作为公司成长性指标，发现公司成长速度越快，负债率越高，即二者存在显著的正向相关关系；陈维云和张宗益（2002）以 EBIT 增长率、总资产增长率作为衡量公司成长性的指标，研究发现，公司成长性与财务杠杆显著正相关；王竞达和赵景文（2004）选择以主营业务收入为基础计量的指标衡量公司成长性，发现公司成长性对财务杠杆产生正向显著影响。

（4）公司资产结构。权衡理论及代理理论等资本结构理论认为，公司的资产结构对其资本结构会产生影响。从权衡理论看，附带抵押的债务减少了债权人在债务人破产时的潜在损失，因而也就限制了股东侵占债务人财富的数额。同时，在公司破产时有形资产的价值比无形资产的价值高，因此，资产担保值与财务杠杆水平正相关。从代理理论看，Jensen 和 Meckling（1976）、Myers（1977）认为，存在资产担保的公司可以限制股东进行次优投资进而侵占债权人利益的行为，因此，资产担保价值与财务杠杆水平正相关。Marsh（1982）以固定资产占总资产比重衡量公司资产结构，发现它与财务杠杆正相关。Rajan 和 Zingales（1995）以固定资产占总资产比重衡量公司资产结构，研究发现它与资本结构间存在显著正向相关关系。Bevan 和 Danbolt（2002）以固定资产占总资产比重衡量公司资产结构，发现它与财务杠杆间存在显著正向相关关系。然而，Grossman 和 Hart（1982）基于代理冲突的视角，指出具有较少资产担保价值公司的管理者更倾向于在职消费，公司可以提高财务杠杆状态以限制管理者的在职消费，因此，资产担保价值与财务杠杆应该存在负向相关关系。Booth 等（2001）以“（总资产 - 流动资产）÷总资产”作为衡量公司资产结构的指标，发现它与总资产负债率负相关。

由于公司资产结构指标选择的差异，国内的相关研究有不相关、正相关和负相关三种结论。陆正飞和辛宇（1998），冯根福、吴林江和刘世彦（2000），陈维云和张宗益（2002）选取（存货 + 固定资产）÷总资产作为衡量公司资产结构的指标，实证结果发现，资产结构对财务杠杆无显著影响；洪锡熙和沈艺峰（2000）采用公司权益作为衡量公司资产结构的指标，同样发现资产结构对财务杠杆无显著影响。沈根祥和朱平芳（1999）、王竞达和赵景文（2004）选取（存货 + 固定资产）÷总资产衡量公司资产结构，发现资产结构与财务杠杆显著正相关。吕长江和韩慧博（2001）选取固定资产÷总资产衡量公司资产结构，研究结果显示，资产结构对财务杠杆显著负向影响；王娟和杨凤林（2002）、肖作平（2004）、连玉君（2005）等选取（存货+固定资产）÷总资产、存货÷总资产、固定资产÷总资产、流动资产÷流动负债作为衡量公司资产结构的指标，实证结果发现，资产结构与财务杠杆显著负相关。

3. 股权结构对公司财务杠杆水平的影响

（1）股权集中度。McConnell 和 Servaes（1995）、Smith（1996）认为，大股东通过公司治理能约束管理层，如果债务确实能作为控制管理者在职消费的工具，大股东有动机对公司管理层实施的公司债务政策施加压力。因此，大股东比管理层更愿意追求高债务水平。

王娟和杨凤林（2002）选择第一大股东持股比例和国家股比例衡量股权集中度，实证结果显示股权集中度对负债比例无显著影响；汪忠等（2005）在研究机构所有权、财务战略和公司业绩间关系时，发现法人机构投资者股权集中度对公司负债比例无显著影响。肖作平（2005）研究了公司治理结构对资本结构的影响，发现股权集中度对负债比例产生显著的负向影响；徐伟、高英和刑英（2005）的研究发现，股权集中度对负债比例产生显著的负向影响。从上述研究结果可以看出，我国的债务治理机制基本未发挥作用。

（2）管理者股权。Friend 和 Lang（1988）认为，管理者持有的股份越多，他们越有动力和能力向下调整债务比率以满足自身利益，经实证检验表明，管理者持股比例与债务比率负相关。Jensen 和 Solberg（1992）同样证实，在美国上市公司中，管理者持股比例与债务比率负相关。

吕长江和王克敏（2002）采用联立方程进行检验，实证结果显示管理者股权比例越高，公司的资产负债率越低，说明管理者股权比例的提高有利于降低公司管理者与公司股东之间的权益代理成本。然而，王竞达和赵景文（2004）、肖作平（2004）的研究则发现，管理者股权比例与财务杠杆之间不存在显著相关关系。

二、关系投资对财务杠杆的影响

在国外，越来越多的学者关注了转型经济社会中关系投资的重要性（Fan 等，2007）。近期的研究表明，关系投资对公司的股权结构和资本结构都会产生重要影响（Fee，2006；Kale，2007）。根据交易成本理论，这种关系投资需要以会计信息作为治理基础（Maksimovic 和 Titman，1991；Chen，2009）。Bowen 等（1995）发现，企业与供应商/客户间的隐性契约会更容易促使管理层选择提升长期业绩的会计政策，如先进先出法和直线折旧政策；Raman（2008）则从机会主义的角度发现企业的盈余管理会诱使供应商/客户进行更多的关系投资。Claessens（2003）发现，在既缺乏法律保护，又缺乏有效市场显示信誉的情况下，建立在关系基础上的交易就成为主要选择。Johnson（2000）对转轨经济中企业关系合同的研究也发现，在法律保护不好的国家，企业更倾向于与自己有关系的企业签订合同。按照 Williamson（1979）的观点，关系型交易是由定向专用性交易产生的长期契约关系，并且交易存在较大的机会主义成本，这也使法律等刚性机制在解决冲突时成本很高，关系投资交易中的交易双方也更多地需要依赖市场而不是法律实施机制，以确保契约的执行（Chen，2009）。Chen（2009）则发现，随着供应商/客户关系型专有资产的增多，会计稳健性的需求会随之增加。随着关系型资产的增加，企业会增加对财务会计信息的需求（Maksimovictffu，1991；chen，2009），企业也会增加对审计认证的特定需求（Titman 和 Truman，1986）。企业通过关系投资，有助于企业实现资源共享、资源互补，降低生产与经营成本、分散风险、维持稳定的业务关系、获取外界的承认，增强抗风险能力（Czinkota，1982），以促进企业可持续发展。

国内对于关系投资的研究基本上是研究企业基于关系资本而进行的投资行为和关系治理的研究。许多学者认为关系可降低交易费用。程恩富和彭文兵（2002）认为，企业利用特殊的社会关系网络可优先获得生产要素或更廉价、更便捷的销售渠道，降低成本和风险。学者们还认为，关系可增强交易双方的信任。关系还可以获得比竞争对手更优先的交易权，冯华（2006）认为，企业会充分利用社会关系以及建构社会关系去赢取交易机会。在快速变革的技术和市场中，企业的每项交易都是嵌入在复杂的不确定的关系之中，正是由于企业采用正式合约谈判和执行的成本过高，而且只能在一定程度上降低违约频率的发生，实际上并不能从根本上避免交易双方由于遵循利益最大化的原则行事所产生的机会主义行为。因此，企业仅仅想依靠正式合约的约束来达成交易是远远不够的，目前解决违约问题的关键是要做到如何形成使交易双方不会相互背叛的可信承诺，保证交易的可靠性，要做到按合约的内容行动。只有这样，才能避免机会主义的行为的产生。加强企业间信任关系的治理，建立良好的声誉机制，采用互惠与有效的沟通方式，并赋予合同灵活性执行的关系治理方式，目的是降低交易双方的成本，引导并鼓励交易双方达成长期合作，最后达到提高履约率的目的，找到合适的治理机制。

然而鉴于本书对关系投资概念的界定，本章所要研究的关系投资可以看作是一种基于信任而建立起来的非正式外部治理机制。外部市场不完善所造成的高昂机会主义成本会阻碍企业进行正常的市场交易，利用关系投资下相对狭小的私人信任体系降低交易成本就成为企业的一种自然选择（夏立军等，2007）。企业通过关系投资，降低采取机会主义行为的可能性，形成相互信任、相互依赖的合作关系（郭茜，2008）。关系投资治理有助于降低或解决正式合同所面对的交易风险，基于信任的反复交易对具有长期合作关系的合作者来说是有益的（谈毅和慕继丰，2008）。稳定和持久的关系型财务交易关系可以缓解和抑制财务交易主体之间的财务冲突，从而为财务交易主体专用性投入提供足够的激励（雷新途、李世辉，2012）。其一，关系投资向外界传递了企业准备履行隐性契约的资本承诺，表明企业具有履约动机。关系投资使企业存在可占用性准租金对企业行为产生约束，这种约束作用使企业行为具有可置信性。企业一旦发生机会主义行为就会因关系投资遭受的损失而承担机会成本。其二，关系投资有助于提高企业的履约能力，可以培育企业为顾客提供独特产品和服务的能力，建立与顾客的长期交易关系，有助于企业形成取得竞争优势的核心能力（张维迎，1996）。国内现有的研究很少，王少飞（2010）以2001～2005年的沪深上市公司作为研究样本，以供应商采购比例与客户销售比例作为研究对象，分析了供应商/客户间的关系型投资对会计师事务所的选择机理；随着企业关系投资的增加，其对审计师的专业判断也提出了更高的要求（孙铮和李增泉，2007）。

通过对国内外文献的回顾可以看出，国外有关关系投资的学术研究起步较早。由于市场机制的不完善，关系投资治理逐渐成为一种必然选择。随着关系投资的增加，学者们开始研究关系投资所带来的经济后果，研究其对会计政策、审计要求和会计稳健性等方面的影响。而国内的研究则起步较晚，国内研究则是主要注重关系投资作为一种隐性契约的可置信性机制，从关系投资降低企业风险、维持长期合作关系方面来强调关系投资的重要性。以企业与主要供应商和客户的关系投资作为理论视角的研究很少，现有的文献只研究了关系投资对会计师事务所的选择机理和对审计师的专业判断。

三、内部控制对财务杠杆水平的影响

国外有关内部控制与企业财务杠杆水平的直接相关研究也很少。内部控制作为组织自身降低内部各层级之间代理问题而建立的一套风险控制机制，其目标是通过保证内部各层级委托代理关系中代理人信托责任的履行，进而保证组织目标实现。Lawrence R. Dicksee（1957）认为，当财务信息不准确、不及时和不完整时就存在风险，这种情况很可能是组织内部控制不足造成的。内部控制是组织内部用于目标的组织设计和程序，它可以减少财务风险的发生（Paul. Grady，1957），抑制企业内幕交易行为（Brochet，2010），有助于降低企业风险（Bargeron等，2010）。目前关于资本成本的研究，主要集中在信息披露和资本成本之间的关系等方面，这类研究通常假设信息披露至少以三种方式对资本成本产生影响。首先，公司信息披露可能会提高股票和债券的流动性，因为信息披露往往会降低公司的内部人士和外部人士之间以及公司的各类现有投资者和潜在投资者之间的信息不对称程度（Hara，2004）。其次，投资者并不知道证券的预期回报率参数的真值。关于估计投资风险的文献大都表明，在估计参数值时出现的偏差代表了不可分散风险的来源，构成了资本成本的一个组成部分（Barry，1984）。但是，信息披露恰恰解决了这一问题。公司通过自愿性信息披露，加强与投资者的沟通，这就大大降低了投资者对参数的估计值与参数真实值之间的偏离程度，从而降低了公司的资本成本（Kothari，2012）。最后，根据 Lambert、Leuz 和 Verrecchia（2007）的理论，更加精确的信息披露会减少本公司的现金流量同其他公司的现金流量的协方差（Lambert，2007）。这一理论表明，更加精确的信息披露会减少公司的资本成本。此外，公司信息披露质量的提高减少了投资者对公司现金流的不确定性，从而有助于投资者做出更高水平的投资决策。可见，国外文献主要从股票流动性和风险补偿的角度探讨信息披露和资本成本两者之间的关系，并得出一致的结论，即披露的信息越充分、质量越高，资本成本越低（Copeland 和 Galai，1983；Handa 和 Linn，1993；Botosan 和 Plumlee，2002；Bhattacharya，2003）。国外有两篇文献研究内部控制重大缺陷和资本成本之间的关系。Ogneva（2007）发现披露内部控制缺陷的公司资本成本越高，Beneish（2008）却发现在 404 条款下，内部控制缺陷披露并不能导致资本成本显著上升。

国内学者通过大量实证检验，也发现信息披露水平和资本成本负相关（汪炜和蒋高峰，2004；曾颖和陆正飞，2006）。国内对内部控制信息披露与资本成本方面的研究才刚刚起步，如吴爱军（2010）研究了披露内控自我评价报告对权益资本成本的影响。国内的相关研究成果表明，内部控制可以优化资本结构和降低理财风险（阎达五，2004），以风险管理为主要内容的内部控制可以分散企业风险，抑制企业预期现金流的波动性，降低企业破产的可能性（林钟高，2011）。袁小波（2010）通过对沪市制造业上市公司的研究发现，内部控制对财务风险具有一定的影响，内部控制内部环境、风险评估、控制活动、信息与沟通和内部监督与财务风险之间呈显著的正相关关系。黄寿昌（2010）发现，内部控制良好的公司通过信息披露将自身与那些内部控制较差的公司区别开来，发出高质量会计信息和良好财务状况的可置性承诺，大大降低信息不对称。内部控制通过风险管控，降低企业的波动性，确保企业在一个适度的资产负债率下经营，向外界传递一种好的财务信号。

综上所述，尽管有研究间接地表明内部控制会影响资本成本，但并没有学者从实证的角度分析内部控制与企业财务杠杆水平之间的关系。本章的目的是通过研究内部控制与财务杠杆水平的关系，进而在这个基础之上再研究关系投资、内部控制与企业财务杠杆水平三者之间的相关关系。

第三节 理论分析与研究假设

一、关系专用性投资与财务杠杆

关系投资可以看作是一种基于信任而建立起来的非正式外部治理机制。外部市场不完善所造成的高昂机会主义成本阻碍企业进行正常的市场交易，利用关系投资下相对狭小的私人信任体系降低交易成本就成为企业的一种自然选择（夏立军等，2007）。Claessens 等（2003）发现，在法律保护程度低又缺乏有效市场显示信誉的情况下，建立在关系基础上的交易就成为主要选择。根据交易成本理论，财务报告作为企业信息的重要传导机制，一方面能使交易双方以更低的成本获得对未来的预测，做出相应决策；另一方面能更有效地实施自我约束机制，满足长期契约治理（关系投资）的需要。一些研究成果提供了企业的资产负债率会随着关系投资程度的提高而下降的经验证据（Shleifer 和 Vishny，1992；Balakrishnan 和 Fox，1993；Mocnik，2001；程宏伟，2004；李青原和王永海，2006）。Maksimovic 和 Titman（1991）通过产品市场竞争模型证明了供应商和客户对企业的关系投资水平与企业的财务杠杆负相关，因为高水平的财务杠杆增加了企业破产清算的可能性，减少了客户和供应商对企业的稳定预期，从而减少了企业在高质量产品和自身声誉积累方面的投资。企业的关系合作方会根据企业的财务报告来判断企业的发展潜力、经营风险等，进而选择其合适的合作企业。企业财务杠杆水平反映的是一个企业的负债水平，财务杠杆水平越高企业财务风险越大。Banerjee 等（2008）以美国上市公司为研究对象，发现更依赖于大供应商和客户进行生产和销售的企业会主动选择较低水平的财务杠杆。Maksimovic（1988）的重复博弈模型表明，负债比率的提高将使企业间合谋的能力下降。近期，越来越多的学者关注了转型经济社会中关系投资的重要性，研究结果发现关系投资对公司的股权结构和资本结构都会产生重要影响（Fan 等，2007；Fee 等，2006；Kale 等，2007）。国内的相关研究成果较少，孔翔等（2005）以中国资本市场的制造业上市公司为研究对象，发现更依赖于前五大供应商和客户进行生产和销售的企业会主动选择更保守的资本结构。尽管供应商和客户对企业经营状况的关注点可能存在差异，比如供应商可能因为求偿要求而更加关注企业的信用状况；客户可能更为关注企业提供商品/服务的质量、价格以及稳定生产及时供货等相关信息，但是最终的落脚点都离不开对合理企业财务状况和有效财务资源配置的关切。

（1）关系专用性投资，打破了传统的资源配置形式，企业通过关系专用性投资资源创造关系性租金，同时利用外部资源产生关系收益，从而获得双重效益，增加企业价值。关系性租金，是指基于关系专用性投资可以降低交易成本的作用，使拥有关系专用性投资的企业在利用内部资源的交换关系中与没有关系专用性投资的竞争对手相比产生的一种超额利润，即拥有关系专用性投资的企业能够获得超出平均收益的关系性租金，并随着关系专用性投资的好坏，产生不同的获利水平。企业内部资源只是竞争优势产生的基础，任何企业都不可能具备企业发展需要的所有关键资源，而关系专用性投资除了利用内部资源创造关系性租金外，还可以充分利用其他企业或组织的资源产生关系收益。当企业所需的互补性资源是特有的及不可分割的，以至于不能在要素市场上轻易取得的时候，关系专用性投资的存在为企业使用资源开辟了特殊的获取渠道，从而在网络群体中产生一种大于单个企业收益之和的超额利润，这就是关系收益。这种收益成为降低企业财务杠杆水平、提高企业生产绩效和实现竞争优势的新源泉。

（2）关系专用性投资有利于企业与利益相关者之间信息和专业技能的交换和转移以及冲突的解决，从而实现知识共享，提升企业价值。基于信任的良好的关系专用性投资有利于在企业内部及企业之间营造自由开放的交流氛围，促使企业的利益相关者紧密接触，从而推动企业与利益相关者之间的信息与专有技术的交流与转移。此外，良好的关系专用性投资意味着顺畅的双向交流，而顺畅的双向交流是成功解决冲突的关键。合作方之间通过有效的沟通，可以更好地发现彼此之间的组织相容性，有助于问题的解决，从而进一步消除潜在的冲突，改变财务杠杆状况，提高企业业绩。

（3）关系专用性投资的不可模仿性和不可替代性成为企业关键资产的显著特征，并不断创造企业价值，使企业价值增值。一个企业特有的错综复杂的关系网络是经过长时间的实践与个人之间的相互磨合而形成的组织或个人之间的一种心理契约，并随着企业的发展而不断变化。由于时间和成本、管理能力的限制以及复杂的企业文化和人际关系活动，使这种心理契约成为难以模仿和不可替代的特殊资本。正是这种难以模仿性和不可替代性成为企业关键资产的显著特征，不仅为企业带来竞争优势，而且使这种优势得以维持下去，不断增加企业价值。关系专用性投资的关键在于它强调企业存在长期关系的重要性，正如马丁·克里斯托弗（Martin Christopher，1992）指出的，人们的关注重点正从以交易为中心转向以关系为中心。米高森也指出，工业企业特别是国际业务部门在进行销售活动时，他们最关心的是如何与至关重要的那部分客户、经销商、公共机构及个人建立一定规模的联系。关系专用性投资在优化企业财务杠杆、构建企业新的竞争优势和实现企业价值中的作用举足轻重。

基于以上分析，我们预期，随着供应商/客户关系投资程度的增加，企业将会主动控制其经营风险、财务风险等，选择较低的财务杠杆水平。据此提出研究假设1：

H1：限定其他条件，企业与其供应商/客户的关系投资越高，企业财务杠杆比例越低。

二、财务控制与财务杠杆

内部控制作为组织自身降低内部各层级之间代理问题而建立的一套风险控制机制，其目标是通过保证内部各层级委托代理关系中代理人信托责任的履行，进而保证组织目标实现。作为组织内部用于目标的组织设计和程序，内部控制，一方面可以抑制企业内幕交易行为，有助于降低企业风险；另一方面可以抑制企业预期现金流的波动性，优化资本结构和降低理财风险，降低企业破产的可能性。实证研究表明（杨德明等，2009；张龙平等，2010；Li 等，2011），有效的内部控制通过两种途径影响公司的资本成本。其一，内部控制通过改进财务报告质量，降低投资者面临的信息风险，进而降低公司资本成本；其二，高质量的内部控制能够规范公司管理层的决策，减少管理层的机会主义行为，降低企业的商业风险，进而降低公司资本成本。

（1）从内部控制减少信息不对称、降低信息风险、提高财务报告质量的角度看。区别于法律制度、契约等正式的契约形式，财务报告信息通过公开渠道能消除逆向选择和道德风险（Ball，2008）。高质量的会计信息减少了企业契约签订前和执行中的信息不对称。Hribar（2003）考察了报表重述对企业权益资本成本的影响，研究发现报表重述导致了预期未来盈余的降低和企业权益资本成本的上升。Graham（2008）考察了财务报告重述对债务契约的影响。研究发现，发生财务报告重述后的贷款利率明显提高、债务期限更短，且限制性条款更多。即会计信息质量是银行贷款定价的重要依据，为了降低风险，银行不仅采取了更加严格的债务契约条件，而且直接提高贷款利率，增加了借款人的债务融资成本。Lambert（2007）提出了“内部控制—财务报告质量—权益资本成本”的作用路径，认为高质量的内部控制能够改善财务报告质量，而高质量的财务报告又会影响投资者对公司未来现金流的估计，从而降低权益资本成本①。也就是说，高质量的会计信息的建立基础是健全的内部控制制度，高质量的财务会计信息背后最重要、最基本的决定因素是完善的内部控制制度。COSO 报告明确指出，内部控制的首要目标是保证财务报告可靠性。内部控制制度的建设与执行及其目标的实现程度必然影响会计信息质量。李明辉（2001）认为，上市公司提供内部控制报告对于增进企业内部控制、减少财务报告舞弊现象等方面有着积极的作用；陈关亭等（2003）认为，内部控制的完善与否和执行情况，直接影响着上市公司的财务报告质量；方春生等（2008）发现，实施内控制度后财务报告的可靠性有了显著提高。财务信息真实性和准确性的提高，降低了信息风险，所以有效的内部控制可以降低资本成本②。

（2）从内部控制减轻代理成本、保护投资者利益的视角看。内部控制可以影响公司管理层或大股东的实际决策，减少他们的机会主义行为，提高企业的价值，进而提高投资者预期的现金流，降低代理风险。Garmaise 和 Liu（2004）的理论研究表明，系统风险 beta 至少部分地捕捉了代理风险，所以有效的内部控制体系通过遏制管理层机会主义行为来降低公司面临的市场风险，间接地导致资本成本的降低（Botoson 和 Plumlee，2002）。袁小波（2010）通过对沪市制造业上市公司的研究发现，内部控制对财务风险具有一定的影响，内部控制、内部环

① Lambert、leuz 和 verrecchia（2007）提出会计信息通过两种途径影响公司的资本成本：一是直接影响，即高质量的会计信息不会影响现金流量本身，但是会影响市场参与者对未来现金流量情况的评估；二是间接影响，即高质量的会计信息影响公司的真实决策，进而影响公司现金流量的期望值和协方差。首先，他们利用了传统的信息经济学分析方法，将信息环境中更加普遍的变情况考虑在内从而得出了更具说服力的结果。他们认为高质量的会计信息披露会影响与其他公司之间估计的协方差，而这种影响又会明显地使公司的资本成本更加接近于无风险利率。其次，他们通过分析信息披露质量与公司现金流量之间的关系，提出会计信息的质量会通过对公司真实决策的影响从而影响到公司的资本成本。此外，Lambert 等还探讨了信息披露制度对公司资本成本的影响。研究表明，信息披露强制性的增加也会降低公司的资本成本，但是这种影响因公司不同而有所差异。

② 当然，信息不对称是如何影响公司的资本成本？减少信息不对称是否能使公司的资本成本降低？许多学者通过研究得出了不同的结论。Admati（1985）提出，投资者私有信息的平均准确度在一定程度上决定了资本成本的高低。Leland（1992）发现，尽管公司的内幕交易行为会增加经济环境中的信息不对称，但允许内幕交易的公司股票价格一般会上涨。尽管他并没有直接指明信息不对称与资本成本的关系，但股票价格的上涨也就等同于公司资本成本的下降，这也就意味着信息不对称与公司资本成本是负相关关系。与此相反，Easley 和 O' Hara（2004）利用了一个高噪声的多元资产理性预期均衡模型，该模型包含了公开信息和私有信息，信息灵通的投资者和信息不灵通的投资者。通过该模型，Easley 和 O' Hara 发现，在均衡状态下，私有信息的持有情况会影响投资者对股票所要求的必要报酬率的高低。因为私有信息成为了引发系统风险的一种新的形式，不能获得私有信息的投资者会为承受这种风险而要求更多的补偿。站在公司的视角上看，这一结果表明，私有信息相对较多而公开信息相对较少的公司面临着更高的权益资本成本。换句话说，也就是信息不对称程度较高的公司面临更高的资本成本。Hughes、Jing Liu 和 Jun Liu（2007）对 Easley 和 O' Hara（2004）的研究进行了延伸，利用相似的模型对信息不对称与资本成本的关系进行了更加深入的研究。他们的研究结果表明，更高程度的信息不对称会提高风险溢价，从而导致资本成本增加。

境、风险评估、控制活动、信息与沟通和内部监督与财务风险之间呈显著的正相关关系。黄寿昌（2010）发现，内部控制良好的公司通过信息披露将自身与那些内部控制较差的公司区别开来，发出高质量会计信息和良好财务状况的可置性承诺，大大降低信息不对称。内部控制通过风险管控，降低企业的波动性，确保企业在一个适度的资产负债率下经营，向外界传递一种好的财务信号。因此，我们可以合理推测，企业内部控制质量越高，企业能更好地控制企业的财务风险，控制公司的财务杠杆水平。

（3）内部控制质量的提高，有利于公司内部各利益相关者的权力制衡，改善公司内外部的信息沟通与信息质量，从而抑制内部人的机会主义行为，保护中小投资者的利益。上市公司内部人（包括大股东与管理层）利用控制权攫取私人利益的机会主义行为，如大股东的隧道挖掘（通过资金占用、资产重组、关联交易等方式侵占上市公司资源）、非效率投资、管理层的过度在职消费等，不仅增加了公司的经营风险、减损公司价值，还会增加融资成本。Fan（2007）以东亚八国或经济体的家族企业为例，发现那些根植于家族企业股权结构的公司治理问题引发了审计师更多的关注，如收取了更高的审计费用以弥补审计师承担的风险等。有效的内部控制制度意味着企业保护股东的正当利益，对公司的财务报告、经营成果以及内外审计状况进行有效监督，并且提供公司各股东之间沟通的平台，从而使股东之间、股东与管理层之间的信息不对称以及代理问题所造成的损失降至最低。Ogneva（2007）的研究发现，低质量的内部控制可能导致公司董事会对管理层缺乏合理的控制，管理层更倾向于投资高风险项目，增加了公司破产的风险，从而提高了公司的权益资本成本。

（4）从内部控制缺陷的视角看。以美国 SOX 法案披露内部控制强制要求为契机的许多研究发现，内部控制缺陷披露会引起股票价格的负向反应，进而提高公司的权益资本成本和债务资本成本。Ogneva（2007）发现，与未披露内部控制缺陷的控制样本公司相比，内部控制缺陷公司有更高的权益资本成本，而在控制了公司特征和分析师预测偏误后的回归分析中，却没有发现内部控制缺陷与权益资本成本间存在统计显著的相关关系。Beneish（2008）基于美国 SOX 法案规定，分析了 302 条款下 330 家上市公司在内部控制自我评价报告中披露缺陷和 404 条款下 383 家上市公司在内部控制鉴证报告中披露缺陷的市场反应，研究发现市场对前者有显著的负向反应。Kim（2011）以遵循 SOX404 条款披露内部控制缺陷的借款公司作为研究样本，比较了有无内部控制缺陷公司间债务契约的不同特征。研究发现，在控制了其他已知的债务契约条款的影响因素后，内部控制缺陷公司的贷款利差要比没有内部控制缺陷的公司高 28 个基点，内部控制缺陷为企业层面且更为严重的公司要支付更高的贷款利率，此外，债权人强加给内部控制有缺陷公司更严格的非价格条款。据此，提出研究假设2：

H2：限定其他条件，内部控制越好，企业财务杠杆比例越低。

三、关系专用性投资、内部控制与财务杠杆

以关系为基础调节人们的行为取向是中国社会自古以来的一个重要特征。虽然历经时代变迁，关系的内容和形式也在不断发生着变化，然而作为中国社会的本质特征，关系却始终是我们挥之不去的事实。作为一种关系治理机制，关系投资是一种基于信任而建立起来的非正式外部治理机制（刘仁军，2006；夏立军等，2007），当加入基于规则治理的内部控制这一企业内部治理机制，并发生交互作用时，两类交易治理机制将会对企业财务杠杆水平产生怎样的影响？

关系投资在财务杠杆配置过程中发挥着极为重要的作用，但是，信息不对称和代理问题却使关系投资的配置效率大大降低。相反，内部控制在缓解信息不对称、提高监督激励力度、放松融资约束方面却具有显著的优势。因而，关系投资与内部控制能形成一种优势互补关系。以会计稳健性为例，在企业间的合作中，主要供应商作为企业的主要债权人之一，会计稳健性成为缓解和降低债权人承担破产风险，从而有效解决债权人和企业利益的重要选择（Watts 和 Zimmerman，1986；Watts，2003a，b）。Leftwich（1983）发现，债权人会调整 GAAP 以满足债务契约对稳健性的需求。当企业的债务比率大幅度提高或者经营业绩严重下滑时，破产风险随之加大，债权人为了有效监督债务人的经营状况，缓解信息不确定性，就会要求企业采取更为稳健的会计政策以保护自身利益（Guay and Verrecchia，2007）。孙铮等（2005）的研究结果表明，相对债务比重低的公司而言，债务比重比较高公司的会计政策选择更稳健。方红星和张志平（2012）的研究发现，当上市公司具有较高的内部控制质量时，管理层机会主义行为受到限制，对预期经济损失坏消息及时识别和确认力度增加，会计稳健性增强。内部控制作为企业内的一种制度安排，和公司治理的防掠夺相比，内部控制更强调防舞弊，通过抑制管理层机会主义行为（管理层会出于自身或企业经济利益的考虑，利用会计准则提供的选择余地进行盈余操纵）、防范错弊发生、改进财务报告质量，减少供应商/客户与企业之间的信息不对称，增进企业与供应商/客户之间的信任关系（Brochet，2010；徐虹等，2013），实现内部财务激励与约束，降低财务风险（Bargeron 等，2010）。因此可以认为，内部控制（规则契约治理）与供应商关系投资（关系契约治理）两种治理机制的交互作用，在降低企业财务风险、控制财务杠杆水平方面存在互补效应。

关系投资治理有助于降低或解决正式合同所面对的交易风险，基于信任的反复交易对具有长期合作关系的合作者来说是有益的（谈毅、慕继丰，2008）。稳

定和持久的关系型财务交易关系可以缓解和抑制财务交易主体之间的财务冲突，从而为财务交易主体专用性投入提供足够的激励（雷新途、李世辉，2012）。其一，关系投资向外界传递了企业准备履行隐性契约的资本承诺，表明企业具有履约动机。关系投资使企业存在可占用性准租金对企业行为产生约束，这种约束作用使企业行为具有可置信性。企业一旦发生机会主义行为就会因关系投资遭受的损失而承担机会成本。其二，关系投资有助于提高企业的履约能力，可以培育企业为顾客提供独特产品和服务的能力，建立与顾客的长期交易关系，有助于企业形成取得竞争优势的核心能力（张维迎，1996）。内部控制作为一种向外界传递承诺的信任机制，一方面，能够为合作成员提供稳定的心理预期，从而减少交易的风险，因此企业完善的内部控制机制会促进关系投资的建立；另一方面，内部控制机制能够降低交易的机会主义，减少不确定性，但是由于内部控制的构建与完善需要大量的成本，也需要足够的人力和经验去维护（Ashbaugh - Skaife，2007），当企业已经与外部发展了一定的关系合作对象时，由于关系投资企业成员间稳定持久的合作关系，企业对自身风险控制的要求也势必会下降。当关系投资构建完善、企业所面临的风险程度降低、抵御外部风险能力增强，企业间形成相互信任和充分交流沟通的稳定长期的合作关系时（Czinkota，1982；刘仁军，2006；Kong，2011），企业对内部控制治理机制的依赖性必定会降低。因此，从成本投入视角看①，内部控制与关系投资通过不同的方式增加企业在交易中的可预测性，通过内部控制与关系投资的相互替代关系，相对可以更真实地描述关系投资与内部控制之间关系的动态性：廉价而高效内部控制的存在使企业较少依赖关系投资；而当关系投资存在时企业可以降低因设置内部控制机制而带来的成本和复杂性。从信息角度看，如果企业内部控制较完善，内部控制对于企业风险的控制已经达到了一定的水平，在企业依靠产品及服务获得核心竞争力时，降低了主要客户群对企业财务杠杆水平的关注度（肖丽妍等，2013）。基于上述分析，可以认为内部控制（规则契约治理）与客户关系投资（关系契约治理）两种治理机制的交互作用，在降低企业财务风险、控制财务杠杆水平方面存在替代作用。

以上分析可知，供应商/客户关系契约有其两面性：一方面，建立在良好声誉基础上的关系契约能够促进内部控制规则契约的有效执行；另一方面，关系契约也可能因其垄断和主导力量，破坏以市场为基础的规则契约的执行，表现为对交易一方或第三方权益的侵害，其结果使经济导向“坏”的市场经济轨道上。在供应商/客户关系契约向内部控制规则契约转变过程中，合理的社会经济基础

① 2002 年美国 SOX 法案实施，为了达到法案规定，上市公司平均增加成本 40% 左右，大型美国公司第一年建立内部控制系统的平均成本就高达 430 万美元，通用电气公司为达成 404 条款花费曾高达 3000 万美元，大概有 10% 的美国本土企业不能通过 SOX 法案的考验。

结构和均衡社会资源配置对于推动内部控制规则契约的执行有着重要意义。通过经济交易各方的充分协商和谈判，使内部控制规则契约成为普遍共识，从而促进供应商/客户关系契约的和谐发展。据此提出研究假设3：

假设H3－a：限定其他条件，供应商关系投资与内部控制在降低企业财务杠杆比例中存在互补效应。

假设H3－b：限定其他条件，客户关系投资与内部控制在降低企业财务杠杆比例中存在替代效应。

第四节 研究设计

一、样本选择

本章选用2007～2011年沪、深两市的所有市公司为样本，剔除了：①金融类上市公司；②ST公司；③数据缺失样本。向前五大供应商采购比例和向前五大客户销售比例数据均由手工收集年报并经复核检查所得，保证了数据的准确性。最终确定*Supply*的有效观测值为3319个；*Customer*的有效观测值为5265个。公司最终控制人数据和第一大股东持股比例数据均由手工收集并与CCER数据库复核检查所得，上市公司的财务数据来自CSMAR数据库和Wind数据库，为了减少异常值对研究结论的影响，本书对所有连续性变量进行了上下1%的Winsorize处理。

二、模型设定与变量

为了检验本书研究假设，我们建立以下模型：

$$LEV = \alpha + \beta_1 RSI + \beta_2 Icid + \beta_3 RSI \times Icid + \beta_4 Size + \beta_5 Roa + \beta_6 Growth + \beta_7 Shr1 + \beta_8 Private + \beta_9 Tobinq + \beta_{10} Shr1\_10 + \beta_{11} ETR + \beta_{12} Age + Ind + Year + \varepsilon$$

模型中的被解释变量是企业财务杠杆水平LEV，本书用资产负债率（总负债/总资产）来衡量。模型中的主要解释变量是关系专用性投资RSI和内部控制*Icid*。本书借鉴Kong（2011）和何小杨（2011）的做法，采用向供应商采购比例*Supply*或向客户销售比例*Customer*来度量企业的关系投资。由于我国目前的年报只披露了向供应商采购的比例以及向客户销售的比例均为前五大单位的合计比例，因此本书所使用的供应商采购比例及客户的销售比例均采用的是前五大供应商和客户的合计值。内部控制变量则采用深圳迪博公司的内部控制指数来衡量。

借鉴有关文献（陆正飞，1996；李青原等，2007；王刚，2013；Kong，2011；郭忠英，2011），本书引用了以下控制变量：资产规模（Size）、资产收益率（Roa）、控制人性质（Private）和托宾Q值（Tobinq）、实际所得税税率（ETR）、成长性（Growth）、第一大股东持股比例（Shr1）、前十大股东持股比例（Shr1_ 10）、公司上市年限（Age）、年度（Year）和行业（Ind）等变量，具体见表3-1。

表3-1 变量定义

变量名称	变量代码	变量定义
企业财务杠杆水平	*Lev*	总负责/总资产
供应商关系投资	*Supply*	公司向前五大供应商采购额占公司全年采购额的比例
客户关系投资	*Customer*	公司向前五大客户销售额占公司全年销售额的比例
内部控制	*Icid*	采用迪博内部控制指数，该指数越高，说明内部控制越好
产权性质	*Private*	虚拟变量，如果公司的最终控制人为非国有股东，取值为1，否则为0
公司规模	*Size*	年度账面总资产取自然对数
公司价值	*Tobinq*	等于市场价值/重置成本=（每股价格×流通股份数+每股净资产×非流通股份数+负债账面价值）/总资产
实际所得税税率	*ETR*	等于（所得税费用-递延税款贷项）/息税前利润
大股东持股比例	*Shr1*	公司第一大股东持股比例
前十大股东持股比例	*Shr1-10*	公司前十大股东持股比例总和
总资产报酬率	*Roa*	公司当年总资产报酬率
成长能力	*Growth*	公司本年年末资产总额减去年初资产总额再除以年初资产总额
上市年限	*Age*	公司的上市年限
行业变量	*Ind*	虚拟变量，根据证监会对制造业的二级分类标准进行分类，用来控制行业因素的影响
年度变量	*Year*	虚拟变量，用来控制宏观经济因素的影响

第五节 实证检验与分析

一、描述性统计与单变量分析

表3-2相关变量的描述性统计结果显示，变量Supply和Customer均值都超过了29%，说明企业与前五大供应商和客户的交易比例都超过了1/4。这表明上

市公司的前五大供应商和客户都比较集中，依赖性大，且企业对供应商依赖程度更高；另外，变量 Supply 和 Customer 的最大值和最小值之间的差距非常明显，这也为本书的研究提供了非常好的契机。同样，我们可以观察到内部控制变量 Icid 最小值和最大值之间的差距较为明显，说明中国各地区的制度环境差异较大，上市公司的内部控制质量差异也很大。变量 Icid 的最小值和最大值之间的差距非常明显，均值为6.99，说明我国上市公司的内部控制发展极不平衡，且内部控制的建设和投资不足，质量普遍偏低。Lev 的均值为 0.47，最小值为 0.007，最大值为 1.32，标准差为 0.20，最小值与最大值之间的差距非常明显，中位数为 0.480 这说明大部分企业的财务杠杆水平还是偏高，而且企业之间的财务杠杆水平差异也很大，这为关系投资的研究提供了很好的契机。

表 3-2 主要变量描述性统计

变量	观测值	均值	最小值	中位数	最大值	标准差
Supply	3319	67.00	0.22	29.71	82.58	3.96
Customer	5265	29.01	0.14	22.24	100	22.17
Lev	5265	0.47	0.007	0.48	1.32	0.20
Icid	5265	6.99	2.97	6.95	9.95	0.81
Tobinq	5265	2.14	0.61	1.75	14.91	1.33
*Shr*1-10	5265	0.57	0.10	0.58	0.98	0.16
Private	5265	0.53	0	1	1	0.50
Size	5265	21.80	18.67	21.62	28.28	1.23
ETR	5265	0.27	-22.86	0.17	220.39	4.32
Roa	5265	0.075	-0.56	0.065	0.63	0.07
*Shr*1	5265	0.37	0.036	0.36	0.86	0.16
Growth	5265	0.19	-0.58	0.13	10.51	0.36
Age	5265	10.12	1.00	11.00	21.00	5.27

从表 3-3 主要变量的系数矩阵分析可以发现，各主要变量间的相关系数并不大，这说明多重共线性问题可能并不严重，可以将它们放在同一模型中进行检验。企业的财务杠杆水平变量 Lev 和企业供应商关系投资的变量 Supply 在 5% 水平上显著负相关，表明企业与主要供应商构建的关系投资可以降低企业财务杠杆比例；财务杠杆水平的变量 Lev 与企业客户关系投资变量 Customer 在 10% 水平上

表 3-3 -Panel A 主要变量相关系数表（供应商样本）

	[1]	[2]	[3]	[4]	[5]	[6]	[7]	[8]	[9]	[10]	[11]	[12]
Lev [1]	1.00											
Supply [2]	-0.03734[b]	1.00										
ICQ [3]	0.09531[c]	-0.08251[c]	1.00									
Tobinq [4]	-0.36231[c]	-0.02026	-0.02288	1.00								
*SHR*1 [5]	0.04474[c]	0.00803	-0.13501[c]	-0.13052[c]	1.00							
*Shr*1-10 [6]	-0.01056	0.01019	-0.00486	-0.01458	0.15945[c]	1.00						
Growth [7]	0.10149[c]	-0.00466	0.19280[c]	-0.00014	0.05639[c]	0.03802[b]	1.00					
Age [8]	0.23863[c]	-0.08780[c]	0.11515[c]	-0.07092[c]	-0.14110[c]	-0.16693[c]	-0.05696[c]	1.00				
Roa [9]	-0.25307[c]	-0.02776	0.43087[c]	0.31836[c]	0.10759[c]	0.05298[c]	0.17956[c]	-0.09855[c]	1.00			
ETR [10]	0.03821[b]	-0.00248	-0.02254	-0.00038	-0.01001	-0.00765	-0.00934	0.03070[a]	-0.01034	1.00		
Size [11]	0.45354[c]	-0.07460[c]	0.56362[c]	-0.35949[c]	0.25750[c]	-0.01243	0.19663[c]	0.20387[c]	0.08779[c]	0.00307	1.00	
Private [12]	0.14607[c]	-0.04934[c]	0.11838[c]	-0.12707[c]	0.24807[c]	-0.02062	-0.00122	0.28081[c]	-0.06814[c]	-0.01380	0.28463[c]	1.00

注：表中列示的是 Pearson 检验，a、b、c 分别表示在 10%、5%、1% 水平上显著。

表 3-3 -Panel B 主要变量相关系数表（客户样本）

	[1]	[2]	[3]	[4]	[5]	[6]	[7]	[8]	[9]	[10]	[11]	[12]
Lev [1]	1.00											
Customer [2]	-0.08909[c]	1.00										
ICQ [3]	0.08657[c]	-0.11741[c]	1.00									
Tobinq [4]	-0.01207	-0.01847	0.01101	1.00								
SHR1 [5]	0.07210[c]	0.03911[c]	0.14731[c]	-0.02914[b]	1.00							
Shr1-10 [6]	-0.10953[c]	0.03620[c]	0.17030[c]	-0.03828[c]	0.65492[c]	1.00						
Growth [7]	0.10323[c]	-0.00855	0.16582[c]	-0.00545	0.02524[a]	0.10629[c]	1.00					
Age [8]	0.35034[c]	-0.04753[c]	0.07807[c]	0.05414[c]	-0.08985[c]	-0.44110[c]	-0.02905[b]	1.00				
Roa [9]	-0.23830[c]	-0.02837[b]	0.42295[c]	0.05965[c]	0.08127[c]	0.21304[c]	0.17452[c]	-0.07153[c]	1.00			
ETR [10]	-0.00500	0.01510	0.02543[a]	-0.00366	-0.01420	-0.01939	0.00650	0.01958	0.03192[b]	1.00		
Size [11]	0.46776[c]	-0.10335[c]	0.55008[c]	-0.01452	0.25648[c]	0.15129[c]	0.16363[c]	0.22059[c]	0.07858[c]	-0.00715	1.00	
Private [12]	0.24715[c]	0.01467	0.11598[c]	0.02401[a]	0.22914[c]	-0.01692	0.00015	0.35661[c]	-0.06272[c]	0.00212	0.32930[c]	1.00

注：表中列示的是 Pearson 检验，a、b、c 分别表示在 10%、5%、1% 水平上显著。

表 3-3　-Panel C 不同组间财务杠杆比例的单变量检验

	均值	中位数	T 检验	Z 检验
供应商关系投资比例高组	0.48	0.49	4.56***	4.37***
供应商关系投资比例低组	0.50	0.51		
客户关系投资比例高组	0.45	0.45	7.44***	7.68***
客户关系投资比例低组	0.49	0.51		

注：表中列示的是 T 检验和 Z 检验，*、**、***分别表示在 10%、5%、1%水平上显著。

显著负相关，初步验证了企业与主要客户构建的关系投资可以降低企业财务杠杆比例。但是，我们必须谨慎看待这些初步的结果，因为两两相关系数的检验并没有控制其他可能的影响因素。后文将在控制企业特征、时间效应和行业效应以后，对以上关系进一步检验。

二、多元回归结果分析

1. 关系投资与企业财务杠杆水平

回归结果如表 3-4 所示。两列考察的是当期关系投资的情况，企业向前五大供应商购买比例变量 Supply 和前五大客户向企业的采购比例变量 Customer 均显著为负，这表明假设 H1 得到验证，关系投资变量 RSI 的系数和本书的预期基本一致，供应商关系投资变量 Supply 的系数为 -0.02682 与客户关系投资变量 Customer 的系数为 -0.01160，且都在 5% 水平下显著为负。说明随着供应商/客户关系投资的增加，企业的财务杠杆水平会降低。与孔翔等（2005）的研究结论一致，更依赖于前五大供应商和客户进行生产和销售的企业会主动选择较低的财务杠杆水平。后两列考察的是滞后一期的关系投资情况，供应商由于求偿要求关注企业的财务杠杆水平，除了企业主动选择某种财务杠杆水平以传递信号，供应商供货之前应该会关注最近能够获取的企业的财务杠杆水平，也就是滞后于供货的上一期财务杠杆水平。回归结果均支持了假设 1。

2. 内部控制与企业财务杠杆水平

回归结果如表 3-5 所示。从前两列看，无论是供应商关系投资样本，还是客户关系投资样本，内部控制质量与财务杠杆比例显著负相关，假设 H2 得到验证，即内部控制越好，企业财务杠杆比例越低。后两列是从行业平均财务杠杆水平做进一步的考察。内部控制好有利于更好地进行风险管控，但是，好的风险管控应该是适度的财务杠杆，而不是一味追求低的财务杠杆。因此，本书进一步考察并得到验证：内部控制越好，企业财务杠杆越不可能高于行业均值，或者说更可能采用低于行业均值的杠杆水平。假设 2 得到更为坚实的检验。

表 3-4 关系投资与企业财务杠杆水平

自变量	当期关系投资（t 期）		滞后一期关系投资（t+1 期）	
	供应商关系投资（Supply）	客户关系投资（Customer）	供应商关系投资（Supply）	客户关系投资（Customer）
RSI	-0.02682** (-2.15)	-0.01160** (-2.27)	-0.02807** (-2.24)	-0.04355*** (-4.21)
Size	0.05580*** (19.41)	0.06584*** (30.65)	0.05594*** (19.46)	0.06497*** (30.22)
Roa	-0.78335*** (-16.63)	-0.88779*** (-23.16)	-0.78521*** (-16.66)	-0.88792*** (-23.20)
Growth	0.08275*** (7.11)	0.10512*** (10.88)	0.08255*** (7.09)	0.10564*** (10.95)
Shr1	-0.01075 (-0.57)	0.04918** (2.54)	-0.01090 (-0.58)	0.05153*** (2.66)
Private	-0.00731 (-1.26)	0.00421 (0.86)	-0.00753 (-1.30)	0.00390 (0.80)
Tobinq	-0.01525*** (-5.21)	-0.00042 (-0.24)	-0.01531*** (-5.23)	-0.00048 (-0.28)
Shr1-10	0.03516* (2.03)	-0.08004*** (-3.84)	0.03485** (2.01)	-0.07762*** (-3.73)
ETR	0.11569*** (6.18)	0.03105** (2.12)	0.11507*** (6.14)	0.03185** (2.18)
Age	0.00416*** (6.45)	0.00661*** (12.25)	0.00414*** (6.39)	0.00678*** (12.54)
Year/Ind	控制	控制	控制	控制
F 值	65.29	125.17	63.46	122.21
$Adj-R^2$	0.3900	0.4377	0.3902	0.4392
观测值	3319	5265	3319	5265

注：***、**和*分别表示在1%、5%和10%水平上显著。

表 3-5　内部控制与企业财务杠杆水平

自变量	财务杠杆水平		行业平均财务杠杆水平	
	供应商关系投资 (Supply)	客户关系投资 (Customer)	供应商关系投资 (Supply)	客户关系投资 (Customer)
Icid	-0.01913*** (-4.41)	-0.01185** (-2.24)	0.25985*** (3.45)	0.05558*** (5.50)
Size	0.06583*** (19.02)	0.06768*** (31.50)	-0.88031*** (-13.35)	-0.16548*** (-23.74)
Roa	-0.67678*** (-12.78)	-0.8570*** (-21.36)	10.2037*** (10.45)	1.67925*** (14.40)
Growth	0.0834*** (7.18)	0.10511*** (10.88)	-1.09093*** (-4.50)	-0.19735*** (-6.45)
*Shr*1	-0.01427 (-0.76)	0.04920** (2.54)	0.34155 (1.02)	-0.12258** (-2.30)
Private	-0.00640 (-1.10)	0.00442 (0.90)	0.15116 (1.54)	0.01213 (0.85)
Tobinq	-0.01513*** (-5.18)	-0.00052 (-0.30)	0.17905*** (3.10)	0.00382 (0.80)
*Shr*1-10	0.03431** (1.98)	-0.07893*** (-3.78)	-0.67509** (-2.28)	0.18690*** (3.22)
ETR	0.11819*** (6.32)	0.03238** (2.21)	-1.57111*** (-4.67)	-0.06656 (-1.60)
Age	0.00426*** (6.61)	0.00658*** (12.19)	-0.03249*** (-2.84)	-0.01253*** (-8.25)
Year/Ind	控制	控制	控制	控制
F 值	66.03	125.16	763.03（卡方值）	130.96（卡方值）
$Adj-R^2$	0.3928	0.4377	0.2603	0.3086
观测值	3319	5265	3319	5265

注：同表 3-4。

3. 关系投资、内部控制与企业财务杠杆水平

回归结果如表 3 - 6 所示，在第 1 列，企业向前五大供应商购买比例变量 Supply 显著为负，企业内部控制质量变量 Icid 也显著为负，在将两者交互之后，交互项 Supply × Icid 也显著为负，假设 H2 - a 得到验证，即关系投资与内部控制在降低企业财务杠杆比例中存在互补效应，表明高质量的内部控制在供应商关系投资抑制企业高财务杠杆水平方面起到了积极的作用。同样，由第 3 列可以看出，客户关系投资 Customer 变量回归系数都显著为负，内部控制质量 Icid 变量的回归系数显著为负，但客户关系投资与内部控制的交互项 Customer × Icid 显著为正。假设 H2 - b 得到验证，即客户关系投资与内部控制制度在降低企业财务杠杆比例的过程中起到了替代效应。由此说明较完善的企业内部控制对于企业风险的控制已经达到了一定的水平，从而导致当企业依靠产品及服务获得核心竞争力时，主要客户群对企业财务杠杆水平的关注度降低。

表 3 - 6　关系投资、内部控制与企业财务杠杆水平

自变量	因变量：Lev			
	参数估计	T 值	参数估计	T 值
Supply	-0.02823 **	-2.26		
Customer			-0.03221 ***	-3.00
Icid	-0.01922 ***	-4.42	-0.0353 ***	-3.00
Supply × Icid	-0.02204 *	-1.65		
Customer × Icid			0.02534 **	2.14
Size	0.06464 ***	18.52	0.06679 ***	30.61
Roa	-0.66912 ***	-12.63	-0.86014 ***	-21.45
Shr1	-0.01158	-0.62	0.04833 **	2.49
Growth	0.08426 ***	7.26	0.10604 ***	10.98
Private	-0.00644	-1.11	0.00471	0.96
Tobinq	-0.01501 ***	-5.14	-0.00049523	-0.28
Shr1 - 10	0.03468 **	2.01	-0.07958 ***	-3.82
ETR	0.11870 ***	6.36	0.03176 **	2.17
Age	0.00440 ***	6.80	0.00658 ***	12.21
Year/Ind	控制	控制	控制	控制
F 值	62.61 ***		118.48 ***	
$Adj-R^2$	0.3939		0.4386	
观测值	3319		5265	

4. 产权性质视角下的进一步检验

不仅企业内部控制质量因产权不同而存在差异，产权性质的差异还导致了国有与非国有企业在缓解供应商/客户谈判要挟的能力上的差异（刘启亮等，2012；张敏等，2012）。对国有企业来说，和政府天然的密切联系决定了政府会优先将所控制的稀缺资源分配给它们（Shleifer 和 Vishny，1994），这些资源包括资金、财政补贴、土地、经营许可、销售渠道等诸多方面。因此，在面临供应商或客户的要挟时，国有企业会利用政府的支持来缓解这种压力，例如选择替代性的销售渠道、生产多元化的产品等。因此，在政府干预较为普遍的中国，产权性质是影响企业治理机制作用发挥的一个重要因素。为了检验在产权性质不同的情况下，关系投资治理机制与内部控制治理机制（对企业财务杠杆水平的影响）之间的交互作用是否存在差异，我们将样本分为国有企业和非国有企业，进一步检验由于产权性质差异带来的影响。

由表 3 -7 可以看出，对于供应商关系投资而言，在国有企业样本和非国有企业样本下，供应商关系投资变量 Supply 与内部控制质量变量 Icid 的交互项 Supply × Icid 在统计上均不显著，但是国有企业样本的系数远远高于非国有企业，即相对于非国有企业，国有企业的供应商关系投资治理机制与内部控制治理机制对降低企业财务杠杆水平的互补效应更明显。对于客户关系投资而言，客户关系投资与内部控制质量的交互项 Customer × Icid 在国有企业样本下显著为正，而在非国有企业样本下，客户关系投资与内部控制交互项为正但不显著，即相对于非国有企业，国有企业的客户关系投资治理机制与内部控制治理机制对降低企业财务杠杆水平存在明显的替代效应。其主要原因在于非国有企业的草根性，为了巩固良好的供应商/客户关系，必然要增强规则治理意识，强化企业内部控制建设与执行力度，对供应商/客户关系管理风险进行防范与控制，让企业取得更为长足的发展，因此即使规则治理完善，也依然无法取代关系治理的作用；而国有企业与政府的天然联系为企业形象及竞争力提供的隐性担保，所以导致两种治理机制间的替代作用明显。

三、稳健性检验

本章采用了以下几种方式进行稳健性检验：①借鉴曾春华和杨兴全（2012）的研究，用短期负债比率作为财务杠杆的替代变量，检验结论不变。②相对于其他行业而言，制造业企业更依赖与供应商和客户进行交易。因此本章剔除了其他行业，只对制造业样本进行检验，发现结果不变。具体的检验过程见表 3 -8 ~ 表 3 -11。

表 3-7 关系投资、内部控制与企业财务杠杆水平回归结果（按照产权性质分组）

自变量	供应商关系投资（Supply）		客户关系投资（Customer）	
	国有企业样本	非国有企业样本	国有企业样本	非国有企业样本
Supply	-0.03263** (-2.06)	-0.00138 (-0.69)		
Customer			-0.05025*** (-3.27)	-0.01373 (-0.93)
Icid	-0.02045*** (-3.70)	-0.01142 (-1.63)	-0.03944*** (-2.60)	-0.02187 (-1.44)
Supply×ICQ	-0.01635 (-1.01)	-0.00170 (-0.79)		
Customer×ICQ			0.04345*** (2.61)	0.01010 (0.61)
Tobinq	-0.02173*** (-5.21)	-0.00704* (-1.67)	-0.00108 (-0.46)	-0.00035742 (-0.14)
*Shr*1-10	0.03475 (1.58)	0.05170* (1.87)	0.00427 (0.15)	-0.12666*** (-4.18)
*Shr*1	-0.07683*** (-3.18)	0.07388** (2.45)	-0.05454** (-2.07)	0.13110*** (4.63)
ETR	0.11505*** (5.01)	0.11686*** (3.73)	0.04556** (2.28)	0.01316 (0.63)
Growth	0.08610*** (5.54)	0.07505*** (4.19)	0.09372*** (6.95)	0.11789*** (8.59)
Roa	-0.56314*** (-7.88)	-0.81214*** (-10.15)	-0.89413*** (-16.20)	-0.83660*** (-14.84)
Size	0.05901*** (13.50)	0.07613*** (12.74)	0.05768*** (21.07)	0.07579*** (20.65)
Age	0.00251*** (2.96)	0.00514*** (4.86)	0.00381*** (5.18)	0.00807*** (10.01)
Year/Ind	控制	控制	控制	控制
F 值	35.85	28.80	50.17	65.08
$Adj-R^2$	0.3806	0.4050	0.3735	0.4698
观测值	1929	1390	2805	2640

表 3 -8　关系投资与财务杠杆水平回归结果

自变量	短期负债比率替换资产负债率		制造业样本	
	供应商关系投资	客户关系投资	供应商关系投资	客户关系投资
RSI	-0.05252*** (-3.53)	-0.09124** (-2.33)	-0.05206* (-1.94)	-0.03730*** (-2.44)
Size	-0.02620*** (-7.66)	-0.02299*** (-8.88)	0.02246*** (-5.60)	0.06305*** (20.90)
Roa	-0.21129*** (-3.77)	-0.24650*** (-5.34)	-0.20060*** (-3.52)	-0.90374*** (-19.68)
Growth	-0.00924 (-0.67)	0.01139 (0.98)	-0.003156 (-0.18)	0.12047*** (9.01)
*Shr*1	0.024328 (1.09)	0.09420*** (4.03)	0.04926* (1.86)	0.11958*** (4.75)
Private	-0.03583*** (-5.18)	-0.04221*** (-15.32)	0.00298 (0.37)	-0.00425 (-0.69)
Tobinq	-0.01081*** (-3.10)	0.00373* (1.78)	-0.14927* (-4.33)	-0.00027 (-0.12)
*Shr*1 -10	-0.03459* (-1.68)	-0.13034*** (-5.19)	-0.03885* (-1.55)	-0.14125*** (-5.28)
ETR	-0.01909 (-0.86)	-0.01739 (-0.99)	0.01865 (0.73)	0.01802 (0.97)
Age	-0.00337*** (-4.37)	-0.00376*** (-5.78)	0.00343*** (3.72)	0.00785*** (10.92)
Year/Ind	控制	控制	控制	控制
F 值	24.23	33.23	11.25	95.12
$Adj-R^2$	0.1922	0.1723	0.0979	0.4090
观测值	3319	5265	2079	3186

表 3-9 内部控制与财务杠杆水平回归结果

自变量	短期负债比率替换资产负债率		制造业样本	
	供应商关系投资	客户关系投资	供应商关系投资	客户关系投资
Icid	-0.01212** (-2.34)	-0.01846*** (-4.11)	-0.02345*** (-4.30)	-0.02797*** (-5.89)
Size	-0.02284*** (-5.52)	-0.01648*** (-5.33)	0.07017*** (15.96)	0.07514*** (22.17)
Roa	-0.14237** (-2.25)	-0.15285*** (-2.95)	-0.72327*** (-11.13)	-0.75396*** (-14.44)
Growth	-0.00698 (-0.50)	0.01260 (1.09)	0.08853*** (5.60)	0.12011*** (9.03)
*Shr*1	0.02783 (1.25)	0.09402*** (4.03)	0.01425 (0.60)	0.11863*** (4.74)
Private	-0.03543*** (-5.12)	-0.04230*** (-7.17)	-0.00552 (-0.77)	-0.00443 (-0.72)
Tobinq	-0.01003*** (-2.88)	0.00350* (1.67)	-0.01008*** (-2.93)	-0.00054 (-0.24)
*Shr*1-10	-0.03508* (-1.70)	-0.12857*** (-5.13)	0.03272 (1.46)	-0.13673*** (-5.13)
ETR	-0.01762 (-0.79)	-0.01562 (-0.89)	0.08259*** (3.55)	0.02339 (1.27)
Age	-0.00315*** (-4.08)	-0.00383*** (-5.88)	0.00481*** (5.79)	0.00778*** (10.87)
Year/Ind	控制	控制	控制	控制
F 值	23.97	33.75	52.58	97.23
$Adj-R^2$	0.1905	0.1746	0.3634	0.4100
观测值	3319	5265	2079	3186

表 3-10 关系投资、内部控制与财务杠杆水平回归结果

自变量	短期负债率替换资产负债率		仅制造业样本	
Supply	-0.30829*** (-2.76)		-0.10221* (-1.67)	
Customer		-0.23758** (-2.45)		-0.03794** (-2.49)
Icid	-0.02748*** (-3.85)	-0.02799*** (-4.81)	-0.01595*** (-2.98)	-0.02882*** (-6.06)
Supply×*ICQ*	0.05164*** (3.25)		0.03215* (2.12)	
Customer×*ICQ*		0.03597*** (2.60)		0.03283* (1.77)
Tobinq	-0.01012*** (-2.91)	0.00350* (1.67)	-0.01262*** (-3.57)	-0.00056 (-0.25)
*Shr*1-10	-0.03589* (-1.74)	-0.12893*** (-5.14)	-0.03711 (-1.49)	-0.13324*** (-5.00)
*Shr*1	0.02287 (1.03)	0.09137*** (3.92)	0.05452** (2.05)	0.11956*** (4.78)
ETR	-0.01865 (-0.84)	-0.0156 (-0.89)	0.02860 (1.11)	0.02156 (1.17)
Growth	-0.00841 (-0.61)	0.01236 (1.06)	0.00372 (0.22)	0.12045*** (9.06)
Roa	-0.15837** (-2.51)	-0.15704*** (-3.03)	-0.13437** (-2.50)	-0.75950*** (-14.53)
Size	-0.02071*** (-4.98)	-0.01599 (-5.12)	0.03078*** (6.29)	0.07359*** (21.29)
Age	-0.00342*** (-4.43)	-0.00382*** (-5.87)	0.00339*** (3.67)	0.00788*** (11.02)
Private	-0.03523*** (-5.12)	-0.04248*** (-7.21)	0.00223 (0.28)	-0.00478 (-0.78)
Year/Ind	控制	控制	控制	控制
F 值	23.40	32.13	30.73	90.07
$Adj-R^2$	0.1955	0.1755	0.1610	0.4161
观测值	3319	5265	2079	3186

表 3-11 关系投资、内部控制与企业财务杠杆水平回归结果（按照产权性质分组）

自变量	短期负债率替换资产负债率指标				仅制造业样本			
	国有企业	非国有企业	国有企业	非国有企业	国有企业	非国有企业	国有企业	非国有企业
Supply	-0.2840** (-2.07)	0.0012 (0.48)			-0.35113** (-2.17)	0.0095 (0.76)		
Customer			-0.6021*** (-3.29)	-0.0574 (-0.50)			-0.6012*** (-3.22)	-0.1248 (-0.70)
ICQ	-0.0243*** (-2.76)	-0.0195** (-2.26)	-0.0426*** (-4.22)	-0.0234*** (-3.23)	-0.04313*** (-4.33)	-0.0143* (-1.70)	-0.0495*** (-5.58)	-0.0233** (-2.48)
Supply × *ICQ*	0.0499*** (2.58)	0.0029 (1.06)			0.04838** (2.13)	-0.0016 (-0.81)		
Customer × *ICQ*			0.0891*** (3.32)	0.01100 (0.69)			0.0736*** (2.78)	0.0177 (0.68)
Tobinq	0.0006 (0.13)	-0.0207*** (-4.04)	0.0009 (0.30)	0.0056** (2.08)	-0.017*** (-3.47)	-0.0043 (-0.85)	-0.0060** (-1.95)	0.0046 (1.51)
*Shr*1-10	-0.0423 (-1.62)	-0.0306 (-0.91)	-0.1344*** (-3.43)	-0.1402*** (-4.23)	0.0135 (0.46)	0.0728** (2.11)	-0.0898** (-2.35)	-0.1360*** (-3.61)
*Shr*1	0.0523* (1.82)	-0.0023 (-0.06)	0.1000*** (2.73)	0.1053*** (3.44)	-0.0323 (-1.04)	0.0718* (1.90)	0.0698* (1.95)	0.1375*** (3.96)
ETR	-0.0336 (-1.23)	-0.0072 (-0.19)	-0.0035 (-0.13)	-0.3443 (-1.49)	0.0262 (0.92)	0.1766*** (4.46)	0.0362 (1.43)	0.0083 (0.31)
Growth	-0.0103 (-0.56)	-0.0020 (-0.09)	0.0283 (1.60)	-0.0085 (-0.55)	0.0857*** (3.98)	0.0933*** (3.96)	0.0942*** (4.81)	0.1440*** (8.10)
Roa	-0.1581* (-1.86)	-0.1640* (1.69)	-0.3161*** (-4.04)	0.0026 (0.06)	-0.5589*** (-6.10)	-0.9113*** (-9.60)	-0.6728*** (-8.98)	-0.8475*** (-11.79)
Size	-0.017*** (-3.28)	-0.0271*** (-3.73)	-0.1119** (-2.26)	-0.1334*** (-3.34)	0.0673*** (12.09)	0.0753*** (10.24)	0.0723*** (15.45)	0.0728*** (13.84)
Age	-0.0026** (-2.53)	-0.0033** (-2.54)	-0.0048*** (-4.59)	-0.0025*** (-2.91)	0.000298*** (2.62)	0.0057*** (4..39)	0.0045*** (4.40)	0.0097*** (9.51)
Year/Ind	控制	控制	控制	控制	控制	控制	控制	控制
F 值	11.51	10.45	12.21	17.39	29.40	21.07	37.32	48.84
Adj - R^2	0.1563	0.1924	0.1376	0.1658	0.3688	0.3344	0.3613	0.4044
观测值	1929	1390	2460	2805	1119	960	1494	1692

本章小结

本章以 2007 ~ 2011 年的中国上市公司的经验证据，分别以“从前五大供应商处采购份额占企业采购总份额的比例”、“在前五大客户处销售份额占企业销售总份额的比例”来衡量供应商、客户的关系投资，从企业与主要供应商和客户之间构建的关系投资视角出发，探讨企业关系投资对企业财务杠杆水平的影响，并进一步考虑作为影响企业会计信息生成的企业内在制度约束机制——内部控制，在引入内部控制机制后关系投资对企业财务杠杆水平的影响会产生什么样的变化。研究表明：

（1）供应商/客户关系投资增加时企业的财务杠杆水平会下降，在内部控制质量较高时，供应商关系投资与内部控制治理机制对降低企业财务杠杆水平起到了互补作用，而客户关系投资与内部控制之间存在的替代效应。

（2）在产权性质不同时，关系投资与内部控制对企业财务杠杆水平的影响也存在差异，而且在国有企业与非国有企业之间，关系投资与内部控制之间的互补/替代效应也存在差异。

本章参考文献

[1] Armstrong, Core, Taylor, and Verrecchia, When Does Information Asymmetry Affect the Cost of Capital? *Journal of Accounting Research*, 2011, 49 (1): 1 - 40.

[2] Agarwal, Liao, Nash, and Taffler, The Impact of Effective Investor Relations on Market Value [EB/OL] . Available at http: //ssrn. com/abstract = 1102644. 2008.

[3] Admati, A Noisy Rational Expectations Equilibrium for Multi - Asset Securities Markets, *Econometrica*, 1985, 53 (3): 629 - 658.

[4] Agarwal, Bellotti, Nash, and Taffler, Does Investor Relations add value? [EB/OL], Available at http: //ssrn. com/abstract = 1695934. 2010.

[5] Allen, F. , Qian, J. and Qian M. , Law, Finance, and Economic Growth in China, *Journal of Financial Economics*, 2005 (77): 57 - 116.

[6] Ashbaugh. skaife H. , Collins Dw, Kinney Jrw R. , LaFond R. , The Effect of SOX Internal Control Deficiencies and their Remediation on Accrual Quality, *the Accounting Review*, 2008, 83 (1): 217 -250.

[7] Ashbaugh - Skaife H. , Collins D. W. , Kinney Jr W. R. , The Discovery and Reporting of Internal Control Deficiencies Prior to SOX - mandated Audits, *Journal of Accounting and Economics*, 2007, 44 (1): 166 -192.

[8] Barber, Lehavy, McNichols, and Trueman, Can Investors Profit from the Prophets? Security Analyst Recommendations and Stock Returns, *Journal of Finance*, 2001 (56): 531 -563.

[9] Barclay, M. J. , SmithJr. , C. W. , The Maturity Structure of Corporate debt, *Journal of Finance*, 1995a (50): 609 -631.

[10] Barelay, M. J. , SmithJr. , C. W. , The Priority structure of corporate debt, *Journal of Finance*, 1995b (50): 899 -918.

[11] Bargeron L. L. , Lehn K. M. , Zutter C. J. , Sarbanes - Oxley and corporate risk - taking, *Journal of Accounting and Economics*, 2010, 49 (1): 34 -52.

[12] Banerjee S. , Dasgupta S. , Kim Y. , Buyer - supplier Relationships and the Stakeholder Theory of Capital Structure, *the Journal of finance*, 2008, 63 (5): 2507 -2552.

[13] Booth, L. , and V. Aivazian, Capital structures in Developing Countries, *Journal of Finance*, 2001 (56): 87 -130.

[14] Bevan, A. A. , and J. Danbolt, Capital Structure and Its Determinants in the UK - A Decompositional Analysis, *Applied Financial Economics*, 2002 (12): 159 -170.

[15] Bushee, Matsumoto, Miller, Managerial and Investor Responses to Disclosure Regulation: the case of Reg FD and Conference Calls, *Accounting Review*, 2004 (79): 617 -643.

[16] Bertomeu, Beyer, and Dye, Capital Structure, Cost of Capital, and Voluntary Disclosures, *Accounting Review*, 2011, 86 (3): 23 -53.

[17] Ball, Kothari, Nonstationary Expected Returns: Implications for Tests of Market Efficiency and Serial Correlation in Returns, *Journal of Financial Economics*, 1989 (25): 51 -74.

[18] Barry, Brown, Differential information and the small firm effect, Journal of Financial Economics, 1984 (13): 283 -294.

[19] Bushee, Noe. Disclosure Quality, Institutional Investors, and Stock Return

[EB/OL] . Available at http: //ssrn. com/abstract = 146434. 1999.

[20] Brennan, and Tamarowski. Investor Relations, liquidity, and stock prices, Journal of Applied Corporate Finance, 2000 (12): 26 - 37.

[21] Bradley, M. , G. A. Jarrell, and E. H. Kim, On the Existence of An Optimal Capital Structure: Theory and evidence, *Journal of Finance*, 1984 (39): 857 - 878.

[22] Bushee, and Miller, Investor Relations, Firm Visibility, and Investor Following [EB/OL] . Available at http: //ssrn. com/abstract = 643223. 2007.

[23] Brown, The Lure of the Slant: Analyst Optimism and Asset Prices [EB/OL] . Available at http: //ssrn. com/abstract = 1746463. 2012.

[24] Brochet F. , Information Content of Insider Trades before and after the Sarbanes - Oxley Act, *The Accounting Review*, 2010, 85 (2): 419 - 446.

[25] Bharath, S. T. , Sunder, J. , Sunder, S. V. , Accounting Quality and Debt Contracting, *The Accounting Review* , 2008 (32): 1 - 28.

[26] Bradley, M. , Jarrell, G. A. , and Kim, E. H. , On the existence of an optimal capital structure: Theory and evidence, *Journal of Finance*, 1984, 39 (3): 857 - 878.

[27] Claessens S, Djankov S. , Fan J. P. H. , et al. , When does Corporate Diversi Fication Matter to Productivity and Performance? Evidence from East Asia, *Pacific - Basin Finance Journal*, 2003, 11 (3): 365 - 392.

[28] C. Smith and J. Warner, On Financial Contracting: An Analysis of bond Covenants, *Journal of Financial Economics*, 1979 (7): (June) 117 - 161.

[29] Chang, Wee, Watson and Anna, Do Investor Relations Affect Information Asymmetry? Evidence from Australia [EB/OL] . Available at http: //ssrn. com/abstract = 947191. 2006.

[30] DeAngelo, H. , and R. W. Masulis, Optimal capital structure under corporate and Personal Taxation, *Journal of Financial Economics*, 1980 (8): 3 - 29.

[31] Doyle, J. T, Gew, McVays E. , Accrual Quality and Internal control over Financial Reporting, *The Accounting Review*, 2007, 82 (5): 1141 - 1170.

[32] Diamond, D. W. , Debt Maturity Structure and Liquidity Risk, *The Quarterly Journal of Economic*, 1991 (12): 106 - 131.

[33] Diamond, D. W. , Seniority and maturity of Debt Contracts, *Journal of Financial Economics*, 1993 (33): 26 - 41.

[34] Easley, O' Hara, Information and the cost of capital, *Journal of Finance*,

2004 (59): 1553 - 1583.

[35] Fama, E. and M. Jensen, Separation of Ownership and Control, *Journal of Law and Economics*, 1983 (26): 301 - 325.

[36] Friend, I., and L. Lang, An Empirical Test of the Impact of Managerial self - interest on Corporate Capital Structure, *Journal of Finance*, 1988 (43): 271 - 281.

[37] Fee C. E., Hadlock C. J., Thomas S., Corporate Equity Ownership and the Governance of Product Market Relationships, The Journal of Finance, 2006, 61 (3): 1217 - 1251.

[38] Feng M., Li C., McVay S., Internal Control and Management Guidance, *Journal of Accounting and Economics*, 2009, 48 (2 - 3): 190 - 209.

[39] Francis, J., LaFond, R., Olsson, P., Schipper, K., The Market Pricing of Accruals Quality, *Journal of Accounting and Economics*, 2005, 39 (2): 295 - 327.

[40] Faccio, M., Politically Connected Firms, *American Economic Review*, 2006 (96): 369 - 386.

[41] Frydman R., Gray C. and Hessel M., 约束的界限——转轨经济学中的所有权和硬预算约束，经济社会体制比较，2002 (6): 42 - 51.

[42] Grady P., The Broader Concept of Internal Control, *Journal of Accountancy*, 1957, 103 (5): 36 - 41.

[43] Guay W. R., Verrecchia R. E., Conservative Disclosure, Available at SSRN 995562, 2007.

[44] Goyal Vidhan K., Kenneth Lehn, Stanko Racic, Growth Opportunities and Corporate Debt Policy: The Case of the U. S. Defense Industry, *Journal of Financial Economics*, 2001, 64 (1): 35 - 60.

[45] Grossman, S., and. Hart, Corporate Financial Structure and Managerial Incentives. The Economic of Information and uncertainty, University of Chicago Press, 1982, 107 - 137.

[46] Hughes, Jing Liu, Jun Liu, Information, Diversication and the Cost of Capital, *The Accounting Review*, 2007, 82: 705 - 729.

[47] HO C., R. RAO., Bond Ratings and Their Determinants in a Changing Environment, *Journal of Applied Business Research*, 1993 (9): 132 - 139.

[48] Harris, Artur, The Theory of Capital Structure, *Journal of Finance*, 1991 (46): 297 - 355.

[49] Holthausen, R. and R. Watts, The Relevance of Value Relevance Literature for Financial Accounting Standard Setting, *Journal of Accounting and Economics*, 2001 (31): 3 -75.

[50] Hennessy C. A. , Livdan D. Debt, Bargaining, and Credibility in Firm - supplier Relationships, *Journal of Financial Economics*, 2009, 93 (3): 382 -399.

[51] Hui K. W. , Klasa S. , Yeung P. E. , Corporate Suppliers and Customers and Accounting conservatism, *Journal of Accounting and Economics*, 2012, 53 (1): 115 -135.

[52] Jensen, M. C. , and W. Meckling, Theory of the firm: Managerial behavior Agency Costs, and ownership Structure, *Journal of Financial Economics*, 1976 (4): 305 -360.

[53] Jensen, G. R. , D. P. Solberg, and T. S. Zorn, Simultaneous Determination of Insider Ownership and Dividend Policies, *Journal of Financial and Quantitative Analysis*, 1992 (27): 247 -263.

[54] Kester, C. W. , Capital and Ownership Structure: A Comparison of United States and Japanese Manufacturing Corporations, *Financial Management*, 1986 (7): 5 -16.

[55] Kim, W. S. , and E. H. Sorensen, Evidence on the Impact of the Agency Costs of Debt on Corporate Debt Policy, *Journal of Financial and Quantitative Analysis*, 1986 (21): 131 -145.

[56] Kale J R, Shahrur H. , Corporate Capital Structure and the Characteristics of Suppliers and Customers, *Journal of Financial Economics*, 2007, 83 (2): 321 -365.

[57] Kong X. , Why are Social Network Transactions Important? Evidence based on the Concentration of Key Suppliers and Customers in China, *China Journal of Accounting Research*, 2011, 4 (3): 121 -133.

[58] Khwaja, A. and Mian, A. , Do Lenders Favor Politically Connected firms? Rent Provision in An Emerging Financial Market, *Quarterly Journal of Economics*, 2005 (120): 1371 -1411.

[59] Kam C. Chan, Barbara Farrell Farrell, and Picheng Lee, Earnings Management of Firms Reporting Material Internal Control Weaknesses under Section 404 of the Sarbanes - Oxley Act, *Auditing*: *A Journal of Practice & Theory*, 2008 (27): 161 -179.

[60] Kothari, Li, and E. short, The Effect of Disclosures by Management, Analysts, and Financial Press on Cost of Capital, Return Volatility, and Analyst Fore-

casts: A study using content analysis [EB/OL]. Available at http: //ssrn. com/abstract = 1113337. 2008.

[61] Khwa ja A. I. and Mian A., Do Lenders Favor Politically Connected Firms, *Quarterly Journal of Economics*, 2005 (120): 1371 – 1411.

[62] Long, M., and I. Malitz, The Investment – financing Nexus: Some Empirical Evidence, *Midland Corporate Finance Journal*, 1985 (3): 53 – 59.

[63] Leftwich R., Accounting Information in Private Markets: Evidence from Private Lending Agreements, *Accounting Review*, 1983 (58): 23 – 42.

[64] La Porta, R., Lopez – de – Silanes, F., Shleifer, A., and Vishny, R., Government Ownership of Banks, *Journal of Finance*, 2002, 57 (1): 265 – 301.

[65] Leftwich R., Accounting Information in Private Markets: Evidence from Private Lending Agreements, *The Accounting Review*, 1983 (58): 23 – 42.

[66] Lang, and Lundholm, Corporate Disclosure Policy and analyst Behavior, *The Accounting Review*, 1996, 71 (4): 467 – 492.

[67] Lambert, Leuz, and Verrecchia, Accounting information, disclosure, and the Cost of Capital, *Journal of Accounting Research*, 2007 (45): 385 – 420.

[68] Leuz, Schrand, Disclosure and the Cost of Capital: Evidence from Firms' Response to the Enron Shock [EB/OL], Available at http: //ssrn. com/abstract = 1319646. 2009.

[69] Lehavy, Sloan, Investor Recognition and Stock Returns, *Review of Accounting Studies*, 2008 (13): 327 – 361.

[70] Lambert, Leuz, and Verrecchia, Information Asymmetry, Information Precision, and the Cost of Capital [EB/OL], Review of Finance, Available at http: //ssrn. com/abstract = 1113649. 2011.

[71] Myers, S. C., and N. S. Majluf, Corporate Financing and Investment Decision when Firms Have Information that Investors do not Have, *Journal of Financial Economics*, 1984 (13): 187 – 221.

[72] Myers, S. C., Determinants of Corporate Borrowing, *Journal of Financial Economics*, 1977 (5): 147 – 175.

[73] Marsh, P., The Choice between Equity and Debt: An Empirical Study, *Journal of Finance*, 1982 (37): 121 – 144.

[74] McConnell, J., and H. Servaes, Equity Ownership and the Two Faces of debt, *Journal of Economics*, 1995 (39): 131 – 157.

[75] Maksimovic V, Titman S., Financial Policy and Reputation for Product Quality, *Review of Financial Studies*, 1991, 4 (1): 175 - 200.

[76] Maksimovic V., Capital Structure in Repeated Oligopolies, *The RAND Journal of Economics*, 1988 (32): 389 - 407.

[77] Myers S. C., Determinants of Corporate Borrowing, *Journal of Financial Economics*, 1977 (5): 147 - 175.

[78] Morris James R., On Corporate Debt Maturity Strategies, *Journal of Finance*, 1976 (31): 29 - 37.

[79] Marston, Straker, Investor Relations: A European Survey, *Corporate Communications: An International Journal*, 2001, 6 (2): 82 - 93.

[80] Merton. A., Simple Model of Capital Market Equilibrium with Incomplete Information, *Journal of Finance*, 1987 (42): 483 - 510.

[81] O. Hara M, Easley D., Information and the cost of Capital, *Journal of Finance*, 2004 (59): 1553 - 1583.

[82] Ozkan, A., Determinants of Capital Structure and Adjustment to Long Run Target: Evidence from UK Company Panel Data, *Journal of Business Finance*, 2001 (28): 175 - 198.

[83] Rajan, R. G., and L. Zingales, What do We Know about Capital Structure? Some Evidence from International Data, *Journal of Finance*, 1995 (50): 1421 - 1460.

[84] Rajan, R. G., Insiders and Outsiders: The Choice between Informed and Arm' s Length Debt, *Journal of Finance*, 1992 (47): 1367 - 1400.

[85] Scott D . F. and . T. D. Martin, Industry Influence on Financial Structure, *Financial Management*, 1975 (4): 67 - 73.

[86] Smith, T., Accounting for Growth, Century Business, 2nd edition, London, 1996.

[87] Shleifer A., Vishny R. W., Politicians and firms, *The Quarterly Journal of Economics*, 1994, 109 (4): 995 - 1025.

[88] Smith. C, . and R. L. Watts, The Investment Opportunity Set and Corporate Financing, Dividend and Compensation Policies, *Journal of Financial Economics*, 1992 (32): 263 - 292.

[89] Sapienza P., The Effects of Government Ownership on Bank Lending, *Journal of Financial Economics*, 2004 (72): 132 - 159.

[90] Serdar. Dinc, Politicians and Banks, *Journal of Financial Economics*, 2005 (77): 453 - 479.

［91］ Smith, C. , A Perspective on Accounting - based Debt Covenant Violations, *The Accounting Review*, 1993（68）: 289 - 303.

［92］ Titman, S. , and R. Wessels, The Determinants of Capital Structure Choice, *Journal of Finance*, 1988（43）: 1 - 19.

［93］ Ulrich D. , Tie the Corporate Knot - Gaining Complete Customer Commitment, *Sloan Management Review*, 1989, 30（4）: 19 - 27.

［94］ Verrecchia, Weber, Firm Performance Measures and Adverse Selection costs［EB/OL］. Working Paper, MIT Sloan School of Management, 2008.

［95］ Wilson, D. T. , & Mummaleneni, V. , Bonding and Commitment in Supplier Relationships: A Preliminary Conceptualization, *Industrial Marketing and Purchasing*, 1986, 1（3）: 44 - 58.

［96］ Watts R. L. , Conservatism in Accounting part II: Evidence and Research opportunities, *Accounting Horizons*, 2003, 17（4）: 287 - 301.

［97］ Watts R. L. , Conservatism in Accounting Part 1: Explanations and implications, *Accounting Horizons*, 2003（17）: 207 - 221.

［98］ 陈维云、张宗益：《对资本结构财务影响因素的实证研究》，《财经理论与实践》，2002 年第 1 期。

［99］ 董望、陈汉文：《内部控制、应计质量与盈余反应——基于中国 2009 年 A 股上市公司的经验证据》，《审计研究》，2011 年第 4 期。

［100］ 冯根福、吴林江、刘世彦：《我国上市公司资本结构形成的影响因素分析》，《经济学家》，2000 年第 5 期。

［101］ 方红星、张志平：《内部控制质量与会计稳健性——来自深市 A 股公司 2007 ~ 2010 年年报的经验证据》，《审计与经济研究》，2012 年第 5 期。

［102］ 方红星、金玉娜：《高质量内部控制能抑制盈余管理吗？——基于自愿性内部控制鉴证报告的经验研究》，《会计研究》，2011 年第 8 期。

［103］ 郭鹏飞、孙培源：《资本结构的行业特征：基于中国上市公司的实证研究》，《经济研究》，2003 年第 5 期。

［104］ 洪锡熙、沈艺峰：《我国上市公司资本结构影响因素的实证分析》，《厦门大学学报》（哲学社会科学版），2002 年第 3 期。

［105］ 黄寿昌、杨雄胜：《内部控制报告，财务报告质量与信息不对称——来自沪市上市公司的经验证据》，《财经研究》，2011 年第 7 期。

［106］ 何小杨：《我国家族企业中的“人际关系网”——现状及制度诱因》，《证券市场导报》，2011 年第 11 期。

［107］ 孔翔、陈炜：《我国上市公司应该选择什么样的股权结构?》，《深圳

证券交易所研究报告》，0116 号，2005 年。

[108] 陆正飞、辛宇：《上市公司资本结构主要影响因素之实证研究》，《会计研究》，1998 年第 8 期。

[109] 陆正飞、祝继高、孙便霞：《盈余管理、会计信息与银行债务契约》，《管理世界》，2008 年第 3 期。

[110] 连玉君，The Dynamic Adjustment of Firms' Capital Structure in China，SSRN，Working Paper，2005 年版。

[111] 李善民、苏赟：《影响我国上市公司资本结构的因素分析》，《中国资本市场前沿理论研究论文集》，社科文献出版社，1999 年版。

[112] 吕长江、王克敏：《上市公司结构、股利分配及管理股权比例相互作用机制研究》，《会计研究》，2002 年第 3 期。

[113] 吕长江、韩慧博：《上市公司资本结构特点的实证分析》，《南开管理评论》，2001 年第 5 期。

[114] 雷宇：《财务会计的信任功能》，《会计研究》，2012 年第 3 期。

[115] 林钟高、曾祥飞、王海生：《内部控制，风险管理与企业价值》，《财政监督：财会版》，2011 年第 3 期。

[116] 刘仁军：《关系契约与企业网络转型》，《中国工业经济》，2006 年第 6 期。

[117] 雷新途、李世辉：《资产专用性，声誉与企业财务契约自我履行：一项实验研究》，《会计研究》，2012 年第 9 期。

[118] 李青原、陈晓、王永海：《产品市场竞争》，《资产专用性与资本结构——来自中国制造业上市公司的经验证据》，《金融研究》，2007 年第 4 期。

[119] 刘启亮、罗乐、何威风、陈汉文：《产权性质》，《制度环境与内部控制》，《会计研究》，2012 年第 3 期。

[120] 李超、田高良：《上市公司内部控制质量与权益资本成本关系研究》，《中国注册会计师》，2011 年第 9 期。

[121] 刘炜松、周焯华、张宗益：《公司治理结构中经营者盈余管理的博弈分析》，《财贸研究》，2011 年第 2 期。

[122] 孙铮、李增泉、王景斌：《所有权性质、会计信息与债务契约——来自我国上市公司的经验证据》，《管理世界》，2005 年第 10 期。

[123] 孙铮、刘凤委、李增泉：《市场化程度、政府干预与企业债务期限结构——来自我国上市公司的经验证据》，《经济研究》，2005 年第 5 期。

[124] 孙文娟：《内部控制报告与权益资本成本的关系研究》，《财经理论与实践》，2011 年第 7 期。

[125] 沈根祥、朱平芳：《上市公司资本结构决定因素实证分析》，《数量经济技术经济研究》，1999 年第 5 期。

[126] 孙铮、刘凤委、汪辉：《债务、公司治理与会计稳健性》，《中国会计与财务研究》，2006 年第 2 期。

[127] 谈毅、慕继丰：《论合同治理和关系治理的互补性与有效性》，《公共管理学报》，2008 年第 3 期。

[128] 王娟、杨凤林：《中国上市公司资本结构影响因素的最新研究》，《国际金融研究》，2002 年第 8 期。

[129] 王竞达、赵景文：《中国上市公司资本结构的影响因素实证分析》，《首都经贸大学学报》，2004 年第 3 期。

[130] 汪忠、曾德明、周蓉、龚红：《机构所有权、财务战略与上市公司绩效关系》，《山西财经大学学报》，2005 年第 1 期。

[131] 王敏、夏勇：《内部控制质量与权益资本成本关系研究述评与展望》，《经济与管理研究》，2011 年第 5 期。

[132] 肖作平：《资本结构影响因素和双向效应动态模型》，《会计研究》，2004 年第 2 期。

[133] 肖作平、吴世农：《我国上市公司资本结构影响因素实证研究》，《证券市场导报》，2002 年第 8 期。

[134] 肖作平：《股权结构对资本结构选择的影响——来自中国上市公司的经验证据》，《当代经济科学》，2004 年第 1 期。

[135] 肖作平：《上市公司资本结构选择模式及实证研究》，《证券市场导报》，2004 年第 8 期。

[136] 肖作平：《公司治理结构对资本结构选择的影响——来自中国上市公司的证据》，《经济评论》，2005 年第 1 期。

[137] 肖作平：《上市公司资本结构与公司绩效互动关系实证研究》，《管理科学》，2005 年第 3 期。

[138] 徐伟、高英、邢英：《资本结构、股权结构与经营绩效——基于上市公司的实证研究》，《山西财经大学学报》，2005 年第 4 期。

[139] 夏立军、陈信元：《市场化进程》，《国企改革策略与公司治理结构的内生决定》，《经济研究》，2007 年第 7 期。

[140] 杨兴全、陈跃东：《制度环境、股权性质与公司债务期限结构——来自我国上市公司的经验证据》，《云南财经大学学报》，2009 年第 2 期。

[141] 杨德明、胡婷：《内部控制、盈余管理与审计意见》，《审计研究》，2010 年第 5 期。

［142］姚立杰、夏冬林：《我国银行能识别借款企业的盈余质量吗?》，《审计研究》，2009 年第 3 期。

［143］袁晓波：《内部控制与财务风险——来自中国沪市制造业上市公司的经验证据》，《经济与管理研究》，2010 年第 5 期。

［144］张敏、马黎珺、张胜：《供应商——客户关系与审计师选择》，《会计研究》，2012 年第 12 期。

［145］朱家宜：《政府干预与企业债务期限结构研究——来自我国上市公司的经验数据》，《财经科学》，2010 年第 10 期。

［146］曾春华、杨兴全：《多元化经营》，《财务杠杆与过度投资》，《审计与经济研究》，2012 年第 6 期。

第四章　内部控制、关系专用性投资与大股东资金占用

近年来，一些研究发现世界上大部分国家的企业股权不是高度分散而是相当集中的（LaPorta 等，1999；Claessens 等，2000）。由于股权集中在大股东手中，大股东有足够的能力控制上市公司，并通过影响上市公司的各种决策来谋取控制权的私人收益。因此，在世界大多数企业中，主要的代理问题是控制性大股东掠夺小股东，而不是管理者侵害外部股东利益（LaPorta 等，1999；Shleifer 和 Vishny，1997）。法与金融的研究表明，法律体系确实对小股东利益保护具有重大影响。就所有权结构而言，若法律架构不能对外部投资者提供足够的保护，投资者只有通过所有权集中、形成控制性大股东来监督或代替代理人的行为，以降低代理成本。因此，所有权集中是法律对投资者保护不足的一种替代。所有权结构是公司层面上对投资者保护最具影响的治理机制。公司的所有权结构不仅影响到大股东侵占小股东利益的能力，还会影响到大股东侵占小股东的动机。Bebchuk、Kraakman 和 Triantis（1999）的模型说明，现金流所有权和控制权的分离将会加速所有权集中产生的代理问题。而当现金流所有权与投票权趋于一致时，高额的现金流所有权意味着当控制性大股东转移上市公司的利益时，将会承担更多的成本。同时较高的现金流所有权也可以视为大股东对小股东的一种承诺，因此提高大股东的现金流所有权可以缓解控股东与小股东之间的利益冲突（Gomes，2000）。我国上市公司的所有权结构并不是市场选择的产物，它是一种制度设计的结果。尤为重要的是，我国的上市公司都是源自国有企业股份制改制中脱胎换骨，造成我国上市公司大股东控制问题具有先天性的特征。大股东无论从生存还是发展上都有强烈地占用上市公司资源的动机；大股东与上市公司之间的密切联系也使其具备了占用上市公司资源的能力。在目前我国法律不能有效地保护中小股东利益，大股东利益侵占行为的法律风险很低的情况下，大股东占用上市公司资金成为上市公司大、小股东之间最严重的利益冲突和典型的代理问题。

本章基于关系治理和规则治理的视角，以企业与其主要供应商/客户的关系

交易比例作为替代变量，探讨关系投资、内部控制及其交互作用对大股东资金占用行为的影响。研究发现，企业与供应商/客户的关系投资有助于抑制大股东资金占用，加入内部控制治理因素后，这种抑制作用会因关系投资角色不同发生变化，即供应商关系投资与内部控制存在替代效应，而客户关系投资与内部控制存在互补效应。本章研究一方面提供了关系投资缓解大股东与中小股东代理冲突方面的经验证据，进一步印证了前一章关于内部控制规则契约“相机治理”效应的研究结论；另一方面在大股东资金占用水平方面，也检验了这样一个基本事实，即内部控制规则治理不可能完全取代供应商/客户关系治理，二者存在替代性和（或）互补性。这个研究结论提示我们，在中国这样一个充满“关系信任”的国家，建立稳固而健康的关系投资固然重要，但是一个良好的企业内部控制系统，对于进一步发挥好关系投资在缓解代理冲突中的作用，更是起到了免疫机制的作用，这对于保护中小投资者的权益乃至公司治理具有更为重要的意义。

第一节　问题提出与研究贡献

近年来，关系投资在经济社会尤其是转型经济社会中的重要性受到了极大的关注，研究结果表明，关系投资对于降低交易成本，提升企业竞争力，提高企业价值具有重要作用（Dyer 等，2003；Kong，2011），而且对公司的股权结构和资本结构以及会计信息都会有重要的影响（Yao，2009）。基于公司治理视角，有学者进一步指出，关系投资是投资者进行监督的一种机制和模式，能降低代理成本和减轻“搭便车”问题，与其他治理机制存在互补或替代的关系（Ayres 和 Cramton，1994）。然而这只是理论上的探讨，缺乏实证的经验证据。在转型国家中大股东与中小股东之间的代理问题成为公司代理中的主要问题（LLSV，2000）。公司大股东依靠自己的控制权优势会通过资金占用、关联方交易、资产购销、担保等“隧道”方式侵占上市公司的利益（Johnson，2000）。特别在我国，大股东资金占用现象更是大量存在（姜国华和岳衡，2005）。目前的研究文献主要从内生于特定制度环境的中国上市公司股权性质及结构视角，关注大股东资金占用等掏空行为对中小股东利益间接地或者直接地影响（李增泉等，2004），却没有涉及该行为是否影响了企业供应商、客户等其他利益相关者的利益。可能的原因在于受股东价值最大化理念的束缚，传统的公司治理理论侧重于研究提高公司治理效率，维护股东利益，尤其是中小股东利益，较少涉及该行为是否影响了非财务利益相关者的问题。事实上，大股东资金占用行为大大降低企业的履约能力，不仅中小股东的利益会遭受损失，也会给企业供应商、客户等其他利益相关者的利益带来严重的影响，并且大股东一般是通过操纵企业会计信息，披露虚假信息来达到侵占的目的（杨德明等，2009）。利益相关者理论认为供应商/客户往往会通过投入一定的专用资产，以稳固双方的契约关系，进而降低一方违约或突然撤出所带来的负面影响。作为一种基于关系契约而形成的关系治理机制，或者说是来自于企业供应商/客户等利益相关者的一种外部治理机制，关系投资能否抑制上市公司的大股东资金占用，缓解代理冲突，从而保护供应商/客户等企业其他利益相关者的利益？本书试图提供这方面的直接经验证据。

在企业与其主要的供应商/顾客之间建立关系投资时，为了降低因企业履约动机与履约能力不足带来的风险，增强主要供应商/客户对未来的长期交易关系的稳定预期，企业必须提供“可置信承诺”。所以，提高会计信息质量、减少与供应商/客户之间的信息不对称、提供“可置信承诺”成为缔结并稳定契约关系之关键所在。西方成熟资本市场的研究发现，内部控制的改善有助于提高会计信息质量（Ashbaugh - Skaife，2008），降低信息风险（Beneish，2008），影响股东价值（Ogneva，2007），降低债务融资成本（Dan Dhaliwal，2011）等。然而，对于高质量的内部控制是否在企业与包括供应商/客户在内的利益相关主体的契约关系中发挥作用，以及发挥什么作用的文献却鲜有涉及，并且已有的众多基于西方成熟资本市场的研究成果也未必适用于处于经济转型时期的中国，本书也试图提供这方面的直接经验证据。由于内部控制作为企业在取得低交易成本收益的同时弥补契约不完备的补充机制和控制机制（刘明辉等，2002），存在的前提之一是不同的缔约主体之间首先存在了解和信任，并且需要维持这种信任。而会计作为维系人类社会信任的低成本工具，已经成为取得和维持信任的不可或缺的手段，因为在企业与交易伙伴的交易过程中，无论是正常的购销关系，还是利用商业信用进行替代性融资，交易伙伴都有对企业稳健、可靠会计信息的需求（Hui，2012），高质量的内部控制增强了会计信息的可靠性，有助于降低企业与供应商之间的交易成本，从而在交易合约中更容易获得交易成本较低的商业信用模式。而且作为一种规则契约，内部控制也是企业重要的内部治理机制，具有保障公司财务报告可靠性，降低代理成本，抑制大股东资金占用的作用。因此，在抑制大股东资金占用、缓解代理冲突中，内部控制规则治理对关系投资这种关系契约或企业外部治理机制会产生怎样的影响，可能是一个更具有价值的研究视角。

本章研究的意义在于：

（1）提供了供应商/客户关系投资作为一种利益相关者治理机制，在缓解大股东与中小股东代理冲突方面作用的经验证据，从降低代理成本角度丰富了关系投资的正面效应文献。

（2）进一步加深了对关系契约与规则契约之间替代/互补效应的认识。本书发现，在大股东资金占用水平方面，内部控制规则治理不可能完全取代供应商/客户关系治理，二者既存在一定替代性，同时也存在一定互补性。

第二节　制度背景与文献综述

一、制度背景

为了遏制大股东的资金占用行为，证监会及其他有关部门采取了一系列的措施，加强对大股东资金占用的监管。其监管政策的出台大体可以分成以下两个阶段：

1. 监管部门规章制度实施时期（2001～2005 年）

自 2001 年以来，监管部门就高度关注控股股东侵占上市公司资金的问题，采取强化信息披露要求、责令限期整改等措施，不断加大对控股股东侵占资金行为的治理度。2002 年证监会发布《上市公司治理准则》，要求上市公司采取有效措施防止股东及其关联方以各种形式占用或转移公司的资金、资产及其他资源。上市公司不得为股东及其关联方提供担保。上市公司应采取有效措施防止股东及其关联方以各种形式占用或转移公司的资金、资产及其他资源。上市公司不得为股东及其关联方提供担保。控股股东对上市公司及其他股东负有诚信义务。控股股东对其所控股的上市公司应严格依法行使出资人的权利，控股股东不得利用资产重组等方式损害上市公司和其他股东的合法权益，不得利用其特殊地位谋取额外的利益。并且将“侵占”问题作为上市公司建立现代企业制度检查中的重点检查和规范的内容之一。2003 年 8 月，中国证监会和国务院国资委联合发布了《关于规范上市公司与关联方资金往来及上市公司对外担保若干问题的通知》，提出了纠正和防止侵占行为发生的具体监管措施。2004 年 1 月 31 日，国务院在《国务院关于推进资本市场改革开放和稳定发展的若干意见》中明确提出，各地区、各部门要切实履行《公司法》等有关法律法规规定的职责，采取有效措施防止和及时纠正发起人虚假出资、大股东或实际控制人侵占上市公司资产行为的要求。2004 年 5 月下旬，因大股东占款 10 亿元，莲花味精及其大股东被小股东李凯起诉，这是我国证券市场第一例被法院受理且审理的小股东诉大股东占款的侵权纠纷，它标志着司法手段开始介入大股东占款问题。2004 年 6 月，深圳证监局责令辖区内 19 家大股东代表面对媒体陈述占款解决方案。这是监管部门第一次主动要求媒体配合监督，介入清欠事宜。2004 年 7 月 27 日证监会、国资委有关负责人回答记者提问时表示，大股东或实际控制人侵占上市公司资金的行为，已经成为影响资本市场规范发展的顽疾，引起了监管部门和市场各方的高度重视。2004 年 7 月 27 日，中国证监会和国资委称，为积极解决我国证券市场中的历史遗留问题，证监会与国资委近期已认真研究了有关方面提出的采用“以股抵债”方式解决侵占问题的方案，原则同意进行“以股抵债”试点。2004 年 7 月 28 日，证监会和国资委正式启动“以股抵债”试点，电广传媒率先公布了经董事会通过的以股抵债方案。2004 年 12 月 7 日，证监会发布《关于加强社会公众股股东权益保护的若干规定》，提出上市公司控股股东及实际控制人对上市公司和社会公众股股东负有诚信义务。控股股东及实际控制人不得违规占用上市公司资金，不得违规为关联方提供担保，不得利用关联交易、利润分配、资产重组、对外投资等方式损害上市公司和社会公众股股东的合法权益。控股股东或实际控制人利用其控制地位，对上市公司和社会公众股股东利益造成损害的，将依法追究其责任。上市公司被控股股东或实际控制人违规占用资金，或上市公司违规为关联方提供担保的，在上述行为未纠正前，中国证监会不受理其再融资申请；控股股东或实际控制人违规占用上市公司资金的，在其行为未纠正前，中国证监会不受理其公开发行证券的申请或其他审批事项。2005 年 11 月 2 日，国务院批转证监会《关于提高上市公司质量的意见》，通知包括国有控股股东限期内未清偿占款或新增占款的，对相关负责人和直接负责人要给予纪律处分直至撤销职务。2005 年 12 月 23 日，证监会、银监会发布了关于规范上市公司对外担保行为的通知。

2. 公司法修订实施时期（2005 年之后）

2005 年 10 月 27 日，修订后的《公司法》和《证券法》颁布，并于 2006 年 1 月 1 日正式实施。修订后的《公司法》和《证券法》加重对有关证券违法行为的惩罚力度，提高了对广大中小投资者的保护。2008 年，证监会又连发两道金牌——《关于防止大股东占用上市公司资金问题复发的通知》和《关于强化持续监管，防止资金占用问题反弹的通知》，严防大股东占款，要求各地证监局加大现场检查的力度与频率，防止出现大股东对公司资金“期间占用、期末返还”的现象及其他更为隐蔽的方式占用上市公司资金。2009 年 3 月 24 日，上交所公司管理部在“关于 2008 年年报工作第 4 号备忘录”中规定：上市公司如果在 2009 年 5 月 31 日前不能完成资金占用或违规担保相关事项的纠正工作，将会被上交所进行“其他特别处理”（ST）。2009 年 3 月 26 日，深交所发布了《关于对存在资金占用或违规担保情形的上市公司股票交易实行其他特别处理若干问题的通知》，进一步明确对存在向控股股东或其关联方提供资金，或违反规定程序对外提供担保情形的上市公司的股票交易实行 ST 的具体要求和程序。

二、文献综述

与美国等西方发达国家的公司治理主要防止管理者侵害外部股东利益的情况不同（Shleifer 和 Vishny，1997），我国公司治理的主要问题在于如何防治控制性大股东掠夺中小股东、如何有效保护中小股东的利益不受侵害，因为，我国上市公司的企业股权不是高度分散而是相当集中的（LaPorta 等，1999；Claessens 等，2000），由于股权集中在大股东手中，大股东有足够的能力控制上市公司，并通过影响上市公司的各种决策来谋取控制权的私人收益①。同时，我国上市公司的所有权结构并不是市场选择的产物，它是一种制度设计的结果。尤为重要的是，我国的上市公司都是源自国有企业股份制改制中脱胎换骨，造成我国上市公司大股东控制问题具有先天性的特征。大股东无论从生存还是发展上都有强烈的占用上市公司资源的动机；大股东与上市公司之间的密切联系也使其具备了占用上市公司资源的能力。在目前我国法律不能有效地保护中小股东利益、大股东利益侵占行为的法律风险很低的情况下，大股东占用上市公司资金成为上市公司大、小股东之间最严重的利益冲突和典型的代理问题。

1. 国外研究现状

国外主要从“掏空”（Tunneling）（Johnson、La Potra、Lépez - De - Silanes 和 Shleifer，2000）与“支持”（Propping）（Friedman、Johnson 和 Mitton，2003）两个截然不同的方面来研究大股东的行为。其中，前者是指控股股东侵占上市公司利益的行为，后者则指控股股东向上市公司输送利益的行为。

Claessens 等（2000）、Faccio 和 Lang（2002）、La Porta 等（1999）的研究认为，除美国和英国等少数国家外，大部分国家的公司股权相当集中。Johnson 等（2000）认为，大股东拥有控制公司的权力，可能侵占上市公司资源，目的是获得控制权私人收益。如 Pagano 和 Roell（1998）曾在研究中揭示，大股东有影响上市公司决策的能力，从而有可能将上市公司的资源转移到自己控制的企业中

① 法与金融的研究表明，法律体系确实对小股东利益保护具有重大影响。就所有权结构而言，若法律架构不能对外部投资者提供足够的保护，投资者只有通过所有权集中、形成控制性大股东来监督或代替代理人的行为，以降低代理成本。因此，所有权集中是法律对投资者保护不足的一种替代。所有权结构是公司层面上对投资者保护最具影响的治理机制。公司的所有权结构不仅影响到大股东侵占小股东利益的能力，还会影响到大股东侵占小股东的动机。Bebchuk、Kraakman 和 Triantis（1999）的模型说明，现金流所有权和控制权的分离将会加速所有权集中产生的代理问题。而当现金流所有权与投票权趋于一致时，高额的现金流所有权意味着当控制性大股东转移上市公司的利益时，将会承担更多的成本。同时较高的现金流所有权也可以视为是大股东对小股东的一种承诺，因此提高大股东的现金流所有权可以缓解控股东与小股东之间的利益冲突（Gomes，2000）。

去。Johnson 等（2000）把这种大股东转移上市公司资源的行为称作“掏空”（Tunneling）。

国外对“掏空”的研究比较广泛，一般认为，具有控制权的公司大股东会对外转移公司财产和利润，以谋取其自身私利，主要表现包括但不限于：大股东以较低的价格购得上市公司资产、大股东担任上市公司高级管理人员并获取高额薪水、大股东指使上市公司为其提供担保等。这种行为严重侵害中小股东利益，而且广泛存在于企业股权集中的国家或地区的资本市场。Bertrand 等（2002）、Bae 等（2002）和 Cheung（2006）等分别对印度、韩国、中国香港等地公司大股东侵占上市公司利益的行为进行过研究。实际上学者们的研究发现，大股东掠夺小股东的现象是一种严重的委托代理问题，这种问题在大多数国家都普遍存在。当法律对小股东的保护不到位时，当大股东通过金字塔结构和交叉持股方式分离所有权和控制权或大股东担任公司的高级管理人员时，大股东的“掏空”行为将更为严重。如 Dennis 和 McConnell（2003）研究认为，司法体系不完善时，公司的大股东可以通过向上市公司委派高级管理人员或者通过关联交易等手段掏空上市公司。Shleifer 和 Vishny（1997）认为，大股东“掏空”行为使现代公司治理主要体现在大股东与小股东之间。许多学者就大股东与小股东代理问题从多个角度进行了研究：LaPorta 等（1999）、Claessens 等（2000）研究了大股东的所有权结构对公司价值的影响；Barclay 和 Holderness（1989）、Zingales（1994）对大股东攫取控制权收益进行过研究；La Porta（2000）从大股东对股利政策控制的角度进行了探索。

“掏空”行为的危害远不止于此。研究表明，“掏空”行为的存在会对资本市场的发展具有非常严重的危害。Johnson（2000）研究发现，“掏空”行为能直接影响亚洲金融危机中的汇率变化及股票市场业绩，是导致亚洲金融危机的重要原因。Bertrand 等（2002）研究认为，大股东的“掏空”行为加重了资本市场的信息不对称并可能歪曲会计信息而导致外部投资者对公司状况评价的不确切。Morck 等（2000）和 Wurgler（2000）的研究证明了大股东“掏空”行为降低资本市场资源配置效率。

“掏空”行为与上市公司股权结构特征也有很大相关，Pagano 和 Roell（1998）、Bennedsen 和 Wolfenzon（2000）等研究表明，第一大股东持股比例、第二至第五大股东持股比例的平方和以及股权性质等会影响大股东的控制权私人收益。此外，在以家族企业为研究对象的研究文献中，学者们发现控制性家族存在剥削外部中小股东的现象。Gadhoum（2000）、Shleifer（1997）、Bae 等（2002）、Betrand 等（2002）分别研究发现，美国、瑞典、意大利、加拿大、韩国、印度的家族企业内部存在这种控制性家族通过影响分红政策或者通过金字塔控股方式剥削中小股东的现象。

与“掏空”行为相反的是“支持”（Propping）行为。Friedman 等（2003）证明了那些负债比例越高、盈利能力越差的公司的大股东越可能支持上市公司，但当上市公司的盈利能力过低时则又会增加对上市公司资源的侵占程度。Obata（2001）、Riyanto 和 Toolsema（2004）的研究表明，大股东在上市公司陷入财务困境时会通过金字塔式的所有权结构支持公司。Bai 等（2004）通过对我国资本市场 ST 上市公司异常累计回报率的研究，也证明了大股东对上市公司的支持行为。大股东长期利益最大化目标由“掏空”和“支持”这两个相反的利益输送方式得到体现，可见，暂时的“支持”是手段，长期的“掏空”是目的。

2. 国内研究现状

在国内，研究“掏空”问题的文献也很多，如裴红卫等（2005）研究了大股东“掏空”行为的市场识别问题，李增泉等（2005）、黄兴孪等（2006）及宁宇新等（2006）从并构重组的角度，研究了控股股东对上市公司的“掏空”或“支持”行为。不过，国内多数文献都直接以大股东资金占用问题作为研究对象，并用大股东资金占用作为度量“掏空”程度的替代变量，其具体研究内容包括大股东资金占用的成因和影响因素、大股东资金占用的后果以及如何抑制大股东资金占用等。

（1）关于大股东资金占用的成因和影响因素。从所有权结构的角度，李增泉、孙铮和王志伟（2004）以占用上市公司的资金作为大股东“掏空”行为的衡量指标，研究了所有权结构对大股东行为的影响，发现大股东占用的上市公司资金与第一大股东持股比例之间存在先正向后反向的非线性关系，但与其他股东的持股比例却表现出严格的负相关关系，大股东的控制方式以及产权性质对其资金占用行为具有重要影响，通过控股公司控制上市公司的大股东占用的资金要低于通过企业集团控制的上市公司，国有企业控制的上市公司的大股东占用的资金高于非国有企业控制的上市公司。马曙光、黄治忠和薛云奎（2005）研究表明，股东持股比例与股权性质等上市公司股权结构特征对大股东的控制权私人收益有影响。黎来芳、王化成、张伟华等（2008）也对控制权与资金占用之间的联系进行了实证研究，但其研究结果发现：私人终极控制的上市公司比国家终极控制的上市公司的资金占用规模高；控股股东持股比例越高，上市公司中资金占用规模越小。这与李增泉等（2004）的结果存在一些不同，可能是由于二者选用样本不同，筛选标准不同，及大股东资金占用的衡量标准不同等原因造成的。

从公司治理特征的角度。叶康涛、陆正飞和张志华（2007）研究表明，董事会规模、董事会持股比例、董事长持股比例、总经理持股比例、独立董事规模和公司是否成立审计委员会等因素会影响大股东行为。从影响因素的角度，王家琪、孙玲玲（2005）研究发现，大股东占款与其他应收款显著正相关，与主营业务利润显著负相关，与其他业务利润显著正相关，与现金及等价物增加额显著负相关，与流通股占总股本的比值负相关，而与法人股、国家股的相关性是不确定的。廖旗平（2007）研究发现，上市公司股权分置是影响大股东违规占用上市公司资金的主要因素，从而也通过这个角度证实了股权分置改革的必要性。程建伟（2007）研究发现，ST公司和非ST公司在占款比率上存在很大差异，其中股权集中度、股权制衡度、资产负债率、资产收益率和董事会规模会影响非ST公司的占款行为，资产规模、资产负债率和资产收益率对ST公司的占款行为有着很重要的影响，但公司治理变量对ST公司的占款没有影响。吕长江（2005）揭示出上市公司的治理结构不良才诱发了大股东的资金占用行为，最终又影响到了上市公司的业绩状况。

从盈利能力的角度。侯晓红、李琦、罗炜（2008）研究了上市公司上年盈利能力与大股东资金占用的关系：结果表明，当以上市公司的主营业务利润为基础的总资产利润率小于-3.14%时，大股东占款与上市公司盈利能力正相关；当上市公司的总资产利润率介于-3.14%～42.76%区间内时，大股东占款与上市公司盈利能力负相关，又表现出大股东的资金支持行为；而当上市公司的总资产利润率高于42.76%时，大股东占款与上市公司盈利能力又呈现出正相关关系，表现出大股东的资金掏空行为。

此外，制度环境也会对大股东资金占用产生影响。高雷、何少华等（2006）认为，由于各个地区对于信息披露的要求有差异，导致上市公司信息披露的程度各不相同。信息透明度高的上市公司发生大股东占用上市公司资金的机率要低得多。高雷和宋顺林（2007）也得出了类似的结论，不同地区的上市公司由于投资者保护的程度不同，发生关联担保的机率也有显著的差异。周中胜（2007）研究发现，大股东的资金侵占行为与其上市公司所处的地区紧密相关。上市公司所处地区的市场化进程越快、政府对企业的干预程度越低，则大股东资金侵占程度越低。同时还发现，控股股东持股比例越高，其对上市公司的资金占用越严重，非控股大股东的存在对控股股东的资金占用有制衡作用，而地区法治水平和政府干预等治理环境因素也对控股股东的资金占用产生了显著的影响。周中胜和陈汉文（2006）从需求和供给两个方面的实证结果发现，从需求方来说，大股东资金占用越严重的公司越没有动机聘请高质量的审计师；从供给方来说，审计师在出具审计报告时会考虑大股东的资金占用，大股东资金占用越严重，越有可能被出具非标准的审计意见报告。实证结果表明我国目前还不存在高质量的审计需求，但审计师能对大股东的资金占用做出反应，从而在一定程度上抑制了大股东的行为。

（2）关于大股东资金占用的后果。从盈余管理的角度。曹宇、李琳和孙铮（2005）研究认为，大股东控制权越高的企业，其会计盈余的稳健性就越差。周中胜、陈俊（2006）参照李增泉等（2004）对资金占用的计量方法，采用多元回归模型得到大股东对上市公司的资金占用与上市公司的盈余管理程度正相关，大股东对上市公司资金占用越多，上市公司进行盈余管理的空间越大，证实了大股东资金占用不仅可能损害上市公司的利益，而且会降低上市公司会计信息的质量，加剧市场上信息不对称，更严重地损害中小股东的利益。

从公司价值的角度。张鸣和王俊秋（2005）研究了大股东资金占用的经济后果，发现大股东资金占用会直接导致上市公司盈利能力下降、公司价值降低。薛爽、王鹏（2004）以上市公司中遭受亏损的公司为样本，提出了大股东占用资金行为严重地影响了上市公司的资产质量，同时也是影响上市公司业绩的主要因素。姜国华、岳衡（2005）研究了大股东资金占用上市公司资金与上市公司股票回报率关系，发现大股东资金占用和上市公司未来年度的盈利能力呈显著负相关，表明大股东占用上市公司资金对公司经营存在负面影响。周中胜（2007）认为，通过实证研究发现，上市公司的大股东资金占用情况越严重，上市公司的市场回报率越低，其会计盈余的价值相关性也越低，这说明市场上的投资者对公司的大股东资金侵占的事实能有所察觉并做出反应。梅峰（2007）认为，大股东占款程度与上市公司的效率之间存在显著的负相关关系，且大股东占款行为对上市公司的危害是长期的。

（3）关于如何抑制大股东资金占用行为。公司治理方面。叶康涛、陆正飞、张志华（2007）考察了独立董事对大股东资金占用的影响，研究发现：中国上市公司的独立董事变量具有内生性，在控制独立董事内生性的情况下，独立董事变量与大股东资金占用显著负相关，即独立董事比例越高，上市公司的大股东资金占用程度越低。丑建忠、黄志忠、谢军（2008）认为，在控制了其他公司治理要素对大股东占款的影响，检验股权激励对大股东掏空的抑制作用。研究发现，总经理持股或股权激励安排确实能够抑制大股东对上市公司的侵占，但是，这种抑制效果不是线性增长的。杨德明、林斌、王彦超（2009）研究发现，内部控制质量的提高有助于抑制大股东资金占用。但是，进一步的研究则发现，在低审计质量样本（事务所为非“四大”）样本中，内部控制能够显著抑制大股东资金占用行为；而在“四大”样本中，该结论并不成立。杜兴强、曾泉、杜颖洁（2010）以2004～2006年的全部民营上市公司为样本，实证检验政治联系是否有助于抑制大股东资金占用行为，结果表明：政府官员类政治联系与民营上市公司的大股东资金占用的相关系数为正（不显著）。代表委员类政治联系与民营上市公司的大股东资金占用显著负相关，这说明代表委员类政治联系能够显著抑制民营上市公司的大股东资金占用行为。

审计监督方面。岳衡（2006）研究了审计师对大股东占用上市公司资金行为的监督作用，认为审计师意见对公司改善治理并未起到监督作用，他认为可能的原因：一方面，随着大股东资金占用程度的加大，审计师更加倾向于出示非标准意见；另一方面，被出示了非标准意见的公司的大股东占款更加具有持续性、更加难以追回。周中胜、陈汉文（2006）从审计帅角度和上市公司角度两个方面，研究了在我国新兴的市场中，审计能否起到有效的监督作用从而抑制大股东的“利益输送行为”（“掏空”行为），认为大股东资金占用越严重的公司越没有动机聘请高质量的审计需求，审计师在出具审计意见时会考虑大股东对上市公司的资金占用，即大股东对上市公司资金占用越大，越有可能被出具非标准的审计意见报告。然而，高强、伍利娜（2007）对他们的结论进行了商榷，仍然从大股东占款与审计师选择之间的关系着手，通过改进审计质量和大股东资金占用这两个关键变量的度量方法，就代理成本对我国审计需求的影响进行了再检验，得出了与周中胜、陈汉文不同的结论，认为大股东占款问题越严重的公司，越倾向于选择高审计质量的会计师事务所，从而发挥外部监督的治理作用。杜兴强、郭剑花、雷宇（2010）以2002~2006年沪、深两市A股上市公司作为样本，实证检验独立审计是否能对大股东资金占用起到抑制作用。为了控制内生性，采用联系方程模型进行检验。研究发现，“四大”的审计能够显著抑制大股东的资金占用行为，然而，大股东资金占用越严重的公司，并不倾向于选择高质量审计，这也从侧面表明了高质量审计的监督作用较好。洪金明、徐玉德和李亚茹（2011）实证研究发现，信息披露质量越高的公司会减少控股股东的资金占用并且倾向于选择高质量的审计师，高质量审计师也能够起到降低控股股东的资金占用的效果。

总结。从国外的研究文献来看，国外相关的研究主要集中在大股东对上市公司“掏空”或“支持”等行为研究，来揭示大股东对上市公司利益侵占以攫取控制权的私人收益。在国外研究的基础上，国内研究也取得了大量的成果。目前已有学者从所有权结构、影响因素、审计监督、盈余管理、公司价值、股价回报率以及外部制度环境等角度对大股东资金占用问题进行过研究。但是其关注的还是大股东资金占用等“掏空”行为对中小股东利益间接地或者直接地影响（李增泉等，2004），却没有涉及该行为是否影响了企业供应商、客户等其他利益相关者的利益。对来自企业主要供应商/客户等其他利益相关者的外部监督对大股东资金占用影响的研究更是空白。

第三节　理论分析与研究假设

一、关系专用性投资与大股东资金占用：增加抑或减少

企业是一系列利益相关者的契约结合，如何在公司治理框架之内协调多元利益主体的利害，保护各利益相关者的权益不受侵害，成为亟待解决的问题。大股东依靠自己的控制权优势侵占上市公司的利益，是导致包括供应商/客户等企业利益相关者利益受损的原因之一。因此，为了保护各利益相关者的利益、降低代理成本强调的不仅仅是以公司治理结构为基础的内部治理机制，而是各利益相关者通过一系列内部、外部机制来实施的共同治理。

公司治理是控制权与现金流权分离的产物，是一套为了权力制衡并实现科学决策的机制，是显性（规则）契约的重要表现形式。作为契约形式的一种，具有几个方面的缺陷：

（1）代理关系。由于所有权和管理权的分离，代理理论被广泛关注。尽管通过契约可以形成一种彼此认可的契约关系，比如大小股东之间的契约关系（高雷、何少华、黄志忠，2006）、报表意见的承诺、资产注入的承诺、不退市的承诺、公允的关联交易的承诺等，这些承诺约定了大小股东的共同利益。然而，承诺并没有约定资金是否可以被占用，没有约定资金的占用程序、使用期限、占用费用等信息。对于有些承诺虽然约定了，但是承诺的执行缺乏有效的监督，很难获得有效的执行。这种契约关系为大股东侵占小股东利益提供了空间，比如，资金占用方面，一些约定由于缺乏执行的有效监督变成了空谈。契约关系有效性的另一个决定因素是法律环境（黎来芳、王化成、张伟华，2008）。契约没有获得有效实现，为维护契约损失一方的利益，可以通过法律途径来获得补偿。如果企业相关的法律不能有效或是不够完善，那么当大股东违背诺言谋取自己私利的时候，小股东无法通过法律途径获得利益保护。正是因为契约监督和惩罚机制不完善，我国中小股东的维权一直很难。

（2）信息不对称。契约的执行和监督都需要信息来支持，然而大股东和小股东之间信息的不对称注定了契约执行和监督的困难（王化成、佟岩，2006）。大股东和小股东之间存在信息不对称，大股东一般参与公司的董事会组成，这保证了大股东对公司重大决策的参与，同时确保了对公司经营诸多信息的获取（Petra，2007）。然而，小股东几乎没有资格参与董事会，更不能参与公司的重

大决策。在信息方面，获得的信息质和量都远远低于大股东，在时间方面也没有大股东的信息及时。小股东本身占有的股份就少，也缺乏动机去收集这些信息（Benkel，Mather 和 Ramsay，2006）。久而久之，“搭便车”成了小股东大多数的选择，对大股东的监管就成为空谈。甚至有的大股东操纵董事会，故意隐瞒重要信息发布，或是发布不完整的信息，或是推迟信息的发布。致使小股东获得的信息在质和量方面都无法与大股东媲美，信息不对称严重。严重的信息不对称导致小股东无法确知公司经营举动、信息发布、公司决策等事项的真实意图，只能去揣测这种信息背后的动因（Davidson、Stewart、Kent，2005）。难以想象，以揣测的信息作为判断和决策的依据，导致最终的决策和真实的信息决策大相径庭。正如彭晓杰（2005）研究表明，频频发生的关联交易使得其定价的公允性对远离公司经营运作的小股东而言很难判断，其中还不存在一些股东隐瞒真实身份进行关联交易。研究表明，信息不对称为大股东控制权私利提供了非常好的掩护作用。

（3）机会主义。机会主义被认为是一种狡诈的自私自利行为倾向。契约的一方出于自身利益最大化的目的，利用信息不对称，不惜以损害别人利益为代价而获取利益的行为。机会主义行为是源于信息不对称导致的监督无效或者约束无效（Liu 和 Lu，2007）。大小股东之间存在利益的不同，而两者获得信息的不对称为大股东实现自己利益最大化创造了条件。尤其是在中国转型经济的市场背景下，大股东大多是政府控制的上市公司，在信息方面具有绝对的优势，为大股东利益侵占提供了动机和工具。即使在 2005 年股改后实现了全流通，控股股东还有大量的股份不会去流通，依然无法从二级市场上获得股价上涨的红利，运用非法手段侵占其他股东利益的冲动仍然存在。

（4）监督的缺乏。作为股东的代表，大股东负责对公司管理层进行监督，维护股东们的利益（Cornett、Marcus、Tehranian，2008）。同时，由于大小股东之间利益的不统一，大小股东之间存在隐性的契约并且需要监督。监督需要成本，由于信息的不对称，单个投资者去监督大股东需要其自己去承担相应的全部监督成本，而收益归全部股东所有，监督成本和收益不对称，小股东“搭便车”现象再次出现。小股东监督大股东的另一个办法就是集体行动。然而，这与小股东自身特点相矛盾。小股东本身就股份少、股权分散、人数众多，组织起来去集体监督、共同承担成本、共享收益似乎很难。且不说数量，仅地域的分散就让这一方法很难付诸实施（王俊秋、张奇峰，2007）。政府监督，是帮助小股东对大股东实施监督的另一条途径。政府在协调群体利益的时候具有优势，政府既可以借助大量的机构去做组织，同时具有法定的权利去执行意见的一致。政府能够将小股东组织起来，做集体的监督。小股东的“搭便车”习惯和集体行动的困难，是导致小股东对大股东侵占他们利益的漠视和监督的无效。最终的解决办法是，通过政府的管制来提高对小股东利益的保护。但是通过政府的管制来维护小股东的利益需要一个长期的法律完善和协调的问题。

综合以上论述，由于大股东（多为控股股东）往往具有绝对的信息优势并会使信息严重不对称，不仅有动机也有能力粉饰甚至虚构财务报表、披露虚假信息以掩盖实际的利益侵占行为。研究表明，信息不对称程度越高，控股股东的侵占动机就越强烈，攫取控制权的私人收益就越大。而关系投资是一种建立在正式契约基础之上的计算性的信任机制（刘仁军，2006），可以看作是一种基于信任而建立起来的非正式外部治理机制，有利于企业主要供应商/客户对企业的会计信息进行监督。根据交易成本理论，关系投资需要以会计信息作为治理基础（Chen，2009）。财务报告作为企业信息的重要传导机制，一方面能使交易双方以更低的成本获得对未来的预测，做出相应决策；另一方面能更有效地实施自我约束机制，满足长期契约治理（关系投资）的需要。为了降低交易中的风险，随着供应商/客户关系投资的增多，会促使企业选择更为严格、稳健的会计政策。Yao（2009）也发现，随着供应商/客户关系投资的增多，会随之增加对企业高质量的会计信息需求，企业会更多地聘请代表高审计质量的“四大”来进行审计，并且愿意支付更多的审计溢价。而选择四大概率越高的公司所发生的资金占用行为就越少（王鹏和周黎安，2006）。同时，在面对主要供应商/客户的监督时，为了避免自己的利益侵占行为被发现，大股东也有动机操纵公司盈余信息，隐瞒公司真实的业绩，而且企业的盈余管理还会诱使其供应商/客户进行更多的关系专用性投资（Raman 等，2008）。当企业与主要供应商/客户建立了长期的合作关系时，由于“关系”而形成的隐性契约，可以使企业借助私下的途径进行信息的沟通和交流，并且这些依靠关系进行交易的各方通过长期合作也会建立相互信任的关系，提供稳定的心理预期，减少交易风险，节省交易成本（Kong，2011）。但是，当大股东通过操纵会计信息来掩盖其资金占用行为而获得关系投资被发现时，将会向市场中其他的外部投资者传达企业不可信的坏消息，这不但会减少已有供应商/客户的关系投资，也会使企业失去与其他投资者进行交易的机会。因此为了避免因违约而带来的损失以及免受声誉的惩罚，在一个双边交易关系中，只要交易双方建立长期的交易关系，并且从中获益，就有努力维持良好双边关系的动机，并会将义务的履行视为交易伙伴间遵从相互利益的结果（Dwyer，1987）。Dyer 和 Chu（2003）研究也发现，关系投资能使双方不会为了短期的利益而选择机会主义行为，并且由于长期合作关系而形成的信任增加了双方共享信息的意愿，降低了信息的不对称性，最小化了供应商/客户的监督成本和控制成本，从而发挥其对大股东资金占用行为的抑制作用。

可见，关系专用性投资作为链接企业与利益相关者之间的一种可置信承诺，传递了企业具备履行长期交易的能力，并保证企业不会通过大股东资金占用等机会主义行为使利益相关者的利益受损。当一项专用性投资已经发生、准租金已经产生的时候，机会主义行为发生的可能性就很实际了（Klein，1978）。同时，企业的先行专用性投资行为具有引导利益相关者进行合作的功能，当利益相关者观察到企业的专用性投资行为之后，利益相关者就会与企业缔结具有长期合作关系的契约，从而使企业与利益相关者的合作过程中逐步相互套牢，以免彼此遭受对方大股东资金占用等机会主义行为的威胁。通过契约的缔结与履行，合作所产生的收益在企业与利益相关者之间进行合理的分配，从而形成激励专用性投资的合理分配机制。基于此，提出以下假设：

假设 H1：限定其他条件下，随着企业与供应商/客户关系投资比例的增加，大股东资金占用会显著地减少。

二、内部控制与关系专用性投资对大股东资金占用：替代抑或互补

如前所述，在股权高度集中且在法律制度不完善的新兴市场上，大股东侵占行为是导致各利益主体之间利益冲突和代理问题的重要原因（Clasessen，2002）。由于信息不对称和有效激励不足，要有效缓解代理成本、治理大股东资金占用行为，必须协同公司内外部治理机制共同治理。关系投资提高了交易双方行动的一致性，基于共同目标的一致行动有利于参与者及时获取与交易相关的信息，交易各方会主动提供对伙伴有用的信息，降低了信息不对称，有利于抵制追求单方面利益（大股东资金占用）的行为，并可以增强专用性资产的投资（Subramani 和 Venkatraman，2003），还能影响对方决策的能力，从而可以保护专用性投资免受对方机会主义行为的侵害（Claro，2006）。而内部控制这种权责分明的治理机制，是企业利益相关者之间实现权力制衡的基本措施（杨雄胜，2005），能够进一步拓宽企业间的交易范围，有利于弱化关系对于交易双方的约束。而且作为企业的一种重要的内部治理机制，内部控制起到保障公司财务报告可靠性，降低代理成本，抑制大股东资金占用的作用。

内部控制作为一种内在的制度安排，其建立健全以及有效执行有利于激励、制约和监督控股股东及管理层的生产经营行为，从而可以降低代理成本。而且由于内部控制内生性地决定着会计信息的质量（Ashbaugh - Skaife，2008），因此，在降低代理成本的同时，内部控制也能够有效地提高企业的会计信息质量，有助于降低企业风险，减少内幕交易。此时，内部控制信息将会成为企业一种重要的信号传递给外部投资者（企业供应商与客户），通过信息披露内部控制质量高的公司会将自身与那些内部控制质量较差的公司区别开来，发出高质量会计信

息和财务状况良好的可置性承诺，从而大大降低了各利益相关主体之间的信息不对称，有利于增强供应商/客户的稳定预期，减少交易中的风险，促进和维护关系投资的建立；而关系投资的建立是寻求能够使自身利益最大化条件下的长期合作关系。长期的合作与博弈会在交易双方之间建立起一种使双方能够共同遵守的隐性的交易规则，这种基于关系交易而形成的关系规则能够增进彼此的信任和信息沟通，减少交易中各利益主体之间的信息不对称与机会主义倾向。在供应商/客户与企业的博弈过程中，对于严格、稳健的会计政策以及高质量的财务会计信息的需求，也能够进一步提高企业控股股东及管理者的内部控制意识，促进企业内部控制得到不断的完善。综上分析，良好的内部控制治理为建立和维持企业与主要供应商/客户的关系投资提供了可置信承诺，而企业构建的关系投资也能够为内部控制的实施提供一个良好的控制环境，因此，关系投资与内部控制形成一种优势互补的关系。

作为一种关系契约，关系投资的实施往往是以双边长期合作形成的关系为基础的，这一方面可以促成双边的合作，但另一方面也会形成双边的垄断，表现为企业更依赖与主要供应商和客户进行商业交易，并且关系型交易的建立也意味着交易双方的相互依赖性不断增强，投资的资产通常具有较高程度的专用性，因此更容易形成双方锁定（Klein，1978），使双方都无法轻易地退出交易，否则就会导致双边利益的损害，使交易者具有很高的转换成本。正是这种锁定效应带来的高成本，使关系型交易往往被局限于一个狭小的范围内，此时重复交易和信息交流会更为方便和频繁，关系契约能够发挥更有效的治理作用。所以当关系投资这种基于彼此间信任而建立起来的长期的、稳定的交易关系为企业供应商提供参与公司治理的途径时，势必会降低其希望通过内部治理机制（如内部控制治理机制）来保护自身的利益的愿望，从而便减少了对内部控制这样的具有较高固定成本的规则契约的需求。而当企业具有较完善的内部控制时，也会由于满足了供应商/客户等对于企业高质量会计信息的需求，从而减少利用关系投资治理机制来约束管理层及大股东的会计行为。因此，关系投资与内部控制形成一种替代的关系。

客户在与企业的交易中最关注的信息是商品/服务的质量、价格等相关的信息，客户希望企业能长期生存发展并能够稳定生产及时供货。然而，在交易中客户往往处于弱势的地位，关系规范会进一步加强购买商对企业的依赖（Joshi 和 Arnold，1998）。由于依赖心理导致的“搭便车”行为使其在与公司的博弈过程中就显得比较消极。所以即使与企业建立了关系投资时，可能也不能充分地发挥关系投资作为一种治理机制的作用。因此，要避免自己的利益因大股东资金占用而受损，就会更多地需要内部控制这种均衡利益相关者利益的规则契约来维护和促进关系投资治理机制的实施。所以，可以认为，在抑制大股东资金占用的过程中，客户关系投资与内部控制存在互补效应。

供应商作为公司生产经营所需劳动资料和劳动对象的供给者，其关心的是销售收入最大化、能定期收回货款、企业稳定需求其提供的产品，因此供应商会更加关注企业的经营管理状况。供应商与公司的利益平衡和相互制衡是一个讨价还价的过程，博弈的结果往往依赖于各自的实力和在博弈中所处的地位，处于上游企业使供应商在交易中拥有了一定的主动地位。一方面，供应商通过与企业的业务往来，能够低成本地、及时地发现企业经营风险及信用状况的变化，通过对原材料等上游产品的控制，促使企业遵守合约，避免遭受损失；另一方面，一旦企业经营失败，供应商能迅速处置原材料等物品，将损失降到最低。Joshi 和 Arnold (1998) 指出，关系规范会加强企业对供应商顺从之间的正相关关系。在企业间的合作中，主要供应商作为企业的主要债权人之一，因此，为了避免由于控股股东或经理层利益侵占或是由于公司破产给自己带来的损失，作为债权人的供应商对企业的会计稳健性将会有更多的需求。孙铮等（2005）研究也发现，债务比重较高的公司相对债务比重较低的公司，其会计政策的选择更加稳健，从而能够提高公司的信息透明度，有利于供应商对大股东资金占用的监督。特别是进行关系投资的供应商会面临着因企业机会主义行为被剥夺准租金的危险，因此，供应商希望参与企业治理的动机更加强烈。Poppo 和 Zenger（2002）认为，交易风险会促进供应商更多地使用契约和关系来规范治理交易关系。所以，可以认为在抑制大股东资金占用的过程中供应商关系投资与内部控制存在替代效应。基于上述分析，提出以下假设：

假设 H2a：限定其他条件，客户关系投资与内部控制在抑制大股东资金占用中存在互补效应。

假设 H2b：限定其他条件，供应商关系投资与内部控制在抑制大股东资金占用中存在替代效应。

第四节 研究设计

一、样本选择

本章选用 2007 ~ 2011 年沪、深两市上市公司为样本，剔除金融类上市公司和相关数据缺失的公司。向前五大供应商采购比例和向前五大客户销售比例数据均由手工收集年报并经复核检查所得，最终确定 Supply 的有效观测值为 3426 个，

Customer 的有效观测值为 5177 个。公司最终控制人数据和第一大股东持股比例数据均由手工收集并与 CCER 数据库复核检查所得，上市公司的财务数据来自 CSMAR 数据库和 Wind 咨询数据库，由于有些变量数据不全的公司，本章逐个查阅年报获取数据将其补齐。为了减少异常值对研究结论的影响，对所有连续性变量进行了上下 1% 水平的 Winsorize 处理。数据处理主要运用 SAS9. 1。

二、模型设定与变量

为了检验研究本书提出的假设，我们建立以下模型：

$$CO = \beta_0 + \beta_1 Rsi + \beta_2 Icid + \beta_3 Rsi \times Icid + \beta_4 Shr_1 + \beta_5 Shr_{2-10} + \beta_6 Dsize + \beta_7 Execut + \beta_8 Indep + \beta_9 Private + \beta_{10} Big4 + \beta_{11} Rpt + \beta_{12} Lev + \beta_{13} Roe + \beta_{14} Size + \beta_{15} Industry + \beta_{16} Year + \varepsilon$$

（1）被解释变量：大股东资金占用 *CO*。采用姜国华和岳衡（2005）等的计量方法，将 *CO* 定义为其他应收款年末余额占年末总资产的比例①。

（2）解释变量：关系投资 *Rsi*。借鉴何小杨（2011）和 Kong（2011）的做法，采用向客户销售比例 *Customer* 或向供应商采购比例 *Supply* 来度量企业的商业关系投资②。内部控制 *Icid*。采用迪博内部控制指数来衡量，该指数越大，代表内部控制质量越高③。

（3）控制变量：参照已有研究（Bennedsen 和 Wolfenzon，2000；Jian 和 Wong，2003），在模型中还控制了其他变量，具体见表 4－1。

表 4－1　变量定义

变量	定义
CO	大股东资金占用，其他应收账款与总资产的比值
Supply	供应商关系投资，公司向前五大供应商采购额占公司全年采购额的比例
Customer	客户关系投资，公司向前五大客户销售额占公司全年销售额的比例
Icid	内部控制，采用迪博内部控制指数，该指数越高，说明内部控制越好

① 大股东及其关联方占用上市公司资金有“正常”与“非正常”之别，“非正常占用”即为大股东侵占上市公司利益的主要手段。我国上市公司年报的资产负债表中主要包括两个应收项目：一是与销售有关的应收账款；二是非经营性的其他应收款。其中，“其他应收款”多形成于非经营性业务往来，是“非正常占用”最主要的体现。大股东直接对上市公司的资金占用一般以“暂借款”的名义包括在其他应收款中。

② 这种度量方式直接反映了供应商/客户对公司的重要性及公司对供应商/客户的依赖程度。由于我国目前的年报披露并不规范具体，向供应商采购的比例以及向客户销售的比例均为前五大单位的合计比例，因此本文所使用的供应商采购比例及客户的销售比例均采用的是前五大供应商和客户的合计值。

③ 考虑到迪博内部控制指数的数值较大，在回归时均作了除以 100 的处理。

续表

变量	定义
*Shr*1	公司第一大股东持股比例
*Shr*2 - 10	第二到第十大股东持股比例之和
Dsize	董事会规模（人数）
Execut	高管持股比例
Indep	独立董事在董事会中的比例
Private	最终控制人性质，国有控股取 0，否则取 1
*Big*4	审计事务所为国际四大取 1，否则取 0
Rpt	前 5 大供应商中存在公司的关联交易方时 *Rpts* 取 1，否则取 0；前 5 大客户中存在公司的关联交易方时 *Rptc* 取 1，否则取 0
Lev	资产负债率，即年末总资产/年末总负债
Roe	净资产收益率，税后净利润/净资产
Size	公司规模，即年末总资产的自然对数
Industry	行业虚拟变量，根据证监会对制造业的二级分类标准进行分类，用来控制行业因素的影响
Year	年度虚拟变量，用来控制宏观经济因素的影响

第五节 实证检验与结果分析

一、主要变量的描述性统计与相关性检验

表 4 - 2 给出了 2001 年以来大股东资金占用变量 CO 的描述性统计①。从各年的均值来看，相对于 2001 年、2002 年，2003 ~ 2005 年大股东资金占用变量 CO 一直保持递增趋势，说明了大股东资金占用基本上没有明显改观，甚至还有变本加厉的迹象。直到 2006 年以后，CO 的均值开始有所减少，并呈逐年递减的趋势，这说明了相关政策的出台对大股东的资金占用行为的确起到了一定的遏制作用。但是由表 4 - 3 其他应收款的分年度检验（由于本章的研究区间为 2007 ~ 2011 年，所以结合相关政策的出台将年份划分为 2001 ~ 2002 年，2003 ~ 2006 年

① 考虑到大股东占款形式的多样化，直接的资金占用仅是其中一部分，而实际占款数额可能更高（欧国锋，2005）。

和2007~2011年三个阶段进行检验），可以看出在其他应收款的绝对数值上，2001~2002年的均值为1.2224亿元，2003~2006年的均值为1.3033亿元，而2007~2011年的均值却达到1.9028亿元，且与前两个阶段具有显著性差异，说明了虽然近些年大股东资金占用的比例有所下降，但占款金额却是居高不下，大股东资金占用现象还是很严重。因此，在这样的背景下研究大股东资金占用的制约因素具有较强的现实意义。

表4-2 大股东资金占用变量CO的各年度描述性统计

年份	观测值	最小值	中位数	最大值	均值	标准差
2001	1056	0	0.0378	1.055	0.0683	0.0904
2002	1119	0.0001	0.0350	0.9238	0.0678	0.0922
2003	1187	0.0001	0.0304	1.4392	0.0701	0.1209
2004	1243	0.0000	0.0299	1.9047	0.0777	0.1452
2005	1240	0.0000	0.0295	1.8516	0.0796	0.1547
2006	1253	0.0000	0.0228	1.8684	0.0729	0.1581
2007	1277	0	0.0160	0.9745	0.0402	0.0808
2008	1281	0	0.0135	0.8218	0.0324	0.0626
2009	1293	0	0.0114	0.7688	0.0262	0.0533
2010	1320	0	0.0101	0.9812	0.0243	0.0540
2011	1353	0	0.0097	0.9775	0.0228	0.0500

表4-3 其他应收款的分年度检验 单位：亿元

时间	均值	中位数	T检验	Z检验
2001~2002年	1.2224	0.4628	-2.2007**	3.195***
2003~2011年	1.6449	0.3949		
2003~2006年	1.3033	0.4929	-3.7198***	10.980***
2007~2011年	1.9028	0.3326		

表4-4相关变量的描述性统计结果显示，变量CO的均值为0.0223，最小值为0，最大值为0.6133。其他应收款占总资产的比例为2.23%，最高的可以达到61.33%，说明近年来我国监管部门和投资者对大股东资金占用的关注起到了一定的遏制效果，但企业间的差异很大的，仍有一部分企业的大股东资金占用情况比较严重。变量*Supply*的均值为34.44%，*Customer*的均值为29.07%，说明企业与前五大供应商和客户的交易比例都超过了1/4，表明上市公司的前五大供应

商和客户都比较集中，企业对前五大供应商和客户的依赖性大，而且对供应商依赖程度更高。内部控制变量 *Icid* 的均值为6.9676，说明我国内部控制的建设和投资不足，内部控制质量普遍偏低。

表4-4　模型主要变量的描述性统计

变量	观测值	最小值	中位数	最大值	均值	标准差
CO	5177	0	0.0107	0.6133	0.0223	0.0368
Supply	3426	3.61	29.13	96.24	34.44	0.2214
Customer	5177	1.22	21.50	99.72	29.07	0.2325
Icid	4951	4.3134	6.9215	9.5358	6.9676	0.9284
Shr1	5177	0.0899	0.3579	0.7695	0.3729	0.1584
Shr2-10	5177	1.35	13.435	50.75	16.2056	11.5968
Dsize	5177	5	9	15	9.2535	1.9425
Boards	5177	0	0	0.2873	0.0055	0.0341
Execut	5177	0	0	0.1580	0.0029	0.0183
Indep	5177	0.2727	0.3333	0.5714	0.3642	0.0516
Private	5177	0	0	1	0.2875	0.4526
Big4	5177	0	0	1	0.0797	0.2709
Rpts	3426	0	0	1	0.0046	0.0681
Rptc	5177	0	0	1	0.0902	0.2865
Lev	5177	0.0826	0.5189	0.8709	0.5103	0.1814
Roe	5177	-0.4501	0.0773	0.4180	0.0832	0.1138
Size	5177	19.3103	21.8428	25.7804	22.0018	1.2506

表4-5的相关性检验显示，主要解释变量之间的相关系数都不超过0.6，这表明解释变量之间的多重共线性较小，模型具有较好的检验能力。大股东资金占用变量CO和企业关系投资变量 *Supply* 和 *Customer* 显著负相关，表明企业与主要供应商和客户建立的关系投资有助于抑制大股东的资金占用行为；而且 *Supply* 的显著性水平高于 *Customer*，表明相比于客户，企业供应商关系投资对大股东资金占用的抑制作用更强。另外，大股东资金占用变量CO和企业内部控制变量Icid显著负相关，说明企业内部控制的建设与完善对于缓解代理冲突、抑制大股东资金占用能起到重要的作用。同时，可以观察到，内部控制变量与主要供应商和客户的关系投资显著负相关，也初步说明了内部控制与关系投资之间可能存在替代关系。

表 4-5　主要变量相关系数

	[1]	[2]	[3]	[4]	[5]	[6]	[7]	[8]	[9]	[10]	[11]	[12]	[13]	[14]	[15]
CO [1]	1.00														
Supply [2]	-0.06^{c}	1.00													
Customer [3]	-0.04^{b}	0.36^{c}	1.00												
Icid [4]	-0.17^{c}	-0.14^{c}	-0.13^{c}	1.00											
Shr1 [5]	-0.15^{c}	-0.01	-0.05^{b}	0.19^{c}	1.00										
Shr2-10 [6]	-0.20	-0.03^{a}	-0.02	0.08^{c}	0.56^{c}	1.00									
Dsize [7]	-0.11^{c}	-0.12^{c}	0.04^{b}	0.22^{c}	0.08^{c}	0.09^{c}	1.00								
Boards [8]	-0.02	-0.02	-0.02	0.01	-0.12^{c}	0.12^{c}	0.01	1.00							
Execut [9]	-0.02	0.02	-0.05^{c}	0.04^{b}	-0.16^{c}	0.15^{c}	0.01	0.78^{c}	1.00						
Indep [10]	0.04^{b}	-0.02	0.01	-0.003	0.01	-0.02	-0.26^{c}	0.02	-0.003	1.00					
Private [11]	0.13^{c}	0.01	-0.01	-0.11^{c}	-0.23^{c}	0.09^{c}	-0.17^{c}	0.19^{c}	0.18^{c}	0.04^{b}	1.00				
Big4 [12]	-0.07^{c}	-0.08^{c}	-0.03^{a}	0.26^{c}	0.10^{c}	0.16^{c}	0.15^{c}	-0.03^{b}	-0.03^{a}	0.05^{c}	-0.09^{c}	1.00^{c}			
Lev [13]	0.10^{c}	-0.07^{c}	-0.06^{c}	0.05^{c}	0.07^{c}	0.00	0.08^{c}	-0.003	-0.02	0.02	-0.07^{c}	0.06^{c}	1.00		
Roe [14]	-0.08^{c}	-0.08^{c}	-0.09^{c}	0.49^{c}	0.11^{c}	0.16^{c}	0.08^{c}	0.03	0.03^{a}	-0.01	0.05^{c}	0.08^{c}	-0.02	1.00	
Size [15]	-0.20^{c}	-0.13^{c}	-0.08^{c}	0.56^{c}	0.32^{c}	0.03^{a}	0.28^{c}	-0.01	-0.009	0.05^{c}	-0.22^{c}	0.39^{c}	0.36^{c}	0.19^{c}	1.00

注：表中列示的是 Pearson 检验，a、b、c 分别表示在 10%、5%、1% 水平上显著。

二、多元回归与结果分析

1. 关系投资与大股东资金占用

模型1的回归结果如表4-6所示。第（1）、（2）列分别为供应商和客户关系投资与大股东资金占用的回归结果。可以看出，企业向前五大供应商采购比例变量Supply和前五大客户向企业销售比例变量Customer的回归系数均显著为负，假设H1得到验证，说明随着企业供应商/客户关系投资增加，上市公司大股东资金占用会显著减少。表明企业主要供应商/客户的关系投资可以抑制大股东资金占用行为。

表4-6 关系投资与大股东资金占用

被解释变量 = CO				
	(1)	(2)	(3)	(4)
Supply	-0.0044** (-2.06)		-0.0329*** (-6.04)	
Customer		-0.0037** (-2.07)		-0.0175*** (-4.90)
Shr1	-0.0202*** (-6.03)	-0.0246*** (-8.60)	-0.0161*** (-4.47)	-0.0214*** (-6.93)
Shr2-10	-0.0002*** (-3.65)	-0.0001*** (-3.66)	-0.0001*** (-2.92)	-0.0001*** (-3.08)
Dsize	-0.0004 (-1.43)	-0.0005** (-2.16)	-0.0005** (-2.25)	-0.0004** (-2.15)
Execut	-0.0761** (-2.21)	-0.0355* (-1.66)	-0.0976*** (-3.70)	-0.0349* (-1.74)
Indep	0.0063 (0.72)	0.0219*** (2.88)	0.0158* (1.71)	0.0355*** (4.25)
Private	0.0052*** (5.08)	0.0062*** (6.90)	0.0059*** (4.90)	0.0069*** (6.62)
Big4	0.0030* (1.75)	0.0019 (1.29)	0.0023* (1.65)	0.0022* (1.87)
Rpts	-0.0069 (-1.12)		-0.0066** (-2.39)	
Rptc		-0.0005 (-0.40)		-0.0011 (-0.95)
Lev	0.0288*** (10.93)	0.0248*** (10.77)	0.0279*** (8.94)	0.0251*** (9.66)
Roe	-0.0145*** (-3.51)	-0.0206*** (-5.88)	-0.0085 (-1.51)	-0.0160*** (-3.35)
Size	-0.0036*** (-7.46)	-0.0030*** (-7.31)	-0.0052*** (-9.91)	-0.0038*** (-8.56)
行业/年份	控制	控制	控制	控制
*F*值	23.59***	30.56***		
$Adj-R^2$	0.1919	0.1706		
R-squared			0.0881	0.0967
Wald chi2			318.68***	438.91***
N	3426	5177	3426	5177

在经济转型的国家或地区，由于市场经济体制的不发达，人与人之间难以形成普遍的信任，企业也难以选择较广泛的供应商和客户进行交易，只能依赖于长期积累的人脉关系，这样会使主要的供应商和客户同企业的利益绑定在一起。企业与其主要供应商和客户之间的关系投资取决于对企业未来的长期交易关系的稳定预期。大股东占款额巨大，不仅给上市公司的日常经营带来诸多压力，更带来了巨大的经营风险（现实中的很多上市公司因为大股东的占款而影响企业经营，甚至被迫退市，如 ST 轻骑、莲花味精、三九医药以及 ST 长控等）。因此，当上市公司因大股东资金占用引发严重代理冲突时，也可能会导致供应商与客户减少对公司的关系投资，即模型 1 可能存在内生性问题。本书采用两阶段回归方法控制内生性问题的影响，考虑到行业是影响关系投资 Supply 和 Customer 的重要因素，而从理论上来讲大股东资金占用指标 CO 不会对 Supply 和 Customer 的行业中位数产生影响，因此，本书选择 Supply 和 Customer 的行业中位数分别作为 Supply 和 Customer 的工具变量，来消除内生性。2SLS 的回归结果如表 4－6 中所示的第（3）和（4）列，由结果可以得出在控制了内生性之后，关系投资变量 Supply 和 Customer 仍然是显著为负的，两阶段回归结果表明上述结论没有受到内生性问题的影响，即回归第（1）和（2）列的结果是可靠的。

2. 关系投资、内部控制与大股东资金占用

表 4－7 给出了假设 2 的回归结果。内部控制与大股东资金占用显著负相关，且在抑制大股东资金占用的过程中，内部控制与关系投资存在互补或者替代效应。如在表 4－7 的第（1）列中企业向前五大供应商购买比例变量 *Supply* 的回归系数显著为负，企业内部控制质量的指标 Icid 的回归系数也显著为负，但交互项 Supply × *Icid* 的回归系数却显著为正，表明供应商关系投资与内部控制在抑制大股东资金占用中存在替代效应。同样地，由表 4－7 的第（2）列可知，企业向前五大客户的销售比例变量 *Customer* 的回归系数显著为负，反映企业内部控制质量的指标 Icid 的回归系数也显著为负，在将两者交互之后，两者的交互项 *Customer* × *Icid* 也显著为负，说明了客户关系投资与内部控制在抑制大股东存在互补效应，即高质量的内部控制在客户关系投资抑制大股东资金占用的过程中起到了积极的作用。假设 H2 得到验证。

3. 基于产权与市场化进程的进一步研究

刘启亮等（2012）研究发现，相比于中央政府控制的公司，地方政府控制的公司内部控制质量较差，而非政府控制的公司内部控制质量与中央政府控制的公司之间则没有明显差异；上市公司所在地区的市场化程度越高或政府对经济的干预程度越低，公司的内部控制质量越高，外部制度环境有助于缩小地方政府控制和非政府控制公司的内部控制与中央政府控制公司之间的差距。而且 Kong（2011）

表4-7 关系投资、内部控制与大股东资金占用

被解释变量 = CO		
	(1)	(2)
Supply	-0.0092*** (-3.98)	
Customer		-0.0057*** (-2.79)
Icid	-0.0116*** (-5.01)	-0.0012* (-1.89)
Supply × *Icid*	0.0067*** (2.67)	
Customer × *Icid*		-0.0047*** (-2.64)
*Shr*1	-0.0226*** (-6.46)	-0.0262*** (-8.59)
*Shr*2-10	-0.00018*** (-3.95)	-0.00015*** (-3.88)
Dsize	-0.00034 (-1.32)	-0.0005** (-2.25)
Execut	-0.1215** (-2.52)	-0.0373 (-1.45)
Indep	0.0053 (0.58)	0.0224*** (2.73)
Private	0.0046*** (4.41)	0.0059*** (6.30)
*Big*4	0.0029 (1.61)	0.0017 (1.02)
Rpts	-0.0095 (-1.31)	
Rptc		-0.00091 (-0.64)
Leverage	0.0288*** (10.41)	0.0246*** (9.94)
Roe	-0.0052 (-1.14)	-0.0183*** (-4.33)
Size	-0.0035*** (-6.83)	-0.0028*** (-5.34)
行业/年份	控制	控制
F 值	22.62***	27.03***
$Adj-R^2$	0.2003	0.1666
N	3282	4951

发现，在市场化进程越低的地区，企业更需要依靠关系网络进行交易，表现为企业更依赖与主要供应商和客户进行商业交易。因此，有必要进一步考察上市公司产权性质、产权层级以及市场化进程的差异，是否影响关系投资治理与内部控制治理对大股东资金占用的替代/互补效应。我们将样本进一步划分为中央政府控制企业、地方政府控制企业和非政府控制企业以及市场化进程低的地区和市场化进程高的地区，分别检验由于上市公司产权属性、产权层级以及地区市场化进程的不同产生的差异。

不同产权属性、产权层级的分样本回归结果，如表4-8所示。

表 4－8　按上市公司不同产权属性、产权层级的分样本回归结果

	供应商关系投资（Supply）			客户关系投资（Customer）		
	中央企业	地方企业	非政府企业	中央企业	地方企业	非政府企业
Supply	－0.0059 （－1.07）	－0.0205*** （－7.56）	0.0071 （1.40）			
Customer				－0.0005* （－0.25）	－0.0063** （－2.29）	－0.0107** （－2.11）
Icid	0.0011 （0.20）	－0.0194*** （－7.33）	－0.0033 （－0.63）	0.0033 （1.37）	－0.0009 （－1.01）	－0.00453*** （－3.17）
Supply × Icid	－0.0007 （－0.11）	0.0167*** （5.64）	－0.0060 （－1.06）			
Customer × Icid				－0.0069** （－2.44）	－0.0028 （－1.07）	－0.0096** （－2.29）
*Shr*1	－0.0107* （－1.68）	－0.0169*** （－3.82）	－0.0452*** （－5.22）	－0.0260*** （－4.72）	－0.0179*** （－4.48）	－0.0342*** （－4.73）
*Shr*2－10	0.0001 （1.51）	－0.0002*** （－2.92）	－0.0004*** （－3.72）	0.00002 （0.28）	－0.00006 （－1.32）	－0.0004*** （－4.54）
Dsize	－0.0002 （－0.52）	－0.0003 （－0.95）	－0.0005 （－0.69）	－0.0004 （－1.31）	－0.0003 （－1.23）	－0.0007 （－1.16）
Execut	0.0204 （0.11）	－0.0523 （－0.42）	－0.1053 （－1.50）	－0.9536 （－0.88）	－0.5545 （－1.51）	0.0032 （0.14）
Indep	0.0490*** （2.63）	－0.0177* （－1.66）	0.0026 （0.12）	0.0655*** （4.25）	－0.0134 （－1.34）	0.0309 （1.51）
*Big*4	－0.0007 （－0.28）	0.0030 （1.32）	－0.00007 （－0.01）	0.0005 （0.20）	0.0015 （0.69）	－0.0043 （－0.85）
Rpts	－0.0076 （－0.73）	－0.0102 （－1.18）	－0.0002 （－0.01）			
Rptc				－0.0008 （0.35）	－0.0008 （－0.46）	－0.0019 （－0.52）
Leverage	0.0090* （1.75）	0.02868*** （8.19）	0.0431*** （6.79）	0.0143*** （3.20）	0.0256*** （7.97）	0.0258*** （4.50）
Roe	－0.0319*** （－3.91）	－0.0001 （－0.02）	0.0005 （0.05）	－0.0197*** （－3.00）	－0.0213*** （－3.71）	－0.0080 （－0.88）
Size	－0.0026*** （－2.85）	－0.0039*** （－5.86）	－0.0044*** （－3.37）	－0.0017** （－2.21）	－0.0029*** （－4.26）	－0.0036*** （－2.97）
行业/年份	控制	控制	控制	控制	控制	控制
F 值	8.72***	13.67***	7.58***	13.61***	12.77***	9.01***
Adj R－squared	0.2660	0.2240	0.2046	0.2830	0.1520	0.1688
N	746	1581	947	1126	2364	1461

由表4－8可见，对于中央政府控制的企业，凭借较完善的内部控制，在抑制大股东的资金占用中，无论是对于供应商关系投资还是客户关系投资，内部控制与关系投资之间更多地表现为内部控制治理在关系投资治理中产生的积极作用，即高质量的内部控制更能促进关系投资在抑制大股东资金占用行为方面的作用。尤其是客户关系投资，回归中的关系投资变量Customer的回归系数和交互项Customer×Icid的回归系数都显著为负，表明在中央控制的企业中，高质量内部控制更有利于客户关系投资治理作用的发挥。对于地方政府控制的企业，在供应商关系投资中关系投资变量Supply的系数显著为负，内部控制的系数也显著为负，但交互项的系数却显著为正，而在客户关系投资中，虽然关系投资变量Customer、内部控制变量Icid以及交互项Customer×Icid的系数都为负，但交互项却不显著。表明在地方政府控制的企业中，内部控制与关系投资两种治理机制主要表现为替代作用，可能的原因在于内部控制制度的建设与完善需要大量的成本，也需要足够的人力和经验去维护（Ashbaugh－Skaife，2007），而刘启亮等（2012）的研究也发现，在内部控制建设方面，地方政府控制的公司可能会比中央政府控制的公司“慢半拍”，造成地方政府控制公司的内部控制质量低于中央政府控制的公司。为了有效抑制大股东资金占用行为，地方政府控制的企业可能需要更多地依赖于外部治理机制。企业主要供应商/客户等利益相关者为了避免自身的利益受到侵害，必然会利用关系投资参与公司治理，所以，在地方政府控制的企业中，关系投资治理机制与内部控制治理机制的替代效用更明显。对于非政府控制企业，虽然政府干预力量也会对企业产生影响，但由于缺乏与政府的天然联系，非政府控制企业需要自担其经营风险及盈亏，这种更多暴露于市场的压力迫使非政府控制需要全方位地构建和完善其内外部治理机制。对外，为了降低交易中的风险，非政府控制企业会积极主动地与其主要供应商/客户发展良好的、长期的关系投资；对内，非政府控制企业会从各方面积极主动地完善内部控制，以控制公司发展中的各种风险，提高经营效率。所以，关系投资治理机制与内部控制治理机制可以在非政府控制企业中能更好地发挥其优势互补的作用。关系投资治理与内部控制治理存在显著的互补效应。

按地区市场化进程不同的分样本回归结果，如表4－9所示。

由表4－9可见，对于供应商关系投资，在市场化进程低的地区，关系投资变量Supply的回归系数显著为负，内部控制Icid的回归系数也显著为负，交互项Supply×Icid虽然为正但是不显著；而在市场化进程高的地区，Supply的回归系数显著为负，内部控制Icid的回归系数也显著为负，二者交互项Supply×Icid却显著为正。上述结果表明在市场化进程高的地区，企业与供应商的关系投资治理机制与企业内部控制治理机制之间的替代作用更加明显。在客户关系投资中，在

表 4-9 按地区市场化进程不同的分样本回归结果

被解释变量 = CO				
	供应商关系投资（Supply）		客户关系投资（Customer）	
	市场化进程低	市场化进程高	市场化进程低	市场化进程高
Supply	-0.0066*(-1.94)	-0.0109***(-3.49)		
Customer			-0.0052*(-1.65)	-0.0013(-0.46)
Icid	-0.0108***(-3.10)	-0.0114***(-3.70)	-0.0028***(-2.91)	-0.0022(-0.78)
Supply × *Icid*	0.0041(1.10)	0.0085**(2.53)		
Customer × *Icid*			-0.0059**(-2.22)	-0.0006(-0.20)
*Shr*1	-0.0256***(-4.50)	-0.0208***(-4.69)	-0.0267***(-5.62)	-0.0278***(-6.96)
*Shr*2-10	-0.0002**(-2.57)	-0.0002***(-3.25)	-0.0002**(-2.55)	-0.0002***(-3.66)
Dsize	-0.0009**(-2.22)	0.00001(0.03)	-0.0005*(-1.71)	-0.0006*(1.96)
Execut	-0.1729(-1.21)	-0.0951(-1.91)	0.0965(0.23)	-0.0299(-1.38)
Indep	0.0005(0.03)	0.0084(0.67)	0.0212*(1.80)	0.0203*(1.77)
Private	0.0046***(2.73)	0.0048***(3.52)	0.0056***(3.94)	0.0059***(4.71)
*Big*4	0.0054*(1.65)	0.0015(0.70)	0.0028(0.88)	0.0006(0.29)
Rpts	-0.0142(-1.18)	-0.0054(-0.61)		
Rptc			0.0007(0.32)	-0.0029(-1.53)
Leverage	0.0316***(7.22)	0.0262***(7.25)	0.0218***(5.71)	0.0259***(7.90)
Roe	-0.0086(-1.33)	0.0010(0.15)	-0.0193***(-3.25)	-0.0085(-1.51)
Size	-0.0035***(-4.36)	-0.0029***(-4.12)	-0.0026***(-3.39)	-0.0018***(-3.03)
行业/年份	控制	控制	控制	控制
F 值	12.32***	10.88***	16.64***	12.25***
Adj R-squared	0.2080	0.1860	0.1937	0.1473
N	1638	1644	2475	2476

市场化进程低的地区，关系投资变量 Customer 的回归系数显著为负，内部控制 Icid 的回归系数也显著为负，二者交互项也显著为负；而在市场化进程高的地区，关系投资变量 Customer、内部控制变量 Icid 以及交互项 Customer × Icid 均为

负，但交互项却不显著。上述结果表明在市场化进程低的地区，关系投资治理机制与内部控制治理机制之间的互补作用更加明显。市场化进程的回归结果意味着，与市场化进程较高的地区相比，在市场化进程较慢的地区，要素市场和产品市场的市场分割和地方保护程度更为严重，企业市场参与主体、中介组织较少，有关生产、销售等信息渠道更不通畅，企业搜寻价格的成本更高，寻找和确定其他合适的交易伙伴也更加困难，这种状况严重限制了产品和要素在不同地区之间的自由流动，企业无论是选择供应商还是客户，都必须以本地区作为率先考虑的对象。因此在市场化进程较慢的地区，相对于主要客户而言，公司具有较弱的议价能力，加上公司选择潜在的替代交易伙伴的市场交易成本更高，进一步弱化公司相对于主要客户的谈判能力，因此公司更需要建立和完善内部控制，通过优良的内部控制制度信号传递来锁定优质客户，优化公司与优质客户的关系，增强其忠诚度，从而保持市场的稳定（Summers 和 Wilson，2002）。相对于主要供应商而言，由于企业市场参与主体较少，公司和供应商双方选择潜在的替代交易伙伴的市场交易成本都更高，这反过来可能增强了公司相对主要供应商的谈判力量，因此在市场化进程较慢的地区，公司相对主要供应商的谈判能力更强，更可能通过商业信用等关系投资方式取得双方的信任关系，弱化了内部控制的信号价值，关系型交易制度成为立法和执法制度不完善、内部控制制度不完备的替代产物。

三、稳健性检验

本章采用了以下几种方式进行稳健性检验：

（1）考虑到 ST 公司财务状况的特殊性，其内部控制已经远远偏离常态，而且其大股东资金占用行为通常也比较严重，可能对本书的实证结果产生影响，本章剔除 ST 公司后，重新进行回归分析，主要结论保持不变。

（2）相对于其他行业而言，制造业企业更依赖与供应商和客户进行交易，因此企业对采购和销售行为更为重视，而其他行业如服务业的企业而言，公司产品主要是以无形服务为主，他们可能更容易转换企业的产品形态，如增加劳动密集度等，因此，他们可能更不倾向于与其他企业建立关系型契约（Hui，2012），因此本章剔除了其他行业，只对制造业样本进行检验，发现结果不变。

（3）李增泉等（2005）发现大股东对上市公司的占款还可能来自预付账款与应收账款，因此本章重新设置大股东资金占用变量 *CO1*，定义为当上市公司与控股股东关联的应收账款、预付账款和其他应收款之和大于0 时，*CO1* 取值为1，否则为0。以 *CO1* 重新进行回归时，主要结果不变。稳健性检验结果见表4－10和表4－11。

表 4-10 关系投资与大股东资金占用稳健性检验

被解释变量 = CO						
	（1）剔除 ST 样本		（2）制造业样本		(3)以 CO1 衡量大股东资金占用	
Supply	-0.0053** (-2.46)		-0.0093*** (-3.65)		-0.1484*** (-3.75)	
Customer		-0.0036** (-2.03)		-0.0093*** (-4.01)		-0.2756*** (-8.91)
*Shr*1	-0.0214*** (-6.31)	-0.0246*** (-8.53)	-0.0153*** (-3.95)	-0.0179*** (-5.56)	-0.3767*** (-6.11)	-0.4179*** (-8.50)
*Shr*2-10	-0.0001*** (-3.61)	-0.0014*** (-3.84)	-0.00005 (-3.66)	-0.0001*** (-2.87)	-0.0025*** (-3.24)	-0.0029*** (-4.55)
Dsize	-0.00033 (-1.30)	-0.0004** (-2.20)	-0.0001 (-0.00)	-0.0003 (-1.23)	-0.0019 (-0.41)	-0.0006 (-0.16)
Execut	-0.0807** (-2.35)	-0.0358* (-1.66)	-0.0969** (-2.46)	0.0006 (0.03)	-0.6870 (-1.07)	-0.4472 (-1.21)
Indep	0.0041 (0.46)	0.0219*** (2.85)	0.01701* (1.69)	0.0182** (2.11)	0.2847* (1.73)	0.3137** (2.39)
Private	0.0054*** (5.26)	0.0063*** (6.96)	0.0030*** (2.64)	0.0035*** (3.73)	0.0481** (2.50)	0.0674*** (4.34)
*Big*4	-0.0027 (1.58)	0.0017 (1.10)	0.0022 (1.12)	0.0036** (2.03)	0.0366 (1.14)	0.0413 (1.55)
Rpts	-0.0071 (-1.14)		-0.0117 (-1.48)		-0.2338** (-2.01)	
Rptc		-0.0004 (-0.35)		-0.0012 (-0.89)		-0.0035 (-0.16)
Lev	0.0290*** (10.79)	0.0251*** (10.72)	0.0196*** (6.29)	0.0225*** (8.63)	0.5164*** (10.43)	0.4352*** (10.90)
Roe	-0.0143*** (-3.43)	-0.0202*** (-5.68)	-0.0112** (-2.41)	-0.0131*** (-3.46)	-0.0358 (-0.46)	-0.1265** (-2.10)
Size	-0.0038*** (-7.68)	-0.0030*** (-7.27)	-0.0055*** (-10.06)	-0.0057*** (-12.23)	-0.0399** (-4.43)	-0.0477*** (-6.70)
行业/年份	控制	控制	控制	控制	控制	控制
F 值	23.42***	30.02***	18.61***	28.72***	19.20***	27.63***
$Adj-R^2$	0.1931	0.1689	0.1221	0.1354	0.1606	0.1563
N	3374	5142	2026	2832	3426	5177

表 4－11　关系投资、内部控制与大股东资金占用的稳健性检验

被解释变量 = CO						
	（1）剔除 ST 样本		（2）制造业样本		(3)以 CO1 衡量大股东资金占用	
Supply	－0.0053*** (－2.99)		－0.0066** (－2.27)		－0.1119*** (－2.63)	
Customer		－0.0056*** (－2.74)		－0.0105** (－3.80)		－0.2791*** (－8.24)
Icid	－0.0118*** (－5.00)	－0.0013** (－2.07)	－0.0075** (－2.50)	－0.0001 (－0.15)	－0.0652 (－1.53)	－0.0058 (－0.54)
Icid × *supply*	0.0056** (2.18)		0.0014 (0.45)		0.0201 (0.43)	
Icid × *customer*		－0.0047*** (－2.60)		－0.0035 (－1.39)		－0.0395 (－1.33)
*Shr*1	－0.0286*** (－8.28)	－0.026*** (－8.39)	－0.0258*** (－6.45)	－0.0182*** (－5.03)	－0.3747*** (－5.87)	－0.4536*** (－8.91)
*Shr*2－10	－0.0001*** (－4.42)	－0.0016*** (－4.01)	－0.0001** (－2.24)	－0.0001*** (－2.69)	－0.0027*** (－3.40)	－0.0031*** (－4.79)
Dsize	－0.0007*** (－2.84)	－0.0005** (－2.37)	－0.0006** (－2.24)	－0.0003 (－1.25)	－0.00331 (－0.69)	－0.0016 (－0.42)
Execut	－0.1424** (－2.94)	－0.0368 (－1.41)	－0.1367** (－2.46)	0.0110 (0.35)	－0.8548 (－0.96)	－0.4449 (－1.03)
Indep	－0.0036 (－0.39)	0.0221*** (2.66)	0.0036 (0.34)	0.0196** (2.05)	0.3062* (1.82)	0.3362** (2.45)
Private	0.0057*** (5.38)	0.0061*** (6.37)	0.0037*** (3.12)	0.0040*** (3.79)	0.0509*** (2.60)	0.0641*** (4.04)
*Big*4	－0.0009 (－0.52)	0.0014 (0.86)	0.0040** (－2.02)	0.0036* (1.82)	0.0138 (0.42)	0.0339 (1.22)
Rpts	－0.0082 (－1.13)		－0.0096 (－1.18)		－0.2672** (－2.00)	
Rptc		－0.0008 (－0.57)		－0.0016 (－1.04)		0.0022 (0.09)
Lev	0.0239*** (8.90)	0.0252*** (9.97)	0.0076** (2.49)	0.0234*** (7.98)	0.4979*** (9.75)	0.4287*** (10.28)
Roe	－0.0080* (－1.73)	－0.0178*** (－4.17)	－0.0108** (－2.03)	－0.0168*** (－3.41)	0.0181 (0.22)	－0.1271** (－1.81)
Size	－0.008** (－1.73)	－0.0027*** (－5.16)	－0.0055*** (－9.56)	－0.0062*** (－10.35)	－0.0427*** (－4.46)	－0.0481*** (－5.53)
行业/年份	控制	控制	控制	控制	控制	控制
F 值	21.32***	26.42***	17.45***	23.29***	18.25***	25.01***
$Adj-R^2$	0.1888	0.1654	0.1318	0.1284	0.1665	0.1557
N	3232	4875	1952	2726	3282	4951

本章小结

本章以2007~2011年的中国上市公司样本，从企业与主要供应商和客户之间构建的关系投资视角出发，探究企业内部控制及其与关系投资治理（契约）机制的联合作用对于大股东资金占用的影响。实证研究表明：

（1）随着企业与供应商/客户关系投资的增多，大股东资金占用行为会显著地减少，说明提高上市公司与主要供应商/客户的关系投资可以有效缓解代理冲突、降低代理成本；

（2）高质量的内部控制也有助于抑制大股东的资金占用行为，在抑制大股东资金占用的过程中，供应商/客户的关系投资与内部控制存在替代或互补效应，并且这种替代或互补效应会随着上市公司产权属性、产权层级以及地区市场化进程的不同产生差异。

本章参考文献

[1] Ashbaugh - Skaife, H., D. Collins, W. Kinney and R. La Fond, The Effect of SOX Internal Control Deficiencies and Their Remediation on Accrual Quality, *The Accounting Review*, 2008, 83 (1): 217 - 250.

[2] Ayres, Ian, Cramton, P., Relational investing and agency theory, *Cardozo Law Review*, 1994 (15): 1033 - 1066.

[3] Bae K. H., Kang J. K., Kim J. M., Tunneling or value added? Evidence from mergers by Korean business groups, *Journal of Finance*, 2002, 57 (6): 2695 - 2740.

[4] Bai, C hong - E n, Qiao Liu, J oe Lu, Ming Song and Junxi Zhang, Corporate Governance and Market Valuation in China, *Journal of Comparative Economics*, 2004, 32 (4): 599 - 616.

[5] Barclay, Michael and Clifford Holderness, Private Benefits from Control of Public Corporation, *Journal of Financial Economics*, 1989, 25 (2): 371 - 395.

[6] Bertrand M., Mehta P., Mullainathan S., Ferreting out tunneling: An ap-

plication to Indian business groups, *Quarterly Journal of Economics*, 2002, 117 (1): 121 - 148.

[7] Bennedsen, M., and D. Wolfenzon, The Balance of Power in Closely Held Corporation, *Journal of Financial Economics*, 2000 (58): 113 - 139.

[8] Beneish, M. D., M. Billings, and L. Hodder, Internal control weaknesses and information uncertainty, *The Accounting Review*, 2008, 83 (3): 665 - 703.

[9] Bert ran d, Marianne, Paras Mehta and Sendhil Mullaina than, Ferreting out Tunneling: An Application to Indian Business Groups, *Quarterly Journal of Economics*, 2002, 117 (1), 121 - 148.

[10] Claessens S., Djankov S., Fan J. P. H., et al., Disentangling the incentive and entrenchment effects of large shareholdings, *Journal of Finance*, 2002, 57 (6): 2741 - 2771.

[11] Claessens, S., S. Djankov, and L. H. P. Lang, The Separation of Ownership and Cont rol in East Asian Corporat ions, *Journal of Financial Economics*, 2000 (58): 81 - 112.

[12] Chen, K. C. W., Z. Chen, and K. C. J. Wei., Legal Protection of Investors, Corporate Governance, and the Cost of Equity Capital, *Journal of Corporate Finance*, 2009 (15): 273 - 289.

[13] Claro, D. P., Claro, P. B. O., and Hagelaar, G., Coordinating collaborative joint efforts with suppliers: The effects of trust, transaction specific investments and information network in the Dutch flower industry, *Supply Chain Management: An international Journal*, 2006, 11 (3): 216 - 224.

[14] Cheung Y. L., Rau P. R., Stouraitis A., Tunneling, propping, and expropriation: Evidence from connected party transactions in Hong Kong, *Journal of Financial Economics*, 2006, 82 (2): 343 - 386.

[15] Dyer, J. H., Chu, W. The role of trustworthiness in reducing transaction costs and improving performance: empirical evidence from the United States, Japan, and Korea, *Organization Science*, 2003 (1): 57 - 68.

[16] Dan Dhaliwal, Chris Hogan, Robert Trezevant, and Michael Wilkins. Internal Control Disclosures, Monitoring, and the Cost of Debt, *The Accounting Review*, 2011, 86 (4): 1131 - 1156.

[17] Dwyer F. R., Schurr P. H., Oh S., Developing Buyer - Seller Relationships, *Journal of Marketing*, 1987, 51 (2): 11 - 27.

[18] Denis, Diane K. and John J. McConnell, International Corporate Govern-

ance, *Journal of Financial and Quanti tative Analysis*, 2003, 38 (1): 1 -36.

[19] Friedman, Eric, Simon Johnson and Todd Mitton, Propping and T unnelin, *Journal of Comparative Economics* , 2003, 31 (4), 732 -750.

[20] Faccio M, Lang L. H. P. , The ultimate ownership of Western European corporations, *Journal of Financial Economics*, 2002, 65 (3): 365 -395.

[21] Gadhoum, Y. , The Consequences of Ownership Structure and Corporate Governance on Competitiveness, Working Paper, University of Quebec, 2000.

[22] Hui Kai Wai, Sandy Klasa. , P. E. Yeung, Corporate suppliers and customers and accounting conservatism, *Journal of Accounting and Economics*, 2012 (53): 115 -135.

[23] Johnson, Simon, Rafael LaPorta, Florencio Lépez - de - Silanes and Andrew Shleifer, Tunn eling, *American Economic Review Papers and Proceedings*, 2000, 90 (2): 22 -27.

[24] Joshi A. and Arnold S. J. , How Relational Norms Affect Compliance in Industrial Buying, *Journal of Business Research*, 1998 (41): 105 -114.

[25] Johnson S. , R. LaPorta, F. Lopez - De - Silanes, A. Shleifer, Tunnelling, *Amercian Economics Review*, 2000 (90): 22 -27.

[26] Kong Xiang, Why are social network transactions important? Evidence based on the concentration of key suppliers and customers in China, *China Journal of Accounting Research*, 2011 (4): 121 -133.

[27] Klein B. , Crawford R. G. , Alchian A. A. Vertical Integration, Appropriable Rents, and The Competitive Contracting Process, *Journal of Law and Economics*, 1978 (21): 297 -326.

[28] La Porta, R. , F. Lopez -de -Silanes, A. Shleifer and R. Vishny, Corporate Ownership around theWorld, *Journal of Finance*, 1999 (64): 471 -517.

[29] La Porta, R. LoPez - de - Silanes, F. Shleifer, A. vishny, R. Agency Problems and dividend Policies around the World, *Journal of Finance*, 2000 (55): 1 -33.

[30] La Porta, Rafael, Florencio Lépez - de - Silanes, Andrew Shleifer and Robert W. Vishny, Investor Protection and Corporate Governance, *Journal of Financial Economics*, 2000, 58 (1): 3 -27.

[31] Morck, Randall, Bernard Yeung and Wayne Yu, The Information Content of Stock Markets : Why do Emerging Markets Have Synchronous Stock Price Movements? *Journal of Financial Economics*, 2000, 58 (1 -2): 215 -260.

[32] Ming Jian, and T. J. Wong, Earnings Management and Tunneling through Related Party Transactions: Evidence from Chinese Corporate Groups, 2003.

[33] Obata, S. Pyramid Groups, Financial Distress and Investor Protection. Harvard University, Working Paper, 2001.

[34] Ogneva, M., K. R. Subramanyam, and K. Raghunandan. Internal Control Weakness and Cost of Equity: Evidence from SOX Section 404 Disclosures, *The Accounting Review*, 2007, 82 (5): 1255 - 1297.

[35] Pagano, Marco and Ailsa Rell, The Choice of Stock Ownership Structure: Agency Costs, Monitoring, and the Decision to Go Public, *Quarterly Journal of Economics*, 1998, 113 (1): 187 - 225.

[36] Poppo L. and Zenger T., Do Formal Contracts and Relational Governance Function as Substitutes or Complements? *Strategic Management Journal*, 2002 (23): 707 - 725.

[37] Pagano, Marco and Ailsa Rell, The Choice of Stock Ownership Structure: Agency Costs, Monitoring, and the Decision to Go Public, *Quarterly Journal of Economics*, 1998, 113 (1): 187 - 225.

[38] Riyanto Y, Too lsema, Tunneling and Propping: A Justification for Pyramidal Ownership. National University of Singapore, Working Paper, 2004.

[39] Raman K., H. Shahrur., Relationship - specific investments and earnings management: Evidence on corporate suppliers and customers, *The Accounting Review*, 2008 (4): 104 - 108.

[40] Shleifer, Andrei and Robert W. Vishny, A Survey of Corporate Governance, *Journal of Finance*, 1997, 52 (2): 737 - 783.

[41] Summers B., Nicholas Wilson., An Empirical Investgation of Trade Credit Demand, *International Journal of the Economics of Business*, 2002, 9 (22): 257 - 270.

[42] Subramani, M. R., and Venkatraman, N., Safe guarding investment in asymmetric interorganizational relationships: Theory and evidence, *Academy of Management Journal*, 2003, 46 (1): 46 - 62.

[43] Wurgler, Jeffrey A., Financial Markets and the All ocation of Capital, *Journal of Financial Economics*, 2000, 58 (1 - 2): 187 - 214.

[44] Yao yiwei., Relationship - specific investments, accounting conservatism, auditor choice and audit fees: The effect of customers and suppliers. Ph. D. Thesis, City University of Hong Kong, 2009.

[45] Zingales, Luigi, The Value of the Voting Right : A Study of the Milan Stock Exchange experience, *Review of Financial Studies* , 1994, 7 (1): 125 - 148.

[46] 丑建忠、黄志忠、谢军:《股权激励能够抑制大股东掏空吗?》,《经济管理》,2008 年第 17 期。

[47] 程建伟:《上市公司大股东非经营性资金占用影响因素的实证研究》,《南京审计学院学报》,2007 年第 1 期。

[48] 曹宇、李琳、孙铮:《公司控制权对会计盈余稳健性影响的实证研究》,《经济管理》,2005 年第 14 期。

[49] 杜兴强、曾泉、杜颖洁:《政治联系类型与大股东资金占用——基于民营上市公司的实证研究》,《经济与管理研究》,2010 年第 2 期。

[50] 杜兴强、郭剑花、雷宇:《大股东资金占用、外部审计与公司治理》,《经济管理》,2010 年第 1 期。

[51] 高强、伍利娜:《大股东资金占用与审计师选择的再检验》,《审计研究》,2007 年第 5 期。

[52] 高雷、何少华、仪垂林:《国家控制、政府干预、银行债务与资金侵占》,《金融研究》,2006 年第 6 期。

[53] 高雷、宋顺林:《掏空、财富效应与投资者保护——基于上市公司关联担保的经验证据》,《中国会计评论》,21 - 41.

[54] 高雷、何少华、黄志忠:《公司治理与掏空》,《经济学》(季刊),2006 年第 4 期。

[55] 洪金明、徐玉德、李亚茹:《信息披露质量、控股股东资金占用与审计师选择——来自深市 A 股上市公司的经验证据》,《审计研究》,2011 年第 2 期。

[56] 侯晓红、李琦、罗炜:《大股东占款与上市公司盈利能力关系研究》,《会计研究》,2008 年第 6 期。

[57] 何小杨:《我国家族企业中的"人际关系网"——现状及制度诱因》,《证券市场导报》,2011 年第 11 期。

[58] 黄兴孪、沈维涛:《掏空或支持——来自我国上市公司关联并购的实证分析》,《经济管理》,2006 年第 12 期。

[59] 姜国华、岳衡:《大股东占用上市公司资金与上市公司股票回报率关系的研究》,《管理世界》,2005 年第 5 期。

[60] 姜国华、岳衡:《大股东占用上市公司资金与上市公司股票回报率关系的研究》,《管理世界》,2005 年第 9 期。

[61] 廖旗平:《关于股权分置改革对公众投资者利益影响的分析》,《重庆

工商大学学报》（社科版），2007 年第 1 期。

［62］吕长江、周县华：《公司治理结构与股利分配动机——基于代理成本和利益侵占的分析》，《南开管理评论》，2005 年第 3 期。

［63］李增泉、孙铮、王志伟：《“掏空”与所有权安排——来自我国上市公司大股东资金占用的经验证据》，《会计研究》，2004 年第 12 期。

［64］李增泉、孙铮、王志伟：《“掏空”与所有权安排——来自我国上市公司大股东资金占用的经验证据》，《会计研究》，2004 年第 12 期。

［65］李增泉、余谦、王晓坤：《掏空、支持与并购重组——来自我国上市公司的经验证据》，《经济研究》，2005 年第 1 期。

［66］李增泉、孙铮、王志伟：《“掏空”与所有权安排——来自我国上市公司大股东资金占用的经验证据》，《会计研究》，2004 年第 12 期。

［67］刘启亮、罗乐、何威风、陈汉文：《产权性质、制度环境与内部控制》，《会计研究》，2012 年第 3 期。

［68］刘仁军：《关系契约与企业网络转型》，《中国工业经济》，2006 年第 6 期。

［69］刘明辉、张宜霞：《内部控制的经济学思考》，《会计研究》，2002 年第 8 期。

［70］黎来芳、王化成、张伟华：《控制权、资金占用与掏空——来自中国上市公司的经验证据》，《中国软科学》，2008 年第 8 期。

［71］马曙光、黄治忠、薛云奎：《股权分置、资金侵占与上市公司现金股利政策》，《会计研究》，2005 年第 9 期。

［72］梅峰、邓立丽：《大股东占款对上市公司效率的影响——基于2001～2005 年实证数据的研究》，《上海经济研究》，2007 年第 4 期。

［73］宁宇新、柯大钢：《控制权转移和资产重组：掏空抑或支持——来自中国资本市场的经验证据》，《中国会计评论》，2006 年第 2 期。

［74］裴红卫、柯大钢：《国有企业外部人控制的寻租解释》，《预测》，2005 年第 2 期。

［75］孙铮、李增泉、王景斌：《所有权性质、会计信息与债务契约——来自我国上市公司的经验证据》，《管理世界》，2005 年第 10 期。

［76］王鹏、周黎安：《控股股东的控制权、所有权与公司绩效：基于中国上市公司的证据》，《金融研究》，2006 年第 2 期。

［77］王家琪、孙玲玲：《大股东占用上市公司资金的实证分析》，《统计与决策》，2005 年第 12 期。

［78］薛爽、王鹏：《影响上市公司业绩的内部因素分析》，《会计研究》，

2004 年第 3 期。

［79］叶康涛、陆正飞、张志华：《独立董事能否抑制大股东的“掏空”?》，《经济研究》，2007 年第 4 期。

［80］杨德明、林斌、王彦超：《内部控制、审计质量与大股东资金占用》，《审计研究》，2009 年第 5 期。

［81］岳衡：《大股东资金占用与审计师的监督》，《中国会计评论》，2006 年第 1 期。

［82］杨雄胜：《内部控制理论研究新视野》，《会计研究》，2005 年第 7 期。

［83］周中胜：《治理环境、政府干预与大股东利益输送》，《山西财经大学学报》，2007 年第 4 期。

［84］周中胜、陈汉文：《大股东资金占用与外部审计监督》，《审计研究》，2006 年第 3 期。

［85］周中胜、陈俊：《大股东资金占用与盈余管理》，《财贸研究》，2006 年第 3 期。

［86］周中胜：《大股东资金占用与会计盈余的价值相关性》，《山西财经大学学报》，2007 年第 10 期。

［87］周中胜：《大股东利益输送与上市公司盈余质量——基于我国上市公司大股东资金占用的经验研究》，《中国会计评论》，2007 年版。

［88］张鸣、王俊秋：《大股东控制与资金占用的实证研究》，《中国会计学会高等工科院校分会 2005 年学术年会暨第十二届年会论文》，2005 年版。

［89］赵佳俪：《大股东资金占用：监管博弈及其市场反应的实证研究》，上海交通大学硕士学位论文。

第五章　内部控制、关系专用性投资与盈余管理

Ball 和 Brown（1968）对会计盈余与股票价格之间关系的开创性研究，会计盈余影响企业利益相关者之间的信息流动、契约签订、执行与监督，以及他们之间的财富分配。从“信息观”视角看，会计盈余有助于传递“经济收益”的信号，从而改变利益相关者的“信念”；从“计价观”视角看，会计盈余有助于准确地计量企业每一项资产、负债和权益并得到企业的“真实收益”，或有助于对资产（股价）定价；从“契约观”视角看，会计盈余为企业这一契约结合体的各种契约的签订与执行提供基础性数据，并成为企业契约的重要组成部分，以降低契约成本（如签约成本、担保损失和监督成本）。基于会计盈余的有用性，会计（盈余）信息具有经济后果（Zeff，1978）；加之利益相关者之间的信息不对称，“经济人”的自利和机会主义行为，会计盈余管理行为应运而生。国内学者一般认为，盈余管理是指企业管理当局为了误导其他会计信息使用者对企业经营业绩的理解，或影响那些基于会计数据的契约的结果，在编报财务报告和通过规划交易以变更财务报告时，做出判断和会计选择的过程。国外学者（Paul M. Hyaly）认为，盈余管理发生在管理当局运用职业判断编报财务报告和通过规划交易以变更财务报告时，旨在误导那些以公司的经济业绩为基础的利益关系人的决策或者影响那些以会计报告数字为基础的契约的后果。国内外学者对盈余管理的动机、手段及其经济后果进行了大量深入的研究，同时对盈余管理的程度、频率以及测量方法的研究也取得了丰富的成果。但是，所有这些研究基本上围绕着投资者和债权人等利益群体的视角、从有效市场理论出发，因为如果市场有效，那么投资者将会“看穿”公司的盈余管理行为，并不会被公司蒙蔽而做出无偏反应（Schipper，1989；Beaver 等，1989；Petroni，1992）。对于供应商/客户这样一个十分重要的群体是否能够“看穿”盈余管理，似乎被忽视了，一般而言，供应商/客户能否识别公司的盈余管理行为，主要与其所处的制度环境有关，我们认为不同的制度环境因素是导致供应商/客户识别能力的主要差异，而

非供应商/客户是否具备识别能力所致。

与以往单纯从投资者（债权人）群体视角，根据市场有效理论，从内部控制这一规则治理机制出发研究盈余管理的文献不同，本章引入关系型交易这一关系治理机制，探讨两种不同的治理机制及其交互作用对上市公司应计盈余管理和真实盈余管理行为的影响。检验结果表明，随着供应商/客户关系交易比例的增加，上市公司进行正向应计盈余管理和真实盈余管理的程度越严重；进一步研究发现，高质量内部控制有助于抑制供应商关系型交易诱发的正向应计盈余管理和真实盈余管理，但是对客户关系型交易诱发的应计/真实盈余管理无显著影响。本章引入真实盈余管理，进一步丰富了高质量内部控制抑制盈余管理行为的经验证据，而且拓展了“关系治理”和“规则治理”如何相互作用并最终影响企业盈余的研究文献。

第一节　问题提出与研究贡献

关系作为效用很高的一种互利互惠工具，越来越广泛地被引入到商业交易中。自 20 世纪 80 年代，日本汽车制造企业依靠与供应商之间的合作关系取得巨大成功以来，已有研究发现，企业间关系交易活动具有两面性——降低交易成本与诱发机会主义行为。一方面，企业之间通过建立关系交易，形成供应商/客户关系一体化的关系，能够降低交易成本、提高生产差异性、减少经营失误、创造持续的关系，是提升合作双方的关系质量、获取长期的竞争优势、增强企业竞争力的必要条件（Johnson，1999；Dyer，2003；Allen 和 Babus，2008；Khanna 和 Thomas，2009；Bunkanwanich，2008；Chen，2009；Kong，2011）。但是另一方面，基于机会主义视角的经验证据却发现企业的关系交易可能导致机会主义、道德风险、双方内部人员合谋、转移公司财富等问题（Tirole，1986；Johnson，2000；Jian，2010），对公司治理、会计信息质量、股价同步性存在较大的负面影响（Jin 和 Myers，2006；Fan，2007；Cohen 和 Frazzini，2008；Devos，2009；Dou，2010；李增泉等，2011）。因此，基于上述关系交易对企业影响的正反两方面证据，关于关系型交易后果的研究还需进一步深入探讨。

在企业与其供应商/客户的关系型交易中，随着彼此相互依赖的增加以及环境不确定性的影响，使交易双方都有通过一定的治理机制来控制和协调交易对象合作行为的需要。内部控制作为一种制度安排，已经成为财务报告质量（这是关系型交易的重要前提与治理基础）的可靠保证（Maksimovic 和 Titman，1991；

Chen，2009），已有研究发现内部控制有助于抑制盈余管理行为，提高盈余质量（Doyle，2007；Kam，2008；Ashbaugh - Skaife，2008；Altamuro，2010；方红星和金玉娜，2011；董望、陈汉文，2011；范经华等，2013）。但是这些研究文献主要是基于应计盈余（Accrual Earnings）视角进行的。然而，随着法律制度与会计准则的日臻完善，操纵应计项目的盈余管理方式更容易引起审计师和监管者的注意，上市公司利用应计项目进行盈余管理的空间越来越小，而扩大生产、调整价格、削减研发支出等真实盈余管理则具有很强的迷惑性和隐蔽性，模糊或粉饰公司业绩水平（Dechow 和 Skinner，2000）的后果更为严重，因此许多公司便"与时俱进"地转向利用更加隐蔽的真实活动进行盈余管理（Bruns 和 Merchant，1990；张俊瑞等，2008），应计与真实盈余管理是公司基于内外部环境进行综合权衡后的一个选择结果（刘启亮等，2011）。因此，本章关注的问题是：在中国缺乏完善的外部法律保护机制的特有背景下，依靠基于关系、声誉的信任而构建的相对狭小的企业关系型交易是否成为诱发企业盈余管理行为的一个重要因素？关系型交易对于不同方式的盈余管理——应计盈余管理和真实盈余管理的影响是否存在差异①？如果进一步考虑内部控制的规则治理因素，则关系型交易对企业应计盈余管理与真实盈余管理的影响将产生怎样的变化？

本章的贡献在于：

（1）相对于应计盈余管理而言，真实盈余管理的操作过程更加复杂、周期也更长，需要更多部门相关人员、特别是供应商/客户的配合。本章引入关系型交易，拓展了企业真实盈余管理与其供应商/客户之间关联的研究文献。

（2）本章发现关系型交易增强了企业的盈余管理动机，降低了企业的盈余质量。而内部控制作为财务报告生成的内在制度约束机制，有助于缓解因关系交易而诱发的盈余管理行为。这一研究成果不仅为如何降低关系交易的机会主义负面影响提供了一种有益的思路和方法，而且为正式制度如何弥补非正式制度缺陷提供了经验证据。

（3）对内部控制经济后果的文献拓展。本章更加突出了内部控制的信息交流机制抑制供应商和客户关系交易可能出现的盈余管理行为的作用机理的认识，

---

① 应计盈余管理主要是利用会计政策和会计估计进行，这类盈余管理手段通常只影响不涉及现金流量的应计项目（应计项目是权责发生制的结果），而不影响各期实际的现金流量，即只影响会计盈余在各期的分布，而不影响会计盈余的总额；而真实盈余管理则是通过安排真实交易实现的，是公司管理层通过构造具体交易并控制交易发生时间所进行的盈余管理。这类盈余管理手段通常既影响各期盈余，也影响各期实际的现金流量，并且通常不会增加公司价值，反而会伤害到公司的长期价值；此外，由于真实盈余管理在具体交易安排上存在差异，如通过资产处置、关联交易等基于非经常性损益项目的盈余管理更易于识别（Chen and Yuan，2004），而通过调整价格和产量或削减研发支出等真实盈余管理则具有很强的迷惑性和隐蔽性，且与真实的经营活动难以区分。

进一步拓展了“关系”和“规则”如何相互影响企业会计信息质量问题的研究文献。

第二节 文献综述

一、国外研究现状

1. 盈余管理的动机

国外学术界对盈余管理的动机大致可以分为以下三类：

（1）资本市场动机。在股票发行前，由于较高的盈余往往能够带来更高的发行价格，管理层有强烈的动机通过盈余管理来提高账面盈余，以吸引投资者。Loughran 和 Ritter（1995）研究发现，企业在发行股票之前往往会进行盈余管理增加发行期间的净利润，通过粉饰财务的方式提高公司声誉以取得较高的股票发行价格，而股票成功发行后则会出现经营业绩下降和股票收益降低的现象。Teoh、Welch 和 Wong（1998）也对股票进行 IPO 之前经理人的盈余管理行为进行了研究，发现公司在进行 IPO 之前存在做高盈余管理的行为。而在股票回购时，股票市场价格与公司的盈余水平相关，因而管理层有动机做低公司的账面盈余以减少回购价格。Perry 和 Williams（1994）从操控性应计利润的角度来衡量盈余管理，研究发现，公司在收购前一年明显进行了向下的盈余管理。而当面临其他公司的并购时，管理层就有动机实施向上的盈余管理以提高公司的股票价格。Erickson 和 Wang（1999）研究发现，公司在合并前出现了提高账面盈余的现象。

（2）契约动机。国外学术界对契约动机的研究主要包括债务契约动机，管理层薪酬契约动机以及股利契约动机。关于债务契约动机的研究，Libert 和 Zimmerman（1986）发现，当公司受到发放现金股利和进行借债等债务企业的约束时，即将违反或已经违反债务契约公司的管理层有通过盈余操纵来避免或减轻因违反债务契约带来的损失的动机。Dechow（1996）研究发现，在公司治理不完善和内部人控制的情况下，试图通过较低的成本进行融资以及逃避债务契约的约束是公司实施盈余管理的重要动机。关于报酬契约动机研究，Healy（1985）发现，由于管理层的奖金计划往往与公司盈余相关，当企业实际盈余低于契约规定的下限或是高于上限时，管理者就会通过降低盈余以增加下期的报酬。Bergstresser（2006）等研究发现，由于高管薪酬跟公司股票价格密切相关，公司的高管会通过调整应计利润的方式进行盈余管理，从而提高公司股票价格。对于股利契约动机研究，Kasanen 和 Niskaner（1996）发现，控股股东偏好稳定的股利现金流，而当公司的实际业绩不能满足大股东所要求的股利时，管理层具有强烈的动机进行盈余管理。

（3）政治成本动机。在西方盈余管理的政治成本动机的研究主要体现在规避行业监管和反托拉斯监管两方面。Boynton、Dobbins 和 Plesko（1992）研究发现，为了将高税率期间的盈余转移到低税率期间，企业具有盈余管理的动机。Beatty（1996）发现，接近最低资本要求的银行会通过提高对贷款损失准备的估计，降低贷款注销额等方式进行盈余管理。

2. 盈余管理的手段

国外学者对盈余管理的手段大致分为两类。一类是利用会计方法，如递延收益、利用折旧、计提坏账准备、调整费用等；另一类是安排真实交易，如关联交易、股票交易等。

（1）利用会计方法进行盈余管理。Healy（1985）研究发现，管理当局将盈余作为基础提高奖金报酬时，管理层往往会采用递延收益的会计处理方法来提高或降低盈余。Teoh 等（1998）在对美国 IPO 公司的盈余管理行为进行研究时发现，IPO 公司通过固定资产折旧和坏账准备达到盈余管理的目的。Petroni（1992）研究发现，财产保险公司运用损失准备进行盈余管理。Liu 和 Lu（1997）发现，银行会通过计提贷款损失进行盈余管理。

（2）利用真实交易进行盈余管理。Bartov（1996）对从出售资产的角度进行盈余管理的研究发现，公司经理可以通过选择长期资产处置的时间（推迟或提前资产处置收入的时间）进行盈余管理，从而达到利润平滑和降低权益负债率的盈余管理目的。Poitras（2002）对新加坡上市公司的研究发现，亏损上市公司主要通过出售资产进行盈余管理。

3. 盈余管理的计量方法

综观盈余管理的研究发现，主要有四种方法计量盈余管理：

（1）总应计利润模型。是将企业会计报告盈余分为经营现金流量和应计利润两部分。而总应计利润又分为操纵利润和不可操纵利润。可操纵利润是无法直接观测的，所以总应计利润的模型是将可操纵利润从总应计利润中分离出来，得到盈余管理的衡量指标。总应计利润模型主要包括五种，分别是：Healy 模型、DeAngelo 模型、Jones 模型、修正的 Jones 模型以及 Industry 模型。

（2）具体应计利润模型。是集中一个或一组特定的应计项目。具体应计利润模型根据对象建立模型，因此模型建立得更为合理。这种方法通常用于一些特定行业，银行贷款准备金、保险索赔等。典型模型是 McNic - holes 和 Wilson 对于坏账准备的应计项目的计量，Beaver 和 Engel 对贷款损失准备的应计项目的计量，Petroni 对索赔准备的应计项目的计量。

（3）真实盈余管理的计量。主要是从经营决策变化所导致的收益中分离出异常的利润部分衡量真实盈余管理。较为典型的模型是 Roychowdhury（2006）借鉴 Dechow（1995）模型计算出公司的正常的经营现金流量、酌量性费用和生产成本，用模型的残差项即为异常的经营现金流量、酌量性费用和生产成本来衡量真实的盈余管理。

（4）盈余分布法。是通过盈余分布的密度来分析盈余管理是否存在。这种方法是假定不存在盈余管理的前提下，盈余管理和盈余变化大致呈正态分布。如果管理后的盈余不存在正态分布，说明存在盈余管理行为。常用的两种检验方法包括：①直方图；②构造概率密度函数进行统计检验。

4. 内部控制与盈余管理

国外关于内部控制和盈余管理之间关系的研究比较丰富。Chan 等（2005）研究发现，那些按照 404 条款披露内部控制实质性缺陷的公司相对其他公司有更低的盈余质量和更低的投资回报。Doyle 等（2007a）指出，内部控制是决定应计质量的潜在要素，通过调查内部控制与盈余质量的关系，发现内部控制缺陷与不能实现现金流量的低质量应计有关。Doyle 等（2007b）发现，报告内部控制重大缺陷的公司，由于应计项最后更少地变为现金流，其应计质量更低。Ashbaugh - Skaife 等（2007）检验了内部缺陷及其调整对应计质量的影响，结果表明内部控制缺陷的公司具有较高的非正常性盈余。如果公司外部审计师对以前披露的内控缺陷进行改进，其盈余质量会提高。Chan（2008）发现，报告内部控制缺陷的公司盈余管理程度要高于没有报告内部控制缺陷的公司。Ge（2005）发现，SOX 内部控制条款降低了小型上市公司的信息披露质量。Altamuro 和 Beatty（2010）发现，内部控制监管提高了信息质量。

内部控制作为一种制度安排，保证财务报告质量是其核心目标之一。从理论上来看，高质量的内部控制质量越高就意味着盈余管理程度越低，盈余质量越高。但从上述实证研究综述可以看出，国内外学术界对内部控制制度与内部控制信息披露方面对盈余管理的影响研究尚未得出一致的结论，内部控制是否对盈余管理起到实质上的抑制作用有待于进一步检验。

5. 供应商/客户关系型交易与盈余管理

近年来，国际上掀起了一股研究供应商、客户关系型交易的热潮。国外已有一些研究表明内部控制与会计信息存在一定关系。Titman（1988）研究发现，随着关系型资产的增加，企业会增加对财务会计信息的需求，并进而延伸对审计认证的特定需求。Bowen（1995）研究发现，现企业与供应商/客户之间的隐性契约更容易促使管理层选择提升长期业绩的会计政策。Raman（2008）从机会主义角度研究发现，企业的盈余管理会诱使供应商/客户进行更多的关系型交易。Yao（2008）研究发现，随着供应商/客户关系型交易的增多，对企业高质量的会计信息需求也会增多。Chenl（2009）研究发现，随着供应商/客户关系型交易的增多，对企业会计稳健性的要求也随之增加。Dou（2013）研究发现，随着供应商/客户关系型交易的增多，基于企业特质信息传递的盈余管理需求的会计盈余平滑程度也在增加。

基于上述研究综述，关系型交易作为连接上市公司和供应商/客户的纽带，已成为企业建立信任体系，降低交易成本，提高竞争力的必备条件之一。从国外研究中可以看出，供应商/客户关系型交易对上市公司的会计政策、盈余管理和会计信息产生影响，但是这种影响是正面还是负面，研究结论并不一致。

二、国内研究现状

1. 盈余管理的动机

国内研究表明，我国上市公司进行盈余管理的行为较为普遍。其动机可以分为三类。

（1）IPO动机。林舒、魏明海（2000）对A股上市公司IPO过程中盈余管理行为的研究表明，上市公司在上市前两年资产收益率最高，IPO当年便显著下降，认为这是之前盈余管理“美化”财务报告的结果。王春峰、李吉栋（2003）以1998~2002年A股主板上市公司为样本，研究表明，IPO公司在发行前一年为了提高发行价格，会调增盈余。发行当年在总资产周转率下降和募集资金未能立刻取得成效，为了避免会计指标的下滑，会再次调增利润，而在发行后两年则出现调减利润的现象。张宗益、黄新建（2003）对1998~2000年首次公开发行股票中盈余管理行为进行了实证研究，发现企业为了迎合监管机构对IPO的要求以及保证IPO的顺利完成，在IPO当年及前一年和后一年确实存在显著的盈余管理，并且在IPO当年盈余管理程度达到最大。

（2）配股动机。蒋义宏、魏刚（1998）的研究发现，至少在1996年度和1997年度，10%左右的上市公司中存在着ROE操纵现象，在1997年度更是达到了登峰造极的地步。ROE在10%左右的公司会操纵ROE使其高于10%以达到配股标准。陈小悦、肖星和过晓艳（2000）发现，拥有配股权的临界公司的应计利润总额显著高于非临界公司。张祥建、徐晋（2005）采用横截面的Jones模型对配股公司盈余管理的时间序列分布进行了研究，分析了可操纵利润与配股后业绩变化的关系，发现上市公司在配股前三年和配股当年可操控性应计利润都较高，而配股后产期业绩下降，且可操控性应计利润与配股后的业绩有显著的负相关关系。洪明渠（2008）实证研究发现，上市公司在股权再融资前会进行向上的盈余管理，且向上调整的幅度较大，再融资市后上市公司的收益水平明显下降。

（3）避免被ST、暂停或终止上市动机。陆建桥（1999）以1997年底以上亏损上市公司为样本，研究发现亏损上市公司在首次亏损年度进行了显著的调减盈余管理行为，而在亏损前一年以及扭亏年度存在显著调增盈余管理行为，从而逃避监管部门的管制。于海燕、李增泉（2001）对我国上市公司资产减值的研究结果表明，扭亏和亏损企业在提取存货跌价准备的过程中存在盈余管理行为的迹象。吴联生、薄仙慧、王亚平（2007）通过对1998～2004年上市公司的研究发现，我国上市公司与非上市公司每年都存在避免亏损的盈余管理。整体来说，上市公司盈余管理的幅度和频率都高于非上市公司。张俊瑞、李彬、刘东霖（2008）以1998～2005年A股上市为研究样本，从真实盈余管理的角度对微利公司和非微利公司比较分析发现，微利公司存在利用生产、销售以及费用操控等手段来达到保盈的目标。

2. 盈余管理的手段

（1）利用会计方法进行盈余管理。陆建桥（1999）研究发现，亏损公司主要通过营运资金项目，尤其是将应收应付项目和存货项目作为盈余管理的手段。蒋义宏（2002）通过对2000年首次亏损、扭亏和摘帽的上市公司研究发现，亏损公司主要通过应计项目和非经常损益项目调节盈余。胡玮瑛等（2003）对微利公司盈余管理的研究指出，微利公司主要通过营业外项目进行盈余管理。赵春光（2006）从资产减值的角度进行盈余管理的研究发现，亏损的公司在减值以前会通过转回和计提资产减值进行盈余管理，以避免公司亏损。魏涛等（2007）对非经常性损益盈余管理方式的研究发现，无论是亏损公司还是盈利公司都普遍以非经常性损益进行盈余管理。

（2）利用真实交易进行盈余管理。肖星和陈晓（2003）研究发现，上市公司不仅通过操纵性应计利润提高盈余，而且关联交易、重组活动、亏损类型也对扭亏产生了重要影响。孟焰、张秀梅（2006）通过2001～2004年以关联交易获得非标审计意见的147家上市公司为研究对象，证实了关联交易盈余管理的主要目的和结果是关联方从上市公司转移利益。佟岩、王化成（2007）通过对关联交易、盈余质量、控制权收益的关系对上市公司通过关联交易进行盈余管理的影响研究发现，以关联交易进行盈余管理是上市公司的实际控制人实现对控制权收益掌握的主要方法。

3. 盈余管理的计量方法

国内盈余管理的研究方法主要是借鉴国外的研究方法，主要包括总应计利润模型和频率分布法。

（1）总应计利润模型。比如陆建桥（1999）对修正的Jones模型加以修改，加入了无形资产和其他长期资产得到扩展的Jones模型。林舒和魏明海（2000）在DeAngelo模型的基础上，总资产的变化对公司成长性进行调整、通过选择控制样本对宏观经济环境进行调整，研究了中国A股发行公司首次公开募股过程中是否存在盈余管理行为。

（2）频率分布法。如杜斌等通过对BD和DPZ频率分布方法进行修正，运用直方图、ROE的概率密度函数研究了中国上市公司的配股权与盈余管理问题。

4. 内部控制与盈余管理

国内学者结合我国的实际情况，也对内部控制对盈余管理的影响做了一些研究。得出了两种不同的结论。一种观点认为，内部控制与盈余管理没有关系。张国清（2008）研究发现，高质量的内部控制并未伴随着高质量的盈余，内部控制质量的改善并未伴随着盈余质量的提升。而公司的一些内在特征和治理因素会系统地影响内部控制与盈余质量。另一种观点则认为，内部控制降低了上市公司的盈余管理程度。张龙平等（2010）发现，内部控制鉴证提升了盈余质量。董望、陈汉文（2011）研究表明，在信息“生产”方面高质量的内部控制提高了应计质量。在投资方面，内部控制质量越高，盈余反应系数越大。方红星、金玉娜（2011）研究表明，高质量的内部控制能抑制公司会计选择盈余管理和真实活动的盈余管理；披露内部控制鉴证报告的公司具有更低的盈余管理程度，尤其是获得合理保证内部控制鉴证报告的公司，其盈余管理程度更低。根据综述结果我们可以看出，关于内部控制对盈余管理的影响，国内研究莫衷一是。

5. 供应商/客户关系型交易与盈余管理

国内关于供应商/客户与盈余管理的研究相对较少。王少飞等（2009）指出随着关系型资产的增加，企业会增加对财务会计的信息需求，并继而延伸出对审计认证的特定需求。孙铮、李增泉（2007）研究发现，随着关系专用性投资的增加，其对审计师的专业判断也提出了更高的要求。

从国内外几乎可以称为“盈余管理研究丛林”的众多文献中，可以看出，目前的盈余管理研究主要集中存在直接财务利益关系的相关者上，而且主要关注的是盈余管理的动机和影响。在转型经济体中，除了直接的财务利益关系者之外，还有一层特殊的关系网络和信任通道，这就是通常所说的“关系专用性投资”问题，如果站在这样一个层次上，企业的盈余管理又会发生怎样的变化？也就是说，当研究的视角从单纯的直接财务利益相关者转移到供应商/客户关系型交易，盈余管理究竟发生怎样的变化？这将是学术界鲜有涉及但又是十分重要的一个问题，本章要研究的就是这样一个问题。

第三节 理论分析与研究假设

一、关系专用性投资与盈余管理

在新兴市场，由于各类市场机制不尽完善，企业通过市场进行交易的成本通常非常高昂，人们会倾向于采用关系型交易替代离散型交易①。Johnson（2000）对转轨经济中企业关系合约的研究发现，在法律保护不好的国家，企业更倾向于与自己有关系的企业签订合同，企业内和企业间充满了关系交易。“关系”维持的时间越长，企业在未来可能获取的溢价就越多（MacLeod，2007）。因此，关系型契约成为转轨经济国家的一种减少信息不对称、增强信任、防范欺诈、促进互惠的长期博弈治理机制（唐志军等，2012）。一方面，内涵于“伦理本位的儒家文化”使“关系”成为中国社会中的一种重要资源，法律等显性制度在中国社会生活中所起作用远不如其在西方规则性社会中所起的作用大；另一方面，处于经济转型期的中国，由于产权界定和保护不力，法律体系不健全且执行成本高，对投资者的保护较弱，为了克服市场残缺带来的信息不对称以及法律执行的不足，也更加强化了中国企业对关系交易行为的需求。然而，关系型交易可能产生正反两方面的效应，交易者既可以通过关系型交易创造较高水平的关系租金，成为交易各方赢得跨组织竞争优势的必备条件之一；也可能致使交易者随着关系型交易比例的提高而承受较高的机会主义风险。因此，对于交易者而言，更为关注的问题就是了解关系交易中可能存在哪些负面效应，可以通过哪些方式提高关系型交易的正面效应并（或）抑制其负面效应，进而从交易关系中获得满意的收益。

作为公司重要的利益相关者，供应商/客户对公司的战略、经营业绩等诸方面都具有决定性的影响（Freeman，1984），因此，公司有很强的动机与它们建立长期的合作关系。但是，要建立这种合作关系，前提条件是公司本身正处于健康

---

① 离散交易（discrete transactions，中文译法还不统一，目前有个别性交易、单项交易、个别型或离散型交易、非连续性交易等）是指每笔交易是可清算的、交易之间没有关联、信息是对称的，第三方可观察、可证实的。这种交易者的行动完全是由价格机制所引导的，纯粹的离散交易在现实世界中是很少的。在原始社会最接近的可能是简单的物物交换，在现代社会最接近的是股票交易和商品零售交易。

发展状态，以缓解合作者对风险的担心。上市公司为了维持或吸引更多的供应商/客户的关系交易，就需要向供应商/客户传递企业财务状况良好、会计业绩稳步上升的预期，向供应商/客户展示良好的经营业绩，而反映在财务报表中则表现出较高的盈利水平。因此，企业为了达到缔结并进而维系与其主要供应商和客户的关系交易，往往会在会计准则允许的范围内采用最符合企业利益的会计政策，或“构造”真实的交易事项，对企业的盈余信息进行调整或控制。信息不对称是盈余管理存在的根本前提（Demski 和 Sappington，1987）。Ball（2000）的研究发现，依赖“关系”进行交易的企业，由于利益相关主体之间有私下信息沟通机制来规范双方行为（Klein，1978；Williamson，1979），无须依赖公开披露的信息，从而降低了企业的信息透明度。程新生等（2011）发现在以关系为基础的经济社会中，拥有更多关系网价值越高的公司为避免由于披露所带来的高额专有成本，往往倾向于选择低披露水平。而企业在面临来自供应商/客户的压力时，更倾向采取增加可供操纵的应计项目等盈余手段来提高利润，满足这些非财务利益相关主体的预期（Graham，2005；Raman 和 Shahrur，2008）。Bowen（1995）发现，供应商/客户与企业的隐性契约更容易促使企业的管理层选择提高长期业绩的会计政策，如先进先出法和直线折旧政策等。Raman 和 Shahrur（2008）的研究也表明，为诱使供应商/客户进行更多的关系型交易关系，企业提供了一种虚假的承诺——采用增加可供操纵的应计项目等盈余手段来提高利润。但是这种盈余管理下的会计利润一旦被交易伙伴识别，反而会破坏双方的关系型契约。Dou（2013）的研究进一步证明，供应商/客户关系交易的增多加剧了企业的盈余管理行为。

自从爆发安然、世通等一系列与盈余管理有关的会计丑闻以来，各国政府部门，一方面制定从紧的会计准则和严谨的内部控制制度，另一方面加强监管审查和提高法律诉讼的几率，以期最大限度地缩小企业利用盈余管理操纵利润的空间。然而，相关研究显示，上市公司仍然在进行盈余管理，所不同的是，盈余管理方式发生了明显的变化（Cohen，2008）。近些年来，国内外越来越多的研究表明，随着会计准则的日臻完善、证券市场外部监管以及面临会计师事务所的外部审计监管力度的不断加强，公司管理层在进行应计盈余管理时面临的压力越来越大，而且利用应计项目调增利润的额度毕竟有限，单靠应计项目管理盈余可能会使公司面临期末盈余不能达标的风险（Graham，2005）。因此，操控应计盈余项目并非公司管理层盈余管理的唯一途径，经营者还可以利用销售操控、削弱研发费用开支等途径非最优化地调整公司内在经济活动（Herrmann，2003；Graham，2005；Roychowdhury，2006）。此外，真实盈余管理因为需要部门甚至相关利益者（尤其是客户与供应商）的配合，因此真实的盈余管理从某种意义上更好地沟通了客户与供应商之间的关联。Graham（2005）的研究发现，由于受到来自供应商/客户的压力，企业更倾向于通过盈余管理的方式来满足这些利益相关主体的预期，以改善与它们的交易关系和商业条款，并且其调查发现，企业经理更喜欢用真实活动操控来调节报告盈余。国内的相关研究也表明，我国的上市公司中普遍存在盈余管理现象，企业通常采用应计盈余管理和真实盈余管理两种方式同时或替代性地操纵利润（刘启亮等，2009；李增福等，2011）。综合以上分析，本书提出假设1：

H1：限定其他条件，供应商/客户关系型交易比例越高，上市公司应计或真实盈余管理的程度越严重。

二、内部控制对关系专用性投资环境下的盈余管理：缓解抑或加速

企业间的交易可以获取专业化分工带来的收益，前提是法治良好市场的支持（Coase，1988）。建立在一定信任、合作基础上的关系交易，无疑会有助于更复杂、持续时间更长的契约的执行，良好的关系交易不仅不会破坏以规则为基础的治理秩序，反而能够补充规则治理的不足。然而，当关系交易引致“锁定”效应和因之而产生较高的转换成本，并导致价值贬损问题时，侧重于产权明晰、控制权配置的规则治理则又反过来拓宽人们的交易范围，从而弱化关系对企业过多约束的负面影响。因此，当面临复杂、风险更大的交易时，将灵活、双边、持续的关系治理和明确的契约条款相结合，有助于交易履行更加顺畅。Poppo 和 Zenger（2002）的研究发现，关系治理与正式契约之间存在互补关系，在复杂、高风险的交换关系中，同时采取正式契约治理和关系治理的效果要好于只采取其中一种治理措施的效果。

以双边长期合作形成的关系为基础的关系治理，一方面可以促成双边的合作；但另一方面也可能导致双边的垄断，表现为企业更依赖与主要供应商和客户进行商业交易，并且关系型交易的建立也意味着交易双方的相互依赖性不断增强，更容易形成“双方锁定”（Klein，1978），使双方都无法轻易地退出交易，否则就会导致双边利益的损害，使交易者具有很高的转换成本。正是这种锁定效应带来的高成本，使关系型交易往往被局限于一个狭小的范围内。随着交易范围的不断扩大，与新的投资者的联系便不再会那么顺畅，企业间整体的一致性会逐渐削弱，信息传递的质量和违约惩罚的可置性也会随之而衰减（Greif 和 Avner，1997），不诚实的行为时有发生，关系交易的维护就变得日渐困难了。而此时，若引入包括内部控制在内的规则治理，将有助于扩大交易范围，从而大大降低了关系治理成本。

国内外监管机构相继出台的一系列关于内部控制的政策规范表明，强化企业

内部控制已日益成为世界各国强化规则治理、提高公司治理水平的重要手段。

（1）良好的内部控制可以优化公司内部环境，提高公司治理水平。在一个组织结构和权责分配不合理的内控环境下，其企业文化很可能就是“老大”文化，常常是经理一个人说了算。而内部控制作为企业运作的一种内在制度安排，通过明确企业内部契约各方的职责和收益，制定相关的游戏规则（如“三重一大”集体决策制度），在企业中建立相互制约业务组织架构和业务流程，并对各部门的职责进行分工，实现相互监督的状态，确保所有的政策、程序都按照相关的法律和规定执行，可有效地控制、限制经理人的机会主义行为，减少经理人机会主义会计选择的可能性（魏明海等，2007），防止财务报告舞弊和盈余操控。Chan（2005）研究发现，存在内部控制缺陷的公司可操纵性应计指标在统计上显著高于其他公司。Ashbaugh - Skaife（2008）研究了内部控制缺陷及其调整对应计质量的影响，发现披露内部控制缺陷的公司具有较高的非正常性盈余。Altamuro（2010）则发现，对内部控制的监管可以提高盈利的持续性，增加未来现金流的可预测性，进而有助于提高财务报告的质量。刘炜松等（2005）研究发现，完善的内部控制形成了严谨的内部制衡关系，可以有效地防范会计信息失真，抑制盈余管理。张军等（2009）研究发现，实施内控审核后，可操纵性应计项明显降低。方红星、金玉娜（2011）研究发现，高质量的内部控制能够抑制公司的会计选择盈余管理和真实活动盈余管理。

（2）良好的内部控制可降低信息不对称。内部控制是为财务报告的可靠性和合规性提供合理保证的过程（SEC，2003），高质量的内部控制不仅有助于提高财务报告质量（Doyle，2007a；Ashbaugh - Skaife，2008；Altamuro，2010），减小财务报告的信息不确定性，使股东、债权人及供应商/客户等利益相关者获得更加真实的公司盈利能力和经营状况等方面的信息，减少由于错误的定价或决策带来的损失。还能约束内部人的机会主义行为，限制经理人和大股东对剩余控制权的滥用，保护利益相关者的利益不受侵占。

（3）内部控制五大要素之一的控制活动，如规范的授权审批控制、复核控制、会计系统控制、预算控制等，有助于及时发现公司内部契约各方发生的非主观故意性的随机错误。

（4）内部控制贯穿了企业活动的全过程，全面涵盖了财务报告控制、采购业务控制、销售业务控制、资金活动控制、资产管理控制、研究与开发控制和工程项目控制等诸多方面，从资金筹措、采购、生产、销售、货币资金管理及投资支出等方面，对企业经营的全过程都会产生实质性的影响。因此，高质量内部控制不仅可以提高财务报告盈余信息质量，同时可以防止公司不当行为的实际发生。

内部控制这种权责分明的内部治理机制，是企业利益相关者之间实现权力制衡的基本措施（杨雄胜，2005），能够进一步拓宽企业间的交易范围，有利于弱化关系对于交易双方的约束。进一步的，当企业内部控制制度不断完善时，也能够满足了供应商/客户对于企业高质量会计信息的需求，减少因关系交易诱发的管理层及大股东的机会主义会计行为。综合以上分析，本书提出假设2：

H2：限定其他条件，高质量的内部控制有助于缓解上市公司供应商/客户关系型交易诱发的应计或真实盈余管理行为。

第四节　研究设计

一、样本来源

本章选取了2009~2011年我国沪深A股上市公司作为研究样本，并剔除了原始样本中金融保险业、ST/PT上市公司以及相关数据缺失的公司。同时为了避免极端值对研究结果的影响，对研究样本中所有连续变量上下的1%进行了Winsorize处理，最终获得供应商关系型交易样本1907个，客户关系型交易样本2925个。上市公司财务数据、公司治理数据来源于中国股票上市研究（CSMAR）数据库、万德（WIND）数据库以及其他公开数据的手工搜集及处理，内部控制指数数据来源于中国上市公司内部控制指数研究课题组和深圳迪波公司，并对部分存疑数据进行了相互核对。数据前期处理工具为EXCEL，统计软件为SAS9.1和STATA11.0。

二、模型构建

1. 应计盈余管理模型

$$DA=\alpha+\beta_1 Rsi+\beta_2 Icid+\beta_3 Icid\times Rsi+\beta_4 Size+\beta_5 Roa+\beta_6 Lev+\beta_7 Drem+\beta_8 State+\beta_9 Rpt+\beta_{10} Top1+\beta_{11} TobinQ+\beta_{12} Seo+\beta_{13} Ato+\beta_{14} Du+\beta_{15} Comp+\beta_{16} Big4+\beta_{17} Age+\beta_{18} Loss+Ind+Year+\varepsilon$$

模型中的被解释变量DA是操控性应计盈余管理，本书采用由Jones模型演变而来的截面修正的Jones模型将可操纵利润从应计利润中分离出来，衡量上市公司的盈余管理。在截面修正的Jones模型中，非操纵利润采用事件期（即假设的盈余管理发生期）数据进行估计，其具体模型如下：

$$NDA_t = \partial_1 \frac{1}{A_{t-1}} + \partial_2 \frac{\Delta REV_t - \Delta REC_t}{A_{t-1}} + \partial_3 \frac{PPE_t}{A_{t-1}} \tag{1}$$

式（1）中，NDA_t 是经过 $t-1$ 期期末总资产调整后的第 t 期的非操纵应计利润；A_{t-1}表示第 $t-1$ 期末总资产；ΔREV_t 第 t 期收入和 $t-1$ 期收入的差额；ΔREC_t表示第 t 期净应收款和第 $t-1$ 期净应收款的差额；PEE_t 表示第 t 期末总厂房、设备等固定资产价值。∂_1、∂_2、∂_3 是不同行业、不同年份的特征参数。这些特征参数的估计值根据以下模型，并运用估计期各项数值进行回归取得：

$$\frac{TA_t}{A_{t-1}} = a_1 \frac{1}{A_{t-1}} + a_2 \frac{\Delta REV_t}{A_{t-1}} + a_3 \frac{PPE_t}{A_{t-1}} + \varepsilon_t \tag{2}$$

式（2）中，a_1、a_2、a_3 是 ∂_1、∂_2、∂_3 的 OLS 的估计值；TA_t 为第 t 期总应计利润；ε_t 表示残差项，代表公司应计利润中可操纵应计利润的部分（Subramanyam，1996；DeFond 和 Park，1997），其他变量含义与式（1）相同。

$$DA_t = \frac{TA_t}{A_{t-1}} - NDA_t \tag{3}$$

式（3）中，DA_t 为经过第 $t-1$ 期期末总资产调整后的第 t 期的操纵性应计利润。

$$TA_t = NI_t - OCF_t \tag{4}$$

式（4）中，TA_t 为第 t 期总应计利润；NI_t 为第 t 期营业利润；OCF_t 为第 t 期现金流量表中经营活动现金流量净额。

2. 真实盈余管理模型

$$\begin{aligned} DREM = {} & \alpha + \beta_1 Rsi + \beta_2 Icid + \beta_3 Icid \times Rsi + \beta_4 Size + \beta_5 Roa + \beta_6 Lev + \beta_7 Da + \\ & \beta_8 State + \beta_9 Rpt + \beta_{10} Top1 + \beta_{11} TobinQ + \beta_{12} Seo + \beta_{13} Ato + \beta_{14} Du + \\ & \beta_{15} Comp + \beta_{16} Big4 + \beta_{17} Age + \beta_{18} Loss + Ind + Year + \varepsilon \end{aligned}$$

模型中的被解释变量 DEM 为真实盈余管理，其中包括 $Drem$、$Dcfo$、$Dprod$、$Ddisexp$。本书借鉴 Cohen（2008、2010）的研究方法，从销售操控、产品成本操控和酌量费用操控三个方面来衡量企业真实活动的盈余管理。

（1）经营现金流量模型。正常的经营活动现金流与销售额存在线性关系（Dechow，1995）。本书通过模型（5）估计企业当期正常活动的现金流量，模型的残差项 $Dcfo$ 是异常经营活动产生的净现金流量。

$$\frac{CFO_{i,t}}{A_{i,t-1}} = a_1 \frac{1}{A_{i,t-1}} + a_2 \frac{SALES_{i,t}}{A_{i,t-1}} + a_3 \frac{\Delta SALES_{i,t}}{A_{i,t-1}} + \varepsilon_{i,t} \tag{5}$$

式（5）中，$A_{i,t-1}$为 i 公司第 $t-1$ 年的年末总资产，$CFO_{i,t}$为 i 公司第 t 年的经营现金流量，$SALES_{i,t}$是 i 公司第 t 年的营业收入，$\Delta SALES_{i,t}$是 i 公司第 t 年的营业收入变化。

（2）产品成本模型。企业会通过扩大本期生产产品的产量从而降低单位产品的生产成本来提高本期报告利润（Roychowdhury，2006），产品成本等于销售产品成本加上当年存货变动额。本书用模型（6）估计正常的产品成本，该模型的残差项 *Dprod* 为异常生产活动的产品成本。

$$\frac{PROD_{i,t}}{A_{i,t-1}} = a_1\frac{1}{A_{i,t-1}} + a_2\frac{SALES_{i,t}}{A_{i,t-1}} + a_3\frac{\Delta SALES_{i,t}}{A_{i,t-1}} + a_3\frac{\Delta SALES_{i,t-1}}{A_{i,t-1}} + \varepsilon_{i,t} \tag{6}$$

式（6）中，$PROD_{i,t}$为 i 公司第 t 年的产品成本（销售成本与存货变动之和），$\Delta SALES_{i,t-1}$是 i 公司第 $t-1$ 年的营业收入变化。

（3）酌量性费用模型。企业倾向于通过降低可操控的费用项目如研发费用、广告费及销售费用来达到提高盈余的目的（Roychowdhury，2006）。因此，本书利用模型（7）估计正常的酌量性费用，模型的残差项 *DISEXP* 是异常的酌量性费用。

$$\frac{DISEXP_{i,t}}{A_{i,t-1}} = a_1\frac{1}{A_{i,t-1}} + a_2\frac{SALES_{i,t}}{A_{i,t-1}} + \varepsilon_{i,t} \tag{7}$$

式（7）中，$DISEXP_{i,t}$为 i 公司第 t 年的酌量性费用（销售费用与管理费用之和）。

（4）真实盈余管理总额模型。真实盈余管理总额等于异常产品成本与异常经营现金流量和异常酌量性费用之差。

$$DREM_{i,t} = DPROD_{i,t} - DCFO_{i,t} - DISEXP_{i,t} \tag{8}$$

三、变量设置

关系交易（Rsi）：借鉴何小杨（2011）和 Kong（2011）的做法，采用向客户销售比例 Customer 或向供应商采购比例 Supply 来度量关系型交易。由于我国目前的年报披露并不规范具体，向供应商采购的比例以及向客户销售的比例均为前五大单位的合计比例，因此本章所使用的供应商采购比例及客户的销售比例均采用的是前五大供应商和客户的合计值。

内部控制（Icid）：使用迪博企业风险管理技术有限公司提供的内部控制指数，该指数被多数文章采用，具有较高的权威性，能够比较客观地衡量内部控制的有效性。

本章参考有关文献，在模型中还加入了以下控制变量：总资产收益率（*Roa*）、总资产周转率（*ATO*）、公司业绩及成长性（*TobinQ*）、财务杠杆（*Lev*）、企业规模（*Size*）、第一大股东持股比例（*Top*1）、所有权性质（*State*）、再融资（*Seo*）、董事长与总经理是否两职合一（*Same*）、高管薪酬（*Comp*）、董事会规模（*Board*）、独立董事比例（*Du*）以及是否“四大”审计（*Big*4）、公司是否亏损（*Loss*）等。具体见表 5－1。

表 5-1 变量定义表

变量名称	变量符号	变量定义
应计盈余管理	*Da*	根据修正的截面 Jones 计算出的操纵性应计利润
真实盈余管理	*Drem*	真实盈余管理总额
异常经营现金流量	*Dcfo*	销售操控程度
异常生产成本	*Dprod*	产品成本操控程度
异常酌量性费用	*Ddisexp*	费用操控程度
供应商关系交易	*Supply*	公司向前五大供应商采购额占公司全年采购额的比重
客户关系交易	*Customer*	公司向前五大客户销售额占公司全年销售额的比重
内部控制	*Icid*	采用迪博内部控制指数，该指数越高，说明内部控制越好
资产规模	*Size*	年末总资产的账面价值取对数
总资产报酬率	*Roa*	净利润/期末总资产
财务杠杆	*Lev*	期末总负债/期末总资产
所有权性质	*State*	最终控制人为国有取 1，否则取 0
供应商关联交易	*Rpts*	前五大供应商的关联交易采购额占公司全年采购额的比重
客户关联交易	*Rptc*	前五大客户的关联交易采购额占公司全年采购额的比重
大股东持股比例	*Top1*	公司第一大股东持股比例
托宾 Q 值	*TobinQ*	公司价值：市场价值/重置成本 =（每股价格 × 流通股份数 + 每股净资产 × 非流通股份数 + 负债账面价值）/总资产
再融资	*Seo*	公司进行增发、配股取值为 1，否则为 0
总资产周转率	*Ato*	营业收入/期末总资产
独立董事比例	*Du*	独立董事人数与董事会总人数的比值
高管薪酬	*Comp*	前三名高管薪酬取自然对数
事务所类型	*Big4*	事务所类型为四大取 1，否则取 0
上市年限	*Age*	上市年限
亏损情况	*Loss*	公司发生亏损取 1，否则取 0
行业	*Ind*	行业虚拟变量
年份	*Year*	年度虚拟变量

第五节 实证检验及其结果分析

一、描述性统计

主要变量描述性统计如表 5-2 所示。首先，从应计盈余管理看，在总样本量为 2853 家上市的公司中，1367 家上市公司为负向盈余管理，1486 家上市公司为正向盈余管理，超过半数的样本公司进行了正向盈余管理，*Da* 绝对值的均值为0.0749，*Da* 的最大值和最小值差距较大，说明上市公司进行盈余管理的程度差距明显。其次，从真实盈余管理看，真实盈余管理总额 *Drem* 绝对值的均值为0.1801，说明真实盈余管理已逐渐被各上市公司所采用，并作为应计盈余管理方式的一种补充。相对于 *Da*，*Drem* 的标准差较大（0.2115 >0.075），说明样本公司的真实盈余管理程度存在较大差异。再次，前五大客户和供应商购销比例的均

表5-2 描述性统计

变量符号	样本量	最小值	中位数	最大值	均值	标准差
Da	2853	-0.3252	0.0033	0.3428	0.0043	0.1033
| *Da* |	2853	0.0007	0.0515	0.4049	0.0749	0.0765
Da +	1486	0.0006	0.0530	0.3900	0.0757	0.0759
Da -	1367	-0.4910	-0.0496	-0.0008	-0.0749	0.0810
Drem	2853	-1.1567	-0.0557	0.4680	-0.0988	0.2488
| *Drem* |	2853	0.0018	0.1099	1.2355	0.1801	0.2115
Dcfo	2853	-0.0258	0.0010	0.0713	0.0027	0.0135
Dprod	2853	-0.7998	-0.0280	0.4779	-0.0507	0.1874
Ddisexp	2853	-0.0839	0.0237	0.4394	0.0455	0.0826
Supply	1858	0.0334	0.2773	0.9353	0.3298	0.2104
Customer	2853	0.0092	0.2059	0.9816	0.2721	0.2168
Icid	2853	4.4556	6.9596	9.6528	7.0285	0.8771
Size	2853	19.6275	21.9719	25.9283	22.1395	1.2460
Roa	2853	-0.0906	0.0378	0.2342	0.0477	0.0517
Lev	2853	0.0887	0.5284	0.8758	0.5183	0.1817
State	2853	0	1	1	0.6614	0.4733
Rpts	1858	0	0	1	0.0070	0.0834
Rptc	2853	0	0	1	0.1290	0.3352
Top1	2853	0.85	0.3452	0.76	0.3658	0.1577
TobinQ	2853	0.8275	1.7047	7.6048	2.0663	1.2295
Seo	2853	0	0	1	0.1521	0.3592
Ato	2853	0.0856	0.6549	3.0772	0.7811	0.5449
Du	2853	0.2857	0.3333	0.5714	0.3669	0.0535
Comp	2853	12.0611	13.9676	15.8000	13.9516	0.7464
Big	2853	0	0	1	0.0771	0.2668
Age	2853	2	13	22	12.8195	3.7017
Loss	2853	0	0	1	0.0585	0.2348

值都超过了25%，整体而言我国上市公司与前五大供应商和客户的交易比较集中，其前五大供应商的交易均值比前五大客户交易均值高出5%左右，说明上市公司对供应商的依赖性更强。供应商和客户最大值最小值差距较大，为本书研究提供了很好的契机。最后，内部控制指数的均值为7.0285，最大值和最小值的差距明显，说明我国上市公司内部控制质量存在较明显的不平衡现象。

二、相关性分析

主要变量的相关系数矩阵，如表5-3所示。我们发现主要的解释变量之间的相关系数低于0.5，这表明主要解释变量之间的多重共线性较小。从表5-3-Panel A看，应计盈余管理程度｜*Da*｜和供应商关系型交易变量 *Supply* 显著正相关，说明供应商关系型交易会诱发上市公司的盈余管理行为；而应计盈余管理程度｜*Da*｜和客户关系型交易变量 *Customer* 相关性不显著，说明客户关系型交易对盈余管理的影响不大。内部控制 *Icid* 与应计盈余管理程度｜*Da*｜负相关但不显著，说明内部控制有助于抑制应计盈余管理行为；从表5-3-Panel B看，真实盈余管理总额与供应商/客户关系型交易变量 *Supply* 和 *Customer* 均显著正相关，说明供应商/客户关系型交易均会诱发上市公司的真实盈余管理行为。内部控制 *Icid* 与真实计盈余管理总额 *Drem* 显著负相关，说明内部控制有助于抑制企业的真实盈余管理行为。进一步看，关系型交易变量 *Supply* 和 *Customer* 与资本结构变量 *Lev* 显著负相关，证实了企业的关系型交易会降低企业的财务杠杆，减少企业财务风险。

表5-3 -Panel A：应计盈余管理主要变量相关系数

	[1]	[2]	[3]	[4]	[5]	[6]	[7]	[8]	[9]	[10]
｜*Da*｜[1]	1.00									
Supply [2]	0.05[b]	1.00								
Customer [3]	0.01	0.32[a]	1.00							
Icid [4]	-0.00	-0.16[a]	-0.18[a]	1.00						
Size [5]	0.11	-0.17[a]	-0.14[a]	0.54[a]	1.00					
Roa [6]	0.11[a]	-0.11[a]	-0.12[a]	0.45[a]	0.12[a]	1.00				
Lev [7]	0.06[a]	-0.08[a]	-0.09[a]	0.11[a]	0.41[a]	-0.31[a]	1.00			
State [8]	-0.07[a]	-0.04	0.04	0.08[a]	0.20[a]	-0.07[a]	0.07[a]	1.00		
Ato [9]	0.00	-0.12[a]	-0.13[a]	0.23[a]	0.06[b]	0.21[a]	0.10[a]	0.15[a]	1.00	
Age [10]	0.06[b]	0.07[a]	-0.05[b]	-0.03	-0.06[b]	-0.01	0.02	0.03	-0.03	1.00

注：表中列示的是Pearson检验，a、b、c分别表示在10%、5%、1%水平上显著。

表 5-3 -Panel B：真实盈余管理主要变量相关系数

	[1]	[2]	[3]	[4]	[5]	[6]	[7]	[8]	[9]	[10]	[11]	[12]	[13]
Drem [1]	1.00												
Dcfo [2]	-0.44^{a}	1.00											
Dprod [3]	0.96^{a}	-0.36^{a}	1.00										
Ddisexp [4]	-0.74^{a}	0.33^{a}	-0.53^{a}	1.00									
Supply [5]	0.19^{a}	-0.08^{a}	0.10^{a}	-0.28^{a}	1.00								
Customer [6]	0.13^{a}	-0.08^{a}	0.06^{a}	-0.24^{a}	0.30^{a}	1.00							
Icid [7]	-0.24^{a}	0.28^{a}	-0.20^{a}	0.21^{a}	-0.14^{a}	-0.14^{a}	1.00						
Size [8]	-0.03	0.32^{a}	0.02	0.07^{a}	-0.16^{a}	-0.10^{a}	0.57^{a}	1.00					
Roa [9]	-0.48^{a}	0.28^{a}	-0.47^{a}	0.36^{a}	-0.08^{a}	-0.07^{a}	0.42^{a}	0.10^{a}	1.00				
Lev [10]	0.15^{a}	0.20^{a}	0.18^{a}	-0.09^{a}	-0.10^{a}	-0.09^{a}	0.07^{a}	0.39^{a}	-0.31^{a}	1.00			
State [11]	0.01	0.12^{a}	0.03^{c}	0.02	-0.03	0.02	0.10^{a}	0.24^{a}	-0.04^{b}	0.09^{a}	1.00		
Ato [12]	-0.19^{a}	0.51^{a}	-0.10^{a}	0.25^{a}	-0.03	-0.12^{a}	0.19^{a}	0.06^{a}	0.19^{a}	0.12^{a}	0.13^{a}	1.00	
Age [13]	0.03^{c}	-0.01	0.03	-0.01	0.09^{a}	0.00	-0.06^{a}	-0.10^{a}	-0.04^{b}	0.03	0.01	-0.01	1.00

注：表中列示的是 Pearson 检验，a、b、c 分别表示在 10%、5%、1% 水平上显著。

三、多元回归与结果分析

1. 供应商/客户关系型交易与应计/真实盈余管理

供应商关系型交易（*Supply*）与应计/真实盈余管理的回归结果如表 5-4-Panel A所示。从应计盈余管理看，供应商关系型交易与企业应计盈余管理程度｜*DA*｜显著正相关，且通过了 5% 的显著性水平检验；进一步区分应计盈余管理的方向，回归结果显示，在正向应计盈余管理的样本组中，供应商关系型交易的系数均显著为正（通过了 10% 的显著性水平检验），表明随着供应商关系型交易比例的提高，上市公司越倾向于做高盈余，即供应商关系型交易比例越高，上市公司正向应计盈余管理行为越严重；而在负向应计盈余管理组中，供应商关系型交易与负向应计盈余管理负相关，但是未通过显著性水平检验。上述结果说明供应商关系型交易对企业应计盈余管理行为的影响具有非对称性特征，主要是加剧了上市公司正向应计盈余管理行为。从真实盈余管理看，供应商关系型交易与企业真实盈余管理总额 *Drem* 在 1% 的水平上显著正相关、与异常产品成本 *Dprod* 显著正相关（5%）、与异常酌量性费用 *Ddisexp* 显著负相关（1%）、与异常现金流量 *Dcfo* 显著负相关（10%）。说明随着供应商关系型交易比例的提高，上市公司可能通过过度生产的方式以及降低酌量性费用的方式做高利润。上述结果表

明，供应商关系型交易在一定程度上加剧了企业的应计和真实盈余管理行为，由此假设 1 得到验证。在应计盈余管理模型中，我们对真实盈余管理总额（|*Drem*|）进行了控制，发现|*Drem*|与|*DA*|显著正相关、与 *DA*+正相关但不显著，与 *DA*-均显著负相关；而在真实盈余管理模型中，我们同样对应计盈余管理程度（|*Da*|）进行了控制，发现|*Da*|与真实盈余管理总额 *Drem* 和异常产品成本 *Dprod* 显著正相关。说明随着关系型交易比例的提高，为了吸引供应商/客户与之建立长期合作关系、满足供应商/客户对企业的预期，企业可能同时使用了多种盈余管理方式。

客户关系型交易（*Customer*）与应计/真实盈余管理的回归结果如表 5-4-Panel B 所示。从应计盈余管理看，客户关系型交易虽然与企业应计盈余管理程度|*DA*|正相关但是未通过显著性水平检验；进一步区分应计盈余管理的方向发现，在正向应计盈余管理的样本组中，客户关系型交易的系数显著为正（通过了 5% 的显著性水平检验），表明随着客户关系型交易比例的提高，上市公司越倾向于做高盈余，即客户关系型交易比例越高，上市公司正向应计盈余管理行为越严重；而在负向应计盈余管理组中，客户关系型交易与负向应计盈余管理正相关，但是未通过显著性水平检验。上述结果也同样说明客户关系型交易对企业应计盈余管理行为的影响具有非对称性特征，主要是加剧了上市公司正向应计盈余管理行为。从真实盈余管理看，客户关系型交易与企业真实盈余管理总额 *Drem* 在 1% 的水平上显著正相关、与异常产品成本 *Dprod* 显著正相关（1%）、与异常酌量性费用 *Ddisexp* 显著负相关（1%）、与异常现金流量 *Dcfo* 正相关但是不显著。说明随着客户关系型交易比例的提高，上市公司可能通过过度生产的方式以及降低酌量性费用的方式做高利润。综合以上分析，假设 1 基本得到验证。

2. 关系型交易、内部控制与应计/真实盈余管理

由于内部控制和关系型交易对上市公司应计盈余管理行为的影响均具有非对称性特征，因此，下文在检验关系型交易、内部控制对应计盈余管理的联合影响时，区分了应计盈余管理的方向进行分组检验。

供应商关系型交易（*Supply*）、内部控制对应计/真实盈余管理的联合影响回归结果如表 5-5-Panel A 所示。从应计盈余管理看，在正向应计盈余管理组中，*Supply*×*Icid* 的系数显著为负（通过了 10% 的显著性水平检验），说明上市公司内部控制质量的提高，有助于缓解供应商关系型交易引发的正向应计盈余管理行为；进一步观察负向盈余管理组中，*Supply* 和 *Supply*×*Icid* 的系数为负但均未通过显著性检验，由此说明，一方面因供应商关系交易而诱发的负向应计盈余管理不严重，另一方面对于因供应商/客户关系型交易诱发的负向盈余管理行为，内部控制的抑制作用不明显，可能的原因在于：以对风险的管理和控制为核心的内

表5-4 -Panel A：供应商关系型交易与应计/真实盈余管理的OLS多元回归

解释变量	应计盈余管理			真实盈余管理			
	| *DA* |	*DA* +	*DA* -	*Drem*	*Dcfo*	*Dprod*	*Ddisexp*
Intercept	0.1067 * (1.94)	0.1268 * (1.90)	-0.0768 (-0.82)	0.1546 (1.13)	-0.0314 *** (4.07)	-0.1166 (-1.12)	-0.2026 *** (-4.34)
Supply	0.0198 ** (2.13)	0.0199 * (1.69)	-0.0164 (-1.09)	0.1144 *** (4.92)	-0.0023 * (-1.78)	0.0453 ** (2.56)	-0.0680 *** (-8.60)
Size	-0.0010 (-0.45)	-0.0021 (-0.76)	0.0016 (0.42)	0.0042 (0.74)	0.0016 *** (4.90)	0.0111 *** (2.56)	0.0045 ** (2.33)
Roa	0.2769 *** (5.75)	0.5365 *** (9.34)	0.0339 (0.40)	-2.0498 *** (-17.60)	0.0487 *** (7.43)	-1.6077 *** (-18.15)	0.3947 *** (9.96)
Lev	0.0606 *** (5.03)	0.0732 *** (4.91)	-0.0546 *** (-2.79)	-0.1094 *** (-3.62)	0.0059 *** (3.48)	-0.0759 *** (-3.30)	0.0256 ** (2.49)
| *Drem* |	0.0041 *** (4.05)	0.0391 *** (2.62)	-0.0562 *** (-3.14)				
| *Da* |				0.1005 * (1.72)	-0.0161 *** (-4.91)	0.1315 *** (2.96)	0.0251 (1.27)
State	-0.0080 * (-1.95)	-0.0135 *** (-2.74)	-0.0013 (-0.19)	-0.0129 (-1.27)	0.0007 (1.15)	-0.0093 (-1.20)	0.0039 (1.13)
Rpts	-0.0109 (-0.52)	0.0091 (0.39)	0.0274 (0.71)	-0.0062 (-0.12)	0.0009 (0.29)	-0.0005 (-0.01)	0.0046 (0.26)
Top1	0.0066 (0.52)	-0.0018 (-0.12)	-0.0042 (-0.20)	0.0138 (0.43)	0.0009 (0.49)	0.0062 (0.25)	-0.0066 (-0.60)
TobinQ	0.0007 (0.38)	-0.0036 (-1.58)	-0.0035 (-1.06)	-0.0038 (-0.78)	-0.0015 *** (-5.58)	-0.0075 ** (-2.05)	-0.0018 (-1.09)
Seo	0.0133 *** (2.72)	0.0148 *** (2.67)	-0.0131 (-1.48)	-0.0667 *** (-5.52)	0.0036 *** (5.24)	-0.0505 *** (-5.49)	0.0130 *** (3.16)
Ato	-0.0037 (-0.99)	-0.0083 * (-1.74)	-0.0031 (-0.50)	-0.0146 (-1.61)	0.0115 *** (22.45)	0.0139 ** (2.01)	0.0156 *** (5.04)
Du	0.0065 (0.20)	0.0516 (1.31)	0.0495 (0.89)	-0.0423 (-0.51)	-0.0008 (-0.18)	-0.0341 (0.05)	0.0036 (0.13)
Comp	-0.0045 (-1.51)	-0.0037 (-1.04)	0.0060 (1.19)	-0.0024 (-0.33)	-0.0009 ** (-2.10)	0.0031 (0.55)	0.0052 ** (2.05)
Big4	-0.0104 (-1.50)	-0.0234 *** (-2.77)	-0.0002 (-0.02)	-0.0404 ** (-2.33)	-0.0009 (-0.91)	-0.0336 ** (-2.55)	0.0061 (1.03)
Age	0.0012 ** (2.27)	-0.0005 (-0.76)	-0.0031 *** (-3.38)	-0.0028 ** (-2.04)	-0.00002 (-0.31)	-0.0017 (-1.62)	0.0012 ** (2.53)
Loss	0.0425 *** (4.98)	0.0383 *** (2.88)	-0.0197 (-1.54)	-0.0860 *** (-4.04)	-0.0007 (-0.61)	-0.0624 *** (-3.85)	0.0260 *** (3.58)
行业/年度	控制	控制	控制	控制	控制	控制	控制
F值	7.52	8.21	3.66	35.22	38.69	31.37	30.26
Adj - R^2	0.1177	0.2205	0.1021	0.4119	0.4354	0.3833	0.3745
观测值	1858	969	889	1858	1858	1858	1858

注：*** 表示在1%的水平上显著，** 表示在5%的水平上显著，* 表示在10%的水平上显著。

表 5-4 -Panel B：客户关系型交易与应计盈余管理/真实盈余管理的 OLS 多元回归

解释变量	应计盈余管理			真实盈余管理			
	|DA|	DA+	DA-	Drem	Dcfo	Dprod	Ddisexp
Intercept	0.1281*** (2.90)	0.1589*** (2.91)	-0.1173* (-1.79)	0.1478 (1.31)	-0.0366*** (-6.13)	-0.1250 (-1.44)	-0.02123*** (-5.56)
Customer	0.0098 (1.40)	0.0206** (2.21)	0.0065 (0.60)	0.1054*** (5.62)	0.0008 (0.78)	0.0444*** (3.07)	-0.0642*** (-10.07)
Size	-0.0032* (-1.87)	-0.0040* (-1.71)	0.0042 (1.62)	0.0013 (0.29)	0.0019*** (7.66)	0.0093*** (2.60)	0.0058*** (3.66)
Roa	0.3096*** (8.22)	0.5797*** (12.13)	0.0298 (0.48)	-2.1767*** (-22.50)	0.0581*** (11.29)	-1.7178*** (-22.99)	0.4370*** (13.29)
Lev	0.0602*** (6.36)	0.0724*** (5.70)	-0.0539*** (-3.75)	-0.0812*** (-3.20)	0.0071*** (5.23)	-0.0604*** (-3.08)	0.0124 (1.43)
|*Drem*|	0.0313*** (3.87)	0.0294*** (2.79)	-0.0423*** (-3.37)				
|*Da*|				0.2768*** (5.52)	0.0129*** (4.83)	0.2835*** (7.31)	0.0045 (0.27)
State	-0.0055* (-1.74)	-0.0099** (-2.44)	-0.0017 (-0.34)	-0.0075 (-0.89)	0.0006 (1.27)	0.0007 (0.10)	0.0071** (2.49)
Rptc	0.0024 (0.58)	-0.0012 (-0.22)	-0.0098 (-1.57)	-0.0029 (-0.26)	-0.0010* (-1.79)	0.0014 (0.17)	0.0056 (1.49)
Top1	0.0056 (0.57)	0.0027 (0.22)	-0.0041 (-0.26)	0.0126 (0.48)	-0.00004 (-0.03)	0.0013 (0.07)	-0.0084 (-0.96)
TobinQ	-0.0013 (-0.89)	-0.0051*** (-2.65)	-0.0012 (-0.53)	-0.0095** (-2.40)	-0.0013*** (-6.37)	-0.0102*** (-3.34)	0.0011 (0.83)
Seo	0.0160*** (4.05)	0.0161*** (3.37)	-0.0168** (-2.49)	-0.0524*** (-5.01)	0.0040*** (7.12)	-0.0409*** (-5.07)	0.0080** (2.26)
Ato	-0.0033 (-1.05)	-0.0087** (-2.05)	-0.0030 (-0.63)	-0.0255*** (-3.20)	0.0115*** (27.21)	0.0031 (0.50)	0.0154*** (5.69)
Du	0.0317 (1.24)	0.0493 (1.52)	-0.0028 (-0.07)	0.0417 (0.61)	0.0011 (0.29)	0.0133 (0.25)	-0.0189 (-0.81)
Comp	-0.0033 (-1.43)	-0.0039 (-1.27)	0.0037 (1.02)	-0.0052 (-0.84)	-0.0011*** (-3.41)	0.0015 (0.32)	0.0061*** (2.90)
Big4	-0.0113** (-2.01)	-0.0205*** (-2.77)	0.0016 (0.18)	-0.0435*** (-2.90)	-0.0020** (-2.52)	-0.0396*** (-3.42)	0.0048 (0.94)
Age	0.0011** (2.67)	-0.0003 (-0.54)	-0.0027*** (-4.06)	-0.0007 (-0.65)	-0.00003 (-0.51)	-0.0008 (-1.00)	0.00004 (0.12)
Loss	0.0379*** (5.68)	0.0288*** (2.66)	-0.0160* (-1.69)	-0.1004*** (-5.64)	-0.0000 (-0.01)	-0.0764*** (-5.56)	0.0282*** (4.66)
行业/年度	控制	控制	控制	控制	控制	控制	控制
F 值	11.56	12.63	4.83	53.08	58.05	46.79	47.31
Adj-R^2	0.1233	0.2294	0.0963	0.4097	0.4319	0.3789	0.3816
观测值	2853	1486	1367	2853	2853	2853	2853

注：*** 表示在 1% 的水平上显著，** 表示在 5% 的水平上显著，* 表示在 10% 的水平上显著。

部控制，对高估企业盈余的风险可能更为敏感，因而主要是对供应商关系型交易诱发的正向应计盈余管理具有明显的抑制作用。从真实盈余管理看，*Supply* × *Icid* 与真实盈余管理总额 *Drem* 在 1% 的水平上显著负相关、异常生产成本 *Dprod* 在 5% 的水平上显著负相关，与异常酌量性费用 *Ddisexp* 在 5% 的水平上显著正相关、与异常现金流量 *Dcfo* 正相关但不显著。即高质量内部控制在一定程度上有助于抑制供应商关系型交易诱发的真实盈余管理，但是主要体现在对真实盈余管理总额 *Drem*、异常生产成本 *Dprod* 和异常酌量性费用 *Ddisexp* 具有明显的抑制作用。由此，从供应商关系型交易角度，假设 2 得到验证。

客户关系型交易（*Customer*）、内部控制对真实盈余管理的联合影响回归结果如表 5 – 5 – Panel B 所示。从应计盈余管理看，无论是正向还是负向应计盈余管理，*Customer* × *Icid* 均未通过显著性检验，由此说明上市公司内部控制质量的提高，对于客户关系型交易引发的应计盈余管理行为无显著影响。而从真实盈余管理看，*Customer* × *Icid* 对所有反映真实盈余管理变量的影响也都不显著。由此，从客户关系型交易角度，假设 2 未得到验证。

为什么高质量内部控制对供应商与客户关系型交易诱发的应计/真实盈余管理的影响存在比较明显的差异？可能的原因在于：企业与供应商/客户的利益平衡和相互制衡是一个讨价还价的过程，博弈的结果往往依赖于各自的实力和在博弈中所处的地位，实力越强者被合作伙伴依赖的程度越高，实力越弱者依赖合作伙伴的程度越高。从前文的描述性统计中可以看出，整体而言我国上市公司与前五大供应商的交易均值比与前五大客户交易均值高出 5% 左右，说明上市公司对供应商的依赖性更强。由于处于上游企业使得供应商在交易中拥有了一定的主动地位，企业正常生产依赖于原材料的稳定供应，企业更换供应商的成本和风险较大，供应商会以停止供货相要挟，从而迫使企业遵守合约（Petersen 和 Rajan，1997）。而且 Joshi 和 Arnold（1998）的研究发现，关系交易会强化企业对其供应商顺从之间的正相关关系。不仅如此，在企业间的合作中，主要供应商还是企业的主要债权人之一，为了避免由于企业破产给自己带来的损失，作为债权人的供应商对企业的会计稳健性将会有更多的需求（Watts 和 Zimmerman，1986）。高质量内部控制限制了管理层机会主义行为，并对预期经济损失“坏消息”及时识别和确认力度增加，会计稳健性增强（方红星、张志华，2012；徐虹等，2013）。所以，企业有很强的动机借助高质量内部控制向供应商传递可置信承诺——抑制供应商关系型交易诱发的应计/真实盈余管理。与供应商不同的是，客户在与企业的交易中最关注的信息是商品/服务的质量、价格等相关的信息，客户希望企业能长期生存发展并能够稳定生产及时供货。在交易中客户往往处于弱势的地位，而关系交易又会进一步加强客户对企业的依赖（Poppo 和 Zenger，2002）。

只有在陷入买方垄断的困境中，买方能够施加可置信的威胁转移到另外一个卖方（Van Horen，2005），由此可以合理推论卖方企业为了防止客户流失，才会具有很强的内部控制规制动机抑制盈余管理以锁定客户，而我国作为一个处于转型经济、市场竞争不完全的经济体，企业通过建立完善的内部控制（或者将内部控制作为传递信息的通道）来锁定客户的需求与愿望明显减弱。因此，高质量内部控制主要有助于抑制供应商关系型交易诱发的应计/真实盈余管理；而对于客户关系型交易诱发的应计/真实盈余管理则不具有明显的抑制作用。

表 5-5 -Panel A：供应商关系型交易、内部控制与应计/真实盈余管理的 OLS 多元回归

解释变量	应计盈余管理		真实盈余管理			
	DA +	*DA* -	*Drem*	*Dcfo*	*Dprod*	*Ddisexp*
Intercept	0.0652 (0.94)	-0.1079 (-1.14)	0.0316 (0.23)	-0.0452*** (-6.44)	-0.2302** (-2.15)	-0.1798*** (-3.75)
Icid	-0.0036 (-0.84)	-0.0046 (-0.85)	-0.0094 (-1.13)	0.0001 (0.18)	-0.0128** (-2.01)	-0.0007 (0.85)
Supply	0.0215* (1.82)	-0.0155 (-1.03)	0.1184*** (5.12)	-0.0021* (-1.82)	0.0480*** (2.72)	-0.0691*** (-8.72)
Supply × *Icid*	-0.0081* (-1.75)	-0.0049 (-0.87)	-0.0256*** (-2.88)	0.0001 (0.20)	-0.0168** (-2.48)	0.0064** (2.11)
Size	0.0015 (0.45)	0.0041 (0.98)	0.0121* (1.86)	0.0021*** (6.53)	0.0195*** (3.92)	0.0038* (1.68)
Roa	0.5532*** (9.22)	0.0481 (0.57)	-1.9782*** (-16.71)	0.0474*** (7.99)	-1.5383*** (-17.03)	0.3875*** (9.56)
Lev	0.0717*** (4.79)	-0.0568*** (-2.88)	-0.1150*** (-3.83)	0.0053*** (3.48)	-0.0816*** (-3.56)	0.0266*** (2.58)
| *Drem* |	0.0378*** (2.53)	-0.0530*** (-3.20)				
| *Da* |			0.1046* (1.81)	0.0130*** (4.48)	0.1332*** (3.02)	0.0250 (1.26)
State	-0.0133*** (-2.70)	-0.0009 (-0.13)	-0.0116 (-1.15)	0.0008 (1.60)	-0.0080 (-1.04)	0.0037 (1.06)

续表

解释变量	应计盈余管理		真实盈余管理			
	DA +	*DA* −	*Drem*	*Dcfo*	*Dprod*	*Ddisexp*
Rpts	0.0092 (0.39)	0.0280 (0.72)	−0.0041 (−0.08)	0.0005 (0.20)	0.0015 (0.04)	0.0045 (0.25)
*Top*1	−0.0004 (−0.03)	−0.0042 (−0.20)	0.0165 (0.52)	−0.0002 (−0.12)	0.0114 (0.47)	−0.0072 (−0.66)
TobinQ	−0.0017 (−0.83)	−0.0037 (−1.09)	−0.0039 (−0.81)	−0.0016*** (−6.82)	0.0068** (−2.00)	−0.0015 (−0.92)
Seo	0.0150*** (2.69)	−0.0128 (−1.45)	−0.0651*** (−5.42)	0.0031*** (5.14)	−0.0498*** (−5.43)	0.0127*** (3.09)
Ato	−0.0067 (−1.39)	−0.0034 (−0.55)	−0.0161* (−1.78)	0.0151*** (33.32)	0.0159** (2.30)	0.0154*** (4.97)
Du	0.0505 (1.28)	0.0448 (0.80)	−0.0543 (−0.66)	−0.0007 (−0.17)	−0.0437 (−0.70)	0.0057 (0.20)
Comp	−0.0038 (−1.06)	0.0064 (1.27)	−0.0020 (−0.27)	−0.0007** (2.02)	0.0039 (0.69)	0.0046 (1.63)
*Big*4	−0.0239*** (−2.81)	0.0007 (0.06)	−0.0397** (−2.30)	−0.0014* (−1.66)	−0.0326** (−2.48)	0.0052 (1.10)
Age	−0.0004 (−0.60)	−0.0030*** (−3.33)	−0.0026* (−1.90)	−0.00004 (−0.58)	−0.0015 (−1.47)	0.0012** (2.48)
Loss	0.0265* (1.87)	−0.0288** (−2.06)	−0.1153*** (−5.08)	−0.0003 (−0.28)	−0.0885*** (−5.11)	0.0300*** (3.86)
行业/年度	控制	控制	控制	控制	控制	控制
F 值	7.80	3.55	34.48	68.92	30.54	28.93
Adj − R^2	0.2193	0.1029	0.4190	0.5940	0.3889	0.3756
观测值	969	889	1858	1858	1858	1858

注：*** 表示在 1% 的水平上显著，** 表示在 5% 的水平上显著，* 表示在 10% 的水平上显著。

表 5-5 -Panel B：客户关系型交易、内部控制与应计/真实盈余管理的 OLS 多元回归

解释变量	应计盈余管理		真实盈余管理			
	DA +	*DA* -	*Drem*	*Dcfo*	*Dprod*	*Ddisexp*
Intercept	0.1045* (1.86)	-0.1276* (-1.87)	0.0773 (0.66)	-0.0359*** (-5.78)	-0.1855** (-2.06)	-0.2003** (-5.05)
Icid	-0.0071* (-1.88)	-0.0051 (-1.23)	-0.0196*** (-2.65)	-0.0006 (1.42)	-0.0221*** (-3.86)	0.0027 (1.01)
Customer	0.0203** (2.17)	0.0066 (0.61)	0.1045*** (5.58)	0.0007 (0.74)	0.0432*** (3.00)	-0.0643*** (-10.08)
Customer * *Icid*	-0.0041 (-1.07)	0.0009 (0.20)	-0.0008 (-0.10)	0.0006 (1.39)	0.0033 (0.54)	0.0024 (0.91)
Size	0.0005 (0.18)	0.0061** (2.03)	0.0098* (1.83)	0.0020*** (7.03)	0.0180*** (4.35)	0.0052*** (2.82)
Roa	0.6036*** (12.23)	0.0410 (0.65)	-2.1109*** (-21.34)	0.0590*** (11.20)	-1.6505*** (-21.63)	0.4322*** (12.83)
Lev	0.0725*** (5.69)	-0.0556*** (-3.85)	-0.0854*** (-3.36)	0.0070*** (5.17)	-0.0648*** (-3.31)	0.0127 (1.45)
| *Drem* |	0.0285*** (2.70)	-0.0411*** (-3.27)				
| *Da* |			0.2743*** (5.47)	0.0129*** (4.85)	0.2515*** (7.28)	0.0050 (0.30)
State	-0.0100** (-2.46)	-0.0019 (-0.39)	-0.0079 (-0.95)	0.0006 (1.24)	0.0002 (0.03)	0.0071** (2.49)
Rptc	-0.0014 (-0.26)	-0.0103 (-1.64)	-0.0038 (-0.35)	-0.0010* (-1.78)	0.0006 (0.07)	0.0057 (1.53)
*Top*1	0.0023 (0.19)	-0.0032 (-0.21)	0.0125 (0.48)	-0.00004 (0.03)	0.0013 (0.06)	-0.0084 (-0.96)
TobinQ	-0.0030* (-1.74)	-0.0010 (-0.42)	-0.0081** (-2.04)	-0.0013*** (-6.16)	-0.0087*** (-2.84)	0.0011 (0.79)
Seo	0.0160*** (3.34)	-0.0168** (-2.48)	-0.0528*** (-5.05)	0.0039*** (7.07)	-0.0415*** (-5.14)	0.0080** (2.24)
Ato	-0.0068 (-1.60)	-0.0025 (-0.54)	-0.0224*** (-2.79)	0.0116*** (27.06)	0.0061 (0.98)	0.0152*** (5.54)
Du	0.0479 (1.47)	-0.0038 (-0.09)	0.0369 (0.54)	0.0010 (0.28)	0.0086 (0.16)	-0.0184 (-0.79)

续表

解释变量	应计盈余管理		真实盈余管理			
	DA +	*DA* -	*Drem*	*Dcfo*	*Dprod*	*Ddisexp*
Comp	-0.0038 (-1.25)	0.0040 (1.11)	-0.0040 (-0.64)	-0.0011 *** (-3.31)	0.0027 (0.60)	0.0061 *** (2.88)
Big4	-0.0199 *** (-2.68)	0.0028 (0.32)	-0.0400 *** (-2.65)	-0.0018 ** (-2.30)	-0.0352 *** (-3.02)	0.0050 (0.97)
Age	-0.0002 (-0.42)	-0.0027 *** (-4.07)	-0.0007 (-0.63)	-0.00003 (-0.55)	-0.0008 (-0.99)	0.00003 (0.09)
Loss	0.0167 (1.45)	-0.0208 ** (-2.02)	-0.1217 *** (-6.36)	-0.0002 (-0.17)	-0.0973 *** (-6.66)	0.0303 *** (4.65)
行业/年度	控制	控制	控制	控制	控制	控制
F 值	12.09	4.63	50.80	55.22	45.12	44.96
Adj - R^2	0.2300	0.0961	0.4112	0.4320	0.3823	0.3814
观测值	1486	1367	2853	2853	2853	2853

注：*** 表示在 1% 的水平上显著，** 表示在 5% 的水平上显著，* 表示在 10% 的水平上显著。

四、稳健性检验

为了保证研究结果的稳健性，本章采取了以下几种方式进行稳健性检验：

（1）相对于其他行业而言，制造业企业更依赖与供应商和客户进行交易，因此企业对采购和销售行为更为重视，而其他行业如服务业的企业而言，公司产品主要是无形服务为主，它们可能更容易转换企业的产品形态，因此本章剔除了其他行业，只对制造业样本进行检验（见表 5-6、表 5-7），主要研究结果不变。

（2）采用基本的 Jones 模型重新估算操控性应计利润，作为应计盈余管理的替代变量（见表 5-8），主要研究结果不变。

（3）参考 Zang（2007）、Cohen（2010）、顾鸣润等（2012）的方法，采用两个综合指标捕捉企业真实盈余管理的综合水平（见表 5-9）。

第一个度量综合真实盈余管理的指标 *Drem*1 等于异常酌量性费用项目乘以 -1（该数值越大说明企业进行了越多的削减可操控性费用的活动）加上异常产品成本。*Drem*1 越大表示企业进行的真实盈余管理活动越多；第二个度量综合真实盈余管理的指标 *Drem*2 等于异常经营现金流量项目和异常酌量性费用项目分别乘以 -1 后相加。该指标越大表明企业进行了越多的促销活动和削减酌量性费用的活动以提升盈余。主要研究结果不变。

表 5-6 -Panel A：供应商关系型交易与应计/真实盈余管理的 OLS 多元回归——只对制造业作为样本的稳健性检验

解释变量	应计盈余管理			真实盈余管理			
	|DA|	DA +	DA -	Drem	Dcfo	Dprod	Ddisexp
Intercept	0.1037 (1.59)	0.1271 * (1.66)	-0.1465 (-1.24)	0.1125 (0.67)	-0.0292 *** (-3.27)	-0.1000 (-0.77)	-0.1597 *** (-2.62)
Supply	0.0174 (1.42)	0.0291 * (1.92)	-0.0112 (-0.56)	0.1258 *** (3.51)	-0.0030 (-1.59)	0.0428 (1.52)	-0.0822 *** (-2.71)
Size	-0.0014 (-0.47)	-0.0021 (-0.64)	0.0023 (0.52)	0.0048 (0.61)	0.0016 *** (4.01)	0.0107 * (1.81)	0.0036 (1.33)
Roa	0.3019 *** (4.11)	0.5640 *** (7.55)	0.0687 (0.66)	-2.0312 *** (-11.22)	0.0572 *** (5.96)	-1.6272 *** (11.71)	0.3775 *** (5.91)
Lev	0.0553 *** (3.69)	0.0765 *** (4.18)	-0.0301 (-1.24)	-0.1016 *** (-2.71)	0.0066 *** (3.20)	-0.0616 ** (-2.20)	0.0352 *** (2.65)
|*Drem*|	0.0260 (1.52)	0.0038 (0.17)	-0.0492 ** (-2.31)				
|*Da*|				-0.0485 (-0.48)	0.0204 *** (3.22)	0.0230 (0.32)	0.0602 (1.58)
State	-0.0062 (-1.26)	-0.0095 * (-1.67)	0.0013 (0.16)	-0.0091 (-0.64)	0.0004 (0.67)	-0.0057 (-0.53)	0.0148 (0.78)
Rpts	-0.0287 *** (-3.27)	-0.0084 (-0.74)	0.0485 (1.05)	-0.0202 (-0.47)	0.0005 (0.38)	-0.0059 (-0.25)	0.0148 (0.65)
*Top*1	-0.0062 (-0.36)	-0.0072 (-0.37)	0.0078 (0.30)	-0.0242 (-0.51)	-0.0012 (-0.54)	-0.0341 (-0.98)	-0.0020 (-0.12)
TobinQ	0.0002 (0.09)	-0.0026 (-1.08)	-0.0010 (-0.27)	-0.0057 (-0.79)	-0.0012 *** (-3.62)	-0.0078 (-1.44)	-0.0010 (-0.41)
Seo	0.0075 (1.23)	0.0134 ** (2.06)	0.0010 (0.09)	-0.0817 *** (-4.31)	0.0031 *** (3.28)	-0.0669 *** (-4.49)	0.0154 *** (2.66)
Ato	-0.0016 (-0.26)	-0.0074 (-0.93)	-0.0121 (-1.42)	-0.0346 (-1.61)	0.0100 *** (9.60)	0.0096 (0.57)	0.0362 *** (5.37)
Du	0.0205 (0.58)	0.0950 ** (2.19)	0.0788 (1.19)	0.0164 (0.14)	0.0002 (0.05)	0.0157 (0.18)	0.0063 (0.17)
Comp	-0.0073 ** (-2.04)	-0.0087 * (-1.91)	0.0049 (0.80)	-0.0038 (-0.41)	-0.0016 *** (-2.90)	0.0002 (0.03)	0.0043 (1.21)
*Big*4	0.0020 (0.22)	-0.0068 (-0.65)	-0.0095 (-0.70)	-0.0412 (-1.51)	-0.0003 (-0.24)	-0.0319 (-1.64)	0.0074 (0.79)
Age	0.0014 ** (2.00)	-0.0005 (-0.63)	-0.0034 *** (-3.08)	-0.0026 (-1.46)	0.00003 (0.39)	-0.0014 (-1.01)	0.0015 ** (2.35)
Loss	0.0451 *** (4.14)	0.0238 ** (1.96)	-0.0279 * (-1.86)	-0.0810 *** (-3.07)	-0.0006 (-0.52)	-0.0603 *** (-3.03)	0.0253 *** (2.87)
行业/年度	控制	控制	控制	控制	控制	控制	控制
F 值	4.37	5.47	2.94	27.08	24.62	27.32	23.51
Adj - R^2	0.1074	0.2238	0.0901	0.4946	0.4613	0.4641	0.4591
观测值	1110	579	531	1110	1110	1110	1110

注：*** 表示在 1% 的水平上显著，** 表示在 5% 的水平上显著，* 表示在 10% 的水平上显著。

表 5-6 -Panel B：客户关系型交易与应计/真实盈余管理的 OLS 多元回归——只对制造业作为样本的稳健性检验

解释变量	应计盈余管理			真实盈余管理			
	|DA|	*DA+*	*DA-*	*Drem*	*Dcfo*	*Dprod*	*Ddisexp*
Intercept	0.1069* (1.94)	0.1223* (1.87)	-0.0902 (-1.05)	0.3307** (2.01)	-0.0299*** (-3.85)	0.0208 (0.17)	-0.2642*** (-4.41)
Customer	0.0190* (1.83)	0.0470*** (3.83)	0.0145 (0.90)	0.1591*** (5.14)	0.0012 (0.80)	0.0748*** (3.30)	-0.0867*** (-7.70)
Size	-0.0024 (-1.11)	-0.0026 (-0.99)	0.0031 (0.92)	-0.0026 (-0.39)	0.0020*** (6.51)	0.0058 (1.21)	0.0064*** (2.67)
Roa	0.2991*** (6.52)	0.5748*** (11.03)	0.1117 (1.47)	-2.2102*** (-16.96)	0.0601*** (9.77)	-1.7385*** -18.19	0.4300*** (9.06)
Lev	0.0532*** (4.46)	0.0684*** (4.79)	-0.0327* (-1.78)	-0.0754** (-2.10)	0.0073*** (4.32)	-0.0503* (-1.91)	0.0190 (1.45)
|Drem|	0.0124 (1.26)	-0.0007 (-0.06)	-0.0320** (-2.02)				
|Da|				0.0429 (0.57)	0.0193*** (5.42)	0.0860 (1.55)	0.0353 (1.28)
State	-0.0073** (1.96)	-0.0092** (-2.12)	0.0047 (0.80)	-0.0188* (-1.67)	0.0003 (0.64)	-0.0076 (-0.93)	0.0101** (2.47)
Rptc	-0.0006 (-0.14)	-0.0118** (-2.12)	-0.0140* (-1.83)	-0.0100 (-0.71)	-0.0014** (-2.07)	-0.0009 (-0.08)	0.0102** (1.97)
Top1	-0.0107 (-0.85)	-0.0118 (-0.80)	0.0043 (0.22)	0.0047 (0.12)	-0.0005 (-0.31)	-0.0163 (-0.59)	-0.0181 (-1.32)
TobinQ	-0.0001 (-0.06)	-0.0023 (-1.16)	-0.0014 (-0.53)	-0.0133*** (-2.63)	-0.0009*** (-3.88)	-0.0106*** (-2.86)	0.0040** (2.18)
Seo	0.0119** (2.48)	0.0137*** (2.68)	-0.0052 (-0.60)	-0.0629*** (-4.40)	0.0033*** (4.87)	-0.0520*** (-4.96)	0.0088* (1.69)
Ato	0.0035 (0.86)	-0.0007 (-0.15)	-0.0128** (-2.00)	-0.0302*** (2.59)	0.0097*** (17.54)	0.0077 (0.90)	0.0311*** (7.33)
Du	-0.00001 (-0.00)	0.0651* (1.80)	0.0591 (1.15)	0.0613 (0.64)	-0.0006 (-0.14)	0.0343 (0.49)	-0.0173 (-0.50)
Comp	-0.0053* (-1.84)	-0.0077** (-2.31)	0.0039 (0.86)	-0.0097 (-1.13)	-0.0013*** (-3.31)	-0.0023 (-0.37)	0.0071** (2.27)
Big4	-0.0010 (-0.14)	-0.0131 (-1.55)	-0.0104 (-0.96)	-0.0348* (1.65)	-0.0013 (-1.25)	-0.0263* (-1.69)	0.0089 (1.16)
Age	0.0011** (2.25)	-0.0009 (1.47)	-0.0031*** (-3.76)	0.00002 (0.02)	-0.00004 (-0.04)	-0.0004 (-0.39)	-0.0002 (-0.30)
Loss	0.0399*** (5.30)	0.0173* (1.66)	-0.0189* (1.69)	-0.1045*** (-4.66)	-0.00005 (-0.04)	-0.0761*** (-4.62)	0.0303*** (3.70)
行业/年度	控制	控制	控制	控制	控制	控制	控制
F 值	6.16	8.78	4.06	51.63	46.74	46.95	42.14
$Adj-R^2$	0.0801	0.2036	0.0961	0.4607	0.4356	0.4367	0.4098
观测值	1601	823	778	1601	1601	1601	1601

注：*** 表示在 1% 的水平上显著，** 表示在 5% 的水平上显著，* 表示在 10% 的水平上显著。

表 5-7 -Panel A：供应商关系型交易、内部控制与应计/真实盈余管理的 OLS 多元回归——只对制造业为样本的稳健性检验

解释变量	应计盈余管理		真实盈余管理			
	DA +	*DA* -	*Drem*	*Dcfo*	*Dprod*	*Ddisexp*
Intercept	0.0662 (0.85)	-0.1465 (-1.23)	0.0456 (0.25)	-0.0287 *** (-3.14)	-0.1716 (-1.26)	-0.1616 *** (-2.62)
Icid	-0.0072 (-1.47)	-0.0026 (-0.43)	-0.0233 ** (-2.38)	0.0002 (0.35)	-0.0249 *** (-3.35)	-0.0006 (-0.18)
Supply	0.0330 ** (-2.38)	-0.0126 (-0.63)	0.1346 *** (4.06)	-0.0033 * (-1.95)	0.0480 * (1.91)	-0.0852 *** (-7.5)
Supply × *Icid*	-0.0088 * (-1.84)	0.0192 (1.12)	-0.0834 *** (-2.75)	0.0023 (1.49)	-0.0484 ** (-2.10)	0.0281 *** (2.70)
Size	0.0025 (0.66)	0.0028 (0.57)	0.0146 * (1.77)	0.0015 *** (3.61)	0.0210 *** (3.35)	0.0037 (1.30)
Roa	0.6278 ** (9.55)	0.0747 (0.72)	-1.9263 *** (-12.88)	0.0561 *** (7.38)	-1.5223 (-13.40)	0.3748 *** (7.31)
Lev	0.0767 *** (4.36)	-0.0311 (-1.28)	-0.1039 *** (-2.59)	0.0066 *** (3.23)	-0.0655 ** (-2.15)	0.0340 ** (2.48)
| *Drem* |	0.0068 (0.44)	-0.0491 ** (-2.28)				
| *Da* |			-0.0587 (-0.72)	0.0207 *** (4.98)	0.0162 (0.26)	0.0630 ** (2.25)
State	-0.0079 (-1.46)	0.0012 (0.15)	-0.0063 (-0.50)	0.0040 (0.61)	-0.0034 (-0.36)	0.0031 (0.72)
Rpts	-0.0036 (-0.14)	0.0480 (1.04)	-0.0147 (-0.22)	0.0005 (0.14)	-0.0008 (-0.02)	0.0144 (0.64)
*Top*1	-0.0024 (-0.98)	0.0077 (0.30)	-0.0211 (-0.50)	-0.0013 (-0.60)	-0.0311 (-0.98)	-0.0021 (-0.15)
TobinQ	-0.0025 (-1.01)	0.0007 (-0.18)	0.0063 (-1.05)	0.0011 *** (-3.74)	-0.0078 * (-1.73)	-0.0006 (-0.31)
Seo	0.0131 ** (2.16)	0.0008 (0.08)	-0.0805 *** (-5.27)	0.0031 *** (3.99)	-0.0662 *** (5.70)	0.0149 *** (2.85)
Ato	-0.0090 * (-1.82)	-0.0122 (-1.44)	-0.0306 ** (-2.37)	0.0099 *** (15.05)	0.0131 (1.33)	0.0357 *** (8.06)

续表

解释变量	应计盈余管理		真实盈余管理			
	DA +	*DA -*	*Drem*	*Dcfo*	*Dprod*	*Ddisexp*
Du	0. 1017 ** (2. 40)	0. 0797 (1. 20)	0. 0162 (0. 16)	0. 0003 (0. 06)	0. 0173 (0. 22)	0. 0077 (0. 22)
Comp	-0. 0084 ** (-2. 13)	0. 0056 (0. 92)	-0. 0036 (-0. 38)	-0. 0016 *** (-3. 24)	0. 0013 (0. 19)	0. 0049 (1. 51)
Big4	-0. 0072 (-0. 76)	-0. 0081 (-0. 06)	-0. 0419 * (-1. 93)	-0. 0002 (-0. 15)	-0. 0304 * (-1. 85)	0. 0090 (1. 22)
Age	-0. 0005 (-0. 63)	-0. 0035 *** (-3. 16)	-0. 0024 (-1. 37)	0. 0003 (0. 31)	-0. 0012 (-0. 95)	0. 0014 ** (2. 36)
Loss	0. 0077 (0. 56)	-0. 0299 * (-1. 77)	-0. 1128 *** (-4. 14)	-0. 0003 (-0. 20)	-0. 0913 *** (-4. 41)	0. 0267 *** (2. 86)
行业/年度	控制	控制	控制	控制	控制	控制
F 值	5. 98	2. 79	37. 36	32. 04	33. 27	32. 07
$Adj-R^2$	0. 1999	0. 0891	0. 4874	0. 4481	0. 4577	0. 4483
观测值	579	531	1110	1110	1110	

注：*** 表示在 1% 的水平上显著，** 表示在 5% 的水平上显著，* 表示在 10% 的水平上显著。

表 5-7　-Panel B：客户关系型交易、内部控制与应计/真实盈余管理的 OLS 多元回归

解释变量	应计盈余管理		真实盈余管理			
	DA +	*DA -*	*Drem*	*Dcfo*	*Dprod*	*Ddisexp*
Intercept	0. 1097 * (1. 66)	-0. 0933 (-1. 08)	0. 2668 (1. 60)	-0. 0312 *** (-3. 97)	-0. 0468 (-0. 38)	-0. 2620 *** (-4. 31)
Icid	-0. 0101 *** (-2. 72)	-0. 0016 (-0. 35)	-0. 0223 ** (-2. 45)	-0. 0003 (-0. 70)	-0. 0231 *** (-3. 47)	0. 0008 (0. 26)
Customer	0. 0424 *** (3. 47)	0. 0145 (0. 87)	0. 1587 *** (5. 09)	0. 0014 (0. 92)	0. 0749 *** (3. 28)	-0. 0866 *** (-7. 61)
Customer × Icid	-0. 0351 *** (-2. 88)	-0. 0008 (-0. 06)	0. 0140 (0. 50)	0. 0015 (1. 15)	0. 0186 (0. 90)	0. 0001 (0. 01)
Size	0. 0010 (0. 34)	0. 0037 (0. 98)	0. 0060 (0. 80)	0. 0021 *** (6. 12)	0. 0147 *** (2. 71)	0. 0061 ** (2. 24)
Roa	0. 6330 *** (11. 72)	0. 1157 (1. 49)	-2. 1344 *** (-15. 78)	0. 0604 *** (9. 45)	-1. 6622 *** (16. 78)	0. 2467 *** (8. 64)

续表

解释变量	应计盈余管理		真实盈余管理			
	DA +	*DA* −	*Drem*	*Dcfo*	*Dprod*	*Ddisexp*
Lev	0.0691*** (4.89)	−0.0331* (−1.80)	−0.0783** (−2.18)	0.0073*** (4.28)	−0.0534** (−2.04)	0.0191 (1.46)
| *Drem* |	−0.0002 (−0.02)	−0.0314** (−1.97)				
| *Da* |			0.0393 (0.52)	0.0194*** (5.44)	0.0826 (1.50)	0.0354 (1.29)
State	−0.0086** (−2.00)	0.0047 (0.80)	−0.0191* (−1.70)	0.0003 (0.58)	−0.0081 (−0.98)	0.0101** (2.47)
Rptc	−0.0129** (−2.34)	−0.0138* (−1.85)	−0.0114 (−0.80)	−0.0014** (−2.08)	−0.0023 (−0.22)	0.0102** (1.98)
*Top*1	−0.0119 (−0.81)	0.0049 (0.25)	0.0084 (0.22)	−0.0005 (−0.28)	−0.0123 (−0.45)	−0.0183 (−1.33)
TobinQ	−0.0025 (−1.22)	−0.0014 (−0.53)	−0.0120** (−2.37)	−0.0009*** (−3.69)	−0.0092** (−2.47)	0.0040** (2.14)
Seo	0.0133*** (2.62)	−0.0051 (−0.59)	−0.0630*** (−4.41)	0.0033*** (4.88)	−0.0521*** (−4.98)	0.0088* (1.69)
Ato	0.0012 (0.24)	−0.0126** (−1.96)	−0.0270** (−2.30)	0.0097*** (17.45)	0.0110 (1.28)	0.0310*** (7.24)
Du	0.0763** (2.12)	0.0586 (1.13)	0.0669 (0.70)	−0.0007 (−0.15)	0.0397 (0.57)	−0.0176 (−0.51)
Comp	−0.0078 (−1.53)	0.0041 (0.89)	−0.0077 (−0.89)	−0.0013*** (−3.16)	−0.0001 (−0.02)	0.0071** (2.23)
*Big*4	−0.0128 (−1.53)	−0.0102 (−0.92)	−0.0306 (−1.44)	−0.0011 (−1.15)	−0.0217 (−1.40)	0.0088 (1.14)
Age	−0.0009 (−1.48)	−0.0031*** (−3.76)	−0.00001 (−0.01)	−0.00004 (−0.55)	−0.0005 (−0.43)	−0.0002 (−0.30)
Loss	0.0023 (0.21)	−0.0209* (−1.66)	−0.1270*** (−5.18)	−0.0002 (−0.20)	−0.0990*** (−5.52)	0.0312*** (3.49)
行业/年度	控制	控制	控制	控制	控制	控制
F 值	8.95	3.77	48.41	43.57	44.45	39.19
Adj − R^2	0.2191	0.0938	0.4622	0.4355	0.4405	0.4091
观测值	823	778	1601	1601	1601	1601

注：*** 表示在 1% 的水平上显著，** 表示在 5% 的水平上显著，* 表示在 10% 的水平上显著。

表 5-8 -Panel A：供应商/客户关系型交易与应计盈余管理的 OLS 多元回归——改变应计盈余替代变量的稳健型检验

解释变量	| Da |	Da +	Da -	| Da |	Da +	Da -
Intercept	0.1067 * (1.94)	0.1268 * (1.90)	-0.0882 (-0.86)	0.1114 *** (3.32)	0.1500 *** (2.72)	-0.1406 ** (-1.98)
Supply	0.0198 ** (2.13)	0.0199 * (1.69)	-0.0192 (-1.17)			
Customer				0.0076 (1.05)	0.0174 * (1.87)	0.0075 (0.64)
Size	-0.0010 (-0.45)	-0.0021 (-0.76)	0.0018 (0.43)	-0.0030 * (-1.68)	-0.0030 (-1.29)	0.0045 (1.57)
Roa	0.2769 *** (5.75)	0.5365 *** (9.34)	-0.0025 (-0.03)	0.3183 *** (8.16)	0.5727 *** (11.91)	-0.0023 (-0.03)
Lev	0.0606 *** (5.03)	0.0732 *** (4.91)	-0.0633 *** (-2.96)	0.0625 *** (6.38)	0.0663 *** (5.20)	-0.0631 *** (-4.07)
| *Drem* |	0.0441 *** (4.05)	0.0391 *** (2.62)	-0.0823 *** (-4.67)	0.0446 *** (5.33)	0.0247 ** (2.19)	-0.0717 *** (-5.68)
State	-0.0080 * (-1.95)	-0.0135 *** (-2.74)	0.0068 (0.92)	-0.0078 ** (-2.39)	-0.0100 ** (-2.47)	0.0050 (0.93)
Rpts	-0.0109 (-0.52)	0.0091 (0.39)	0.0278 (0.65)			
Rptc				0.0021 (0.50)	0.0005 (0.08)	-0.0064 (-0.95)
*Top*1	0.0066 (0.52)	-0.0018 (-0.12)	-0.0342 (-1.48)	-0.0019 (-1.25)	0.0003 (0.02)	-0.0285 * (-1.72)
TobinQ	0.0007 (0.38)	-0.0036 (-1.58)	-0.0223 (-0.61)	-0.0019 (-1.25)	-0.0042 ** (-2.16)	0.0009 (0.35)
Seo	0.0133 *** (2.72)	0.0148 *** (2.67)	-0.0241 ** (-2.52)	0.0164 *** (4.01)	0.0137 *** (2.85)	-0.0213 *** (-2.93)
Ato	-0.0037 (-0.99)	-0.0083 * (-1.74)	-0.0081 (-1.24)	-0.0014 (-0.43)	-0.0092 ** (-2.10)	-0.0069 (-1.38)
Du	0.0065 (0.20)	0.0516 (1.31)	0.0688 (1.13)	0.0262 (0.99)	0.0398 (1.22)	0.0051 (0.11)
Comp	-0.0045 (-1.51)	-0.0037 (-1.04)	0.0074 (1.35)	-0.0044 * (-1.81)	-0.0040 (-1.30)	0.0057 (1.47)

续表

解释变量	| Da |	Da +	Da -	| Da |	Da +	Da -
Big4	-0.0104 (-1.50)	-0.0234*** (-2.77)	0.0046 (0.37)	-0.0130** (-2.23)	-0.0196*** (-2.64)	0.0078 (0.84)
Age	0.0012** (2.27)	-0.0005 (-0.76)	-0.0029*** (-2.98)	0.0012*** (2.78)	-0.0002 (-0.33)	-0.0026*** (-3.64)
Loss	0.0425*** (4.98)	0.0383*** (2.88)	-0.0224 (-1.61)	0.0395*** (5.72)	0.0320*** (2.94)	-0.0190* (-1.87)
行业/年度	控制	控制	控制	控制	控制	控制
F 值	7.52	8.21	4.74	13.00	12.47	6.27
$Adj-R^2$	0.1177	0.2205	0.1365	0.1378	0.2285	0.1269
观测值	1858	958	900	2853	1473	1380

注：*** 表示在1%的水平上显著，** 表示在5%的水平上显著，* 表示在10%的水平上显著。

表5-8 -Panel B：客户/供应商关系型交易、内部控制与应计盈余管理的OLS多元回归——改变应计盈余替代变量的稳健性检验

解释变量	Da +	Da -	Da +	Da -
Intercept	-0.0490 (-0.71)	-0.0935 (-0.09)	0.1146** (2.03)	-0.1453** (-2.01)
Icid	-0.0047 (-0.94)	-0.0014 (-0.27)	-0.0085*** (-2.58)	0.0014 (0.35)
Supply	0.0270** (2.37)	-0.0192 (-1.17)		
Supply × Icid	-0.0080* (-1.77)	-0.0078 (-0.51)		
Customer			0.0170* (1.83)	0.0062 (0.53)
Customer × Icid			-0.0091 (-1.00)	-0.0124 (-1.25)
Size	0.0047 (1.39)	0.0024 (0.52)	0.0010 (0.35)	0.0043 (1.32)
Roa	0.5438*** (8.80)	0.0020 (0.02)	0.6050*** (12.24)	-0.00008 (-0.00)

续表

解释变量	*Da* +	*Da* −	*Da* +	*Da* −
Lev	0.0822*** (5.52)	−0.0637*** (−2.97)	0.0653*** (5.13)	−0.0631*** (−4.05)
| *Drem* |	0.0373** (2.42)	−0.0820*** (−4.62)	0.0248** (2.20)	−0.0723*** (−5.72)
State	−0.0185*** (−3.69)	0.0069 (0.93)	−0.0100** (−2.46)	0.0052 (0.97)
Rpts	0.0027 (0.11)	0.0277 (0.65)		
Rptc			0.0007 (0.13)	−0.0065 (−0.96)
*Top*1	−0.0031 (−0.19)	−0.0035 (−1.44)	0.00003 (0.00)	−0.0285* (−1.72)
TobinQ	−0.0043* (−1.81)	−0.0024 (−0.64)	−0.0036* (−1.85)	0.0008 (0.32)
Seo	0.0112* (1.94)	−0.0241** (−2.52)	0.0137*** (2.85)	−0.0215*** (−2.95)
Ato	−0.0071** (−2.11)	−0.0080 (−1.23)	−0.0074* (−1.69)	−0.0067 (−1.35)
Du	0.0655 (1.62)	0.0681 (1.12)	0.0387 (1.19)	0.0043 (0.10)
Comp	−0.0025 (−0.68)	0.0075 (1.37)	−0.0037 (−1.22)	0.0056 (1.43)
*Big*4	−0.0204 (−2.30)	0.0043 (0.35)	−0.0189** (−2.54)	0.0063 (0.67)
Age	0.0005 (0.80)	−0.0029*** (−2.95)	−0.0001 (−0.20)	−0.0025*** (−3.61)
Loss	0.0223 (1.54)	−0.0247 (−1.63)	0.0208* (1.81)	−0.0191* (−1.73)
行业/年度	控制	控制	控制	控制
F 值	6.95	4.50	12.12	6.00
Adj − R^2	0.1571	0.1349	0.2321	0.1266
观测值	958	900	1473	1380

注：*** 表示在 1% 的水平上显著，** 表示在 5% 的水平上显著，* 表示在 10% 的水平上显著。

表 5-9 -Panel A：供应商/客户关系型交易与真实盈余管理的 OLS 多元回归——改变真实盈余替代变量的稳健性检验

解释变量	*Drem*1	*Drem*2	*Drem*1	*Drem*2
Intercept	0.1224 (0.91)	0.2463*** (4.90)	0.1066 (0.97)	0.2490*** (6.07)
Supply	0.1123*** (4.92)	0.0679*** (7.98)		
Customer			0.1068*** (5.80)	0.0642*** (9.38)
Size	0.0058 (1.03)	-0.0058*** (-2.79)	0.0033 (0.72)	-0.0072*** (-4.27)
Roa	-2.0088*** (-17.59)	-0.4704*** (-11.07)	-2.1300*** (-22.44)	-0.5174*** (-14.72)
Lev	-0.1032*** (-3.48)	-0.0390 (-3.53)	-0.0747*** (-3.00)	-0.0251*** (-2.72)
|*Da*|	0.1135** (1.98)	-0.0439** (-2.05)	0.2861*** (5.81)	-0.0174 (-0.95)
State	-0.0120 (-1.20)	-0.0066* (-1.78)	-0.0066 (-0.81)	-0.0088*** (-2.87)
Rpts	-0.0057 (-0.11)	-0.0047 (-0.25)		
Rptc			-0.0039 (-0.37)	-0.0044 (-1.10)
*Top*1	0.0137 (0.44)	0.0054 (0.46)	0.0109 (0.43)	0.0075 (0.80)
TobinQ	-0.0052 (-1.10)	0.0033* (1.88)	-0.0106*** (-2.75)	0.00003 (0.02)
Seo	-0.0645*** (-5.44)	-0.0172*** (-3.87)	-0.0498*** (-4.85)	-0.0118*** (-3.10)
Ato	-0.0034 (-0.38)	-0.0165*** (-6.22)	-0.0142* (-1.82)	-0.0184*** (-7.72)
Du	-0.0434 (-0.54)	-0.0097 (0.32)	0.0430 (0.64)	0.0155 (0.62)
Comp	-0.0032 (-0.44)	-0.0052* (-1.91)	-0.0060 (-0.98)	-0.0056** (-2.49)
*Big*4	-0.0411** (-2.42)	-0.0069 (-1.09)	-0.0455*** (-3.09)	-0.0044 (-0.81)
Age	-0.0028** (-2.12)	-0.0012** (-2.33)	-0.0008 (-0.74)	0.00004 (0.10)
Loss	-0.0874*** (-4.18)	-0.0251*** (-3.21)	-0.1013*** (-5.80)	-0.0284*** (-4.37)
行业/年度	控制	控制	控制	控制
F 值	35.02	31.71	52.87	48.34
Adj-R^2	0.4104	0.3859	0.4087	0.3868
观测值	1858	1858	2853	2853

注：*** 表示在 1% 的水平上显著，** 表示在 5% 的水平上显著，* 表示在 10% 的水平上显著。

表 5-9　-Panel B：客户/供应商关系型交易、内部控制与真实盈余管理的 OLS 多元回归——改变真实盈余替代变量的稳健性检验

解释变量	*Drem*1	*Drem*2	*Drem*1	*Drem*
Intercept	0.0389 (0.28)	0.2304*** (4.49)	0.0387 (0.35)	0.2399*** (5.73)
Icid	-0.0211*** (-2.88)	-0.0038 (-1.38)	-0.0204*** (-3.20)	-0.0223 (-0.96)
Supply	0.1138*** (5.00)	0.0686*** (8.06)		
Supply×*Icid*	-0.0428* (-1.90)	-0.0156* (-1.85)		
Customer			0.1059*** (5.76)	0.0640*** (9.35)
Customer×*Icid*			0.0042 (0.25)	-0.0030 (-0.48)
Size	0.0152** (2.37)	-0.0041* (-1.70)	0.0118** (2.25)	-0.0062*** (-3.16)
Roa	-1.9294*** (-16.52)	-0.4542*** (-10.42)	-2.0638*** (-21.27)	-0.5089*** (-14.11)
Lev	-0.1087*** (-3.67)	-0.0399*** (-3.61)	-0.0789*** (-3.16)	-0.0256*** (-2.77)
|*Da*|	0.1144** (2.00)	-0.0439** (-2.06)	0.2838*** (5.77)	-0.0178 (-0.97)
State	-0.0111 (-1.12)	-0.0064* (-1.72)	-0.0071 (-0.86)	-0.0088*** (-2.87)
Rpts	-0.0038 (-0.07)	-0.0045 (-0.23)		
Rptc			-0.0048 (-0.45)	-0.0045 (-1.12)
*Top*1	0.0149 (0.48)	0.0061 (0.52)	0.0105 (0.41)	0.0076 (0.82)
TobinQ	-0.0049 (-1.03)	0.0032* (1.80)	-0.0092** (-2.36)	0.0002 (0.12)
Seo	-0.0641*** (-5.42)	-0.0170*** (-3.84)	-0.0502*** (-4.90)	-0.0119*** (-3.10)

续表

解释变量	*Drem*1	*Drem*2	*Drem*1	*Drem*
Ato	-0.0006 (-0.07)	-0.0162*** (-6.11)	0.0383 (-1.42)	-0.0181*** ((7.58)
Du	-0.0500 (-0.62)	-0.0110 (-0.36)	0.0383 (0.57)	0.0149 (0.60)
Comp	-0.0022 (-0.30)	-0.0050* (-1.84)	-0.0415 (-0.76)	-0.0055** (-2.43)
*Big*4	-0.0415** (-2.43)	-0.0076 (-1.20)	-0.0415*** (-2.81)	-0.0042 (-0.76)
Age	-0.0026* (-1.94)	-0.0011** (-2.20)	-0.0008 (-0.73)	0.00005 (0.14)
Loss	-0.1142*** (-5.10)	-0.0307*** (-3.66)	-0.1222*** (-6.52)	-0.0312*** (-4.47)
行业/年度	控制	控制	控制	控制
F 值	33.37	30.30	50.63	45.94
Adj - R^2	0.4135	0.3870	0.4104	0.3866
观测值	1858	1858	2853	2853

注：*** 表示在 1% 的水平上显著，** 表示在 5% 的水平上显著，* 表示在 10% 的水平上显著。

本章小结

在经济转型的国家或地区，由于市场经济体制的不发达，人与人之间难以形成普遍的信任，企业也难以选择较广泛的供应商和客户进行交易，只能依赖于长期积累的人脉关系，这样会使主要的供应商和客户同企业的利益绑定在一起。企业与其主要供应商和客户之间的关系交易取决于对企业未来的长期交易关系的稳定预期。本章利用我国上市公司 2009～2011 年度数相关数据为样本，分别以“公司向前五大供应商的采购额占公司年度总采购额的采购比例”、“公司向前五大客户销售额占公司年度总销售额比例”来衡量供应商/客户的关系型交易，从企业与主要供应商和客户之间构建关系型交易视角出发，采用应计盈余和真实盈余两种盈余管理方式，探讨供应商/客户关系型交易对企业盈余管理的影响，并进一步考虑引入公司内部治理机制——内部控制后，供应商/客户关系型交易对盈余管理影响的变化。研究结果发现：供应商/客户关系型交易比例越高，上市公司正向应计盈余管理行为越严重，上市公司以过度生产的方式以及降低酌量性费用的方式进行真实盈余管理的行为也越严重，说明随着关系型交易比例的提高，为了吸引供应商/客户与之建立长期合作关系、满足供应商/客户对企业的预期，企业可能同时采用了多种盈余管理方式。进一步研究发现，尽管高质量内部控制有助于抑制供应商关系型交易诱发的正向应计盈余管理和真实盈余管理，但是对客户关系型交易诱发的应计/真实盈余管理的无显著影响。

本章参考文献

[1] Ashbaugh – Skaife H. , D. W. Collins, W. R. Kinney Jr. . The Discovery and Reporting of Internal Control Deficiencies Prior to SOX – Mandated Audits. *Journal of Accounting and Economics*, 2007 (44): 116 – 192.

[2] Allen, F. and A. Babus . Networks in Finance. working paper, Wharton Financial Institutions Center. University of Pennsylvania, 2008 .

[3] Ashbaugh – Skaife, H. , Collins, D . , Kinney, W . , LaFond, R . . The effect of SOX Internal Control Deficiencies and their Re – mediation on Accrual Quality. *The Accounting Review*, 2008 (83): 217 – 250.

[4] Altamuro et al. , J . and A. Beatty, How Does Internal Control Regulation Affect Financial Reporting? *Journal Accounting and Economics*, 2010, 49 (1 – 2): 58 – 74.

[5] Ashwin . W. Joshi . Stephen . J . Arnol. How Relational Norms Affect Compliance in Industrial Buying. *Journal of Business Research*, 1998, 41 (2): 105 – 114.

[6] Bowen R. M. , DuCharme L. , Shores D. . Stakeholders' Implicit Claims and Accounting Method Choice. *Journal of Accounting and Economics*, 1995 (20): 255 – 295.

[7] Boynton, C. E. , P. S. Dobbins and G. A. Plesko. Earnings Management and the Corporate Alternative Minimum Tax. *Journal of Accounting Research*, 1992 (30): 131 – 153.

[8] Beatty, A. , S. Chamberla in, and J. M ag lio lo. An Empirical Analysis of Model Misspecificationin Studies of the Valuation of Supple Mental Financial Statement Disclosure. *Journal of Accounting, Auditing, and Finance*, 1996 (10): 719 – 749.

[9] Bunkanwanich, P, Fan, J, Wimattanakantang, Y.. Marriage and Network Formation: A Study of Family Business Groups in an Emerging Market, Working Paper. Chinese University of Hong Kong, 2008.

[10] Bar tov, Eli and Bo dnar, Gordon M. Alternative Accounting Methods, Information Asymmetry and Liquidity: Theory and Evidence. *The Accounting Review*, 1996 (3): 397 - 418.

[11] Chen C. J., Li Zengquan., Su Xijia, Yao Yiwei. Relationship - Specific Investment and Accounting Conservatism: The Effect of Customers and Suppliers. Working Paper. City University of Hong Kong, 2009.

[12] Conservatism: Effect of Customers and Suppliers. City University of Hong Kong Working Paper, 2009.

[13] Chan, K. C., Farrell, B., Picheng, L. Earnings Management of Firms Reporting Material Internal Control Weaknesses under Section 404 of the Sarbanes - Oxley Act. *Auditing: A Journal of Practice & Theory*, 2008, 27 (2): 161 - 180.

[14] Chan K. C., Farrell B., Lee P. Earnings Management and Return Earnings Association of Firms Reporting Material Internal Control Weaknesses under Section 404 of the Sarbanes - Oxley Act. Working Paper, Pace University, 2005.

[15] Cohen, D. A., A. Dey, and T. Z. Lys. Trends in Earnings Management and Informativeness of Earnings Announcements in the pre - and post - Sarbanes Oxley periods. Working paper, Northwestern University, Chicago, IL. 2005.

[16] Cohen, D. A, P., Zarowin. Accrual - based and Real Earnings Management Activities around Seasoned Equity Offerings, 2010.

[17] Dechow, P. M., R. G. Sloan, and A. P. Sweeney. Causes and Consequences of Earnings Manipulation: An Analysis of Firms Subjectto Enforcement Actions by the SEC. *Contemporary Accounting Research*, 1996, 13 (1): 1 - 36.

[18] Dechow, P. M., Sloan, R. G., and Sweeney, A. P. Detecting Earnings Management. *The Accounting Review*, 1995, 70 (2): 193 - 225.

[19] Dou Yiwei., Hope Ole - Kristian., Thomas W. Relationship - Specificity, Contract Enforceability, and Income Smoothing: A International Study. *The Accounting Review Forthcoming*, 2013.

[20] D. Bergstresser & T. Philippon. CEO Incentives and Earning Management. *Journal of Financial Economics*, 2006 (80): 511 - 529.

[21] Doyle, J., W. Ge and S. McVay. Accruals Quality and Internal Control over Financial Reporting. *The Accounting Review*, 2007a (5): 1141 - 1170.

[22] Doyle, J., W. Ge, S. McVay. Determinants of Weaknesses in Internal Control over Financial Reporting and the Implications for Earnings Quality. *Journal of Accounting and Economics*, 2007b (44): 193 - 223.

[23] Doyle, J. GE, W. and McVay, S.. Accruals Quality and Internal Control over Financial Reporting. *The Accounting Review*, 2007 (5): 1141 - 1170.

[24] Dyer et al. Chu W. The Role of Trust Worthiness in Reduce Transaction Costs and Improving Performance: Empirical Evidence from the United States. *Japan and Korea*, *Organization Science*, 2003, 14 (1): 13 - 28.

[25] Daniel A. Cohen, Aiyesha Dey, Thomas Z. Lys. Real and Accrual - based Earnings Management in the Pre - and Post - Sarbanes - Oxley Periods. *The Accounting Review*, 2008, 83 (3): 757 - 787.

[26] DeFond M. L., Chul W. Park. Smoothing Income in Anticipation of Future Earnings. *Journal of Accounting and Economics*, 1997, 23 (2): 115 - 139.

[27] Eero Kasanen, Juha Kinnunen, Jgyki Niskanen. Dividend - Based Earnings Management Empirical Evidence from Finland. *Journal of Accounting and Economics*, 1996 (22): 23 - 48.

[28] Erik Devos. Palani - Rajan Kadapakkam. Srinivasan Krishnamurthy . How Do Mergers Create Value? A Comparison of Taxes, Market Power, and Efficiency Improvements as Explanations for Synergies. *The Review of Finanical Studies*, 2009, 22 (3): 1179 - 1211.

[29] Fan, Jian. Yeh. Succession: The Roles of Specialized Assets and Transfer Costs. Working Paper, 2007.

[30] Freeman. R. E . Strategic Management: A Stakeholder Approach (Pitman/Ballinger . Boston), 1984.

[31] Ge W, McVay S. The Disclosure of Material Weaknesses in Internal Control after the Sarbanes - Oxley act. *Accounting Horizons*, 2005 (19): 137 - 158.

[32] Graham, J. R., C. R. Harvey, S. Rajgopal, The Economic Implications of Corporate Financial Reporting. *Journal of Accounting and Economics*, 2005, 40 (1 - 3): 3 - 73.

[33] Greif . Avner. Contracting Enforcement and Efficiency: Economic Beyond the Law, In Michael Bruno and Boris Pleskovie (eds.) . Annual World Bank Conference on Development Economics Washington. DC. The Word Bank, 1997.

[34] Healy P. M. The Effect of Bonus Schemes on Accounting Decisions, *Journal of Accounting and Economics*, 1985, 7 (1 - 3): 85 - 107.

[35] Herrmann, D., Inoue, T., and Thomas, W. B. The Sale of Assets to Manage Earnings in Japan. *Journal of Accounting Research*, 2003 (1): 89 - 108.

[36] Johnson. S., John McMillan. Christopher Woodruff. Contract Enforcement in Transition. Working Paper. CESifo, 1999.

[37] Johnson, S., La Porta, R., Lopez - De - Silanes, F., Shleifer, A., Tunneling. *American Economics Review*, 2000 (90): 22 - 27.

[38] Johnson S., Kaufmann D., Mcmillan J., et al. Why Do Firms Hide? Bribes and unofficial activity after communism. *Journal of Public Economics*, 2000, 76 (3): 495 - 5201.

[39] Jian Ming., T. J. Wong. Propping through Related Party Transaction. *American Economics Review*, 2010, 15 (1): 70 - 105.

[40] Jin L., Myers S. C. R.. Around the World: New Theory and New Tests. *Journal of Financial Economics*, 2006 (79): 257 - 292.

[41] Joel S. Demski and David E. M. Sappington, Hierarchical Regulatory Control. *The RAND Journal of Economics*, 1987, 18 (3): 369 - 383.

[42] Khanna T, Thomas C. Synchronicity and Firm Interlocks in an Emerging Market. *Journal of Financial Economics*, 2009 (92): 182 - 204.

[43] Kong Xiang. Why are Social Network Transactions Important? Evidence Based on the Concentration of Key Suppliers and Customers in China. *China Journal of Accounting Research*, 2011 (4): 121 - 133.

[44] Kam. C., Chan. Barbara. Farrell., Picheng. Lee. Earnings Management of Firms Reporting Material Internal Control Weaknesses under Section 404 of the Sarbanes - Oxley Act. *A Journal of Practice and Theory*, 2008. 27 (2): 161 - 179.

[45] Klein B, R. A. Craw ford, A. A. Alchian. Vertical Integration, Appropriable Rents, and the Contracting Process. *Journal of Law and Economics*, 1978 (21): 297 - 326.

[46] Loughran, Tim and Jay R. Ritter. The New Issue Puzzle. *Journal of Finance*, 1995, 50 (1): 23 - 51.

[47] Liu Q., and Z. Lu Eernings management to tunnel: Evidence from China's listed Companies. Working Paper, University of Hong Kong, 2004.

[48] Lauren Cohen. Andrea Frazzini, Economic Links and Predictable Return. *The Journal of Financial*, 2008, 63 (4): 1977 - 2011.

[49] Laura Poppol, Todd Zenger. Do Formal Contracts and Relational Governance Function as Substitutes or Complements? *Business & Management*, 2002, 132

(8): 707 -725.

[50] Maksimovic V., Titman S. Financial Policy and Reputation for Product Quality. *The Review of Financial Studies*, 1991 (2): 175 - 2001.

[51] MA. Petersen., RG. Rajan. Trade Credit: Theories and Evidence. *The Review of Financial Studies*, 1997, 10 (3): 661 -691.

[52] Patricia M. Dechow, Associate Professor, Douglas J. Skinner. Professor Earnings Management: Reconciling the Views of Accounting Academics, Practitioners, and Regulators. *Accounting Horizon*, 2000, 14 (2): 235 -250.

[53] Perry, S., and T. Williams. Earnings Management Preceding Management Buyout Offers. *Journal of Accounting and Economics*, 1994, (18): 157 -179.

[54] Poitras, G., T. Wilkins, and Y. S. Kwan. The Timing of Asset Sales: Evidence of Earnings Management? *Journal of Business Finance and Accounting*, 2002, 29 (7): 903 -934.

[55] Petroni, K. R. Optimistic Reporting in the Property Casualty Insurance Industry . *Journal of Accounting and Economics*, 1992, 15 (3): 485 -508.

[56] Raman K., H. Shahrur. Relationship - Specific Investments and Earnings Management: Evidence on Corporate Supplies and Customers. *The Accounting Review*, 2008 (4): 104 -108.

[57] Roychowdhury S. Earnings Management through Real Activities Manipulation. *Journal of Accounting and Economics*, 2006, 42 (3): 335 -370.

[58] Ray Ball . S. P., Kothari, Ashok Robin. The Effect of International Institutional Factors on Properties of Accounting Earnings. *Journal of Economics and Accounting*, 2000, 29 (1): 251 -302.

[59] R. H. Coase. The Nature of the Firm: Influence. *Journal of Law, Economics & Organization*, 1988 (41): 33 -47.

[60] Sugata Roychowdhury. Earnings Management through Real Activities Manipulation . *Journal of Accounting and Economics*, 2006, 42 (3): 335 -370.

[61] Subramanyam K. R. The Pricing of Discretionary Accruals *Journal of Accounting and Economics*, 1996 (22): 249 -282.

[62] Teoh, S. H., Welch, I. and Wong, T. J. Earnings Management and the Long - Term Market Performance of Initial Public Offerings. *In Journal of Finance*, 1998 (53): 1935 -1974.

[63] Teoh, S. H., I. Welch, et al. Earnings Management and the Underperformance of Seasoned Equity Offerings. *Journal of Financial Economics*, 1998, 50

(1): 63 - 99.

[64] Titman, S., and R. Wessels. The Determinants of Capital Structure Choice. *Journal of Finance*, 1988 (43): 1 - 19.

[65] Tirole Jean. Hierarchies and Bureaucracies; On the Role of Collusion and Organization. Journal of Law *Economics . Organization*, 1986, 2 (2): 181 - 214.

[66] Van Horen. Neeltje, Trade Credit as a Competitiveness Toll: Evidence from Developing Countries. Word Bank Working Paper, 2005.

[67] Watts, R. L., J. Zimmerman. Positive Accounting Theory. Englewood Cliffs: Prontice Hall, 1986.

[68] William J. Bruns, Kenneth A Merchant. The Dangerous Morality of Managing earnings . *Management Accounting*, 1990 (2): 346 - 361.

[69] W. Bentley MacLeod. Reputations, Relationships, and Contract Enforcement. *Journal of Economic Literature*, 2007, 45 (3): 595 - 628.

[70] Williamson O. E. Transaction Ocost Economics: The Governance of Contractual Relations. *Journal of Law and Economics*, 1979 (2): 233 - 2621.

[71] Watts, R., Zimmerman, J. Positive Accounting Theory, Prentice - Hall. Englewood Cliffs. NJ, 1986.

[72] Yao Yiwei. Relationship - Specific Investment, Accounting Conservatism, Auditor Choice and Audit Fees: the Effect of Customers and Suppliers. Ph. D. thesis, City University of Hong Kong, Hong Kong, 2008.

[73] YiWei Dou, Ole - Kristain Hope, Wayne B. Thomas. Relationship - Specificity, Contract Enforceability, and Income Smoothing: A International Study. *The Accounting Review Forthcoming*, 2013, 88 (5): 1629 - 1656.

[74] Zang, A . Evidence on the Tradeoff between Real Manipulation and Accrual Manipulation. Hong Kong University of Science and Technology Working Paper, 2007.

[75] 陈小悦、肖星、过晓艳:《配股权与上市公司利润操纵》,《经济研究》,2000 年第 1 期。

[76] 程新生、谭有超、许垒:《公司价值、自愿披露与市场化进程——基于定性信息的披露》,《金融研究》,2011 年第 8 期。

[77] 董望、陈汉文:《内部控制、应计质量与盈余反映》,《审计研究》,2011 年第 4 期。

[78] 方红星、金玉娜:《高质量内部控制能抑制盈余管理吗?》,《会计研究》,2011 年第 8 期。

[79] 方红星、张志华:《内部控制质量与会计稳健性——来自沪深 A 股公

司 2007～2010 年年报的经验证据》,《审计与经济研究》, 2012 年第 27 期。

[80] 范经华、张雅曼、刘启亮:《内部控制、审计师专长、应计与真实盈余管理》,《会计研究》, 2013 年第 4 期。

[81] 顾鸣润、田存志:《IPO 后业绩变脸与真实盈余管理分析》,《统计与决策》, 2012 年第 1 期。

[82] 胡玮瑛、徐志翰、胡新华:《微利上市公司盈余管理的统计分析》,《复旦学报》(自然科学版), 2003 年第 5 期。

[83] 何小杨:《我国家族企业中的"人际关系网"——现状及制度诱因》,《证券市场导报》, 2011 年第 11 期。

[84] 蒋义宏:《净利润境内外审计差异的实证分析——来自中国 B 股上市公司年报的证据》,《管理世界》, 2002 年第 7 期。

[85] 林舒、魏明海:《中国 A 股发行公司首次公开募股过程中的盈余管理》,《中国会计与财务研究》, 2000 年第 2 期。

[86] 陆建桥:《中国亏损上市公司盈余管理实证研究》,《会计研究》, 1999 年第 9 期。

[87] 李增泉、叶青、贺卉:《企业关联、信息透明度与股价特征》,《会计研究》, 2011 年第 1 期。

[88] 刘启亮、刘晶莹、谈丽华、张雅曼:《IFRS 的强制趋同、盈余动机与应计及真实盈余操纵》,《财会通讯》, 2011 年第 5 期。

[89] 刘启亮、何威风、罗乐:《IFRS 的强制采用、新法律实施与应计及真实盈余管理》,《中国会计与财务研究》, 2009 年第 131 期。

[90] 李增福、董志强、连玉君:《应计项目盈余管理还是真实活动盈余管理?——基于我国 2007 年所得税改革的研究》,《管理世界》, 2011 年第 1 期。

[91] 刘炜松、周焯华、张宗益:《公司治理结构中经营者盈余管理的博弈分析》,《财贸研究》, 2005 年第 2 期。

[92] 孟焰、张秀梅:《上市公司关联方交易盈余管理与关联方利益转移关系研究》,《会计研究》, 2006 年第 4 期。

[93] 佟岩、王化成:《关联交易、控制权收益与盈余质量》,《会计研究》, 2007 年第 4 期。

[94] 唐志军、谌莹、向国成:《权利结构、关系合约与中国社会形态的历史变迁》,《西安交通大学学报》(社科版), 2012 年第 32 期。

[95] 王春峰、李吉栋:《IPO 企业盈余管理的实证检验》,《天津大学学报》(社科版), 2003 年第 4 期。

[96] 吴联生、薄仙慧、王亚平:《避免亏损的盈余管理程度:上市公司与

非上市公司的比较》，《会计研究》，2007 年第 2 期。

[97] 魏涛、陆正飞、单宏伟：《非经常性损益盈余管理的动机、手段和作用研究——来自中国上市公司的经验证据》，《管理世界》，2007 年第 1 期。

[98] 魏明海、陈胜蓝、黎文靖：《投资者保护研究综述：财务会计信息的作用》，《中国会计评论》，2007 年第 1 期。

[99] 肖星、陈晓：《财务报表结构与利润操纵的特征和识别》，《审计研究》，2003 年第 4 期。

[100] 徐虹、林钟高、余婷、何亚伟：《内部控制有效性、会计稳健性与商业信用模式》，《审计与经济研究》，2013 年第 3 期。

[101] 杨雄胜：《内部控制理论研究新视野》，《会计研究》，2005 年第 7 期。

[102] 张宗益、黄新建：《我国上市公司首次公开发行股票中的盈余管理实证研究》，《中国软科学》，2003 年第 10 期。

[103] 蒋义宏、魏刚：《净资产收益率与配股条件》，载《证券市场会计问题实证研究》，上海财经大学出版社，1998 年版。

[104] 张祥建、徐晋：《盈余管理、配股融资与上市公司业绩滑坡》，《经济科学》，2005 年第 1 期。

[105] 张俊瑞、李彬、刘东霖：《真实活动操控的盈余管理研究——基于保盈动机的经验证据》，《数理统计与管理》，2008 年第 5 期。

[106] 赵春光：《资产减值与盈余管理——论〈资产减值〉准则的政策涵义》，《会计研究》，2006 年第 3 期。

[107] 张军、王军只：《内部控制审核与操纵性应计项——来自沪市的经验证据》，《中央财经大学学报》，2009 年第 2 期。

第六章　内部控制、关系专用性投资与企业投资效率

企业投资是企业发展的源泉，投资决策是公司财务决策的一个重要组成部分。而投资方向的选择、投资量的大小、投资时机决策等问题对企业资本结构、盈利能力、长远发展起决定性作用。投资需要引发融资需求，单个企业的投资融资规模又构成了社会的投融资水平，并决定了整个社会的资本配置。长期以来，我国企业普遍重筹资，轻投资，导致各类企业不同程度存在盲目投资，资金闲置等情况，既损害了企业价值，又导致了社会资源低效配置。因此，如何提高企业投资效率一直是公司治理研究的热点问题之一。

MM 理论认为，在一个无摩擦的理想环境里，公司投资与融资方式无关，所有正净现值的项目都可以得到融资。而现代财务理论认为，真实的资本市场是不完备的、有摩擦的。由于信息不对称和代理问题的存在，不同的内外融资方式对投资效率有不同的影响，而且公司的投资往往会偏离公司最优投资目标，从而产生非效率投资即过度投资、投资不足。对于过度投资，Jensen（1986）讨论了自由现金流引发的过度投资问题。在现代企业所有权与经营权分离的情况下，企业管理者可能会牺牲股东的利益而谋求自身利益最大化，实现自身的价值。目标的偏离和利益的分化导致管理者在内部自由现金流量充足的情况下，不是将多余的现金用于支付股利或回购债券，而是将多余现金投资到能够扩大企业规模的非营利性项目，使得实际投资金额超过企业的最优投资规模，导致投资过度。对于投资不足，Myers 和 Majluf 于 1984 年提出了信息不对称理论，认为当资本市场不完善时，企业外部投资者与内部人之间存在信息不对称，这使企业内部人比企业外部投资者拥有更多更优的信息。根据二人的啄食理论，外部融资成本显著高于内部融资成本，管理者在融资时更加倾向于优先考虑内部融资。这使得企业面临外部融资约束甚至信贷配给。管理者受制于高成本的外部融资，无法得到最优投资支出所需要的全部资金支持，即使拥有正净现值的投资机会，企业也可能为了避免过高的外部融资成本形成的融资约束，而被迫放弃，产生投资不足。投资不足

既损害了企业股东利益，不利于企业价值的最大化，也在某种程度上降低了社会经济资源配置的效率。

综合来看，国内外学术界依据委托代理、信息不对称、不完全契约、金融行为学等理论，从代理冲突、资本结构、融资约束、自由现金流、大股东控制、管理人特质等方面对企业非效率投资行为的影响进行了大量研究，取得了丰富成果。本章在借鉴前人研究成果的基础上，基于供应商和客户的视角，探讨关系型交易对企业投资效率的影响。研究发现，供应商/客户的关系型交易与投资效率具有负向关系，加入内部控制因素后进一步研究发现，内部控制质量的提高，有效地减弱了供应商/客户关系型交易与企业投资效率之间的负向关系。研究表明高质量的内部控制对关系型交易引发的非效率投资具有抑制作用。

第一节　问题提出与研究贡献

在市场竞争日益激烈的今天，企业通过关系型交易，形成供应商/客户共同决策和一体化的关系，创造高水平的关系租金进而维持较强的长期竞争优势，已经成为企业建立信任体系、降低交易成本、实现价值创造的必备条件之一（Madhok，1998；Dyer，2003；Subramani 和 Venkatraman，2003）。然而，由于契约的不完备性和专用性投资本身的不可调配性，供应商/客户关系型交易却可能导致机会主义、道德风险或者双方内部人合谋，转移公司财富等问题（Moorman 等，1992；Johnson 等，2000；jian 等，2010），这些负面效应的抑制还需要作进一步的探讨（周俊和薛求知，2009）。内部控制作为内部治理机制，在缓解代理冲突、降低信息不对称、提高监督激励力度、放松融资约束和控制风险等方面却具有显著的优势，因此，本书关注的重点是：在投资保护较为薄弱的中国，关系型交易是否会进一步引发非效率投资？再者，进一步考虑作为企业治理机制的内部控制，则关系型交易与非效率投资的关系是否会发生改变？高质量内部控制能否有效抑制和治理关系型交易引发的非效率投资行为？试图通过探讨内部控制、关系型交易与非效率投资三者之间的内在关联性，为进一步完善内部控制建设，优化公司合理进行关系型交易，以获得可持续竞争优势和良好绩效提供理论依据。

本章的研究意义在于：

（1）有助于深化认识关系型交易在促进价值增值过程中的负面效应。理论和经验证据显示，关系型交易的提高可能导致的机会主义、锁定、道德风险等后果（Williamson，1975、1985；Klein，1978；jian，2010）。探讨关系型交易的负面效应及其治理机制，对于交易各方更有效地进行专用性投资，具有重要的现实意义。

（2）将有助于拓展投资决策问题研究的领域。从微观而言，有效的投资构成公司成长的主要动因和未来现金流增长的重要基础，是企业价值增加的根本所在。从宏观而言，投资与消费、出口一起构成拉动经济增长的三驾马车，是宏观经济发展的引擎。因此，投资与公司发展乃至宏观经济波动休戚相关（李万福，2011）。本章从关系型交易的机会主义行为角度探讨非效率投资的生成原因，构建宏观环境与微观行为的互动框架，实证研究关系型交易与非效率投资的关系，进一步拓展投资研究的领域。

（3）拓展和深化了企业建立内部控制效率视角方面的文献。分析内部控制对非效率投资的影响，丰富和拓展了内部控制效率研究的文献，也将为我国企业完善内部控制提供思路与参考。

第二节 文献综述

一、信息不对称与企业投资效率

1. 信息不对称下的股权融资与企业投资效率

Myers 分别在 1977 年和 1984 年发表了两篇有关信息不对称对公司投资影响的论文，开创了投资领域的新视角。如果企业采用股权融资来进行投资，那么利用股权融资时的信息不对称就会影响企业的投资决策。Myers 和 Majluf（1984）构建了信息不对称下企业的投资决策模型，对在企业现有资产价值和投资项目预期收益方面，内部管理者和外部投资者存在严重的信息不对称。他们根据管理者所选择的融资方式传递的信息，对投资项目进行评价，从而决定是否购买新股。然而股权融资的信息可能向管理者传递了管理者对投资项目缺乏信心信息，降低了投资者对投资项目收益的预期，从而低估股票的价值，影响新股发行的价格，提高了股权融资的成本，导致投资不足，降低投资效率。在 Myers 和 Majluf（1984）的研究基础上，Narayanan（1988）、Heinkel 和 Zechner（1990）进一步研究了在信息不对称下的企业投资行为，他们在研究后得出：信息不对称在只考虑新投资项目时，股权融资可能造成投资不足，也有可能造成投资过度，即也有可能实施一些净现值为负的项目。因为如果一个项目的净现值为负，企业可以通过高估并出售权益证券中获得利益，而且获利减去损失的值大于项目的负净现值。此时，净现值为负的项目也有可能被实施，出现了投资过度的非效率现象。

2. 信息不对称下的债务融资与企业投资效率

与股权融资相同，如果企业投资时采用债务融资，那么债务融资时的信息不对称同样会影响企业的投资行为。根据债务契约，债权人只能获得既定收益，即利息收益，而债务融资产生的项目投资收益远高于债务融资成本的那部分，将由股东获得。但是当投资项目失败时，由于企业的有限责任制，债权人不得不承担放债无法收回的结果。如果企业在债务融资时存在信息不对称时，即对于项目的真实情况，内部管理者和股东拥有更多信息。既定的收益和较高的风险使债权人意识到自己处于不利位置，此时就会采取减少企业贷款和提高贷款利率等措施来保障贷款的安全，这样就会提高企业的债务融资成本，从而导致投资不足（Jaffee 和 Russel，1976）。Stiglitz 和 Weiss（1981）的研究表明，在信息不对称的情况下，借贷市场存在着信贷配给现象。此时，企业即使接受贷款方提供的贷款利率也无法为风险高但有投资价值的项目筹集到足够的资金，从而造成了投资不足。

此外，由于在债券市场上的信息不对称，外部投资者缺乏足够的信息充分了解和评估企业状况和评估投资项目，当企业为项目以债券方式融资时，外部投资者通常根据企业发行债券的市场平均价格进行定价。这样就会导致证券的价值可能会偏离企业的真实价值，从而部分优质企业的债券价格可能被低估，部分劣质企业的债券价格可能被高估，被低估的企业的融资成本会提高，不能获得足够的外部融资金额，难以投资一些净现值（NPV）的项目，导致投资不足，被高估的企业的融资成本会降低，从而导致投资过度。

3. 融资优序理论与投资效率

上述的股权融资方式和债务融资方式均属于外源融资方式，除此之外还有内源融资方式。Myers 和 Majluf（1984）的研究表明，内源融资方式较外源融资方式有两方面的比较优势：一是内源融资可能规避由股权融资或债权融资产生的信息不对称，从而避免了由于信息不对称所产生的信息成本；二是内源融资缓解了股权融资或债权融资引发的代理冲突。对此，Myers 提出了融资优序理论，该理论认为企业应先内源后外源融资，因为内源融资方式能够降低融资成本，从而提高投资效率。在国外的文献中，融资约束有广义和狭义的含义。广义的融资约束是指当企业的内外融资成本存在差异时，企业的投资受到约束。而狭义的融资约束是指由于需要外部融资，又由于资金成本较高或者由于信贷配给而不能筹集到足够的资金从而投资受到约束。狭义的融资约束是包括在广义融资约束之中的，实质是在逆向选择下产生的。

根据 Myers 等的模型，Fazzari、Hubbard 和 Petersen（1988）最早从融资约束

的角度分析内源融资对企业投资的影响。通过实证检验，结果表明：高股利分配企业的投资—现金流敏感性小于低股利分配企业的敏感性，企业存在投资的融资约束问题，内源融资对企业的投资具有重要的影响。Gilchrist（1991）、Whited（1995）和 Hubbard、Kashyap，Calomiri 和 Hubbard（1995）的研究结果表明现金流敏感度最高，投资与内源融资正相关是企业面临投资的融资约束问题。

郑江淮等（2001）是从投资的角度来研究所有制结构与上市公司的融资约束之间的关系。实证分析结果表明，企业和供应商之间信息不对称程度越高，企业的投资成本融资约束越大，并且公司国有股比例越高，企业遭受的外部融资约束强。潘敏和金岩（2003）通过构建股权融资投资决策模型，剖析我国上市公司股权融资偏好下过度投资的成因，研究结果发现：即使不存在信息不对称，由于我国股权分置的特殊股权制度和不成熟的市场，也会使股票的价格偏离其真实的价值，股票的价格被高估，从而导致投资过度，如果进一步考虑信息不对称，投资过度的概率会随着信息不对称的程度的增加而大幅度上升。

李庆峰（2003）等基于国企改制模型，探讨了改制影响股价的内在机理，回答了我国股票市场融资效率高但投资效率低的现象——“效率悖论”，提出融资决策对投资行为有影响。魏锋和刘星（2004）以 1998 ~ 2002 年的制造业上市公司为样本，深入、全面地研究融资约束、不确定性及其与企业投资行为的联系，结果发现面临融资约束公司的“投资—现金流”敏感性较高，并且融资约束在一定程度上减轻了不确定性对企业投资的影响。欧阳凌、欧阳令南和周红霞（2005）研究了股权分置制度与现金流通制度下企业的非效率投资行为，认为存在股权分置的信息不对称进一步加剧了投资不足或投资过度的程度和范围。

张中华和王治（2006）以中国现实的经济体制为背景，在一个综合模型框架下分析了内部现金流对企业投资行为的影响。结果表明，企业的投资，无论是过度投资还是投资不足，对现金流都是敏感的。但相对于投资不足，国有企业的过度投资行为更为显著，在这两种情况下的非国有企业有较显著。

朱红军、何贤杰和陈信元（2006）研究在转型经济的特殊制度背景下，金融发展水平和预算软约束这两大系统因素对企业投资的影响，研究结果发现：我国资本市场的预算软约束制度缺陷扭曲了国有企业面临的真实的融资约束，进而对企业的投资行为产生影响，而金融发展能够缓解这种情况。沈红波等（2010）进一步剖析了宏观金融发展对微观经济实体融资约束的影响，实证研究发现金融发展水平与融资约束显著负相关，即金融发展水平越高的地区上市公司面临的融资约束越低，所以可以缓解由此所导致的投资不足，并且相比国有控制企业，金融发展缓解融资约束的作用在民营控股上市公司要更加显著。

张家益和郑志丹（2012）认为，以往衡量投资效率的模型无法对融资约束和代理成本所导致的非效率投资进行定量计算，所以他们在 Richardson（2006）的预期投资模型基础上，使用前沿异质性双边随机边界模型对投资效率进行了重新度量。结果发现：在同时考虑融资约束和代理成本的情况下，二者导致我国公司整体表现为投资不足，并且不同公司规模和地区的上市公司的非效率投资程度会有所不同，而流动资产净额和资本存量的增加则有助于缓解融资约束、避免投资不足。

由于企业完善的内部控制体系可以在很大程度上缓解信息不对称、降低代理成本，所以李万福等（2011）对内部控制和投资效率二者之间关系进行了实证检验。他们根据公司治理整改活动中的自查报告和整改计划中披露的内部控制缺陷来作为内部控制质量的替代变量，并使用 Biddle（2009）投资过度模型以及 Richardson（2006）模型测度投资效率后，发现内部控制完善的公司与其他公司相比，过度投资的现象较弱，同时也更不容易出现投资不足，并且在控制了自选择、财务报告质量等因素后，实证结果依然稳健，支持了内部控制对企业投资效率促进假说。

二、道德风险与投资效率

以上考虑的是事前信息不对称下融资约束对投资效率的影响，委托代理理论是从事后道德风险角度研究其公司的投资效率的影响。讨论企业非效率投资出现的原因以及如何提高投资效率。已有不少的研究者从道德风险的角度研究投资效率。

1. 管理者引发的道德风险与投资效率

（1）构建企业帝国。Jensen 和 Meckling（1976）研究认为，在所有权和经营权分离的情况下，内部管理者拥有的企业控制权通常是大于其比例的剩余索取权。由于契约不完备性的存在，内部管理者很可能实施非价值最大化的行为，特别是将公司财富转化为私人财富，产生投资不足或投资过度行为。Jensen（1986）、Jensen 和 Murphy（1990）、Stulz（1990）等研究发现，企业的规模越大，经理人的薪酬会越高，权利、地位、特权也会越大，因此，经理人有强烈的动机去扩大企业规模，构建自己的企业帝国。Donaldson 和 Stone（1984）、Jensen（1986）、Stulz（1990）、Harris 和 Raviv（1990）、Jensen（1993）、Hart 和 Moore（1995）、Zwiebel（1996）、Jensen（2001）等的研究表明，在假设经理人能够通过增加资本控制权获得个人收益的条件下，经理人确实有企业帝国建造的倾向，导致过度投资。但 Stein（2003）的研究却表明，经理人的这一偏好并不必然导致过度投资，也可能导致投资不足。

（2）提高职业声誉。经理人出于维护和提高自己的职业声誉的考虑，会利用投资提升其在劳动力市场的价值，从而导致其在投资上的短期机会主义行为和羊群行为。Trueman（1986）则从羊群效应的角度，论证了无论是拥有高质量投资机会的企业还是低质量企业，为了自己的职业“脸面”，都将过度投资。Narayanan（1985）、Bebchuk 和 Stole（1993）的研究表明，经理人为了维持和提高自己的职业声誉，在进行投资决策时会作出短期对自己有利但有损企业价值的短期机会主义行为。

（3）安于现状偏好。当得不到有效激励，经理人会倾向于维持现有的生活状态，这种“懒惰”会对投资产生两方面的影响：一是当面临是否关闭现有糟糕业绩投资项目时，经理人可能嫌麻烦而不愿关闭，导致过度投资；二是当面临是否新上项目决策时这又可能导致投资不足（Bertand 和 Mullainathan，2003）。Aggarwal 和 Samwich（2006）、Bloom 和 Reenen（2007）也进一步验证了经理人的懒惰带来的非效率投资。

（4）壕堑效应。Shleifer 和 Vishny（1989）的研究表明，经理人出于自身保护的目的，往往会偏好投资于自己比较熟悉但未必会增进股东价值的领域，即产生专用性投资。这样做的结果表现在两方面：一是这些投资决策一旦作出，替换经理人的代价就比较高昂；二是不具备相关知识的外来人很难了解投资项目的运行情况，致使投资项目运行的透明度下降，接管经理人就更难。这些专用性投资虽然损害了股东价值，但却巩固了经理人地位，产生“壕堑效应”（entrenchment）。

（5）自由现金流假说。Jensen（1986）是在《自由现金流量代理成本、公司财务与收购》文中提及的“自由现金流”的概念，他把自由现金流定义为所有企业投资完所有净现值大于零的项目，其所剩下的那部分现金流。Jensen 等认为，要使股东的价值最大化，应该把自由现金流支付给股东，但是管理层可能出于私利而不愿意将自由现金流支付给股东，因此管理层就可能净现值小于零的项目，造成投资过度，引发了管理者行为偏离股东目标的道德风险。Jensen（1993）后续研究中认为，当公司内部治理机制变为无效的情况下，必须依靠外部治理机制来解决，如负债约束。负债可以通过降低管理层对自由现金流的支配力度而减少自由现金流的代理成本，尤其是那些现金流企业。

（6）股权集中。从公司治理的角度看，大股东股权集中将消除“搭便车”和缺乏有效监管的现象，从而弥补了股权分散的问题，完善内部治理机制。根据股东分布有“搭便车”的动机，这是对公共产品的“监督”。但是所有权的集中，尽管还有其他免费小股东“搭便车”的心理，但对公共产品的监督可以由大股东提供。Grossman 和 Hart 在 1980 年发表了《要约收购、搭便车和企业理论》一文，研究结论是所有权结构对公司绩效有重要影响，因为股东有“搭便车”心理存在，所有权分散将不利于公司绩效的改善。Shleife 和 Vishny（1986）后续研究表明，由于监测的好处，大股东愿意提供监督。此外，这些大股东不仅拥有了的大量股权，而且还有控制权，足以控制和影响公司的决策和投资行为，这在股权高度分散的情况下是无法做到的。此后在 Gorton 和 Schmid（1999）的研究也表明，大股东不仅可以在企业业绩不佳时取代不称职的管理者，并可以克服分散股东集体行动的困难，最终改善公司业绩。

2. 股东引发的道德风险与投资效率

Jensen 和 Meckling（1976）认为，当公司发行银行或融资债务合同债权人的债券时，股东和债权人之间的委托代理关系形成。这种委托代理关系，有可能会作为客户、股东和债权人利益冲突的激励。这种利益冲突的激励具体表现为，当债务合同已签订到自己手中后股东可能会侵占债权人利益。而股份制企业的有限责任更强化了股东的道德风险。Mikkelson（1981）等的研究也发现类似的结论。

3. 大股东引发的道德风险与投资效率

尽管大股东参与公司治理可以加强监督力度，但是同样产生了新的问题，也就是会出现大股东侵占小股东利益的现象。大股东与小股东之间的代理冲突源于间接持股造成的所有权与控制权的分离。一旦掌握了该上市公司的控制权，控股股东就会通过各种合法或非合法的渠道将上市公司的资源输送给自己。现实世界的事实是，大股东作为企业的控制方逐渐成为一种常见的现象，控股股东与小股东之间的利益冲突日益凸显。

Mikkelson 和 Partch（1989）、McConnell 和 Servaes（1990）的研究发现控股股东和小股东之间经常出现严重的利益冲突，控股股东可能以牺牲小股东利益为代价追求自身利益。Shleifer 和 Vishny（1997）、Pagano 和 Roel（1998）进一步研究发现，控股股东可以利用小股东无法分享的控制权，通过侵害小股东利益来获取私利。Bebchuk、Kraakman 和 Triantis（1999）分析了上市公司可能通过金字塔结构、交叉持股结构和二元股份结构三种方式达到控制目的。并发现控股股东通过关联交易和转移利润等方式侵占小股东利益时，那些小股东也无法通过“用手投票”的方式制止大股东的道德风险，大小股东的代理冲突可能会导致投资非效率项目。La Porta、Lopez - de - Silanes、Shleifer 和 Vishny（1999），Claessens、Djankov 和 Lang（2000）的研究表明，控股股东通过金字塔层级，出于私人利益进行投资扩张，从而取得大量资产的控制，导致小股东的权益往往受到侵害，因此，大股东的过多的控制权，越来越成为削弱整体企业价值的股权障碍。

Wu（2005）借鉴 Myers 的逆向选择研究框架，分析控股股东过度投资动因，发现控制权私利在过度投资中发挥着重要作用。Hakan 和 Yurtoglu（2006）的研究表明，具有典型控股股东特征的企业，比如通过金字塔结构和双重投票权实现两权分离的企业，投资收益会更低。

由于我国股权集中，所以有大量的学者关注大股东与中小股东之间的代理冲突与投资效率之间的关系。刘朝阵（2002）通过建立控股股东与资本市场之间相互博弈的微观经济模型，讨论控股股东非效率投资决策的模式和动因，模型表明控股股东通过与上市公司的关联交易进行套利从而使自身利益最大化，而控股股东对自身利益的追求导致了上市公司投资的非效率。梅峰和封思贤（2005）从中小股东超额投资回报率的角度来研究大股东侵占行为的危害性，研究结果表明，大股东的侵占程度与中小股东的利益损失之间存在着显著的正相关关系，而大股东对中小股东利益的负面影响是长期性的。饶育蕾和汪玉英（2006）研究了股权结构对企业投资的影响，研究结果发现：大股东持股比例与“投资——现金流”敏感性负相关，即大股东持股比例越高，公司的“投资——现金流”敏感性越低，并且这种关系在国家控股的上市公司更加明显。然而魏明海和柳建华（2007）研究发现第一大股东持股比例与过度投资并非呈线性关系，而是倒 U 形关系，他们对我国国有控股上市公司的现金股利与过度投资之间的关系进行了进一步研究。他们发现：公司发放现金股利可以减少管理者控制的自由现金流，从而可以抑制过度投资，并且在政府干预较低以及执法环境较高的地区，管理者通过低现金股利政策而进行非效率投资的概率越低。有学者认为，仅仅使用持股比例来表示股权结构无法准确衡量股东之间的交互作用并且也忽视了绝对持股量，安灵等（2008）基于海洋博弈（Oceanic Games）模型计算得到的 Shapley 指数来测度股权制衡度与集中度，研究发现：大股东的控制权与企业的非效率投资之间的关系并非线性的，大股东控制力对非效率投资的影响呈现先弱后强再减弱的非线性趋势，并且股权制衡抑制过度投资的作用在县级政府所属的公司以及民营企业较为明显，但是在其他公司并不明显。窦炜等（2011）进一步区分绝对控股大股东和多个大股东共同控股时，分别研究这两种情况下的投资效率，研究结果表明，在绝对控股大股东条件下，由于“利益趋同”效应，第二类代理问题得到了缓解，所以大股东会降低扩大投资规模的非效率投资行为，而在多个大股东形成股权相互制衡的环境下，情况较为复杂，既可能出现投资过度，又可能产生投资不足，股权性质相同且关联交易频繁的几个大股东会倾向于合谋，过度投资较为严重，但是当几个大股东倾向于互相监督时，则可以抑制过度投资但同时又出现了投资不足。

另外也有学者关注股东与经理之间的代理冲突，研究管理者在投资行为中谋取私利的问题，权小锋、吴世农、文芳（2010）的研究发现了我国国有企业治理中管理层权力正向影响高管私有收益的证据，其中，中央政府控制的国有企业高管偏好隐形的非货币收益，而地方政府控制的国有企业更倾向以货币收益的形式满足私有收益。其他学者也从管理层薪酬水平和在职消费等收益的角度验证了管理层在投资行为中谋取私有收益的可能：陈庆勇、韩立岩（2007、2008）的研究发现，并购等扩大企业规模的行为并没有带来公司绩效的改善，但是管理层的薪酬水平却得到提升，此外并购还带给管理者权力增加、名声提高等好处。纳超洪（2009）也认为，高管存在运用其控制权，通过并购、无形资产投资等具有隐蔽性的自由裁量性投资行为达到获取更高薪酬的私有收益的可能。吴育辉、吴世农（2011）总结出我国上市公司中管理层的自利倾向和自利程度同时受公司经营状况、治理结构和管理层薪酬三个方面因素的影响。

三、过度自信与非理性投资行为

除了非对称信息下的逆向选择和道德风险，对企业的投资效率产生影响外，心理因素也可影响投资效率。Shefrin（2001）指出财务决策中存在的两个主要障碍的行为：来自公司内部的行为障碍和来自公司外部的行为障碍。第一个障碍是经理人非理性管理造成的偏差；第二个障碍是由于非理性投资者导致的，股票价格与它的基本价值偏差，即市场非有效性。管理者非理性和投资者非理性都将对企业的投资产生影响。

1. 管理者过度自信与投资效率

正确的投资决策需要企业的决策者对投资所产生的未来现金流量以及可能出现的风险进行准确的无偏估计，但是企业的决策者不可能达到准确的无偏估计，他们可能由于各种各样的认知偏差等心理因素的影响，而高估或低估了项目未来的现金流或风险，因此影响了公司的投资行为。

管理者“自以为是”（hubris）假说最早由 Roll（1986）提出的。该假说认为，在进行公司并购时，管理者会高估目标公司的价值和并购收益，从而使并购活动的支出高于公允价值，这一现象的发生是由于管理者普遍具有过度自信而导致的。Odean（2002）比较了过度自信的管理者和理性管理者之间的投资决策后，发现过度自信的经理倾向于接受和从事早期项目，与过于自信的管理者相比较，理性管理人员往往推迟接受项目。而且 Heaton 和 Clinton（2002）还认为，过于自信的管理者可能高估自己的能力，并愿意投资于高风险项目。因此，有适量信心的管理者可以增加公司的价值，但过于自信的管理者承担的风险太大的项目，会对公司造成损失。Gervais（2003）发现，过度自信的管理者比风险厌恶的管理者更愿意承担更大的风险。Malmendier 和 Tate（2005）首次运用实证方法研究了管理者过度自信下投资与现金流之间的敏感性。研究表明在现金流充分的情况下，管理者的过度自信会造成过度投资；而在现金流缺乏的情况下，又会造成投资不足；对于权益依赖型企业来说，管理者过度自信对投资现金流之间敏感性的影响程度更大。Lin 等（2005）采用类似的方法，用台湾的数据得出相似的结论。

2. 投资者的非理性行为与投资效率

Stein（1996）研究了非理性的投资者对理性的管理者投资行为的影响。投资者非理性的投资可能影响股票发行的时间，但不会影响公司的投资计划。也就是说，管理者是理性的，非理性投资者的行为导致了股票市场的融资条件的变化，因此这有可能会影响公司的融资决策，不过不会对公司的投资决策产生影响。Polk 和 Saplenza（2001）的研究发现，当公司的股票价值被非理性投资者盲目高估时，公司有过度投资倾向。而 Polk、Christopher 和 Paola（2004）是通过模型分析得出了类似的结论，由于价值被高估的企业倾向于投资过度，同时价值被低估的企业显得投资不足。

四、其他研究文献

1. 相关治理机制

完善的激励制度作为公司治理机制的重要组成部分，可以使内部控制人与外部投资者的利益相一致，从而缓解代理矛盾，所以大量学者对激励制度和投资效率之间的关系进行了深入探究。辛清泉等（2007）首先从管理者货币薪酬的视角研究了其对于投资效率的影响，其实证结果表明货币薪酬激励可以使管理者与股东利益趋于一致，从而缓解代理问题，提高投资效率，降低过度投资水平，但在中央政府控股以及民营企业中，上述现金薪酬的治理作用并不明显。吕长江和张海平（2011）则研究了管理层股权激励与投资效率之间的关系，他们以 2006 ~ 2009 年推出股权激励并持续实施的 61 家公司为研究对象，使用 Richardson（2006）来衡量投资不足和过度投资，发现与未实施股权激励的公司相比，实施股权激励公司的投资效率更高，并且在采用三阶段最小二乘法控制了内生性问题后，这一结果仍然稳健，从而说明股权激励可以使得管理与股东利益趋于一致，进而达到了缓解代理问题的目的。与上述更多关注薪酬激励对投资效率的影响所不同的是，子文超等（2012）从高管参政议政的视角研究了其对投资效率的影响，分析参政议政是否有助于调动国企的管理者的工资积极性并进而发挥一定的治理作用以缓解道德风险、降低代理成本。研究发现：高管参政议政的公司其过度投资行为明显少于其他公司，但是在制度环境越好地区的公司以及地方国有企业，高管参政议政抑制过度投资的作用较弱。

另外，还有一些学者研究了其他公司治理机制是否可以通过降低代理成本进而提高投资效率。刘昌国（2006）发现独立董事比例、经理层持股比例虽然在一定程度上抑制了过度投资，但系数未通过显著检验，而机构投资者与过度投资显著正相关，说明了其不但没有发挥相应的治理作用反而会通过坐庄等行为进行市场投机并且可能也存在与内部控制人的合谋行为。然而，与刘昌国（2006）所不同的是，唐雪松等（2007）通过选择2000～2002年深沪两市的制业上市公司为研究样本，使用Vogt模型衡量过度投资，发现虽然公司管理者持股比例较低，平均仅为0.0044%，但其可以较好地抑制过度投资行为，此外控股股东的股权性质也与过度投资具有显著的相关关系，并且唐雪松等（2007）也发现独立董事变量的回归系数并未通过显著性检验，这与刘昌国（2006）的研究相一致。俞红海等（2010）首次通过动态模型方法，研究发现即使采用不同指标作为外部治理环境的替代变量，两权（即控制权与现金流权）分离程度越高，企业的过度投资行为越严重，并且在国有上市公司这一现象更加显著，而现金流权水平的提高、独立董事比例，则可以在一定程度上抑制过度投资。

2. 行为金融视角

我国的资本市场属于新兴市场，各种正式制度尚不完善，投资者能力有限，其非理性程度要远远高于英美等较为成熟的投资者，因此投资者非理性的因素比如情绪波动对其决策可能起到了更加重要的作用。

我国学者也对管理者非理性如何影响公司投资的行为进行了大量深入探讨，朱武祥（2003）的研究表明，资本市场的投资者和分析家如果过度乐观，会诱使非理性的管理者低估项目投资风险，高估投资价值，积极地进行高风险的投资扩张，最终导致公司股票价格严重背离公司的内在价值。他还认为，当公司治理问题比较严重时，非理性的内部管理者可以利用市场投资者和分析家的非理性，以谋求自身利益的最大化。郝颖、刘星和林朝南（2005）对我国上市公司经理人过度自信的表现及其企业投资决策的关系进行了实证研究，结果表明，在我国特有的治理结构和股权安排下，过度自信的经理人更可能引发配置效率低下的过度投资行为。郝颖等（2005）采用高管人员在任期内持股数量的变化作为衡量是否过度自信的指标，他们发现过度自信的管理者的公司的投资水平与"投资——现金流"敏感性显著高于其他公司，随之也带来了资源配置效率低下的不利经济后果。在Baker（2003）研究基础上，花贵如等（2010）提供了在中国资本市场投资者情绪影响公司投资的经验证据，并进一步验证了随之所产生的经济后果，研究结果发现：投资者情绪对投资效率的影响具有"双刃剑"作用，即进一步恶化了过度投资，但同时也缓解了投资不足，但进一步的脉冲反应函数和方差分解法的结果表明，随着时间推移，投资者情绪对ROE（净资产收益率）的作用由正向逐渐向负向转变，最后则逐渐消退。李云鹤和李湛（2011）进一步验证了在中国资本市场环境下，管理者的过度自信会导致非效率投资。朱晶和唐蓓（2011）进一步将董事会治理纳入到过度自信和投资效率的研究框架内，研究发现管理者过度自信与企业过度投资存在显著正相关关系，而两职分离则可以抑制这种行为，但是他们并未发现独立董事具有显著的治理作用。陈运森和谢德仁（2011）则将以往大多数文献未发现独立董事积极作用的原因归结于由于监管体系不断的变化，有关公司治理的各种指标日渐“趋同”，所以很多被用来衡量独立董事制度的指标（如独立董事在董事会中的比例）已经难以准确捕捉到不同公司之间的差别，因此他们借鉴社会学中的社会网络中心度，从独立董事网络位置视角研究了独立董事制度对公司投资效率的影响。他们的实证结果表明独立董事网络中心度越高，其越能够缓解投资不足并且抑制过度投资的能力也越高，但是在政府干预较强的地方，独立董事的治理功能在国有控股上市公司中会受到削弱，而在政府干预较弱的地区，则没有明显差别。

3. 政府干预与投资效率

与西方等市场为导向的经济体系所不同的是，在我国渐进式改革过程中，政府仍旧发挥了至关重要的作用，为了实现一些政治目标、政府有强烈的动机去干预公司的投资，从而导致了与代理问题、信息不对称等完全不同的非效率投资（杨华军和胡奕明，2007；程仲鸣等，2008；张洪辉和王宗军，2010；唐雪松等，2010；杜兴强等，2011；谭燕等，2011）。

杨华军和胡奕明（2007）使用樊纲等在2003年编制的政府与市场关系得分来衡量政府干预，研究发现：地方政府控制以及政府干预较强地区的企业非效率扩大投资规模的现象比较严重。程仲鸣等（2008）分别使用樊纲等2007年编制的政府干预指数来研究政府干预与投资效率之间的关系，研究发现，对于地方政府控股的国有上市公司，政府干预程度与投资效率呈现正负相关关系。即政府干预程度越强，投资过度与投资不足越严重。

张洪辉和王宗军（2010）研究结果发现为了实现一些诸如就业、增加GDP、提高税费收入等政治目标以及通过重复建设阻止其他地区同一行业的业绩上升从而达到阻止其他地方官员晋升的目的，地方政府会要求当地的国有控股上市公司扩大投资规模，即使投资项目的净现值小于零，并且债务融资不但没有反而进一步恶化了过度投资，表明现金流量假说在我国的特殊制度背景下其适用性存在一定的偏差。

张敏等（2010）进一步研究了政治关联与企业投资之间的关系，研究发现政治关联可以帮助民营控股上市公司获得长期贷款，缓解信贷歧视，但是也为公司进行过度投资提供了物质资源，进而对公司价值带来了负面影响。此外唐雪松等（2010）、杜兴强等（2011）的实证结果表明，政府干预对于国有企业的投资效率具有较强的损害作用。然而上述文献主要将政府干预局限于国有企业，忽视了其对民营企业的影响，而谭燕等（2011）研究了政企关系对公司投资的影响，发现地方上市公司数量与过度投资显著负相关，上市公司经济影响力越大，过度投资现象越严重。

文献评述：通过对国内外文献回顾可以发现，在信息不对称方面，国内外的文献主要关注融资约束与投资效率之间的关系；在代理成本方面，国外研究的重点是第一类代理冲突，即股东与经理人之间的代理冲突，由于我国特殊的股权制度和不成熟的资本市场，大股东与中小股东之间的代理冲突在我国表现尤为突出，所以学者关注过多的是大股东的道德风险问题；并且由于我国企业往往会受到政府的干预，因此国内学者在研究投资效率时会考虑政府干预这一特点，这是国外所没有的。

第三节 理论分析与研究假设

一、关系型交易与非效率投资

已有的研究表明，在缺乏良好的法律保护，又缺乏有效市场显示信誉的情况下，建立在“关系”基础上的交易成为企业的主要选择（McMillan 和 Woodruff，1999；Johnson，2000）。与西方契约经济所不同的是，我国市场交易更依赖于关系经济（Peng 和 Luo，2000；卢现祥，2004），关系能够为企业带来众多收益，成为企业核心的战略资源和竞争优势的源泉。然而，Ball 等（2000）的研究发现，相对于普通法系的国家，成文法系国家中的企业更为依赖“关系”进行交易，由于利益相关主体之间有私下信息沟通渠道，无须依赖公开披露的信息，从而降低了企业的信息透明度，增加了外部投资者解读企业信息的成本；而企业在面临来自供应商/客户的压力时，更倾向采取增加可供操纵的应计项目等盈余手段来提高利润，满足这些非财务利益相关主体的预期，导致会计信息质量下降（Graham，2005；Raman 和 Shahrur，2008）。因此，关系型交易在帮助企业建立信任体系、降低交易成本、实现价值创造的同时，也带来了业绩计量困难、盈余信息质量下降等问题，从而对企业的投资决策产生重大影响（Kim，2013）。

1. 从业绩计量看

作为一种专有资产，公司与供应商/客户之间的关系型交易（商业关系网络）具有很强的“人格化”特点（何小杨，2011），尤其在我国转型经济体制下，法律保护和执行力相对薄弱，企业的交易更多地依赖“声誉”、“信任”基础上的关系型契约。Williamson（1985）基于资产专有理论分析了组织的“拟人化"特征对维护关系型交易顺利进行的重要性，其研究发现组织之间的关系型交易主要依赖于代表组织的自然人之间相互信任。因此，基于交易"人格化"的需求，企业之间的关系型交易通常需要交易各方固化其组织的自然人代表，并通过这些自然人（主要是公司高管）之间由长期合作而建立的信任关系维护交易顺利实施（Alchian，1965）。基于委托代理的现代企业特征，由于高管行动无法直接观察，企业业绩经常成为评价高管的才能和努力程度的一个重要指标。当企业经营存在关系交易模式时，交易双方在某个期间的投资成本与收益并不能完整配比，常常表现为交易前期的投资较多地用于维护交易，而在交易后期发生投资的溢价（Williamson，1985），即关系交易模式增加了通过计量当期产出来判断公司高管当期努力程度的困难。因此，当上市公司与其主要供应商/客户进行较高水平的关系交易时，使公司高管的当期努力难以通过当期业绩体现出来，同样也会造成高管努力与当期投资业绩难以匹配，其企业投资行为也更容易偏离最优投资水平（Bushma，2001；Biddle，2009）。同时由于关系交易的异质性、不可分割性和高转换成本等特征，在不同的个体间传播需要耗费大量成本，因此无法通过短时期的学习或市场搜寻轻易获得，使高管的才能和努力之于企业业绩的边际作用在这种独特狭窄信任范围的合作方式下增加了。但是，更多的努力对高管自身而言是一种私人成本，基于委托代理理论，如果这些私人成本无法有效补偿，则公司高管很可能就会偷懒、懈怠，在不断做大公司规模、增加在职消费及其他的隐性激励、提高个人声誉愿望的激励下，可能利用多余的现金去从事一些净现值为负的项目（Jensen，1986），由此损害了股东利益（辛清泉等，2009）。此外，根据 Arrow（1962）提出的"干中学"（Learning by doing）观点，权力较大的高管更可能通过对企业关键资源（如供应商、客户等）的控制和积累进行专有性人力资本投资，在强化其不可替代性的同时相应增加董事会的解雇成本①，增强高管控制权，使得公司高管在公司的权力基础更加牢固（代彬，2011），从事 NPV 小于 0 投资项目和构建个人帝国的成本和风险也就越低，导致代理冲突进一步加剧，投资过度的情况更加严重。

2. 从盈余质量看

已有研究表明关系型契约会导致盈余管理行为和较低的盈余质量（Raman，2008；Dou，2010）。Freeman（1984）认为，作为公司重要的利益相关者，供应商/客户对公司的战略、经营业绩等诸方面都具有决定性的影响，因此，公司有很强的动机与它们建立长期的合作关系。但是，要建立这种合作关系，前提条件是公司本身正处于健康发展状态，以缓解合作者对风险的担心。上市公司为了维

① 雷士照明创始人吴长江董事长的意外出局及其戏剧般的回归、在娃哈哈和达能斗争中的宗庆后、健力宝当年的存续困局等，都在很大程度上诠释了建立经销商统一战线、与经销商形成深厚关系的妙处。

持或吸引更多的供应商/客户的关系交易，就需要向供应商/客户传递企业财务状况良好、会计业绩稳步上升的预期，向供应商/客户展示良好的经营业绩，而反映在财务报表中则表现出较高的盈利水平。因此，企业为了达到缔结并进而维系与其主要供应商和客户的关系交易，往往会在会计准则允许的范围内采用最符合企业利益的会计政策，或“构造”真实的交易事项，对企业的盈余信息进行调整或控制。企业在面临来自供应商/客户的压力时，更倾向采取增加可供操纵的应计项目等盈余手段来提高利润，满足这些非财务利益相关主体的预期（Raman，2008；Graham，2005）。Ball、Robin 和 Wu（2000）通过调查一些东亚地区和国家（中国香港、新加坡、马来西亚、泰国），其关系型的制度结构给予经理人一种生产低质量财务报告的激励；Dou 等（2010）发现随着供应商/客户关系型交易的增多，加剧了盈余管理行为，歪曲了盈余信息质量，从而造成盈余信息无法真实反映企业的实际状况（张纯和吕伟，2009）。McNiehols 和 Stubben（2008）发现被操纵的会计盈余会影响公司内部决策各方的投资决策，导致过度投资。Verdi（2006）的研究发现会计盈余质量与投资不足和投资过度均显著负相关，当公司面临融资约束和大量的现金资源时，会计盈余质量对提升投资效率的作用更加明显；李青原（2009）也同样发现，会计盈余质量与上市公司投资不足和过度显著负相关。而盈余管理可以降低供应商/客户对未来交易不确定的担忧（Matsumoto，2002），缓解高管压力，改善交易关系和交易条款（Graham，2005），营造低风险的企业形象（Trueman，1988）。因为如果没有其他约束，当供应商/客户对企业的关系专用性投资越大时，企业可能通过高估盈余来诱使它们在未来对企业进行更高水平的专用性投资（Raman，2008），进一步增强企业的相对谈判能力。而当企业对供应商/客户的关系专用性投资越大时，一旦供应商/客户转向与其他企业进行交易，会导致其专用性价值受损（Chen，2009），而重新部署和调整原先的专用性投资则需要耗费更多的成本（Shantanu，2008），减弱企业的相对谈判能力。因此，盈余信息作为公司控制机制的重要组成部分，常被用来作为薪酬契约的衡量标准和基础（Lambert，2001），扭曲的盈余信息将会导致对管理层不合适的激励和薪酬契约，不能有效激励公司经理人选择的“合规”投资项目，造成其与所有者目标的“意愿”的偏离，加剧代理问题和非效率投资。

3. 从企业现金流的角度看

关系型交易对企业最直接的影响是经营现金流量水平以及波动性。一方面，从公司整体运营角度分析，投资和筹资现金流与经营现金流共同构成了一个有机动态系统，三者之间是相互关联、相互制约的（韩立岩，2010）。由经营、投资和筹资现金流活动所构成的动态现金流循环系统将公司的日常经营以及投融资活动紧密地联结在一起，该现金流循环系统的“动态平衡”不仅决定着公司日常经营的正常运转，更对公司发展起着基础支撑作用（Lee，1999；Stein，2001；Andrn，2005）。具体看，经营现金流量水平以及波动性都会引发投资和筹资决策行为的调整，从而对投资和筹资现金流活动造成传递性影响，而投资和筹资现金流活动的实现效果会回馈到经营现金流活动，改变未来期间经营现金流的增长预期（Bahnson，1992；李延喜，2002）。此外，张胜（2013）的研究发现，关系型交易会影响企业的资产结构（较少的现金持有量、较低的流动资产与总资产占比），当企业的流动资产比例较低，特别是现金比例较低时，不能及时、充足地支付购、产、销活动所需要的现金，应对企业出现风险的能力也将下降。另一方面，从企业谈判能力角度分析，随着关系型交易比重的上升，供应商/客户的议价能力也随之提高，如果从主要供应商处采购份额占企业采购总份额的比例过高，可能会导致企业对单个供应商的依赖程度和转移成本高，不利于公司的盈利和在选择供应商方面的灵活性，而向主要客户销售的份额占企业销售总份额的比例过高，客户也更容易在谈判中争取到更低的产品价格、拖欠货款、向上游转嫁成本，公司的盈利能力势必受到供应商和客户议价能力的影响（Suutari，2000）。总之，随着关系型交易导致的盈利能力下降、资产结构变化和财务风险的加大，企业融资成本上升、融资约束加大，从而加剧了企业的投资不足。

由上述分析可知，随着关系型交易比例的提高，一方面可能出现因业绩计量困难、盈余信息质量下降等而导致投资不足和过度，降低投资效率；另一方面还可能出现因企业对供应商/客户的依赖程度和转换成本增加，而导致企业资产结构发生变化，企业财务风险加大，融资成本上升，导致企业的融资约束，进而对企业的投资决策产生影响，最终导致企业非效率投资行为（Fazzari，1988）。综合以上的分析，我们提出假设1：

H1：在控制其他条件下，随着关系交易比例的增加，非效率投资行为（投资不足与投资过度）越严重。

二、内部控制、关系型交易与非效率投资

由以上的分析可知，关系型交易带来了信息不对称、融资约束和锁定等问题，从而影响对企业的投资决策产生重大影响。然而内部控制作为一种治理机制，在缓解信息不对称、提高监督激励力度、缓解融资约束和控制风险等方面却具有显著的优势。那么高质量的内部控制会不会有效抑制关系型交易带来的非效率投资呢？

（1）内部控制的最终目标就是通过控制风险（谢志华，2007），实现企业价

值的最大化。尽管理论界对于内部控制与风险管理有不同的看法[①]，本书无意讨论这些不同的观点，但是我们认为，内部控制与风险管理的关系是一种共生互动、相互融合的发展和变迁过程。内部控制就是企业最高管理层为达到企业价值增值而制定实施的程序与过程。然而，在激烈竞争的市场经济条件下，企业面临复杂多变的内外经营环境，必然面临各种各样的经营风险、财务风险和法律风险，企业风险管理能使管理层有效地处理不确定性及与之相关的风险和机遇，增进创造价值的能力。针对关系型交易而言，内部控制是关系型交易机会主义风险管埋的一种程序和过程，也是企业关系型交易风险管理过程中的一项重要活动（过程）。因为良好的内部控制理应能够有效识别和控制关系型交易带来的风险，有效抑制对主要供应商和客户的过度依赖，改变企业因过于依赖某个供应商和客户而被“要挟”，而被迫为供应商和客户提供更多的私有信息和控制利益的状态。良好的内部控制系统可以有效地识别企业可能存在的风险，采取制衡的手段进行风险管理。

（2）根据信号传递理论，高质量的公司更有动机自愿向外界传递内部控制信号，而这种信号成为“可置信承诺”，其作用在于：第一，作为一种社会控制机制，减少对抑制机会主义行为的防卫机制的投入（Lado，2008），从而降低交易成本。也就是说，高质量的内部控制能够降低对主要供应商和客户的依赖，缓解他们的“要挟”带来的融资约束和信息不对称，从而提高投资效率。第二，作为组织间形成互动的认知和道德规则，高质量的内部控制有助于提高财务报告质量，减小财务报告的信息不确定性，提高信息的透明度，降低交易的不确定性（Hwang，2006），促使交易者把保护交易伙伴的利益内化为自身的决策目标，可以减少交易各方之间的压榨行为。使投资者也更加容易和真实地了解公司的盈利能力和成长机会，避免由于信息不对称带来的投资不足与投资过度的问题。第三，促进互惠动机，激发交易各方的承诺意识和承诺行为，有利于交易各方之间形成长期的关系取向，寻找和确定其他合适的交易伙伴也更加容易，从而能够降低对主要供应商和客户的依赖和提高议价能力，缓解关系带来的“锁定”。因此相对于主要的供应商和客户而言，与内部控制差的企业相比，内部控制好的公司对主要合作伙伴的依赖程度相对较低，议价能力较强，能抑制关系型交易带来的伙伴的机会主义行为，缓解供应商和客户的“要挟”。此外，信息不对称程度的降低能够抑制企业的过度投资行为，对于持有过多现金流的企业，提高信息透明度、降低信息不对称水平能够使外部投资者更好地监督企业经理人，避免诸如建造“企业帝国”之类毁损企业价值的行为发生（Bushman，2011），抑制经理人

① 主要有控制观，即认为内部控制包括了风险管理（CICA，1998）等同观。认为内部控制本质上就是风险管理（Blackburn，1999）；风险观，认为风险管理包括内部控制（COSO，2004）。

过分追求企业规模而损害公司价值的动机，从而可以把资源投入到更好的项目上，提高投资效率。换言之，公司可以采用增加信息披露以提高透明度的方法来应对外部融资能力的下降，从而减少融资约束，缓解企业投资不足。据此，提出研究假设2：

H2：在控制其他条件下，高质量的内部控制能够有效抑制关系型交易引发的非效率投资行为。

第四节 研究设计

一、样本选择

本章选用2007～2011年沪、深两市A股上市公司为样本，剔除了金融类上市公司和相关数据缺失的公司。向前五大供应商采购比例和向前五大客户销售比例数据均由手工收集年报并经复核检查所得，最终确定Supply的有效观测值为4181个，Customer的有效观测值为5936个。公司最终控制人数据和第一大股东持股比例数据均由手工收集并与CCER数据库复核检查所得，上市公司的财务数据来自CSMAR数据库和Wind咨询数据库，由于有些变量数据不全的公司，本章逐个查阅年报获取数据将其补齐。为了减少异常值对研究结论的影响，本章对所有连续性变量进行了1%水平的Winsorize处理。数据处理主要是STATA11.0和SAS9.1。

二、计量模型与变量设置

为检验研究假设，构建如下模型：

$$\begin{aligned} Over\_Inv_{i,t}/Low\_Inv_{i,t} = {} & \beta_0 + \beta_1 RSI_{i,t} + \beta_2 Icid_{i,t} + \beta_3 RSI_{i,t} \times Icid_{i,t} + \beta_4 Cfs_{i,t} + \\ & \beta_5 Fcf_{i,t} + \beta_6 Private_{i,t} + \beta_7 Lev_{i,t} + \beta_8 Roa_{i,t} + \beta_9 Top_{i,t} + \\ & \beta_{10} Eb_{i,t} + \beta_{11} Ibr_{i,t} + \beta_{12} Tin_{i,t} + \beta_{13} Stkpro_{i,t} + \beta_{14} Size_{i,t} + \\ & \beta_{15} Salary_{i,t} + \beta_{16} Legal_{i,t} + \beta_{17} Ind + \beta_{18} Year + \varepsilon_{i,t} \end{aligned}$$

1. 被解释变量

投资效率Inv。$Over_Inv_{i,t}$为i公司第t年的过度投资；$Low_Inv_{i,t}$为i公司第t年的投资不足；本章借鉴*Richardson*（2006）的研究构建模型（1），计算得出公司的投资效率。

$$Inv_{i,t} = a_0 + a_1 Growth_{i,t-1} + a_2 Lev_{i,t-1} + a_3 Cash_{i,t-1} + a_4 Age_{i,t-1} + a_5 Size_{i,t-1} +$$

$$a_6 \mathrm{Ret}_{i,t-1} + a_7 Inv_{i,t-1} + Ind + Year + \varepsilon_{i,t} \tag{1}$$

式（1）中，$Inv_{i,t}$为投资总额（固定资产净额、无形资产净额和长期股权投资净额的增加额之和，除以期初固定资产净额以消除规模影响）；*Growth* 为成长机会，采用 Tobin－Q 值；Lev 为负债率；*Cash* 为现金持有量；*Age* 为上市年数；*Size* 为公司规模；*Ret* 为投资回报；*Ind* 为行业；*Year* 为年份虚拟变量。按照模型（1）进行回归分析，若残差大于 0，则表明公司发生过度投资（$Over\_ \ Inv_{i,t}$）。若残差小于 0，则表明公司发生投资不足（*Low_ Invi*，*t*）。

2. 解释变量

关系型交易 RSI。由于中国产品市场发展不完善，部分产品存在垄断的情况下，企业往往基于双方长期合作而产生的信任或者熟悉的关系而进行交易，因为此时企业的转换成本将会很高。因此，本章借鉴何小杨（2011）和 Kong（2011）的做法，采用向客户销售比例 *Customer* 或向供应商采购比例 *Supply* 来度量关系型交易。由于我国目前的年报披露并不规范具体，向供应商采购的比例以及向客户销售的比例均为前五大单位的合计比例，因此本书所使用的供应商采购比例及客户的销售比例均采用的是前五大供应商和客户的合计值。内部控制 *Icid*。内部控制变量 *Icid* 则采用迪博内部控制指数来衡量，该指数越大，代表内部控制质量越高①。

根据前人的研究成果（Biddle，2009；Biddle and Hilary，2006；姜付秀等，2009；程仲鸣等，2008；辛清泉等，2007），本书还控制了以下变量：公司规模 *Size*、经营销售能力 *CFS*、机构持股比例 *tin*、第一大股东持股比例 *Top*1、高管持股比例 *Stkpro*、控制人性质 *Private*、独立董事规模 Ibr、高管薪酬 *Salary*、年份 *Year* 以及行业 *ind*。见表 6－1。

表 6－1　变量说明

变量名称	变量代码	变量定义
投资过度	*Over—inv*	通过投资效率模型回归获得的大于 0 的回归残差
投资不足	*Low—inv*	通过投资效率模型回归获得的小于 0 的回归残差的绝对值
供应商关系型交易	*Supply*	公司向前五大供应商采购额占公司全年采购额的比例
客户关系型交易	*Customer*	公司向前五大客户销售额占公司全年销售额的比例
内部控制	*Icid*	采用迪博内部控制指数，该指数越高，说明内部控制越好
法制环境	*Legal*	采用樊纲等（1999、2010）发布的公司注册所在地区的法律制度对产权保护水平指数

① 由于内部控制指数数值过大，在进行回归时，对数值进行了内部控制指数/100 的处理。

续表

变量名称	变量代码	变量定义
产权性质	*Private*	虚拟变量，如果公司的最终控制人为非国有股东，取值为 1，否则为 0
公司规模	*Size*	年度账面总资产取自然对数
财务杠杆	*Lev*	年末账面总负债/年末账面总资产
大股东持股比例	*Top*1	第一大股东持股比例
总资产报酬率	*Roa*	当年总资产报酬率
成长能力	*Growth*	本年营业收入减上年营业收入再除以上年营业收入
机构投资者整体持股比例	*TIN*	机构投资者整体持股 ÷ 总股本
经营销售能力	*CFS*	经营活动净现金流量 ÷ 销售收入
自由现金流量	*FCF*	经营活动现金流量 - 维持性投资 - 期望投资水平
高管薪酬	*Salary*	公司前 3 名高管薪酬总额的自然对数
投资回报	*RET*	公司的股票收益率，使用考虑现金红利再投资的年个股回率
独立董事	*ibr*	独立董事人数 ÷ 董事人数
行业	*Industry*	虚拟变量，根据证监会对制造业的二级分类标准进行分类，用来控制行业因素的影响
年度	*Year*	虚拟变量，用来控制宏观经济因素的影响
高管持股比例	*Stkpro*	高级管理人员持股的比例
第二到第十大股东持股比	*EB*	第二到第十大股东持股比例

第五节　实证检验与分析

一、描述性统计

表 6 - 2 相关变量的描述性统计结果显示，变量 *Over_ inv* 与 *Low_ in* 均值的绝对值超过了 30%，说明上市公司非效率投资现象严重。并且投资不足的上市公司远高于投资过度的公司。变量 *Supply* 和 *Customer* 的均值在 30% 左右，可见上市公司的前五大供应商和客户都比较集中；另外，变量 *Supply* 和 *Customer* 的最大值和最小值之间的差距非常明显，这也为本书的研究提供了非常好的契机。同样，我们可以观察到内部控制变量 *Icid* 最小值和最大值之间的差距较为明显，说明中国的内部控制发展极不平衡，质量普遍偏低。

表 6-2　主要变量的描述性统计

变量	观测值	均值	最小值	中位数	最大值	标准差
Over_ inv	1716	1.134	0.004	0.324	10.320	2.154
Low_ inv	4220	0.043	0.008	0.314	2.952	0.449
Icid	5936	6.831	3.731	6.892	9.478	1.011
Supply	4181	0.351	0.039	0.039	0.955	0.216
Customer	5936	0.302	0.012	0.229	0.998	0.233
Cfs	5936	0.073	-1.134	0.066	0.833	0.231
FCF	5936	-0.296	-1.157	-0.261	0.216	0.268
TIN	5936	0.345	0	0.324	0.867	0.238
Private	5936	0.367	0	0	1	0.482
Size	5936	21.744	19.063	21.629	25.378	1.238
Lev	5936	0.529	0.077	0.5279605	1.532	0.231
Roa	5936	0.039	-0.246	0.035	0.263	0.071
*Top*1	5936	0.356	0.085	0.336	0.748	0.152
EB	5936	0.313	0.021	0.264	0.919	0.222
Growth	5936	0.178	-0.644	0.138	2.253	0.387
Stkpro	5936	0.013	0	0.063	0.363	0.055
Salary	5936	13.741	11.825	13.769	15.661	0.788
Legal	5936	10.8	3.57	8.3	19.89	5.443
Ibr	5936	0.364	0.272	0.333	0.555	0.049

注：为了剔除异常值的影响，对被解释变量进行1% 的缩尾（Winsorize）处理，得到过度投资的公司1716 家，投资不足的公司4220 家。

二、相关系数分析

主要变量的系数矩阵可参见表 6-3、表 6-4，我们可以发现主要的解释变量之间的相关系数都不超过0.6，这表明解释变量之间的多重共线性（Multiconl-linearity）较小，可以将它们放在同一模型中进行检验。

在表 6-3 中，企业的过度投资 *Over_ inv* 和企业商业关系型交易变量 *Supply* 和 *Customer* 显著正相关。且关系型交易变量 *Supply* 和 *Customer* 与资本结构变量 *lev* 显著负相关，证实了企业的关系型交易会降低企业的财务杠杆（DeAngelo and Masulis，1980；李青原，2007）。企业的过度投资 *Over_ inv* 与内部控制变量 *Icid* 正相关，但不显著。在表中还可以看出 *Supply* 和 *Customer* 与自由现金流量 FCF 的相关系数显著为负，证实了张胜（2013）的研究结论，供应商或客户集中度越高，企业持有的流动资产越少，现金持有量也越少。

表 6-3 主要变量相关系数（投资过度方面）

	[1]	[2]	[3]	[4]	[5]	[6]	[7]	[8]	[9]	[10]	[11]	[12]	[13]	[14]	[15]
Over_ inv	1														
Supply	0.06^{b}	1													
Customer	0.038	0.36^{c}	1												
Icid	0.02	-0.22^{c}	-0.17^{b}	1											
Cfs	-0.06^{b}	0.003	0.02	0.08^{c}	1										
FCF	-0.26^{c}	-0.05^{a}	-0.03	-0.11^{c}	0.39^{c}	1									
TIN	0.043	-0.12^{c}	-0.15^{c}	0.40^{c}	0.05^{a}	-0.24^{c}	1								
Lev	0.01	-0.11^{c}	-0.12^{c}	-0.06^{b}	-0.16^{c}	0.04	-0.003	1							
Size	0.06^{b}	-0.19^{c}	-0.21^{c}	0.54^{c}	-0.02	-0.2^{c}	0.37^{c}	0.402^{c}	1						
Roa	0.11^{c}	-0.07^{b}	-0.05^{a}	0.44^{c}	0.24^{c}	-0.12^{c}	0.29^{c}	-0.32^{c}	0.054^{b}	1					
Top1	0.05 a	-0.04	-0.04	0.23^{c}	-0.03	-0.04^{b}	-0.02^{c}	0.11^{c}	0.24^{c}	0.11^{c}	1				
EB	0.07b	-0.02	0.003	-0.012	-0.08^{c}	-0.14^{c}	0.16^{c}	-0.18^{c}	-0.18^{c}	0.16^{c}	-0.39^{c}	1			
Ibr	0.06^{b}	-0.018	-0.009	0.026	-0.06^{b}	-0.09^{c}	-0.03	-0.02	0.034	-0.035	-0.002	0.018	1		
Stkpro	-0.011	-0.11^{c}	-0.09^{c}	0.116^{c}	-0.03	-0.11^{c}	-0.03	-0.14^{c}	-0.04	0.12^{c}	-0.18^{c}	0.19^{c}	0.01	1	
Legal	0.08^{c}	-0.05^{a}	-0.05^{a}	0.09^{c}	-0.13^{c}	0.25^{c}	0.13^{c}	-0.06^{b}	0.07^{b}	0.034	0.09^{c}	0.04^{a}	0.046	0.22^{c}	1
Private	0.09^{c}	0.005	-0.02	-0.12^{c}	-0.04^{a}	-0.06^{b}	-0.16c	-0.19^{c}	-0.31^{c}	0.13^{c}	-0.18^{c}	0.28^{c}	0.07^{c}	0.25^{c}	0.13^{c}

注：a，b 和 c 分别表示在 10%、5%、1% 水平上显著。下表同。

表 6-4 主要变量相关系数（投资不足方面）

	[1]	[2]	[3]	[4]	[5]	[6]	[7]	[8]	[9]	[10]	[11]	[12]	[13]	[14]	[15]
Low_ inv	1														
Supply	0.12^{c}	1													
Customer	0.09^{c}	0.35^{c}	1												
Icid	-0.06^{c}	-0.15^{c}	-0.17^{c}	1											
Cfs	-0.05^{c}	0.015	0.037^{b}	0.132^{c}											
FCF	-0.52^{c}	-0.07^{c}	-0.06^{c}	-0.12^{c}	0.274^{c}										
TIN	0.06^{c}	-0.11^{c}	-0.12^{c}	0.346^{c}	0.067^{c}	-0.23^{c}									
Lev	-0.09^{c}	-0.05^{c}	-0.04^{b}	-0.10^{c}	-0.20^{c}	0.116^{c}	-0.03^{b}								
Size	-0.022	-0.16^{c}	-0.13^{c}	0.496^{c}	0.007	-0.19^{c}	0.34^{c}	0.302^{c}							
Roa	0.03^{a}	-0.09^{c}	-0.10^{c}	0.573^{c}	0.249^{c}	-0.16^{c}	0.289^{c}	-0.39^{c}	0.116^{c}						
*Top*1	-0.007	-0.021	0.005	0.182^{c}	0.017	-0.05^{c}	0.267^{c}	0.000	0.283^{c}	0.094^{c}					
EB	-0.012	-0.04^{b}	-0.016	0.097^{c}	0.038^{b}	-0.06^{c}	0.166^{c}	-0.08^{c}	-0.08^{c}	0.221^{c}	-0.36^{c}				
Ibr	0.029	-0.015	0.009	-0.001	-0.03^{b}	-0.04^{b}	-0.002	0.008	0.043^{b}	-0.05^{c}	0.016	-0.017			
Stkpro	-0.017	-0.11^{c}	-0.10^{c}	0.116^{c}	-0.005	-0.10^{c}	-0.016	-0.12^{c}	-0.008	0.189^{c}	-0.18^{c}	0.164^{c}	-0.04^{c}	1	
Legal	0.08^{c}	-0.05^{c}	-0.08^{c}	0.123^{c}	-0.026	-0.13^{c}	0.108^{c}	-0.09^{c}	0.027	0.11^{c}	0.006	0.08^{c}	-0.016	0.226^{c}	1
Private	0.03^{b}	0.003	-0.012	-0.06^{c}	0.0111	-0.04^{b}	-0.14^{c}	-0.11^{c}	-0.28^{c}	0.126^{c}	-0.27^{c}	0.218^{c}	0.036^{b}	0.199^{c}	0.149^{c}

在表6－4中，企业的投资不足 *Low_ inv* 和企业商业关系型交易变量 *Supply* 和 *Customer* 显著正相关，说明关系型交易会加剧企业的投资不足。企业的投资不足 *Low_ inv* 与内部控制变量 icid 显著负相关，意味着良好的内部控制有助于控制风险，缓解投资不足，提高企业的投资效率。

三、实证结果及分析

表6－5第2列和第3列中，供应商和客户的关系型交易（*Supply* 和 *Customer*）的回归系数均显著为正，且该系数在1%的显著性水平下显著接近于1，说明关系型交易越高，非效率的过度投资行为越严重。假设1得到验证。进一步观察各控制变量可以发现，上市公司的盈利指标与过度投资显著正相关，说明我国盈利水平较高的上市公司更容易发生投资过度行为，财务杠杆指标与过度投资行为正相关，说明我国上市公司的债务融资没有起到好的治理作用。另外，第1列中内部控制变量 *icid* 的回归系数显著为负，*Supply* × *Icid* 和 *Customer* × *Icid* 的回归系数显著为负（1%的显著性水平上显著），说明内部控制作为企业内的一种制度安排，企业内部控制质量越高，越能够有效抑制企业的过度投资行为，能够有效抑制关系型交易引发的机会主义行为。假设2得到验证。

表6－6第2列和第3列中，供应商和客户的关系型交易（*supply* 和 *customer*）的回归系数均显著为正，且该系数在1%的显著性水平下显著接近于1，即关系型交易越高，非效率的投资不足行为越严重，假设1得到验证。另外，第一列中内部控制变量 *Icid* 的回归系数显著为负，*Supply* × *Icid* 和 *Customer* × *Icid* 的回归系数显著为负，说明良好的内部控制能够有效控制风险，缓解投资不足，假设2得到进一步验证。

表6－5　内部控制、关系型交易与过度投资

解释变量	被解释变量：*Over—inv*				
Icid	－0.3549095*** （－4.70）				
Supply		0.9764262*** （3.60）		1.081721*** （3.64）	
Customer			1.05992*** （4.51）		1.140534*** （4.21）
Supply × *Icid*				－0.5386028* （－1.84）	
Customer × *icid*					－0.5284185* （－1.87）

续表

解释变量	被解释变量：*Over—inv*				
Cfs	-0.1676353 (-0.75)	-0.4930041* (-1.67)	-0.0762734 (-0.34)	-0.4999981* (-1.64)	-0.1885778 (-0.84)
Fcf	-1.276298*** (-3.87)	-0.5464901 (-1.45)	-1.121074*** (-3.35)	-0.60763 (-1.60)	-1.115327*** (-3.35)
Private	0.1104305 (1.04)	0 .1512621 (1.25)	0.1332449 (1.23)	0 .1220851 (1.02)	0.0973825 (0.91)
Lev	1.038362*** (3.36)	1.361881*** (3.91)	1.101631*** (3.53)	1.306333*** (3.67)	1.054507*** (3.37)
Roa	7.838027*** (7.64)	4.817415 *** (4.34)	5.822086*** (6.06)	4.84779*** (4.29)	6.004508*** (6.17)
*Top*1	-11.26995 (-1.03)	3.962767 (0.32)	-7.38692 (-0.66)	1.903125 (0.16)	-8.754925 (-0.79)
Eb	0.6208515*** (2.69)	0.8215694*** (3.10)	0.6035807** (2.58)	0.7741241*** (2.96)	0.5996419*** (2.59)
Ibr	0.6968198 (0.77)	0 .5397705 (0.53)	0 .6959976 (0.76)	0 .7830355 (0.78)	0.6141103 (0.68)
Tin	0.0012532 (0.49)	-0.0015653 (-0.55)	-0.0010766 (-0.42)	-0.0006287 (-0.22)	-0.0001805 (-0.07)
Stkpro	0.0917375 (0.11)	-0.3042123 (-0.34)	0.0075156 (0.01)	-01477523 (-0.17)	0.2036432 (0.24)
Size	0.1470917** (2.25)	-0.3042123 (1.29)	0 .0474168 (0.85)	0.0803755 (1.26)	0.0621718 (1.08)
salary	-0.2518816*** (-3.33)	-0.2395176*** (-2.77)	-0.2968055*** (-3.86)	-0.1881304** (-2.20)	-0.255262*** (-3.35)
Legal	0 .0091351 (0.97)	-0.004286 (-0.41)	0 .0052296 (0.55)	-0.0020335 (-0.20)	0 .0057559 (0.61)
Tc-cus yingshou			-0.0611935 (-0.28)		-0.0698079 (-0.32)
Tc-Sup yingfu		-0.004286** (-2.15)		-0.4605047* (-1.80)	
年度/行业	控制	控制	控制	控制	控制
F 值	11.29	6.14	10.32	6.06	10.21
Adj-R^2	0.1828***	0.1388***	0.1738***	0.1408***	0.1769***
观测值	1749	1246	1730	1236	1716

注：***、**、*分别表示在1%、5%、10%水平上显著。各模型的F值都在1%以下水平显著，Adj-R，都在0.10以上，说明检验模型的拟合效果较好。各模型中自变量的VIF值，发现所有自变量的VIF值均小于5，表明模型没有多重共线性问题。对回归模型进行White异方差检验，均不能拒绝存在同方差的零假设，表明检验模型没有异方差问题，因此检验模型的建立是合理的。

表 6-6　内部控制、关系型交易与投资不足

解释变量	被解释变量：*Low—inv*				
Icid	-0. 034772 *** (-4. 19)				
Supply		0. 0979854 *** (3. 48)		0. 1138058 *** (3. 60)	
Customer			0. 1242488 *** (4. 86)		0. 1563977 *** (5. 28)
Supply × *Icid*				-0. 0597836 ** (-1. 96)	
Customer × *Icid*					-0. 1002527 *** (-3. 08)
Cfs	0. 1730376 *** (6. 19)	0. 0531872 (1. 58)	0. 146674 *** (5. 24)	0. 0630312 * (1. 88)	0. 1601767 *** (5. 65)
fcf	-0. 7177862 *** (-18. 64)	-0 . 6378371 *** (-16. 10)	-0. 7105418 *** (-18. 76)	-0. 634584 *** (-16. 03)	-0. 7055006 *** (-18. 31)
Private	0. 0071536 (0. 55)	0. 0177583 (1. 34)	0. 0115829 (0. 90)	0. 018079 (1. 37)	0. 010788 (0. 83)
Lev	-0. 0339933 (-1. 17)	-0. 0266659 (-0. 95)	-0. 0015862 (-0. 06)	-0. 0576042 ** (-1. 97)	-0. 0150931 (-0. 53)
Roa	-0 . 0854023 (-0. 83)	-0. 4212226 *** (-4. 54)	-0. 2601682 *** (-2. 95)	-0. 4540182 *** (-4. 58)	-0. 2372326 ** (- 2. 50)
*Top*1	-0 . 005854 (-0. 13)	-0. 0318049 (- 0. 69)	-0. 0158447 (-0. 35)	-0. 0300792 (-0. 66)	-0 . 0047371 (-0. 11)
Eb	-0 . 0190324 (-0. 64)	-0. 059141 ** (-1. 98)	-0. 0278663 (-0. 94)	-0. 0605379 ** (-2. 05)	-0 . 0293511 (-0. 98)
Ibr	0. 0317499 (0. 29)	0. 0922575 (0. 83)	0. 0229682 (0. 21)	0. 1010525 (0. 92)	0. 0170278 (0. 16)
Tin	0. 0074851 (0. 25)	0. 00294209 (0. 98)	0. 004847 (0. 16)	0. 035483 (1. 19)	0. 00087785 (0. 29)
Stkpro	-0. 5037679 *** (-4. 35)	-0. 4618651 *** (-4. 31)	-0. 5260591 *** (-4. 58)	-0. 4176529 *** (-3. 95)	-0. 4829007 *** (-4. 21)
Size	-0. 0366305 *** (-5. 32)	-0. 0358567 *** (-5. 67)	-0. 0493604 *** (-8. 21)	-0. 028745 *** (-4. 38)	-0. 0424409 *** (-6. 75)
salary	0. 0004617 (0. 05)	0. 0038526 (0. 42)	-0. 0064259 (-0. 71)	0. 0073942 (0. 80)	-0. 001641 (-0. 18)
Legal	0. 0023797 ** (2. 13)	0. 0021784 * (1. 88)	0. 0024006 ** (2. 16)	0. 0024219 ** (2. 11)	0. 0026895 ** (2. 40)

续表

解释变量	被解释变量：*Low—inv*				
Tc - cus yingshou			0.0363032 (1.51)		0.0346207 (1.43)
Tc - Sup yingfu		0.0462312* (1.91)		0.0480666** (2.00)	
年度/行业	控制	控制	控制	控制	控制
F 值	71.27	37.67	66.98	37.14	64.99
Adj - R^2	0.3815***	0.3218***	0.3728***	0.3293***	0.3776***
观测值	4331	3016	4331	2945	4220

注：同表 6 -5。

四、稳健性检验

为保证实证研究结果的可靠性，本章还进行了以下的稳健性检验：①在我国特殊的资本市场环境下，使用 *Tobin - Q* 度量公司的成长机会可能存在误差，本章选取营业收入增长率（营业收入年度增加额/上期营业收入 ×100%）再次度量公司成长机会，衡量公司的过度投资水平，主要研究结论不变，如表 6 -7 所示；②由于制造业是典型的购销活动突出的行业，选取制造业样本做了基本检验，主要研究结论不变，如表 6 -8 所示；③剔除 ST 公司进行了检验，主要研究结论不变，如表 6 -9 所示。

表 6 -7 -Panel A：内部控制、关系型交易与投资过度

解释变量	被解释变量：*Over—inv*（营业收入增长率来衡量投资机会）				
Intercept	-1.005 (-1.10)	-1.1316 (-1.11)	-1.1264 (-0.14)	-2.0389** (-2.02)	-1.6863* (-1.65)
Supply		0.3488** (2.05)		0.3233 (1.10)	
Customer			0.3272* (1.68)		0.3143 (1.31)
Icid	-0.2826*** (-5.66)			-0.3024*** (-4.67)	-0.2776*** (-5.64)
Supply × Icid				-0.2021* (-1.79)	
Customer × Icid					-0.3268* (-1.74)

续表

解释变量	被解释变量：*Over—inv*（营业收入增长率来衡量投资机会）				
Cfs	0.8820*** (6.11)	1.0284*** (5.70)	0.9782*** (6.36)	0.7371*** (4.51)	0.8450*** (6.29)
Fcf	-0.9583*** (-28.62)	-1.0806*** (-22.79)	-0.9012*** (-28.28)	-1.1812*** (-23.77)	-1.2561*** (-27.05)
Private	-0.0264 (-0.46)	-0.0678 (-0.76)	-0.1202 (-1.36)	-0.1246 (-1.29)	-0.1428 (-0.67)
Lev	0.7634*** (4.01)	0.8521*** (4.25)	0.7132*** (3.25)	0.7305*** (3.75)	0.6933*** (3.68)
Roa	4.8587*** (7.62)	2.4043*** (3.55)	2.4897*** (6.23)	3.2407*** (5.21)	3.6350*** (7.32)
*Top*1	1.7393*** (7.57)	1.5892*** (6.26)	1.6092*** (7.48)	1.8241*** (6.61)	1.8983*** (7.67)
Eb	0.8407 *** (5.25)	1.1759*** (6.61)	1.3203*** (4.65)	1.1344*** (6.65)	1.009*** (5.10)
Ibr	-0.0512 (-0.10)	-0.5037 (-0.78)	-0.5431 (-0.76)	-0.5328 (-0.53)	-0.6032 (-0.17)
Tin	-0.0036** (-2.09)	-0.0151*** (-2.92)	-0.0142*** (-3.23)	-0.0109 (-2.33)	-0.0099** (-2.02)
Stkpro	-0.9474 (-1.62)	-1.4163** (-2.38)	-0.7562* (-1.88)	-0.7896* (-1.86)	-0.8211 (-1.36)
Size	0.1813*** (4.68)	0.1001*** (3.17)	0.2112*** (3.06)	0.2694*** (4.78)	0.2875*** (5.01)
Salary	-0.1862*** (-3.81)	-0.1824*** (-3.55)	-0.1579*** (-5.23)	-0.2126*** (-2.84)	-0.1645*** (-3.62)
Legal	-0.0003 (-0.05)	-0.0312 (-1.57)	-0.1049 (-0.45)	-0.1005 (-1.17)	-0.0812 (-0.26)
Tc-Sup		-0.1768 (-1.09)		-0.1792 (-0.46)	
Tc-cus			-0.2032 (-1.01)		-0.1673 (-1.14)
年度/行业	控制	控制	控制	控制	控制
F 值	89.54***	66.75***	79.94***	60.17***	78.79***
$Adj-R^2$	0.6580	0.6324	0.6624	0.6054	0.6502
观测值	1716	1236	1716	1236	1716

表 6-7　-Panel B：内部控制、关系型交易与投资不足

解释变量	被解释变量：*Low—inv*（营业收入增长率来衡量投资机会）				
Intercept	0.7439*** (4.31)	0.4526*** (2.99)	0.6801*** (4.00)	0.1689 (1.11)	0.4828*** (2.69)
Supply		0.1319*** (4.90)		0.1179*** (4.45)	
Customer			0.1492*** (5.76)		0.4960*** (3.25)
Icid	-0.0335*** (-3.93)			-0.0097 (-1.18)	-0.0141 (-1.29)
Supply × Icid				-0.0312 (-1.36)	
Customer × Icid					-0.0544** (-2.43)
Cfs	-0.5125*** (-17.06)	-0.7125*** (-20.40)	-0.5255*** (-17.59)	-0.7312*** (-21.04)	-0.5037*** (-16.67)
Fcf	0.3351*** (29.87)	0.4319*** (29.72)	0.3197*** (29.3)	0.4848*** (31.27)	0.3349*** (29.30)
Private	0.0196 (1.50)	0.0252** (1.98)	0.0213 (1.63)	0.0231* (1.85)	0.0176 (1.34)
Lev	-0.2418*** (-8.45)	-0.2100*** (-7.84)	-0.1820*** (-6.83)	-0.2454*** (-8.69)	-0.2316*** (-8.08)
Roa	0.1878* (1.76)	-0.0015 (-0.02)	0.0289 (0.32)	0.0567 (0.54)	0.1964* (1.83)
Top1	0.0042 (0.09)	-0.0700 (-1.57)	-0.0111 (-0.24)	-0.0509 (-1.17)	0.0075 (0.17)
Eb	0.0518* (1.73)	-0.0341 (-1.19)	0.0406 (1.35)	-0.0204 (-0.73)	0.041 (1.37)
Ibr	0.0010 (0.01)	0.1478 (1.38)	-0.0075 (-0.07)	0.1758* (1.68)	-0.0106 (-0.10)
Tin	0.0007** (2.17)	0.0011*** (3.86)	0.0006** (2.11)	0.0011*** (4.03)	0.0007** (2.35)

续表

解释变量	被解释变量：*Low—inv*（营业收入增长率来衡量投资机会）				
Stkpro	-0.2052* (-1.79)	-0.1100 (-1.09)	-0.2375** (-2.08)	-0.0416 (-0.42)	-0.1681 (-1.48)
Size	-0.0077 (-1.11)	-0.0091 (-1.50)	-0.0218*** (-3.57)	0.0014 (0.21)	-0.0026 (-0.37)
Salary	0.0005947 (0.06)	0.0125 (1.42)	-0.0041 (-0.45)	0.0142 (1.64)	-0.0017 (-0.18)
Legal	0.00208* (1.77)	0.0020* (1.83)	0.0019* (1.74)	0.0022** (2.08)	0.0022** (2.00)
Tc-sup		-0.0556*** (-2.15)		-0.0486* (-1.89)	
Tc-cus			0.0084 (0.35)		0.0025 (0.10)
年度/行业	控制	控制	控制	控制	控制
F 值	90.08***	59.33***	84.08***	60.37***	81.15***
Adj-R^2	0.4386	0.4292	0.4278	0.4518	0.4377
观测值	4220	2945	4220	2945	4220

表 6-8 -Panel A：内部控制、关系型交易与投资过度

解释变量	被解释变量：*Over—inv*（制造业）				
Intercept	-2.0414** (-2.02)	-0.7736 (0.66)	-0.8868 (-0.89)	-1.2872 (-1.26)	-2.2590** (-2.09)
Supply		0.3481* (1.79)		0.2502 (1.27)	
Customer			0.4854** (2.42)		0.2659 (1.35)
Icid	-0.2602*** (-5.03)			-0.2372*** (-4.17)	-0.2570*** (-4.81)
Supply×Icid				-0.4158** (-2.03)	
Customer×Icid					-0.1341 (-0.70)

续表

解释变量	被解释变量：*Over—inv*（制造业）				
Cfs	0.8177*** (3.73)	1.1814** (2.17)	1.1943*** (4.36)	0.4766* (1.82)	0.9214*** (3.45)
Fcf	-0.9818*** (-34.06)	-0.9824*** (-22.43)	-1.0202*** (-31.15)	-1.0162*** (-29.86)	-1.0228*** (-32.46)
Private	0.0675 (0.93)	0.0080 (0.09)	0.0886 (1.15)	-0.0276 (-0.35)	0.0708 (0.96)
Lev	0.6014 (3.10)	0.9055*** (3.67)	0.8815*** (4.06)	0.7926*** (3.52)	0.7397*** (3.47)
Roa	3.8508*** (5.77)	2.469173** (2.37)	2.8335*** (4.07)	3.8352*** (5.26)	4.1913*** (5.82)
*Top*1	2.0388*** (8.08)	1.647156*** (4.12)	2.020417*** (7.56)	1.66997*** (6.24)	2.065104*** (8.01)
Eb	0.8511*** (4.92)	0.9432*** (3.71)	0.9195*** (5.01)	0.9117*** (4.78)	0.8682*** (4.93)
Ibr	0.1488 (0.22)	-0.1159 (-0.16)	-0.1507 (-0.21)	-0.0162 (-0.02)	0.0982 (0.14)
Tin	-0.0050*** (-2.94)	-0.0055** (-2.29)	-0.0068*** (-3.79)	-0.0042** (-2.27)	-0.0053*** (-3.06)
Stkpro	-1.2636** (-2.31)	-1.6293*** (-3.75)	-1.7202*** (-2.96)	-1.3791** (-2.51)	-1.4331** (-2.56)
Size	0.1867*** (4.22)	0.0741 (1.40)	0.0945** (2.32)	0.1529*** (3.26)	0.1891*** (4.05)
Salary	-0.1193** (-2.29)	-0.1657** (-2.33)	-0.1642*** (-2.95)	-0.1207** (-2.13)	-0.1206** (-2.23)
Legal	-0.0090 (-1.38)	-0.0052 (-0.62)	-0.0139** (-2.00)	-0.0031 (-0.45)	-0.0098 (-1.47)
Tc-sup		-0.2783 (-1.53)		-0.1843 (-1.06)	
Tc-cus			-0.1783 (-1.21)		-0.1327 (-0.94)
年度/行业	控制	控制	控制	控制	控制
F值	54.03***	40.01***	44.75***	37.29***	45.85***
$Adj-R^2$	0.5776	0.5759	0.5377	0.5774	0.5624
观测值	1048	798	1048	798	1048

表 6-8　-Panel B：内部控制、关系型交易与投资不足

解释变量	被解释变量：*Low—inv*（制造业）				
Intercept	-0.1039 (-1.15)	0.06153 (0.67)	-0.1935** (-1.96)	-0.0720 (-0.77)	0.4406* (1.72)
Supply		0.0594*** (3.29)		0.0559*** (3.04)	
Customer			0.1017*** (3.95)		0.0836*** (2.87)
Icid	-0.0145*** (-2.86)			-0.0114** (-2.19)	-0.0204* (-1.87)
Supply × *Icid*				-0.0062 (-0.41)	
Customer × *Icid*					-0.0460** (-2.04)
Cfs	-1.0943*** (-34.09)	-0.8522*** (25.50)	-1.1401*** (-14.56)	-0.8669*** (-25.09)	-0.5216*** (-17.10)
Fcf	0.9675*** (27.03)	0.7906*** (26.00)	0.9821*** (19.26)	0.7953*** (44.56)	0.3319*** (28.79)
Private	0.0308*** (4.10)	0.0226*** (2.93)	0.0260*** (3.35)	0.0261*** (3.34)	0.0223* (1.69)
Lev	-0.2418*** (-13.79)	-0.1818 (-10.95)	-0.1950*** (-7.44)	-0.2097*** (-11.30)	-0.2391*** (-8.29)
Roa	0.3724*** (5.68)	0.2342*** (4.24)	0.3360*** (3.77)	0.3190*** (4.68)	0.2598** (2.41)
*Top*1	-0.0102 (-0.37)	-0.0165 (-0.59)	-0.0232 (-0.70)	-0.0140 (-0.49)	0.0014 (0.03)
Eb	-0.0136 (-0.77)	-0.0162 (-0.93)	-0.0079 (-0.47)	-0.0177 (-1.00)	0.0327 (1.10)
Ibr	-0.0540 (-0.80)	-0.0179 (-0.26)	-0.0731 (-1.09)	-0.0128 (-0.19)	-0.0064 (-0.06)
Tin	0.0010*** (5.62)	0.0011*** (6.30)	0.0010*** (5.52)	0.0011*** (6.41)	0.0008*** (2.94)
Stkpro	0.1334** (2.11)	0.10081* (1.67)	0.1308** (2.09)	0.1002* (1.66)	-0.0947 (-0.84)
Size	0.0091** (2.11)	-0.0005 (-0.15)	0.0028 (0.67)	0.0068 (1.54)	0.0004 (0.06)

续表

解释变量	被解释变量：*Low—inv*（制造业）				
SALARY	0.0247**** (4.48)	0.0229*** (4.17)	0.0228*** (3.94)	0.0214*** (3.82)	0.0055 (0.60)
Legal	-0.0013** (-2.11)	-0.0005 (-0.81)	-0.0010 (-1.47)	-0.0004 (-0.70)	0.0016 (1.47)
Tc - sup		-0.02739* (-1.71)		-0.0223 (-1.37)	
Tc - cus			0.0053 (0.36)		0.0174 (0.71)
年度/行业	控制	控制	控制	控制	控制
F 值	141.54***	98.64***	139.49***	86.66***	136.57***
Adj - R^2	0.6144	0.5890	0.6236	0.5808	0.6223
观测值	2469	1856	2469	1856	2469

表6-9　-Panel A：内部控制、关系型交易与投资过度

解释变量	被解释变量：*Over—inv*（剔除 st）				
Intercept	-1.0690 (-1.03)	-1.1301 (-1.11)	-0.1268 (-0.14)	-1.9386** (-2.04)	-2.2167** (-2.05)
Supply		0.3497** (2.05)		0.1836 (1.10)	
Customer			0.3085** (1.98)		0.2023 (1.01)
Icid	-0.2744*** (-3.68)			-0.2442*** (-4.66)	-0.2020** (-2.24)
Supply × Icid				-0.3022* (-1.80)	
Customer × Icid					-0.2564 (-1.42)
Cfs	0.8631*** (4.23)	1.0094*** (5.70)	1.0642*** (7.36)	0.7870*** (4.51)	0.9057*** (4.42)
Fcf	-0.9553*** (-27.00)	-0.9809*** (28.63)	-0.9471*** (-26.68)	-0.9812*** (27.93)	-0.9471*** (-25.81)

续表

解释变量	被解释变量：*Over—inv*（剔除 st）				
Private	-0.0312 (-0.45)	-0.0579 (-0.82)	-0.0256 (-0.36)	-0.0946 (-1.47)	-0.0468 (-0.66)
Lev	0.7418 *** (4.01)	0.8631 *** (3.96)	0.8236 *** (4.29)	0.7707 *** (3.91)	0.7032 *** (3.67)
Roa	4.9736 *** (4.19)	2.4056 *** (2.79)	3.5526 *** (5.71)	3.7411 *** (3.19)	4.8370 *** (4.07)
*Top*1	1.7309 *** (5.84)	1.5888 *** (4.85)	1.71905 *** (7.27)	1.6239 *** (4.91)	1.7752 *** (5.97)
Eb	0.8398 *** (3.62)	1.1656 *** (4.29)	0.8488 *** (5.13)	1.1343 *** (4.28)	0.8246 *** (3.52)
Ibr	-0.0583 (-0.10)	-0.5027 (-0.85)	-0.0645 (-0.10)	-0.3326 (-0.59)	-0.1026 (-0.17)
Tin	-0.0033 * (-1.75)	-0.0051 ** (-2.43)	-0.0048 *** (-2.95)	-0.0039 ** (-2.08)	-0.0032 * (-1.69)
Stkpro	-0.8992 * (-1.85)	-1.3065 *** (-2.58)	-1.0903 * (-1.90)	-0.9897 ** (-2.02)	-0.7614 (-1.58)
Size	0.1938 *** (3.46)	0.1201 *** (2.68)	0.1002 *** (2.76)	0.2095 *** (3.23)	0.2140 *** (3.79)
Salary	-0.1862 ** (-2.85)	-0.1913 *** (-2.87)	0.2279 *** (-4.51)	-0.1486 ** (-2.28)	-0.1798 *** (-2.77)
Legal	-0.0003 (-0.05)	-0.0104 (-1.42)	-0.0049 (-0.78)	-0.0074 (-1.10)	-0.00168 (-0.23)
Tc - sup		-0.1770 (-1.19)		-0.0729 (-0.54)	
Tc - cus			-0.1742 (-1.21)		-0.1599 (-1.01)
年度/行业	控制	控制	控制	控制	控制
F 值	63.97 ***	63.75 ***	79.94 ***	64.17 ***	56.70 ***
Adj - R^2	0.6654	0.6626	0.6402	0.6769	0.6585
观测值	1695	1201	1695	1201	1695

表 6-9　-Panel B：内部控制、关系型交易与投资过度

解释变量	被解释变量：*Low—inv*（剔除 st）				
Intercept	0.5439*** (3.19)	0.2914* (1.90)	0.6462*** (3.78)	0.0693 (0.46)	0.3055* (1.72)
Supply		0.1381*** (5.07)		0.1199*** (4.46)	
Customer			0.1561*** (5.97)		0.4406*** (2.87)
Icid	-0.0374*** (-4.41)			-0.0159* (-1.93)	-0.0204* (-1.87)
Supply × Icid				-0.0264 (-1.14)	
Customer × Icid					-0.0461** (-2.04)
Cfs	-0.5264*** (-17.42)	-0.7442*** (-21.03)	-0.5474*** (-18.13)	-0.7554*** (-21.45)	-0.5216*** (-17.10)
Fcf	0.3313*** (29.29)	0.4275*** (28.99)	0.3166*** (28.73)	0.4791*** (30.50)	0.3319*** (28.79)
Private	0.0243* (1.85)	0.0328** (2.55)	0.0278** (2.11)	0.0289* (2.28)	0.0223* (1.69)
Lev	-0.2521 (-8.76)	-0.2102*** (-7.73)	-0.1778*** (-6.60)	-0.2590*** (-9.08)	-0.2392*** (-8.29)
Roa	0.2522** (2.36)	-0.0091 (-0.10)	0.0471 (0.51)	0.0984 (0.93)	0.2598** (2.41)
*Top*1	-0.0010 (-0.02)	-0.0821* (-1.82)	-0.0284 (-0.63)	-0.0568 (-1.29)	0.001 4 (0.03)
Eb	0.0436 (1.46)	-0.0452 (-1.57)	0.0226 (0.77)	-0.0266 (-0.94)	0.0327 (1.10)
Ibr	0.0032 (0.03)	0.1626 (1.50)	0.0135 (0.12)	0.1806* (1.70)	-0.0065 (-0.06)
Tin	0.0008*** (2.76)	0.0013*** (4.96)	0.0009*** (3.24)	0.0013*** (4.86)	0.0008*** (2.94)
Stkpro	-0.1329 (-1.16)	-0.0246 (-0.24)	-0.1381 (-1.21)	0.0312 (0.32)	-0.0947 (-0.84)
Size	-0.0038 (-0.55)	-0.0073 (-1.19)	-0.0219*** (-3.55)	0.0069 (1.00)	0.0004 (0.06)

续表

解释变量	被解释变量：*Low—inv*（剔除 st）				
Salary	0.0071 (0.77)	0.0216** (2.44)	0.0043 (0.47)	0.0227*** (2.61)	0.0055 (0.60)
Legal	0.0013 (1.20)	0.0016 (1.43)	0.0014 (1.29)	0.0018 (1.64)	0.0016 (1.47)
Tc - sup		-0.0738*** (-2.79)		-0.0584** (-2.24)	
Tc - cus			0.0254 (1.03)		0.01742 (0.71)
年度/行业	控制	控制	控制	控制	控制
F 值	96.49***	61.31***	88.78***	62.70***	86.10***
$Adj-R^2$	0.4283	0.4110	0.4149	0.4359	0.4272
观测值	4202	2934	4202	2924	4202

本章小结

本章以 2007~2011 年中国上市公司的经验证据，分别以“从前五大供应商处采购份额占企业采购总份额的比例”、“在前五大客户处销售份额占企业销售总份额的比例”来衡量供应商、客户的关系型交易，探讨企业关系型交易对管理层机会主义的影响。实证研究表明：

（1）供应商与客户关系型交易越高，投资效率越低（加剧投资过度和投资不足），说明供应商关系型交易带来关系租金的同时，也会带来一系列的负面效应，企业要在二者之间进行权衡，才更有利于企业的长远发展。

（2）内部控制质量越好，投资效率越高，内部控制能够有效抑制关系型交易带来的非效率投资。说明内部控制作为企业内的一种制度安排，能够有效抑制机会主义行为、控制和降低风险，提高信息披露的可信度，缓解信息不对称，提高投资效率，抑制投资过度与投资不足。

本章参考文献

[1] Aggarwal. R. A Samwick, Empire Builders and Shirkers: Investment, Firm Performance and Managerial Incentives. *Journal of Corporate Finance*, 2006 (42): 253 - 284.

[2] Ashbaugh - Skaife H, Collins D W, Kinney Jr W R, et al. The effect of SOX internal control deficiencies and their remediation on accrual quality. *The Accounting Review*, 2008, 83 (1): 217 - 250.

[3] Bebchuk, Arye Lucian, M. Kahan. A framework for analyzing legal policy towards proxy contests. *California Law Review*, 1990 (120): 657 - 673.

[4] Bebchuk, L., R. Kraakman, G. Triantis. Stock Pyramids, Cross - ownership and Dual Class Equity: The Mechanisms and Agency Costs of Separating Control from Cash - flow Rights. NBER Working Paper, 1999.

[5] Bloom, N., S. Bond, and J. V. Reenen. Uncertainty and Investment Dynamics. *Review of Economics Studies*, 2007, 74 (2): 391 - 415.

[6] Bebchuk, L. A., and L. A. Stole. Do Short - term Objectives Lead to Under - or Overinvestment in Long - term Projects. *Journal of Finance*, 1993 (48): 783 - 827.

[7] Bertrand, M., and S. Mullainathan. Enjoying the Quiet Life? Corporat e Governance and Managerial Preferences. *Journal of Politi cal Economy*, 2003 (111): 1043 - 1075.

[8] Biddle G C, Hilary G, Verdi R S. How does financial reporting quality relate to investment efficiency? . *Journal of Accounting and Economics*, 2009, 48 (2): 112 - 131.

[9] Biddle G C, Hilary G. Accounting quality and firm - level capital investment. *The Accounting Review*, 2006, 81 (5): 963 - 982.

[10] Claessens, S., S. Djankov, and H. P. Lang. The separation of ownership and control in East Asian Corporations. *Journal of Financial Economics*, 2000 (58): 81 - 112.

[11] Calomiris C. W. and Hubbard G. R. Internal Finance and Investment: Evidence from the Undistributed Profit Tax of 1936 - 1937. *Journal of Business*, 1995,

(68) 4: 317 - 352.

[12] Donalson, G. n., Stone, Managing Corporate Wealth. Praceger, New Yerk, 1984.

[13] Dyer J. H., Chu W. The role of trustworthiness in reducing transaction costs and improving performance: Empirical evidence from the United States, Japan, and Korea. *Organization Science*, 2003, 14 (1): 57 - 68.

[14] Dou Y., Hope O. K., Thomas W. B. Relationship - specificity, contract enforceability, and income smoothing: an international study. Working paper, University of Toronto and University of Oklahoma, 2010.

[15] Dowlatshahi S. Bargaining power in buyer - supplier relationships. *Production and Inventory Management Journal*, 1999 (40): 27 - 35.

[16] Doyle J. T., Ge W., McVay S. Accruals quality and internal control over financial reporting. *The Accounting Review*, 2007, 82 (5): 1141 - 1170.

[17] DeAngelo H., Masulis R. W. Optimal capital structure under corporate and personal taxation. *Journal of Financial Economics*, 1980, 8 (1): 3 - 29.

[18] Fuller, J. and M. Jensen. Just Say No to Wall Street. *Wall Street Journal*, 2001 (31): 137 - 167.

[19] Fazzari S. M., Hubbard R. G., Petersen B. C. Financing Constraints and Corporate Investment. *Brookings Papers on Economic Activity*, 1988 (1): 141 - 195.

[20] Feldmann M., Müller S. An incentive scheme for true information providing in supply chains. *Omega*, 2003, 31 (2): 63 - 73.

[21] Gervais S., Heaton J. B., Odean T. Overconfidence, investment policy, and executive stock options, Rodney L. White Center for Financial Research Working Paper, 2003.

[22] Grossman, Sanford, and Oliver Hart. Takeover Bids, the Free Rider Problem, and the Theory of the Corporation. *Bell Journal of Economics*, 1980 (11): 175 - 202.

[23] Gorton G., Schmid F. A. Univer sal Banking andthe Perfo rm ance of German Firms. *Journal of Financial Economics*, 2000 (58): 29 - 80.

[24] Gilchr ist, S. An Empirical Analysis of Corporate Investment and Financing Hierar chies Using Firm - Level Panel Data [M. imeog raph] Board of Governors of the Feder alReserve System, 1991.

[25] Heaton J. B. Managerial optimism and corporate finance. *Financial Management*, 2002, 31 (2): 33 - 45.

[26] Hakan Orbay, B. Burc in Yurtoglu. The Impact of Corporate Governance Structures on the Corporate Investment Performance in Turkey. *Corporate Governance: An International Review*, 2006, 14 (4): 349 -363.

[27] Harris, M. , and A. Raviv. Capital Structure and the Informational Role of Debt. *Journal of Finance*, 1990, 45 (2): 321 -349.

[28] Hart O. D. , Moore J. Debt and Seniority: An Analysis of the Role of Hard Claims in Constraining Management. *American Economic Review*, 1995, 85 (3): 567 -585.

[29] Hubbard, R. Gleen, Kashyap, Anil K. and Whited, Toni M. International Finance and Firm Investment. *Journal of Money, Credit, Banking*, 1995, 27 (3): 193 -225.

[30] Heinkel, R. , Zechner, J. The role of debt and preferred stock as a solution to adverse investment incentives. *Journal of Financial and Quantitative Analysis*, 1. 990, 25 (1): 1 -24.

[31] Jensen M. , Meckling W. Theory of Firm: Managerial Behavior, Agency Costs and Ownership Structure. *Journal of Financial Economics*, 1976. (3): 305 -360.

[32] Jensen, M. Agency Costs of Free Cash Flow, Corporate Finance and Takeovers. *American Economic Review* , 1986 (76): 323 - 329.

[33] Jensen, Murphy. Performance pay and top - management incentive. *Journal of financial Economy*, 1990, 98 (2): 225 -264.

[34] Jensen, M. C. Agency Costs of Free Cash Flow, Corporate Finance and Takeovers. *American Economic Review*, 1986 (76): 323 -329.

[35] Jensen, M. C. The Modern Industrial Revolution, Exit and the Failure of Internal Control Systems. *Journal of Finance*, 1993 (48): 831 -880.

[36] Jaffee, D. M. , adn T. Russel, mIperfeet information, U - neertainty and Credit rationing. *Quarterly Journal of Economics*, 1976 (90): 65 -6. 6.

[37] Johnson. S. R. La. Porta, F. Lopez - de - Silanes, and A. Shleifer. . Tunneling. *American Economic Review*, 2000 (1): 28 -45.

[38] Jian Ming. , T. J. Wong. Propping through Related Party Transactions. *Review of Accounting Studies*, 2010, 15 (1): 70 -105.

[39] Klein B. , Crawford R . G. , Alchian A . A. Vertical integration, appropriable rents, and the competitive contracting process. JL & econ. , 1978 (21): 297.

[40] Klein B. , Leffler K . B. The role of market forces in assuring contractual performance. *The Journal of Political Economy*, 1981, 89 (4): 6 -15.

[41] Kim H. , Kung H. The Asset Redeployability Channel: How Uncertainty Affects Corporate Investment. 2013.

[42] Kong Xiang. Why Are Social Network Transactions Important? Evidence Based on the Concentration of Key Suppliers and Customers in China. *China Journal of Accounting Research*, 2011, 4 (3): 121 – 133.

[43] La Port a, R. , F. Lopez – de – Silanes, A. S hleifer, an . d R. Vishny, Law and Finance. *Journal of Political Economy*, 1998, 106 (6): 1113 – 1155.

[44] Lin Y. , Hu S. , Chen M. Managerial optimism and corporate investment: some empirical vidence from Taiw . an. *Pacific – Bas in Finance Journal*, 2005 (13): 523 – 546.

[45] Malmendier, U. and Tate, G. CEO Overconfidence and Corporate Investment. *Journal of Finance*, 2005 (6): 2661 – 2700.

[46] Mikkelson, W. H. and M. Megan Partch. Do Persistent Large Cash Reserves Hinder Performance? . *Journal of Financial and Quantitative Analysis*, 2003, 38 (2): 275 – 294.

[47] McConnell, J. J. , Servaes, H. Additional Evidence on Equity Ownership and Corporate Value. *Journal of Financial Economics*, 1990 (27): 595 – 612.

[48] Mikkelson, Wayne, and Megan Partch, Valuation Eff ect s of Security of ferings and the Issuance Process. *Journal of Financial Economics*, 1986, 15 (1): 31 – 60.

[49] Myers, Stewa rt C. , Nicho las Majlu, Corporate financing and investment decisions when firms have information that investors do not have. *Journal of Financial E. conomics*, 1984 (13): 187 – 221.

[50] Madhok A. , Tallman S . B. Resources, transactions and rents: managing value through interfirm collaborative relationships. *Organization Science*, 1998, 9 (3): 326 – 339.

[51] Moorman C. , Zaltman G. , Deshpande R. Relationships between providers and users of market research: The dynamics of trust within and between organizations, *Journal of Marketing Research* (JMR), 1992, 29 (3): 23 – 59.

[52] Myers S . C. The capital structure puzzle. *The Journal of Finance*, 1984, 39 (3): 574 – 592.

[53] Narayanan, M. P. Managerial Incentives for Short term Results. *Journal of Finance*, 1985 (40): 1469 – 1484.

[54] Narayanan, M. P. Debt versus Equity under Asymmetric Information. *The*

Journal of Financial and Quantitative Analysis, 1988, 23 (1): 159 - 189.

[55] Odean, Terrance . Do Inv estors Trade TooM uch? . *American Economic Review*, 2002 (89): 1279 - 1298.

[56] Porter M. E. How competitive forces shape strategy. *Harvard Business Review*, 1979, 130 (2): 23 - 60.

[57] Polk, Christopher, and Paola Sapienza. The real effects of investor sentiment. NBER Working Paper No. 10563. 2004.

[58] Polk Christopher, Sapienza Paola. The Stock Market and Corporate Investment: A Test of Catering Theory. *Review of Financial Studies*, 2009 (1): 187 - 217.

[59] Pagano, M . and A. Roel. T. he Cho ice of Stock Ow nership St ructur e: Agency Costs, Monitoring and the Decisio n to Go Public. *Quarterly Journal of Economics*, 1998 (113): 245 - 271.

[60] Roll R. The hubris hypothesis of corporate takeovers. *Journal of Business*, 1986 (59): 197 - 216.

[61] Richardson S. Over - investment of free cash flow. *Review of Accounting Studies*, 2006, 11 (2 - 3): 159 - 189.

[62] Stulz, R. Managerial Discret ion an . d Optimal Financing Policies. *Journal of Financial Economics*, 1990, 26 (1): 3 - 27.

[63] Stein, J. C., Agency. Information and Corporate Investment, NBER Working Paper No. 8342. 2001.

[64] Shleifer, A. and R. Vishny. Large Shareholders and Corporate Control. *Journal of Political Economy*, 1986 (94): 461 - 488.

[65] Shleifer, A. and R. W. Vishny. A Sur vey of Corporate Governance. *Journal of Finance* , 1997 (52): 135 - 152.

[66] Shefr in H. 2001, 资产定价的行为方法 (Behavioral Approach to Asset Pricing). 北京: 中国人民大学出版社, 2007.

[67] Stiglitz, Joserph E., Weiss, Andrew. Credit Rationing in Market with Imperfect Information. *American Economic Review*, 1981, 71 (3): 393 - 410.

[68] Stein J. Rational capital budgctinginanir rational world. *Journal of Business*, 1996, 69 (4): 429 - 455.

[69] Subramani M. R., Venkatraman N. Safeguarding investments in asymmetric inter organizational relationships: Theory and evidence. *Academy of Management Journal*, 2003, 46 (1): 46 - 62.

[70] Suutari R. Understanding industry structure. Cmamanagement, 2000, 73

(11): 34 - 37.

[71] WU Hua, WANG Haifeng, Liu Zhanyi. Alignment Model Adaptation for Domain - Specific Word Alignment. Working Paper, 2005.

[72] Whited, T., Debt. Liquidity Constraints and Corporate Investment: Evidence from Panel Data, *Journal of Finance*, 1992 (47): 1425 - 1459.

[73] Williamson O. E. The Economic Institutions of Capitalism - Firms, Markets, Relational Contracting, New York: Free Press, 1985.

[74] Williamson O. E. Transaction - cost economics: the governance of contractual relations. JL & Econ., 1979, 22: 233.

[75] Williamson O. E. Credible commitments: Using hostages to support exchange. 1983.

[76] Titman S., Trueman B. Information quality and the valuation of new issues *Journal of Accounting and Economics*, 1986 (2): 159 - 172.

[77] Zwiebel, Jeffrey Dynamic Capital Structure Under Managerial Entrenchment *American Economic Review*, 1996, (86): 1197 - 1215.

[78] 安灵、刘星、白艺昕:《股权制衡、终极所有权性质与上市企业非效率投资》,《管理工程学报》,2008 年第 2 期。

[79] 陈运森、谢德仁:《网络位置、独立董事治理与投资效率》,《管理世界》,2011 年第 7 期。

[80] 程仲鸣、夏新平、余明桂:《政府干预、金字塔结构与地方国有上市公司投资》,《管理世界》,2008 年第 9 期。

[81] 陈庆勇、韩立岩:《上市公司对外并购中高管薪酬变动实证研究》,《北京航空航天大学学报》(哲社版),2008 年第 1 期。

[82] 杜兴强、曾泉、杜颖洁:《政治联系、过度投资与公司价值——基于国有上市公司的经验证据》,《金融研究》,2011 年第 8 期。

[83] 窦炜、刘星、安灵:《股权集中、控制权配置与公司非效率投资行为——兼论大股东的监督抑或合谋?》,《管理科学学报》,2011 年第 11 期。

[84] 董望、陈汉文:《内部控制,应计质量与盈余反应——基于中国 2009 年 A 股上市公司的经验证据》,2011 年版。

[85] 方红星、金玉娜:《高质量内部控制能抑制盈余管理吗?——基于自愿性内部控制鉴证报告的经验研究》,《会计研究》,2011 年第 8 期。

[86] 姜付秀、张敏、陆正飞:《管理者过度自信》,《企业扩张与财务困境》,《经济研究》,2009 年第 1 期。

[87] 花贵如、刘志远、许骞:《投资者情绪、管理者乐观主义与企业投资

行为》，《金融研究》，2011 年第 9 期。

［88］郝颖、刘星、林朝南：《我国上市公司高管人员过度自信与投资决策的实证研究》，《中国管理科学》，2005 年第 5 期。

［89］郝颖、刘星、林朝南：《上市公司大股东控制下的资本配置行为研究——基于控制权收益视角的实证分析》，《财经研究》，2006 年第 8 期。

［90］韩立岩、陈庆勇：《并购的频繁程度意味着什么——来自我国上市公司并购绩效的证据》，《经济学》（季刊），2007 年第 4 期。

［91］黄新建、刘星：《内部控制信息透明度与公司绩效的实证研究——来自 2006—2008 年沪市制造业公司的经验证据》，《软科学》，2010 年第 3 期。

［92］何小杨：《我国家族企业中的“人际关系网”——现状及制度诱因》，《证券市场导报》，2011 年第 11 期。

［93］李云鹤、李湛：《自由现金流代理成本假说还是过度自信假说？——中国上市公司投资——现金流敏感性的实证研究》，《管理工程学报》，2011 年第 3 期。

［94］李庆峰、杨义群、蔡飞萍：《中国证券市场“效率悖论”求解——兼论 MM 定理和中国股市总市值的修正》，《管理世界》，2003 年第 1 期。

［95］李万福、林斌、宋璐：《内部控制在公司投资中的角色：效率促进还是抑制？》，《管理世界》，2011 年第 2 期。

［96］李万福、林斌、杨德明：《内控信息披露》，《企业过度投资与财务危机》，《中国会计与财务研究》，2010 年第 4 期。

［97］刘朝晖：《外部套利、市场反应与控股股东的非效率投资决策》，《世界经济》，2002 年第 7 期。

［98］梅峰、刘昌国：《公司治理机制、自由现金流量与上市公司过度投资行为研究》，《经济科学》，2006 年第 4 期。

［99］吕长江、张海平：《股权激励计划对公司投资行为的影响》，《管理世界》，2011 年第 11 期。

［100］李增泉、叶青、贺卉：《企业关联》，《信息透明度与股价特征》，《会计研究》，2011 年第 1 期。

［101］李青原、陈晓、王永海：《产品市场竞争、资产专用性与资本结构——来自中国制造业上市公司的经验证据》，《金融研究》，2007 年第 4 期。

［102］梅峰、封思贤：《大股东侵占行为影响中小股东利益的实证研究》，《求索》，2007 年第 4 期。

［103］纳超洪：《高管激励、风险与投资偏好》，《金融经济》，2009 年第 8 期。

[104] 宁宇新：《关系契约到规则契约：路径依赖与模式转变》，《当代经济》，2009 年第 13 期。

[105] 潘敏、金岩：《信息不对称、股权制度安排与上市企业过度投资》，《金融研究》，2003 年第 1 期。

[106] 权小锋、吴世农、文芳：《管理层权力、私有收益与薪酬操纵》，《经济研究》，2010 年第 11 期。

[107] 沈红波、寇宏、张川：《金融发展、融资约束与企业投资的实证研究》，《中国工业经济》，2010 年第 6 期。

[108] 饶育蕾、汪玉英：《中国上市公司大股东对投资影响的实证研究》，《南开管理评论》，2006 年第 5 期。

[109] 唐雪松、周晓苏、马如静：《政府干预、GDP 增长与地方国企过度投资》，《金融研究》，2010 年第 8 期。

[110] 唐雪松、周晓苏、马如静：《上市公司过度投资行为及其制约机制的实证研究》，《会计研究》，2007 年第 7 期。

[111] 谭燕、陈艳艳、谭劲松、张育强：《地方上市公司数量、经济影响力与过度投资》，《会计研究》，2011 年第 4 期。

[112] 唐跃军：《供应商、经销商议价能力与公司业绩——来自 2005～2007 年中国制造业上市公司的经验证据》，《中国工业经济》，2009 年第 10 期。

[113] 魏锋、刘星：《融资约束、不确定性对公司投资行为的影响》，《经济科学》，2004 年第 2 期。

[114] 欧阳凌、欧阳令南、周红霞：《股权“市场结构”、最优负债和非效率投资行为》，《财经研究》，2005 年第 6 期。

[115] 魏明海、柳建华：《国企分红、治理因素与过度投资》，《管理世界》，2007 年第 4 期。

[116] 吴育辉、吴世农：《股权集中、大股东掏空与管理层自利行为》，《管理科学学报》，2011 年第 8 期。

[117] 王善平、李志军：《银行持股、投资效率与公司债务融资》，《金融研究》，2011 年第 5 期。

[118] 辛清泉、林斌、王彦超：《政府控制、经理薪酬与资本投资》，《经济研究》，2007 年第 8 期。

[119] 辛清泉、林斌、王彦超：《政府控制、经理薪酬与资本投资》，《经济研究》，2007 年第 8 期。

[120] 谢志华：《内部控制》，《公司治理》，《风险管理：关系与整合》，《会计研究》，2007 年第 10 期。

［121］杨华军、胡奕明：《制度环境与自由现金流的过度投资》，《管理世界》，2007 年第 9 期。

［122］俞红海、徐龙炳、陈百助：《终极控股股东控制权与自由现金流过度投资》，《经济研究》，2010 年第 8 期。

［123］阎达五：《价值链会计研究：回顾与展望》，《会计研究》，2004 年第 2 期。

［124］朱武祥：《行为公司金融：理论研究发展及实践意义》，《证券市场导报》，2003 年第 5 期。

［125］朱磊、唐蓓：《董事会治理、CEO 过度自信与企业过度投资行为——基于 2007～2009 年面板数据的实证分析》，《齐鲁珠坛》，2012 年第 2 期。

［126］张洪辉、王宗军：《政府干预、政府目标与国有上市公司的过度投资》，《南开管理评论》，2010 年第 3 期。

［127］张敏、张胜、王成方、申慧慧：《政治关联与信贷资源配置效率——来自我国民营上市公司的经验证据》，《管理世界》，2010 年第 11 期。

［128］郑江淮、何旭强、王华：《上市公司投资的融资约束：从股权结构角度的实证分析》，《金融研究》，2001 年第 11 期。

［129］张中华、王治：《内部现金流与中国上市公司投资行为：一个综合分析框架》，《当代经济科学》，2006 年第 6 期。

［130］朱红军、何贤杰、陈信元：《金融发展、预算软约束与企业投资》，《会计研究》，2006 年第 10 期。

［131］张宗益、郑志丹：《融资约束与代理成本对上市公司非效率投资的影响——基于双边随机边界模型的实证度量》，《管理工程学报》，2012 年第 2 期。

［132］周俊、薛求知：《交易专用性投资效应及治理机制研究评介》，《外国经济与管理》，2009 年第 9 期。

［133］张胜：《供应商——客户关系与资产结构——来自我国制造业上市公司的经验证据》，《会计论坛》，2013 年第 1 期。

［134］张国清：《内部控制与盈余质量——基于 2007 年 A 股公司的经验证据》，《经济管理》，2008 年第 23 期。

［135］赵保卿：《基于价值链管理的内部控制及目标定位》，北京工商大学学报（社会科学版），2005 年第 3 期。

［136］张敏：《供应商——客户关系与审计师选择》，《会计研究》，2013 年第 12 期。

后　记

内部控制作为企业的“免疫系统”，是确保企业“基业长青”的重要机制，国内外众多企业失败的惨痛教训告诉我们，企业的失败，尽管原因复杂多样，但是都可以从内部控制的失败中找到缘由，在很大程度上可以归结为内部控制文化苍白之必然。然而，残酷的现实也同时告诉我们，COSO 框架的颁行、萨班斯法案的实施，尽管在很大程度上强化了企业的内部管理戒律，改善了内部治理，但是并没有从根本上抑制企业因内部控制缺损导致的“企业短命”问题。尤其在中国，在经济转型期和新兴市场经济体，不乏这样一些企业，制度定得不少，控制关节也挺周密，但也还是不时出现问题，症结何在？见仁见智，长寿的企业都是一样的，短命的企业各有各的不幸。随着中国《企业内部控制基本规范》及其一系列《指引》的颁发实施，如何看待中国企业的内部控制？中国企业的现实背景又留给我们怎样的思考？如何结合中国企业的实际，发挥内部控制的应有作用，进而努力营造“百年老店”？这些都是摆在内部控制研究者（包括政策制定者）面前的现实问题。

很巧的是，大约 10 年前，一次偶然的机会读到了《乡土中国》（费孝通，1998 年）这本书，被书中 14 篇涵盖家、国、天下的伦常与世事的文章所吸引，更是对“差序格局”这一核心概念深感兴趣，于是我们又进一步阅读了一些有关《乡土中国》的解读文章，从中感受颇深，受益匪浅。在这众多的文章中，费孝通《乡土中国》中的“差序格局”概念探讨一文（夏玉珍、刘小峰，2010）更是给我们很多的启发，我们非常赞同文中提出的关于“差序格局”概念的解读和理解，即“差序格局”这一概念包含三个层面（或三种视角）：①个体层面，差序格局里的“自我”、“群己”划分及差序人格；②群体层面，生活的、构建的差序性人际关系，它有三个维度（伦理、情感和利益上的关联）；③作为社会结构层面的差序格局及其横、纵两个方面和维系机制。自然地，我们在阅读中联想到了中国现实存在的“关系信任本位”这一社会文化传统，这一传统在企业经营管理中的延展与影响，及其对中国经济高速发展的独特贡献。也就是说，中国企业面临的问题至少有四个，即地区市场化进程的差异大；法律法规完善性与执行力缺损；公司治理结构与运行机制不完善；政府干预程度无处不有。这些外部环境与社会信任机制不能很好地发挥作用，而撬动中国经济快速发展的原始禀赋自然离不开中国传统文化中“关系信任”、“关系交易”、“关系资本”等所发挥的重要作用。为了探究其中的奥秘，我们试着下载了部分上市公司的数据，发现上市公司客户/供应商的购销关系频繁、比例较大，由此初步验证了现有文献的某些结论，即与“点对点”的即时市场交易不同，企业与主要供应商/客户在长期交易的过程中，更倾向于建立长期的商业网络关系（Williamson，1979），特别是在法律体系不健全、法院难以保证合约履行的条件下，包括企业商业网络关系在内的非正式合约关系有力地支持了企业间的彼此信任（Greif，1993；Rajan and Zingales，1998），降低交易成本（Kong，2011），促进契约的实施和交易的进行，对经济的发展起到了重要作用（王永钦，2006）。这一发现，促使我们必须深层思考的问题是，如果把客户/供应商的关系交易看做是一种关系契约，则其实质究竟是什么？对企业经济发展的意义何在？在这种关系契约环境里，内部控制的角色又是什么？其作用的发挥是否会因为关系契约的存在而产生变化？产生何种变化？疑问和好奇占据我们的头脑，或许，具有中国特色的内部控制研究创意能由此展开。于是，我们尝试着写了第一篇有关“关系交易”的文章，申报了国家自然科学基金，也因此有了本专著的写作缘由与题材。

本书从选题构思到完稿，整整三年时间，历经辛苦。在此交付出版之际，我们很自然地想起对本书提供帮助的各界朋友，本书的起因和完成得益于很多学者的帮助和指导，我们要感谢的是：

国家自然科学基金委员会管理学部对课题立项的支持及其出版资助。

安徽省“会计学”重点学科和安徽省“会计学”教学团队的项目经费支持。

作为研究团队的重要成员，郑军博士和章铁生教授（博士）不仅在课题申报书的写作中付出了智慧，而且还完成了一系列与课题申报内容相关论文的写作，为本书的创作提供了重要的贡献，也体现了他们的智慧。安徽工业大学“公司治理与公司会计”创新团队成员在本书稿的讨论中，也提出了很多有益的建议和意见；

本书初成时，我们请徐德信教授对书稿做了全面的审阅，他在公司治理与契约理论方面有很好的研究，对本书的审阅也是十分到位的，对书稿做了很多的批注，对进一步修改提出了很多好的意见和建议。

在课题研究中，我们的研究生也付出了很多的心血，他们是李倩、何亚伟、李婷、王鑫、李菊娣，作为硕士论文的选题，他们参与了部分章节的写作；

本书的部分内容已经以论文的形式发表，此次的写作也使用了部分论文成果，我们要感谢论文发表的杂志社领导和各位相关的编辑老师，不仅对论文的发表提供了帮助，而且允许本书使用这些相关的成果。

作为国内第一本系统研究内部控制与关系专用性投资的专著，自然少不了参考大量的国内外文献，我们努力列出了具体的参考文献，甚至不惜在每一个章节出现同样的文献，因为这些出色的文献和从中折射出的思想，极大地增添了本专著的理论高度。

还有那些在学术交往中、在学术会议中，给予我们极大关心和宝贵意见的学界朋友，比如谢志华先生、刘国强先生、陈忠卫先生、周加来先生、唐国平先生、程新生先生、刘志远先生、唐子芸女士、许成安先生、汪祥耀先生、蒋尧明先生、宋澄宇先生、朱星文先生、程瑞川先生、漆琼玲女士、盛明泉先生、张增强先生、纪国义先生、李光龙先生、高婷女士、陈春华先生、殷雅雯女士、张友树女士、孙懿先生、孙晓梅女士、胡浩志先生、刘茜女士；等等，你们的无私和友善，你们的爱护和帮助，也给予我们极大的信心和勇气。

经济管理出版社的谭伟先生以及他的团队，在本书的出版中付出了很多的辛苦，负责的态度和极具创造性的编辑水平，增添了本书的可读价值。

在此付梓之际，我们真诚地感谢他们，谢谢。

当然，由于水平有限，专著中错漏、谬误之处难免，恳切希望得到读者更多的指导、指正。

林钟高　徐虹

2014 年 8 月 21 日